MODERN ECONOMICS
MINERVA現代経済学叢書 ⑩

多国間通商協定GATT の誕生プロセス
[増補版]
―戦後世界貿易システム成立史研究―

山本 和人 著

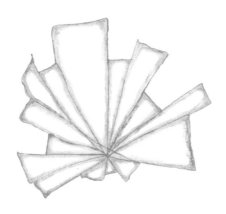

ミネルヴァ書房

増補版はしがき

　『多国間通商協定GATTの誕生プロセス――戦後世界貿易システム成立史研究』（第1版）を上梓してから7年近くの歳月が流れた。この間，世界貿易システムはますます混迷の度合いを深めている。ドーハ・ラウンドは漂流したままであり，一括受諾方式は事実上不可能な状態にある。その代替措置として提唱されたメガFTAまでもが，TPPやNAFTAに対するアメリカ・トランプ大統領の拒否や見直し政策によって，危機に瀕している。ヨーロッパ情勢もイギリスのEU離脱に代表されるように，地域的多国間主義から国民国家への回帰志向が顕著になっている。第1版で論じたように，米英主導で打ち立てられた戦後世界経済を特徴づける「多国間主義（Multilateralism）」に基づく貿易システムは，70年を経て，その構築に尽力した米英両国によって，否定・破壊されつつあるという，皮肉な現実にわれわれは直面しているのである。

　戦中から戦後過渡期にかけ，約8年もの歳月をかけて生み出された多国間通商協定GATTは，WTOの設立でもって新たな段階に移行するかに見えた。GATTはおもに財貿易（鉱工業製品）について関税引下げを中心とする国境措置に関する多国間協定であった。これをマブロイディス（Mavroidis, P. C.）は，彼の最新のGATT研究に関する著書（*The Regulation of International Trade, Vol. 1/GATT,* MIT Press, 2016）で「消極的統合に関する契約（negative integration contract）」(p. 39)，または「浅い統合（shallow integration）」(p. 41)と呼んでいる。WTOは，こうした性格をもつGATTをさらに超えて，国民国家の持つ経済政策の権限を国際機関に移譲するものであったといえる。WTOが議論され，その成立を見たウルグアイ・ラウンドの開催時期は，1980年代後半から90年代前半であり，資本主義のソ連型社会主義に対する勝利を背景に，それを推し進めたサッチャリズム，レーガノミクス，いわゆる新自由主義的経済思想が世界を席巻し，他方で，国際経済（通商）法研究の深化が見られた時期であったといってよい。経済学そして法学の新たな展開があって，世界経済の一体化，グローバリズ

ムを推進するシステムの構想が練られ，合意が得られたといえる。こうしてGATTのカバーする範囲を超えて，経済のグローバル化を支えるWTOが出来上がったのである。

　しかし，新自由主義的なルールに裏打ちされたグローバリズムそしてそれを支えるべく誕生したWTOは，21世紀，とくに2008年のリーマン・ショックを契機とした世界金融・経済危機以降，大きな試練に立たされている。国境を越え，それぞれの国民国家の持つ諸制度の統一化を進める下での自由競争は，格差問題を深刻化させ，結果として，雇用問題の解決のために自国優先主義への揺れ戻し現象が先進諸国で顕著である。上述したように，米英主導で打ち出された多国間主義がその両国によって否定されるという歴史的局面にわれわれは，立ち至っている。

　これから世界貿易システムがさらに混迷の度合いを深め，そして崩壊の方向に向かうのか，それとも新たなシステムが再構築されるのか，筆者にとって，容易に解答が見出せない難題である。しかし，WTOの成立とグローバリゼーション（財・サービス・資本・人の自由移動の加速化）が，特に先進諸国において労働基準の劣化を招き，GATTの目的であった完全雇用の達成を形骸化させてしまったことは事実であろう。初版で行ったGATT，ITO憲章の作成過程を巡る実証分析で明らかにしたことは，その究極目標が，国際協調による世界の平和であり，そのための一般目標として完全雇用の達成が掲げられたことであった。そして完全雇用達成の一手段が，より自由で無差別な貿易の漸進的展開であったことであろう。しかし，WTO成立によってそうした一手段が達成目的に摩り替えられたのである。ロドリック（Rodrik, D.）は，WTOの成立によって，「グローバリゼーションは，それ自体が目的となってしまった」と述べている（Rodrik, D., *The Globalization Paradox*, Oxford University Press., 2011, p. 76：柴山・大川訳『グローバリゼーション・パラドクス』白水社，2014，99ページ）。われわれは，こうした歴史的実証分析を通じてGATT型多国間主義の目的とその本質の理解に努めた。そこから，今後行うべきことが，GATT型多国間主義の実際の展開過程を跡付け，もってWTOへの移行プロセスとWTO型多国間主義の検討の必要性を学び取ったのである。

　増補版では，初版では述べることができなかった，GATTオリジナル文書が

増補版はしがき

ITO憲章調印のまさにその舞台裏で，加筆・修正されていく経緯を分析した第9章を追加した。この書換えによって事実上GATTはWTO成立までをカバーする多国間通商協定としての基本的体裁を完成させるのである。それがわれわれの呼ぶところのGATT型多国間主義の誕生である。なお，第9章の追加によって，必要最小限度であるが，エピローグも書き加えたことを追記しておく。

さて次に本書の内容を章毎に要約しておくことにしよう。

第1章では，前著（『戦後世界貿易秩序の形成——英米の協調と角逐』）の問題意識をもとに，前著の上梓以来生じた世界経済の構造変化とGATT研究の進展を視野に入れ，第2次大戦後の貿易システムの原点を明らかにする作業を行っている。通常，戦後世界貿易の3原則は，自由・無差別・多角主義といわれてきたが，われわれは，自由・無差別・多国間主義といい換えることにする。多国間主義という用語は，国際関係論を専攻する学究たちが1990年代に入って用いだした用語であるが，とりわけラギー（Ruggie, J. G.）は「多国間主義とは一般化された行動原則に基づいて3カ国以上の関係を調整する制度上の形態のこと」と定義し，それを戦後段階の新たな特徴として戦前との相違を明確にした。戦後貿易システムの原則のひとつを多国間主義と捉えるなら，われわれが前著で，戦後貿易システムの起源と結論付けたミード（Meade, J.）の『国際通商同盟案』は，まさに戦後段階を画する多国間主義という原理を提供したものであり，前著で下した結論を補強することになる。問題は，多国間主義の具体的現われである国際機関あるいは国際協定に挿入するルール（一般原則）となろう。戦中において，そのルールは大西洋憲章第4，第5パラグラフから相互援助協定第7条の合意の過程（前著において，われわれはこれらのパラグラフや条文を「戦後世界経済再建に関する理念〔グランド・デザイン〕」と称した）で，とりわけ相互援助協定第7条において，その後の戦後貿易システム構築に際して米英がそれぞれ指針とする原則が述べられている。それは，アメリカが強調する，より自由で無差別な貿易システムの形成，イギリスの強調する完全雇用の達成・維持を可能にさせる貿易システムの形成である。この2つの原理が相互援助協定第7条には並列して述べられている。

以上の認識をもとに，第1章では，内外の先行研究に依拠しながら，多国間主義に内包される2つの原理について検討を加えた。多国間主義に基づいて，より

iii

自由で無差別な貿易体制と各国の完全雇用の実現を可能にさせる貿易体制の構築を目指すことが米英間の合意事項となった。もちろん，そのルール作りの主導権は，1943年9月から10月のワシントン会議以降，アメリカが握るようになった。そしてアメリカは，大戦終了直前に，ITO憲章の原案ともいえる『国際貿易機構設立に関する提案』，われわれの呼ぶところの原則声明案を作成，さらに世界貿易システムの具体的構築方法を明確にした。それは国際貿易機構とそのルール作りに関する作業と，中核国グループ（ほぼGATTの原締約国に相当）を中心とした関税引下げ交渉を分離して行ういわゆる「ツー・トラック・アプローチ」であり，それをイギリスに打診したのである。これが，米英の戦時貿易交渉の到達点であった。

　第2章では通常，米英金融協定または借款協定と呼ばれている1945年9月から12月にかけて行われた米英間の交渉に注目した。われわれはこの協定に関する従来の評価，すなわち，戦後国際金融システムの出発点と捉える視角に加えて，戦後の貿易システム形成に関する米英間の取決めという別の側面に光を当てた。そしてこの点を強調するために，協定を1945年米英金融・通商協定とし，第2章のタイトルに据えたのである。ところで，協定は，原則声明案を発展させた『国際貿易雇用会議による考察に関する提案』に結実したが，この他にも重要な取決めがなされた。それは，ツー・トラック・アプローチに対する合意と，ファースト・トラックとしての関税引下げ交渉を，多角的2国間交渉方式に基づいて中核国グループ間で行う方式が承認されたことである（なお，このツー・トラック・アプローチの内容は，米英金融・通商協定締結直後に，すべての中核国グループに伝えられた）。つまりGATT交渉の基本的枠組みがこの協定で整えられたのである。そして英帝国特恵関税制度の早期の撤廃というアメリカの積年の要求は，イギリスの激しい抵抗にあい，多角的2国間交渉による関税引下げを見返りにした漸次的縮小方式に変更され，ここにGATT交渉の基礎が出来上がった。こうしてわれわれは，1945年米英金融・通商協定を，戦中の貿易構想の具体化の起点として位置付けたのである。

　第3章では，米英金融・通商協定終了時から1946年10月の第1回国連貿易雇用準備委員会会議（以下，第1回貿易雇用準備会議で統一），いわゆるロンドン会議までの進展を跡付けた。米英金融・通商協定で具体化の第一歩を踏み出した戦後

世界貿易システムの構築計画は1946年5月までに米英間で最終的なタイムテーブルの決定を見た。その間の紆余曲折についてわれわれは詳細な分析を行った。その中でとくに重要なのは1946年2月にアメリカとその後ろ盾で国連の経済社会理事会がそれぞれ発表した文書と決議である。われわれはそれらを1946年2月プランと名付けた。2月プランは第1に，ファースト・トラックとして関税引下げ交渉の結果と交渉のルールを定めた付属文書（プロトコル）の作成を謳うとともに，第2に，セカンド・トラックとして国際貿易雇用会議の招集とその会議に提出するためのITO憲章草案を作り上げるために貿易雇用準備委員会を組織し，19ヵ国を指名（ほぼ中核国グループのメンバーに相当），そして準備委員会の会議開催を決定した。こうして2月プランのもとでプロトコル（後のGATT）の作成，貿易雇用準備委員会（GATTの原締約国）の形成，国連貿易雇用会議（以下，貿易雇用会議で統一）開催までの道筋が基本的に決定を見たのである。

ちなみにプロトコルは，1946年7月にアメリカが完成させた「国連国際貿易機構憲章の草稿」においてGATTという名称が与えられたのである。こうしたアメリカ主導の戦後貿易システム形成が具体化される中，イギリスは自らの置かれた戦後の経済ポジションを鑑み，アトリー（Attlee, C. R.）首相を委員長とする新たな委員会を立ち上げ，アメリカが打ち立てようとしているシステムに修正を加えるべく，周到な準備を行うのである。それは「国際雇用政策」と題する覚書に結実した。覚書は完全雇用を達成するために必要な世界経済の枠組みを示していた。この文書の詳細については第3章の第2節で詳論することにする。そしてこの文書は英連邦会議で提示され，自治領各国の賛同を得た（オーストラリアの主張する経済開発問題も多くの自治領政府が賛同）。こうしてイギリスは英連邦諸国を完全雇用の達成と，イギリス自身は消極的であったが経済開発問題の2つで纏め上げ，第1回貿易雇用準備会議，いわゆるロンドン会議に臨むことになるのである。

第4章と第5章では，第1回貿易雇用準備会議（ロンドン会議）を扱っている。ロンドン会議は，我が国においてこれまで全く分析対象とされてこなかった。しかし，戦中から米英両国で進められてきた貿易システムの形成プロセスが，貿易雇用準備委員会（中核国グループ＋3ヵ国の19ヵ国〔ソ連は参加を拒否〕）の参加・関与する形へ転換していく会議として大きな歴史的意義を持つ。史上初の多国間

貿易交渉とわれわれは位置付けた。まさに戦後段階を画する貿易交渉の嚆矢といえよう。われわれはこうしたロンドン会議を2つの側面から分析した。第4章においては，セカンド・トラックの交渉，すなわちITO憲章の作成に焦点を当てた。アメリカが提示した『国連国際貿易機構憲章草案』（ITO憲章アメリカ草案）が中核国グループによってどのように修正されていくのかに焦点を当てた。この分析からロンドン会議（その延長としてのニューヨーク会議）を通じて，ITO憲章アメリカ草案には第3章で述べた英連邦会議が提起した2つの世界経済の課題を扱った章，すなわち，雇用に関する章の内容が深化・拡大され，新たに経済開発に関する章が追加されることになった。こうしてITO憲章の基本的特徴がすべて出揃った。しかしこのことは，その後ITO憲章がアメリカ議会によって拒否される根拠を作ったと考えられる。

次に第5章では，ファースト・トラックの交渉，つまりGATT草案の作成について検討した。この場合も，アメリカの示したGATT原案（レディ案）が加筆・修正されていく過程を追った。その結果，生み出されたGATT第1草稿，そして第2草稿の内容も，イギリスを中心とする中核国グループの意向を反映する形となり，アメリカの利益を必ずしも叶える形にはならなかった。とくに，GATTがその体裁を整え始めた第2草稿は，当初，アメリカが意図した関税とその他貿易障壁の削減・撤廃というひとつの目的を超えて，完全雇用の維持，経済開発の促進，バランスの取れた世界経済に向けての国際協力などより広範な諸目的を持つ多国間協定（それに基づく暫定的な国際機関の設置）へと変化した。ITO憲章アメリカ草案がイギリスやその他の中核国グループによって，修正・加筆されていくのと同じように，GATT第2草稿もそうした道筋を辿ったといえる。それでは，こうしたGATT第2草稿は，第2回国連貿易雇用準備委員会会議（第2回貿易雇用準備会議で統一），いわゆるジュネーブ会議において，どのように書き換えられ，最終的にGATT完成案（われわれはGATTオリジナル文書と呼ぶ）に結実していくのであろうか。WTO発足まで，戦後貿易システムの中心的ルールと交渉の場を提供してきたGATTがどのような過程を経て，成立するのか？　戦後貿易システム形成の最終局面の分析を第6章から第8章において行った。

ジュネーブ会議は，3つの目的をもって開催された。第1に史上初の多国間関

税引下げ交渉の実施,第2にITO憲章ロンドン草案(正確にはその完成案としてのニューヨーク草案)の検討,そして第3にGATT文書の完成とそれへの調印(調印は当初の目的)であった。つまり会議の目的は,ファースト・トラックを完成させるとともに,セカンド・トラックに関して中核国グループ間で最終的な合意に達することであった。しかし,これはあくまで当初の計画であった。とくに,関税引下げ交渉,GATT文書の作成とその手続きを巡る各国間の対立は激しく,最初の想定とは異なった形で多国間通商協定GATTの成立を導くことになった。

さて第6章においては,まずジュネーブ会議分析の視角を明確にした。とくに上述したジュネーブ会議の3目的うち,第1目的(多国間関税引下げ交渉)と第3目的(GATT文書の完成とその施行手続き)に焦点を当て,ジュネーブ会議の意義を明らかにしようとした。そしてこの2つの目的を検討するに際して,欧米のGATT研究成果に依拠した。これまで我が国,とくに国際経済学者の間で曖昧に使用されてきた多国間主義(Multilateralism),そしてエンベデッド・リベラリズム(Embedded Liberalism)なる概念を明確にした。こうした概念は,最終的にGATTを成立に導いたキー・カントリーズとともに,GATTの特徴と本質を理解する上で,必要な分析装置である。次にジュネーブ会議に向けての米英両国の準備動向を明らかにした。イギリスは英連邦諸国と連携し,特恵関税の現状維持を図ろうとしていた。他方,アメリカは大統領令を発し,共和党保護主義者からの要求である免責条項を認める形で,ジュネーブ関税交渉に臨もうとしていた。こうした中で,ジュネーブ会議開催以前に関税および特恵関税譲許要求リストが交換された。われわれはそうしたリストの分析から,アメリカが,イギリスそして英連邦諸国に対して戦中以来求めてきた英帝国特恵関税制度の骨抜きの具体案を突きつけたことを明らかにしたのである。

第7章では,これまで我が国では研究蓄積が全くないジュネーブ関税引下げ交渉(GATT第1回関税譲許ラウンド)の詳細な実証分析を,イギリス国立公文書館(The National Archives:TNA)の史料を中心に据え,行った。イギリスはアメリカの繰り出す特恵縮小要求,とくに撤廃を悉く退けた。また英連邦諸国も,羊毛問題に神経を尖らせ,アメリカとの交渉は頓挫した。イギリスはアメリカとの交渉決裂を覚悟し,決裂の際発表するプレスリリース用の文書まで作成した。アメリカもマーシャル援助からのイギリスの除外をちらつかせたが,イギリスは

動じなかった。結局，アメリカ側が折れる形で7カ月近くに及ぶ交渉は終結した。

われわれがイギリス国立公文書館（TNA）の史料分析から得たこうした結論は，90年代以降，欧米で発表されたジュネーブ関税交渉に関するいくつかの研究が出したそれと全く同じである。しかし，それらは，イギリスがアメリカの要求を退けたことをもって，イギリスの勝利と結論付け，そこからアメリカのヘゲモニーへの懐疑について述べるに留まっていた。われわれはそうした結論を超え，なぜアメリカが英帝国特恵関税制度をほぼ無傷のまま温存することを許したのかに答えなければならない。それはアメリカのヘゲモニーの欠如によっては説明できない。そこでわれわれが注目するのが，関税引下げ交渉と同時平行的に行われていたGATT文書の作成とその施行に向けての交渉である。ジュネーブ会議の第3目的であるGATTの創出は，第8章で述べるように，その他の中核国からの要求や批判によって，アメリカは困難な交渉を強いられていた。数の上では優るこれら中核国の要求を抑え，そして躱し，多国間通商協定を成立に導かなければ，アメリカの目指すシステムの形成は覚束ない。とくに冷戦時代に突入し，アメリカがそれに失敗することは，これから打ち立てようとしているヘゲモニーの確立に失敗することに繋がる。われわれはジュネーブ関税引下げ交渉の結果を，第8章で述べるGATT文書の作成とその施行手続きに関する交渉と関わらせて理解すべきであると考える。それでは第8章の内容を要約することにしよう。

第8章では，GATT文書の作成過程を跡付けた。とくにGATT文書類は4回の大きな書き換えを経て，GATTオリジナル文書に帰結する。すでにGATT第2草稿までの検討は，第5章で行ったので，それを引き継ぐ形で第3草稿以降のGATT文書の書き換えとその施行手続きを巡る論争に焦点を当てた。つまり，GATT誕生の最終局面とその結果生み出されたGATTの特徴を分析することで，当初想定されたGATTの性格変化とそれに起因する多国間主義の内実に迫りたい。そしてこうした作業は戦後貿易システムの本質を明らかにすることになると考える。

さて，第8章は2つの節から成り立っている。第1節は，GATTの直接的な原型となった第3草稿の分析を行った。第3草稿は，アメリカを中心とする「関税交渉に関する作業部会」，いわゆるキー・カントリーズ5カ国（アメリカ，イギリス，フランス，オランダ，カナダ）が作成したものであった。3部構成をとると

ともに,「調印に関する議定書」を設けることで,GATT第2草稿第27条に規定されていたITO憲章施行まで義務について,議定書に移行させた。これは,GATT本体からITO憲章に関する記述を削除し,GATTを多国間通商協定として成立させるというアメリカの目的からであった。かかる目的は,GATT前文の書換えにも反映された。前文からもITO憲章との関係を述べた部分が削除された。こうして第3草稿は,ITO憲章との関係を希薄化させる第一歩となった。もうひとつ重要なことは,第32条「暫定適用」が加えられたことである。キー・カントリーズ8カ国（上記の5カ国に加えて,ベルギー,ルクセンブルク,オーストラリア）は,第Ⅰ部と第Ⅲ部について,そして第Ⅱ部については国内法と矛盾しない限りにおいて,ジュネーブ会議終結後直ちに,GATTを暫定的に施行することを謳ったものであった。多国間通商協定を成立させるためには,各国の調印と批准が必要であるが,比較的経済構造が似通っているキー・カントリーズの間ですら,GATTの諸規定（主に第Ⅱ部）と国内法との乖離は大きく,結局,第Ⅱ部に関していわゆる祖父権条項をもって,即時施行に移すことが企図されたのである。アメリカ政権は,国内政治情勢を考慮に入れ,1948年6月の互恵通商協定法更新までにGATTの施行を図ったといえる。

ここで注意すべきは,暫定適用という用語である。暫定的なる意味は,我が国においてGATTが間に合わせの協定であり,ITO憲章への橋渡しに過ぎないものという意味で使われてきた嫌いがある。当初（少なくとも第1回貿易雇用準備会議〔ロンドン会議〕まで）のツー・トラック・アプローチもそうした計画であった。しかし,ジュネーブ会議において,このアプローチは余りにも事態を単純化したものであることが判明した。つまり,多国間通商協定を成立に導くことですら,非常な困難を伴うということである。苦肉の策が,とりあえずGATTを実行できる国（キー・カントリーズ）から暫定的に運用し,時間をかけて施行に導こうという案であった。第3草稿作成の意図はこのように捉えることができる。

こうしたアメリカを中心とするキー・カントリーズの提案に対して,その他の中核国諸国から疑問と反対の声が上がった。第2節は,GATT成立を巡る対立軸が,米英から,米英を中心とする先進国（キー・カントリーズ）とその他の中核国へと移っていくことを明らかにしつつ,GATTオリジナル文書の完成までを跡付けた。第3草稿では,すべての締約国がジュネーブ会議終了直後に

GATTへ調印することが計画化されていた。それに対してその他の中核国は，政府の許可なしに，即時にGATT調印は不可能であるとの見解を示したのである。そこでファイナル・アクトによってGATTを認証（authentication）するという妥協案が成立した。その上でアメリカは第32条「暫定適用」を「暫定適用に関する議定書」として独立させ，議定書に調印できる締約国を明確化することによって，GATTの早期施行を計った。われわれはこれをキー・カントリーズ先行論と名付けた。こうしてGATTにはファイナル・アクトと暫定適用に関する議定書が加わった。

しかし，こうしたアメリカの努力と妥協にもかかわらず，その他の中核国はGATT第3草稿に疑問を呈し続けたのである。彼らはとくにGATT第II部の存在を問題にした。検討途上にあるITO憲章草案の通商政策に関する規定をGATT第II部にわざわざ挿入してまで，GATTなるものを成立させなければならないのか？　多数派を形成するその他の中核国のこうした見解は正鵠を得たものであったが，アメリカは少数派であるキー・カントリーズの協力を得て，GATT第II部の削除を阻止したのである。なぜ，アメリカがジュネーブ関税交渉において，イギリスに英帝国特恵関税制度の維持を認めたのか，ここにその解答があると考える。アメリカは多国間通商協定GATTの施行にこだわり続けたのである。アメリカにとってGATTは単にITO憲章施行までをカバーする間に合わせ，すなわち暫定協定ではなく，ITO憲章から独立した多国間通商協定としての意義が大きくなっていったのである。

こうしてGATT第3草稿は，第4草稿として書き換えられた。しかし第4草稿は，妥協の上に作成されたがゆえに，GATT本体，ファイナル・アクトそして3つの議定書を有する複雑な文書となった。こうした文書をスリム化し，論理の一貫性を持たせる書き直しが必要となった。第4草稿の書き換えはGATT完成案，すなわちGATTオリジナル文書に帰結した。GATTへの調印という行為がなくなり，ファイナル・アクトから受諾そして施行へと向かう道筋が示されると同時に，受諾と施行の時期が曖昧にされた。他方，ITO憲章との関係もいっそう不明確にされた。GATTは多国間通商協定として自立できるように仕立て上げられたのである。残るは，GATTを暫定適用から，受諾行為を通じて正式に運用することにあった。それにはアメリカが率先してGATTを議会にかけ，

批准を行う必要があった。しかし，アメリカ政権は，議会のねじれ状況からGATTが否決されることを恐れたのである。かくしてGATTは暫定適用のまま，運用されることになった。暫定的なる意味は多国間通商協定すら締結することの困難さを表すものと理解すべきである。

ところで，こうして1947年10月30日に，ファイナル・アクトと暫定適用に関する議定書への調印をもって，GATT本体（われわれのいうところのGATTオリジナル文書）が1948年1月1日からまずはキー・カントリーズ8カ国とキューバによって施行された。しかし，戦後の世界政治体制の枠組みが形成されつつある中で，GATTオリジナル文書（GATT本体，第Ⅲ部，34条構成）は，国連貿易雇用会議（ハバナ会議）の舞台裏で開催されたGATT第1回締約国団会議において，現在から顧みて，重要な変更が加えられるとともに，GATTの基本的形態である第Ⅲ部35条構成をとるようになった。本書で新たに追加した第9章ではこうした従来の研究では等閑視されてきた事実を主にアメリカ国立公文書館（NARA）の史料をもとに明らかにした。すなわち，アメリカは，第1回締約国団会議において，GATT加入の条件を緩和する提案を行うとともに，ハバナ会議で修正されたITO憲章の条文とGATTオリジナル文書の条文の入替えにイニシアティブを発揮し，GATT本体の書換えを進めた。アメリカ政権にとって，ITO憲章の優先順位は高くなく，かつその発効に不安を抱いていた。したがって，戦後の世界経済と政治情勢の変化に即応すべく，GATTオリジナル文書の規定改正をもって，対応しようと考えたのである。こうしてGATTオリジナル文書は，第1回締約国団会議による加筆・修正を経てWTO成立までをカバーする基本的構造と内容を有するようになったのである。本書（増補版）の第9章に，そうした過程の分析を加えることで，「戦後世界貿易体制成立史」は一応完成すると考えたからである。GATT型多国間主義の成立である。

以上の9章を通じて，われわれは本書の概略について説明したが，以下ではGATTがどのように構想され，極めて特殊な形で成立する経緯について詳細な検討を行う。なぜ複雑な手続きを踏まなければGATTは施行できなかったのか？　極めて単純化していえば，これは多国間通商協定を実施に移すことが，各国の国益から如何に困難であったかを示すものである。しかし同時に曲がりなりにも，暫定的にせよ，多国間通商協定GATTが施行されたことは戦前段階と一

線を画するものといえよう。GATT オリジナル文書は第1回締約国団会議でその体裁を整えられて以降，何回か書き換えられ，最終的にWTO設立協定の一部を構成することになる。

　本書の完成でもって，これまで追い続けてきた戦後貿易システム形成に関する研究は一段落つくことになる。しかし，これは私の研究の一里塚に過ぎないと自覚するに至っている。リーマン・ショックを契機とした世界経済・金融危機以降，世界経済は構造変化を来している。この構造変化に対応すべく，われわれは新たな多国間主義を模索しなければならない段階にある。
　私のささやかな歴史研究が，機能不全に陥っている現在の世界貿易システムの再建・再生を考えるに当たって，日本の貿易政策の将来を考える上で，少しでも手がかりを提供することになればと願っている。
　出版事情が厳しい中，今回も本書の刊行を引き受けて下さったミネルヴァ書房，また前回に引き続き編集を担当して下さった梶谷修氏に感謝している。

2019年2月1日

山本和人

多国間通商協定 GATT の誕生プロセス［増補版］
――戦後世界貿易システム成立史研究――

目　次

増補版はしがき

第1章 米英戦時貿易交渉——戦後貿易システムの原点 …… 1

第1節 大西洋憲章と相互援助協定に関する理解——貿易自由化と完全雇用の実現 …… 2
第2節 戦後貿易システムの模索——ミード構想，ワシントン会議（1943年9～10月）の意義 …… 11
第3節 多国間システム構築の本格化——アメリカへの主導権の移行 …… 14

第2章 1945年米英金融・通商協定——戦後貿易システム構築を巡る米英の確約 …… 27

第1節 戦時貿易討論から戦後貿易交渉へ …… 28
 (1) 戦時貿易討論の到達点：アメリカによる『国際貿易機構設立に関する提案』の提示とその内容 28
 (2) 第3局面（Stage III）の対英援助問題と米英貿易討論の模索 30
  ①アメリカの対英援助構想とイギリスへの圧力 30
  ②イギリスの対応と戦後米英貿易交渉の模索 31

第2節 ワシントンにおける米英貿易交渉（1945年9～12月） …… 33
 (1) 通商政策委員会の開催 33
  ①アメリカによるツー・トラック・アプローチの提唱 33
  ②特恵関税の撤廃を巡る米英の攻防 36
 (2) 英連邦諸国との関係 40

第3章 米英金融・通商協定から第1回貿易雇用準備会議（ロンドン会議）前夜まで …… 59

第1節 米英金融・通商協定とアメリカによる関税引下げ交渉の提案 …… 62
 (1) 米英金融・通商交渉の終了とアメリカによる予備貿易会議の提唱 62
 (2) 1946年2月プラン：アメリカの世界貿易システム形成のシナリオとそのタイムテーブル 63
  ①予備貿易会議の内容とその意義——GATTのブループリント 63

　　　　　②ITO憲章の作成プラン　65
　　(3) アメリカ貿易プログラム（1946年2月プラン）の変更とその理由　67
　第2節　アメリカ貿易プログラムに対するイギリスの対応……………70
　　(1) 貿易交渉委員会（TNC）と対外経済政策委員会（OEP）の設立　70
　　(2) イギリスの世界経済認識と政策課題　72
　　(3) 英連邦会議の開催：ロンドン会議に向けての予備討論　76
　　　　　①会議の主要議題――国際雇用政策と産業開発問題　76
　　　　　②特恵関税と輸入数量制限に関する協議　81

第4章　第1回貿易雇用準備会議（ロンドン会議）の考察とITO憲章草案の作成――セカンド・トラックに関する協議 …………95

　第1節　ITO憲章アメリカ草案の提出 ……………………………………96
　　(1) 問題の所在と先行研究の整理　96
　　(2) ロンドン会議の目的と概要：ITO憲章アメリカ草案の検討　98
　第2節　ITO憲章アメリカ草案の修正とその意義 ……………………100
　　(1) 雇用条項の深化と拡大：国際雇用政策の必要性　100
　　(2) 経済開発条項の追加　108
　　(3) ITO憲章ロンドン草案と戦後過渡期の世界経済構造　112

第5章　第1回貿易雇用準備会議（ロンドン会議）とGATT草案の作成――ファースト・トラックに関する協議 ……………125

　第1節　GATT原案（レディ案）の提出とその検討――ファースト・トラックに関する協議 ……………………………………………………125
　　(1) ロンドン会議における関税引下げ交渉の位置付け　125
　　　　　①ITO憲章アメリカ草案第IV章「通商政策一般」の考察　125
　　　　　②手続きに関する下部委員会の形成　127
　　(2) GATT原案（レディ案）の作成：ロンドン会議GATT草案の特徴　132
　　　　　①手続きに関する下部委員会報告書の内容　132
　　　　　②ロンドン会議GATT草案――GATT原案（レディ案）とGATT第1草稿の作成　137

第 2 節　起草委員会によるGATT草案の完成──ニューヨーク会議の帰結……141
　　(1)　GATT 第 1 草稿の修正　141
　　　　①ニューヨーク会議の目的とその内容　141
　　　　②ロンドン会議GATT 草案の加筆・修正──関税手続きに関する下部委員会の設立と米英による修正案の提出　142
　　(2)　GATT 第 2 草稿の作成　145
　　　　①GATT 第 2 草稿の内容と特徴　145
　　　　②ロンドン会議の到達点とジュネーブ会議に向けて　151

第6章　第 2 回貿易雇用準備会議（ジュネーブ会議）への途──分析視角と米英の動向 ……165

第 1 節　ジュネーブ会議分析の視角 ……165
　　(1)　戦後貿易システム構築におけるジュネーブ会議の位置付け　165
　　(2)　欧米のGATT 研究の一系譜：多国間主義論とEmbedded Liberalism　168

第 2 節　ジュネーブ会議に向けて ……171
　　(1)　ロンドン会議での合意　171
　　(2)　イギリスの動向：イギリスの関税および特恵政策と英連邦会議の招集　173
　　　　①関税・特恵政策に関する商務大臣クリップスの見解と対外経済政策委員会（OEP）の開催　173
　　　　②英連邦会議（1947年 3 月11日～ 4 月 3 日）の招集──ジュネーブ会議関税交渉に対する自治領諸国とインドの見解　176
　　(3)　アメリカの動向：トルーマン大統領による大統領令の発動と関税引下げおよび特恵関税幅の縮小・撤廃要求　182
　　　　①保護主義者からの圧力と大統領令の発動　182
　　　　②イギリスおよび英連邦諸国に対する関税・特恵関税譲許要求リストとその内容　184

第7章　ジュネーブ関税引下げ交渉──GATT の第 1 回関税譲許交渉の分析 ……201

第1節　第2回貿易雇用準備会議（ジュネーブ会議）における関税引下げ交渉の位置付け ……………………… 202
　　(1)　ジュネーブ関税引下げ交渉に関する本書のアプローチ　202
　　(2)　ジュネーブ会議：関税引下げ交渉の枠組み作りとタイムスケジュール　205
第2節　米英の関税引下げおよび特恵関税幅縮小・撤廃交渉の実際 ……… 206
　　(1)　交渉の初期局面（1947年6月まで）：デッドロックの原因　206
　　　　①米・英・英連邦諸国のオファーに関する統計分析　206
　　　　②米英交渉の実態――世界経済再建方法の相違　215
　　　　③アメリカ―英連邦諸国の交渉――羊毛問題の浮上　220
　　(2)　交渉の中期局面（1947年7～8月）：妥協点の模索　223
　　　　①アメリカの修正要求リストの提出とイギリスの反応　223
　　　　②羊毛法案に対する大統領拒否権の発動と羊毛関税の引下げ　228
　　(3)　交渉の最終局面（1947年9～10月）：交渉の決裂から修復へ　231
　　　　①ウィルコクス声明――アメリカの再提案の内容　231
　　　　②交渉決裂の危機――クリップスの覚書とイギリス閣議決定の内容　233
　　　　③交渉妥結に向けて――ブラウン・ヘルモア提案を巡って　234

第8章　GATT文書類の作成とその発効手続きを巡って――第2回貿易雇用準備会議（ジュネーブ会議）の意義 ……………………… 253
第1節　ジュネーブ会議におけるGATT条文作成の第1プロセス――関税交渉に関する作業部会の形成とGATT第3草稿 …………… 253
　　(1)　GATT構想の具体化と関税交渉に関する作業部会　253
　　(2)　GATT第3草稿の解剖：第2草稿との比較において　261
　　　　①広義の貿易協定から狭義の貿易協定へ　261
　　　　　1-1　GATT前文の書換え　261
　　　　　1-2　調印に関する議定書の作成――第2草稿第27条「付属文書（プロトコル）」のGATT本体からの削除　267
　　　　②Ⅰ部構成からⅢ部構成への変更の理由と意義――暫定適用条項（第32条）挿入の必要性　270

第2節　GATT条文作成の第2プロセス——関税協定委員会の形成から
　　　　　GATT関連文書の完成と認証に向けて ……………………………*275*
　　（1）関税協定委員会の形成とGATT第3草稿の評価を巡って　*275*
　　　　①関税協定委員会の形成　*275*
　　　　②GATT第3草稿の修正　*276*
　　　　　2-1　ジュネーブでのGATT調印の必要性とその矛盾
　　　　　　　　——ファイナル・アクトの考案　*277*
　　　　　2-2　暫定適用条項から暫定適用に関する議定書へ
　　　　　　　　——キー・カントリーズ先行論　*279*
　　　　　2-3　GATT第II部に対する疑問と批判を巡って
　　　　　　　　——キー・カントリーズ vs. その他の中核国　*283*
　　（2）GATT第4草稿からGATT完成案（オリジナル文書）へ　*286*
　　　　①GATT第4草稿を巡る論争——調印に関する議定書の削除　*286*
　　　　　1-1　第4草稿におけるGATT施行に向けての手続き　*286*
　　　　　1-2　調印に関する議定書を巡る論争　*288*
　　　　②GATTオリジナル文書の完成　*293*
　　　　　2-1　ファイナル・アクトへの加筆と第29条「本協定とITO
　　　　　　　　憲章との関係」の挿入　*293*
　　　　　2-2　GATTオリジナル文書の構造と多国間通商協定
　　　　　　　　GATTの暫定的船出　*296*

**第9章　GATT第1回締約国団会議の開催とその意義——GATTオ
　　　　リジナル文書（1947年10月）の修正と加筆を巡って** ………………*307*
　　第1節　GATT第1回締約国団会議（1948年2～3月）の開催に向けて …*308*
　　　　（1）ITO憲章への調印とその施行の不透明性　*308*
　　　　（2）協議事項の内容とアメリカ政府の方針　*312*
　　第2節　敗戦国の扱いと新規加入国問題 ………………………………………*314*
　　　　（1）敗戦国を巡るアメリカとイギリス・フランスとの確執　*314*
　　　　（2）GATT加入に関する規定の修正・柔軟化：GATT第33条の改訂と
　　　　　　第35条の追加　*316*
　　第3節　欧州復興計画とGATT——ITO憲章条文との早期入替えを巡って ……*320*

xviii

(1) GATT第29条原則を巡る論議　*320*
(2) ドル不足への対応と欧州関税同盟形成への支援：GATTオリジナル文書第24条の入替え　*323*
　　①欧州復興計画と地域貿易協定に関する規定の深化：その1——関税同盟形成の条件と制約について　*323*
　　②フランス－イタリア関税同盟形成に関する決定——GATT第25条ウェイバー条項の発動　*327*
　　③欧州復興計画と地域貿易協定に関する規定の深化：その2——自由貿易地域の形成の容認　*329*

エピローグ——戦後貿易システム形成と多国間通商協定GATT…………*345*

年　　表……*355*
参考文献……*357*
増補版あとがき……*363*
人名索引……*369*
事項索引……*371*

第1章

米英戦時貿易交渉
——戦後貿易システムの原点——

　1986年9月から1994年4月にかけて124の国と地域が参加したGATTの第8回多国間貿易交渉（ウルグアイ・ラウンド）においてWTO設立が合意され，冷戦終結後，文字通り全世界をカバーする，新自由主義，グローバリズムを基調とするアメリカ主導の世界貿易体制（WTO型多国間主義）が確立するかに思われた。しかしアメリカのリーマン・ショックに端を発した世界金融・経済危機により，世界経済は激変した。冷戦後，唯一の超大国としてこの世の春を謳歌したかに見えたアメリカ，そしてグローバルスタンダードとして確固たる地位を獲得したかにみえた新自由主義は，その限界が露呈した。危機から8年以上経っても，世界経済（とりわけ先進国経済）は混沌とした状況にある。周知のように，アメリカではトランプ旋風が吹き荒れ，主に中国を標的とする一方的関税引上げやTPPからの離脱，NAFTAの見直し，WTOへの不満が噴出（WTO脱退の憶測も流れる）し，他方，ヨーロッパではイギリスのEU離脱に代表される国民国家への回帰現象など……。20世紀後半の多国間貿易システムの構築に結集したアメリカを筆頭とするイギリスおよび西欧諸国は，多国間主義を否定する動きを強めているように思える。曲がりなりにも，70年以上，世界貿易を律してきたルールや原則が機能しなくなってきている。新たな多国間主義を模索しなければならない段階に達しているといえよう。世界経済の転換点にある現在，ずっと抱いていた問題意識——イギリスからアメリカへの主導権の移行の特徴を貿易システム形成の面に焦点を当て，その本質を解き明かす——が，いっそう鮮明に浮かび上がってきた。このような現状に鑑み，未完の書であった前著（『戦後世界貿易秩序の形成——英米の協調と角逐』）の続編を刊行する次第である。

　本書の執筆を通じて，理解できたことは，多国間協定を成立させる困難性とそれを乗り越えるためにとられた複雑な手続き，またそれとの関連でGATT成立

を巡る通説の不正確さである。こうした不十分さはGATT研究，特にその成立史が我が国において空白であったこと，さらにいえば欧米においてもその傾向がみられたことによる。しかし，欧米においては20世紀末よりGATT成立に関する歴史研究が飛躍的に進展した。また政治学の分野では，われわれ経済学者が，戦後貿易システムを形容する際に用いてきた3原則，つまり，自由・無差別・多角主義について，自由そして無差別の内容を吟味するとともに，多角主義（Multilateralism：われわれは多国間主義と呼ぶことにする）をどのように規定するかについて，ラギー（Ruggie, J. G.）の研究（Ruggie, 1982, 1993）を嚆矢として，その概念が豊富化されている。こうしたGATT成立に関する研究の深化を背景に，本書では，戦後世界貿易システム成立プロセスを具体的に跡付けることで，その特徴（GATT型多国間主義）を明らかにするとともに，アメリカの覇権の内実を豊富化する作業を行う。

本章では，前著の上梓以来生じた世界経済の変化やGATT研究の進展を視野に入れ，前著の内容を敷衍・深化させることを目的とするものである。後掲の図表については，**図1-1**は前著から引用し，**図1-2**は，修正を加えて作成し直したものであることを付け加えておく。

第1節　大西洋憲章と相互援助協定に関する理解
――貿易自由化と完全雇用の実現

戦後の貿易システムの起源をどこに求めるべきか？　われわれは前著において，その原点をイギリスの戦後貿易システム案である『国際通商同盟案』（ミード・ゲイツケル案）とその方式に関する英米の合意（具体的には第2節で述べるワシントン原則）に求めた（山本和人，1999，第7，第8章）。国際通商同盟案の骨子は，貿易に関する普遍的な国際ルールの設定と国際機関の創設を謳ったものであった。国際通商同盟案は，多国間主義（Multilateralism）という新たな発想に基づく画期的な提案であり，まさに貿易政策におけるパラダイム転換と位置付けることができよう。こうしてわれわれは戦後貿易システムの最大の特徴を，多国間主義に置いた。ラギー（Ruggie, J. G.）は，「多国間主義とは一般化された行動原則に基づいて3カ国以上の関係を調整する制度上の形態（institutional form）のこと」（Ruggie, 1993, p. 11）であり，第2次大戦前には基本的に存在しなかったと述べ

ている。ところで，ラギーのいう一般化された行動原則とはどのようなものなのか。換言すれば，多国間主義の中に嵌め込まれる貿易の原則とは？　そして如何なる経緯を辿ってその合意に達したのか。さらにその原則がどのような具体的ルールとして結実したのか。この最後の問題については，第2章以下でその決着の仕方を明らかにするが，前著で到達した一応の結論に，新たな事実を加えて整理しておく必要性があろう。従って，第1章は，本書『多国間通商協定GATTの誕生プロセス』の序説に相当するものである。

　従来の研究では，戦後の貿易原則を自由・無差別・多角（多国間）主義と捉え，その原点をどこに求めるかについて議論が展開されてきた。前著でも指摘した通り，我が国の国際経済学者の一部や最近の経済史家たちは，その原点を1930年代のアメリカ貿易政策，すなわち1934年互恵通商協定法に基づく通商協定締結運動に求める傾向がある。しかし，前著で明らかにしたように，この見解にわれわれは同意しかねる。というのも，互恵通商協定法とその締結運動は2国間主義に基づくものであり，多国間主義に基づく戦後貿易システムとは次元的に異なっている。

　ここではわれわれの考えるこの最大の相違点は措いて，互恵通商協定法とその締結運動について考察することにする。互恵通商協定法は，表面的には無差別主義，互恵主義に基づく関税引下げや差別的貿易障壁の削減・撤廃を謳っていた。つまり，文字通り解釈すれば，自由・無差別主義を標榜していたのである。しかし，実際の運用に関しては，主要供給国方式や関税再分類化方式(2)（後に述べるようにGATT規定では禁止）を代表とする差別主義的側面を持つとともに，締結相手国に関しても，西半球諸国が多くを占めていた。互恵通商協定締結運動は，アメリカが意識したかしなかったは別としても，結局のところ1930年代の世界状況の中で，西半球ブロックの形成となって現れたのである。こうしたことから，互恵通商協定法とその締結運動に戦後貿易原則である自由・無差別主義の原型を求めることは無理があると考える。

　しからば，その原則がいつ明確な形をとって現われるのであろうか。それは前著で明らかにしたように，1941年3月に成立を見た武器貸与法を境として，アメリカの対外政策が西半球主義を超えて展開される時期と軌を一にしていると捉えることができよう。1941年5月にアメリカのハル（Hull, C.）国務長官は，いわ

図 1-1 英米戦時貿易交渉と戦後貿易構

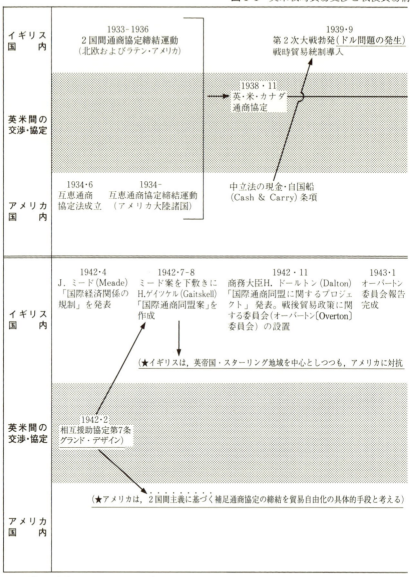

（出所）山本和人，1999，図 8-1 を引用。

第1章　米英戦時貿易交渉

想の立案——ワシントン会議に至る過程

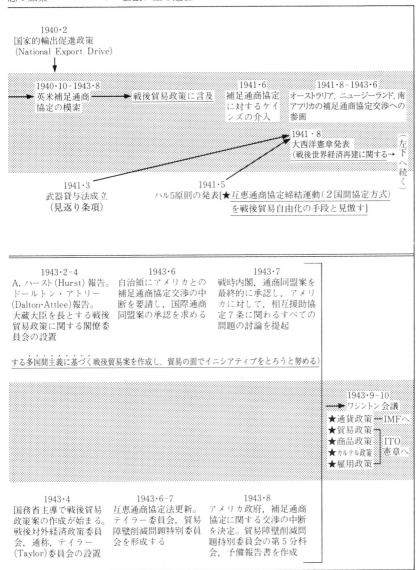

ゆるハル5原則（山本和人，1999，170ページ参照）を発表，さらにはイギリスおよび自治領諸国（オーストラリア，南アフリカ，ニュージーランド）と補足通商協定の締結を模索し，戦後貿易に関する約束を取り付け，アメリカが差別主義の権化と見做す英帝国特恵関税制度の解体を2国間主義に基づいて実施していこうと考えるに至ったのである（山本和人，1999，159〜163ページ）。そしてこのような動きと歩調を合わせるが如く，米英間で発表されたのが，1941年8月の大西洋憲章の経済条項である第4，第5パラグラフ，そして1942年2月に合意した相互援助協定第7条であった。強調すべきは，単に貿易政策だけに焦点を当てるのではなく，対外政策総体の変化と関わらせて，アメリカ貿易政策を分析する視角を提供しようとした点にある（山本和人，1999，第5，6章）。その要点については，**図1-1**に示した通りである（山本和人，1999，212〜213ページより引用）。なお，われわれは前著において，大西洋憲章第4，第5パラグラフおよび相互援助協定第7条を含めた武器貸与法から続くこうした一連の流れを「戦後世界経済再建に関する理念（グランド・デザイン）」の構築過程と位置付けた。

　ガードナー（Gardner, R. N.）の古典的名著，Sterling-Dollar Diplomacyでは，2つの声明，つまり大西洋憲章第4パラグラフ，相互援助協定第7条において戦後貿易の基本原則が謳われているとされる（Gardner, 1956〔revised in 1980〕, Chapter 3-4）。そして我が国においては必ずといってよいほどガードナーの分析が典拠とされているが，2つの声明を詳細に検討した研究は，管見する限り，ほとんどない。唯一，佐々木隆生氏が，戦後世界経済の編成の論理として大西洋憲章を分析されている（佐々木隆生，1980，1986，2010）。氏の理解によれば，大西洋憲章第4パラグラフのいう「英米両国は，既存の義務を十分尊重し，世界のすべての国は……公平な条件の下に世界貿易に参加し……」（*FRUS*, 1941, I, p. 368：傍点は筆者）は，自由・無差別・多角原則（「多角」という言葉を氏の理解に従ってここではそのまま使用する）を述べており，これはアメリカの論理，いわゆるハルの原理を代弁している。もちろん氏が重視されるのは後者の傍点で示した「公平な条件の下に」である。さらに氏は，「英米両国は，労働水準の向上，経済発展そして社会保障の達成という目的をもって，経済面ですべての諸国が最大限の協力を行うことを要望する」（*Ibid.*, p. 368）と謳った大西洋憲章第5パラグラフに注目される。そして氏は，第5パラグラフを「完全雇用と経済成長のための

国際協力」（佐々木隆生，2010，225ページ）を約束したものと捉え，イギリスの論理，ケインズ（Keynes, J. M.）の原理を代表していると結論付けられる。氏の分析視角は，冷戦の最中に書かれた最初の2つの論文と直近の著書では異なるが，戦後世界経済編成の論理を，「自由・無差別・多角主義」と「国際協力」という2つの側面から捉え，その起源を大西洋憲章第4，第5パラグラフに置いていることには相違ない。

　もっとも，近年の海外の研究は，大西洋憲章第4パラグラフについて，佐々木氏ほどアメリカの論理が貫徹したものと見做していない。例えば，大西洋憲章発表の経緯を，英米の未公刊公文書類を中心に多くの第1次史料に基づいて，本格的分析を試みたドブソン（Dobson, P.）は，第4パラグラフについて米英双方が受入れることができる両義性をもち，抽象的な表現に留まっているとし，自由貿易について明確な定義を下したものではないと結論付けている（Dobson, 1986, Chapter 3 ; Dobson, 1988, p. 29）。つまりドブソンは，第4パラグラフの成立過程を米英の駆引き，それにアメリカ政権内部の対立を絡めて分析した結果，第4パラグラフの内容（傍点を付した「既存の義務を十分尊重し」に着目）について，英米共通の戦争目的に留めるというイギリスの主張が通ったものと結論付けているのである（ドブソン論文の要約については，山本和人，1987）。同じく，ジラー（Zeiler, T. W.）も，第4パラグラフが，明確性と目的を欠き，国務省の自由貿易論者をうんざりさせたと述べている（Zeiler, 1999, p. 26）。同様の評価はGATTの誕生プロセスを扱ったアーウィン（Irwin, D. A.），マブロイディス（Marvroidis, P. C.），サイクス（Sykes, A. O.）による直近の著書（Irwin, Marvroidis, and Sykes, 2008, p. 17）にも見られる。こうして，近年の欧米の研究では，大西洋憲章第4パラグラフに対して，自由貿易について規定したものではないという評価を下している。

　それでは第5パラグラフに対してはどうか？　ドブソンは，第5パラグラフを「社会保障条項」と称している。そして彼は，完全雇用と経済の拡大の実現のために，アメリカからの輸入を制限できる権限をイギリスが要求したものと解釈したのである（Dobson, 1986, p. 74）。佐々木氏のいう完全雇用実現のための国際協力と，ドブソンのいうその実現のための輸入制限は，どのように関連付けるべきであろうか。われわれは，2人の見解を総合的に捉えるべきであると考える。

GATTやITO憲章を作成するに当たって，第5パラグラフは雇用に関する章あるいは条項の基本理念となったと考えられる。GATT草案やITO憲章の雇用に関する章および条項は，黒字大国アメリカの国際経済運営に対する責任，つまり率先して貿易障壁を削減・引下げるとともに，拡張主義的な経済政策を継続することによって，世界の需要を喚起すること（換言すれば，世界の完全雇用を促進すること）を規定していた。これが佐々木氏のいう国際協力に当てはまる。他方，GATT草案やITO憲章には，アメリカ以外の世界，特にイギリスに代表される貿易赤字国が，国内雇用を守るために経済拡大政策を採用し，赤字がさらに拡大した場合（それはアメリカの不況によっても引き起こされるが），アメリカからの輸入をストップできる輸入制限の権限を明確化したのである。世界（イギリス）の完全雇用の達成を可能にする国際環境は，アメリカの責任（国際協力）と世界各国（イギリス）に与えられる輸入制限の権利のもとで，整えられる。

　イギリスでは，初期（1941年初頭）から，戦後の雇用問題について検討が始められる中，雇用問題と国際収支赤字の関係が認識され，こうした状況の下で，完全雇用をどのようにして達成するかについて考察が進められていた。そしてそのために，各国の金融，財政そして投資政策について国際的な協調が必要であると考えるに至っていた。経済部（Economic Section）がその検討の役を担い，ミードがその中心的存在であった。彼は，戦後にイギリスの完全雇用を達成するために必要な貿易に関する国際的な枠組みとして『国際通商同盟案』を提案したのであり，同案には国際収支黒字国に比べて赤字国に保護主義的手段の採用を認めるという思想が流れていたのである。(3)このような事実から，大西洋憲章第5パラグラフの発表とイギリスの完全雇用政策に関する研究開始の時期が符合することが理解できよう。第5パラグラフはイギリスの主張に基づいて挿入されたのである。もっとも，イギリスとて，注(3)で述べたように，1941年段階において政府内部で完全雇用の達成方式について議論が開始されたばかりであり，世界の完全雇用に対するアメリカの責任とイギリス（その他諸国）の権利について，明確に規定できたわけではなく，第5パラグラフは，上記のような経済発展や社会保障の達成のための国際間の協力という抽象的表現がとられたのである。イギリスにおいて完全雇用政策へのコンセンサスは，1942年12月のベバリッジ報告以来，形作られ，1944年5月の『雇用政策白書』において，「戦後において高度で安定的な雇用の

維持を最も重要な政府の目的と責任のひとつとして受入れる」という約束を政府が行ったこと（Toye, 2003, pp. 142-144）で成立した。そしてアトリー（Attlee, C. R.）労働党政権が誕生すると，さらに雇用問題を国際的な枠組みの中で捉える動きが高まっていくのである。イギリスは完全雇用政策の公約を，自国の置かれた厳しい国際環境，つまり巨額の貿易赤字を計上する中で，実施しなければならないというジレンマに陥っていた。後述するように，第5パラグラフの原則が，イギリスの論理に沿って国際間の雇用問題として深化・具体化していくのは，大戦後の米英交渉そして中核国グループ間の交渉においてであった。

　したがって，アメリカが第5パラグラフに込められたイギリスの意図を的確に理解できたかどうかは疑問である。第5パラグラフの短い抽象的表現から，アメリカの一方的義務とイギリスの権利を読み取ることは不可能であろう。戦後の状況が明確に読めない状況で，つまり，イギリスの貿易赤字とアメリカの黒字という状況というインバランスな世界は想定できても，その程度がはっきりしない状況下にあって，完全雇用の追求という両国共通の目標の追求がイギリスの権利とアメリカの義務を伴うものであることを読み取ることはアメリカにとって不可能であったと思われる。アメリカが第5パラグラフをすんなりと受入れた背景はこうした時代的制約があったと考えられる。また戦争終結直前まで，アメリカは，完全雇用の追求を国際的な枠組みの中で考える視角をもっていなかったことも確かである。後述するように，アメリカが作成した最初の「国際貿易機構のアウトラインに関する草案」には，完全雇用のための国際政策を扱った章は存在しないのである。完全雇用政策はあくまでも国内問題であり，国際間のそれではないという考えがあったと思われる。結果的には，イギリスの主張である第5パラグラフ，そして相互援助協定第7条の義務をアメリカは少なくとも戦中の貿易システム構築過程で無視したといえる。

　ところで，大西洋憲章の経済条項は，相互援助協定第7条となって具現する（前掲図1-1参照）。相互援助協定第7条では，大西洋憲章第4，第5パラグラフの目的がいっそう鮮明に描かれている。その内容を示せば次のとおりである。米英両国は，両国間の相互に利益的な経済関係の促進と世界的規模での経済関係の改善という目標のために，心を同じくするその他諸国の参加のもとに，第1に，適切な国際的そして国内的な手段を通じて，生産，雇用そして財の交換および消

費の拡大を目指し，第2に，国際通商におけるすべての差別的形態を撤廃，そして関税およびその他の貿易障壁を引下げることを目指す。両国政府は，<u>経済の現状に鑑みて</u>，上記の目的を達成する手段と，心を同じくするその他の政府の合意行動を求める手段を決定するための<u>会議を</u>，<u>早期の適切な時期に開催すべきで</u>ある（*DSB*, February 28, 1942, p. 192：傍点および下線は筆者）。傍点を付した箇所から明らかなように，第7条には，2つの目的が，大西洋憲章以上に鮮明に述べられている。第1の目的がケインズの原理，第2の目的がハルの原理となろう。

ここで注意すべきは，以後，米英間で戦後貿易システムを構築する際に理念となったのが相互援助協定第7条である。とくに「アーティクル・セブン（Article Ⅶ）」という固有名称が与えられ，貿易システム構築のたたき台となるのである。そもそも，第7条は，武器貸与法第3条(b)，いわゆる「見返り（Consideration）条項」に対する中間的な解答といえる。武器貸与法は，武器貸与物資の返済について曖昧に規定しており，その詳細については今後の検討（consideration）に委ねられたのである。とくに国務省が1941年5月に財務省に代わってこの問題の担当となると，見返り条項は戦後経済への確約を求める交渉へと進展していく（山本和人，1999，130～131ページ）。そして相互援助協定第7条の合意によって，その暫定的結論が出されたのある。従って米英にとって，第7条は大西洋憲章の経済条項より重要性を持つものであった。むしろ，大西洋憲章の経済条項は，第7条作成の過程で生み出された副産物として位置付けるべきであろう。第7条成立以後，米英による戦後経済の枠組み構築に際して，第7条は Article Ⅶ として，世界経済システム構築の原理を提供するものとなるのである。

ただし，第7条の解釈を巡っては，米英間に大きな隔たりがあったこと，さらに第7条の条文に下線を引いた箇所が示すように，具体的な交渉をいつ始めるのか明確にしていなかったことが重なって，貿易システム構築を長引かせる要因となった。

それでは，大西洋憲章第4，第5パラグラフそして，より重要なものとして相互援助協定第7条の意義をどのように捉えればよいのか。われわれは，実際に貿易システム（GATTおよびITO憲章）を構築するにあたって開催された一連の国際会議に「第1回国連貿易雇用準備会議」（ロンドン会議），「第2回国連貿易雇用準備会議」（ジュネーブ会議），「国連貿易雇用会議」（ハバナ会議）という名称が与

えられたこと（傍点は筆者），さらにITO憲章には，貿易一般についてのルールを規定した章とともに，国際雇用政策について言及した章が存在した事実に注目する。つまり，貿易に関するルールと各国の完全雇用実現のためのルールの理念を大西洋憲章第4，第5パラグラフ，そしてその完成版としての相互援助協定第7条が提供したといえるのである。そしてこうした理念は，次節で述べる多国間主義に関する米英の合意をもって，戦後貿易システムの基本原理を形成することになる。

第2節　戦後貿易システムの模索
――ミード構想，ワシントン会議（1943年9～10月）の意義

　第7条が発表されてから1年半後の1943年9月に米英両国は漸く，第7条を具体化するための討論に入った。われわれが呼ぶところのワシントン会議である。会議の結果，「貿易政策に関する英米合意文書」（邦訳については，山本和人，1999，246～252ページ参照），いわゆるワシントン原則が発表された。ワシントン原則では，貿易のルールの提供と紛争が生じた場合にその調停にあたる国際機関の創設が謳われていた。われわれが戦後貿易システムの最大の特徴と見做す多国間主義がここに米英の合意事項となったのである。すでに前著で述べたように，貿易システムを多角間主義に基づいて構築するという考えは，ミードの『国際通商同盟案』を起源としていた（ミードが執筆した案を商務省の主席次官であったゲイツケル〔Gaitskell, H.〕が多少の修正を加え，商務省に提出したので，正確にはミード・ゲイツケル案と呼ぶべきであるが，われわれは，以下，ミード案に統一する）。ミードは第7条に沿ってイギリスの戦後貿易案を作成したのであり，それは国際ルールの下に黒字国アメリカの責任を明確にし，その中でイギリスの権利（貿易制限を通じた完全雇用の実現と英帝国・スターリング地域の存続）を主張したものであった。おりしも，アメリカが補足通商協定の締結を軸に自治領諸国の切り崩しにかかっており，それを封じるためにも，イギリスに有利な国際ルールを作る必要があった。多国間主義によってアメリカの2国間主義を封じ，もってイギリスの国益を保持するという目的が通商同盟案には込められていたのである（補足協定については，山本和人，1999，151～167ページ，国際通商同盟案の作成からワシントン会議提出に至る経緯については，山本和人，1999，第7章を参照のこと）。

他方，アメリカはワシントン会議に際して，国際通商同盟案に相当する貿易案を纏めておらず，会議では通商同盟案が両国の議論のたたき台として利用された（その議論の詳細に関しては，山本和人，1999，230～243ページ）。アメリカは，通商同盟案に含まれたルールの内容について，とくに英帝国特恵関税制度の維持や一括引下げ方式に関しては，反対を唱え，対案を提出したが，国際通商同盟案の方式自体，つまり，多国間主義に関してはアメリカの2国間方式よりずっと進んでいることを認めたと，イギリス代表団長のロー（Law, R.）は内閣に提出した報告書「第7条に関する英米討論」で語っている。そもそもその報告書の一部である「貿易政策に関する米英合意文書」は，ミードらが商務省に提出したレポートを再録したものであった（山本和人，1999，241～242ページ）。

　事実，アメリカは，ワシントン会議の開催直前に，互恵通商協定締結運動を停止していることが，通商協定締結に関する日程表から読み取ることができる（山本和人，1999，228ページ，表8-1参照）。アメリカは1942年8月のアイスランドとの協定以降，2国間協定の締結は行っていない。またあれほどまでに自治領政府に圧力をかけていた補足通商協定の締結についても語らなくなった（山本和人，1999，242ページ）。明らかにアメリカの通商政策のスタンスが，2国間主義から多国間主義へ軸足を動かしていく過程をみることができるのである。

　ワシントン会議では貿易分野を含めて5つの分野（国際通貨，商品政策，国際カルテル，雇用問題）で討論が行われたが，国際通貨問題については，ホワイト案（基金案）に基づく米英の共同声明，「国際安定基金の設立に関する連合国および準連合国の専門家の共同声明」が発表された。それが1年後には，ブレトン・ウッズ会議に繋がっていった。その他の分野でも共同声明が出されたが，それほど多くの会議が開催されたわけではない。雇用分野では「高水準の雇用維持政策の国際調整に関する英米合意文書」が出されたが，雇用問題について話合いが持たれたのは実際，3回に過ぎず，完全雇用達成のための国際調整問題は今後の課題とされたのであった（山本和人，1999年，257ページ）。むしろ，ワシントン会議では，国際通貨問題と国際通商問題に対して相当突っ込んだ議論がなされたと捉えることができよう。会議において国際通貨の方からは，アメリカのホワイト（White, H. D.）の国際通貨基金案が，そして国際貿易の方からは，イギリスのミードの国際通商同盟案が，国際経済システムの構築に当たって雛型を提供するも

のとして承認されたのである。われわれはこの点を非常に重要だと考える。両案とも戦後世界経済の枠組みを特徴付ける多国間主義に立っているからである。

　もっとも，後者については，本邦はもちろんのこと欧米においてもほとんど注目されることはなかった。国際通商同盟案はベールに包まれ，その公刊が1980年代になって漸く行われたことにもその原因があると思われる。1980年代後半に，カルバート（Culbert, J.）によって国際通商同盟案に関する本格的研究（Culbert, 1987）が開始されて以降は，国際通商同盟案への関心は急速に高まっていった。その動きは，ラギーを中心とする国際政治学者たちによる戦後貿易システムの特徴を巡る研究の深化，いわゆる多国間主義の定義や Embedded Liberalism という概念の導入などと連動していた。以降，欧米ではGATT成立を巡る研究が相当な進展を見せた。ミード全集を編集したホーソン（Howson, S.）は，ミードの生涯とその業績を讃えた『エコノミック・ジャーナル』誌の追悼論文の中で，ミードをGATT創設の父（founding father）と呼んでいる（Howson, 2000, p. 122）。

　筆者も，前著において，英米の未公刊公文書類を紐解き，国際通商同盟案が，GATT，ITO憲章そしてWTOの根底を流れる重要な原則，つまり多国間主義を，貿易分野において初めて前面に押し出した画期的な提案であったことを明らかにした。さて，このように見れば，国際通商同盟案からワシントン原則の公表までを，戦後貿易システムの原点と捉えることができる。相互援助協定第7条で謳われた自由貿易と無差別主義を達成する具体的な手段（制度）として多国間主義の採用が米英両国の間で合意された。自由・無差別・多国間主義という戦後貿易の3原則がここに誕生することになったのである。もっとも，自由・無差別主義はあくまで原則であり，米英間でその解釈に相違があるのは当然のことであった（もちろん，これには国内の完全雇用達成のための政策と自由・無差別原則との関係も含まれる）。すでにワシントン会議においても，関税の引下げ方式や特恵関税の扱いについて，米英間ではその見解が大きく食い違っていた。ワシントン原則に関して米英は，多国間主義については合意したが，自由・無差別主義の内容について，見解の相違がある場合には，双方の主張を列挙し，今後の課題としたのである（国際通商同盟案とワシントン原則の比較については，山本和人，2011，62ページの表を参照のこと）。

第3節　多国間システム構築の本格化——アメリカへの主導権の移行

　前著で最も強調したことは，ワシントン原則までは戦後貿易システムの形成がイギリスの構想力に大きく拠っていたことであり，アメリカはイギリスの構想に対する対抗案を提示できなかったことである。イギリスチームを率いたロー（Law, R.）は，帰国後，戦時内閣に対して，ワシントン会議の貿易を巡る討論について，アメリカがイギリスの多国間主義に関する構想を受入れた点に満足したこと，アメリカの2国間主義からの後退を歓迎した報告書を提出している（山本和人，1999，241～242ページ）。もっとも，これは戦後貿易システム構築の第一歩に過ぎなった。イギリスは，ワシントン原則について戦時内閣の合意を得て，次のアメリカとの交渉に備えなければならなかった。しかし，ワシントン原則を国内に持ち帰り，同意を得る段階になって，イギリス戦時内閣には大きな亀裂が入った。英帝国特恵関税の絶対維持を主張するインド大臣エイメリー（Amery, L. S.）や農業水産大臣ハドソン（Hudson, R. S.）を中心とする保守党強硬派，計画経済を重視する労働党グループから挟撃されて，戦時内閣はワシントン原則への合意を取り付けることができなくなったのである。ついに1944年4月27日の閣議で戦時内閣は通商同盟案（ワシントン原則）の棚上げを決定した（図1-2参照）。われわれはこの決定をイギリスの戦後世界貿易システム構築からの撤退として重視する（山本和人，1999，272～281ページ）。

　他方，図1-2に示したように，アメリカは，ワシントン会議を契機に，多国間主義に基づく貿易システム案の作成に取り掛かった。これをもって戦後貿易システム作成の主導権がアメリカに移行するのである。ワシントン原則を推進させる上で決定的であったのが，1944年4月に設立された「対外経済政策に関する執行委員会（Executive Committee on Economic Foreign Policy：ECEFP）」の存在であった。同委員会は，国務省を中心にしつつも，各省，各部門のメンバーを加えることによって，アメリカの長期的な国際経済政策について，大統領や国務長官に勧告を行うことを任務としていた。実際，ITO憲章の草案はECEFPが作成することになる。

　そしてECEFP傘下の委員会のひとつであった「貿易障壁問題委員会」は，ミ

図 1-2　ワシントン会議以降の戦後貿易構想の具体化過程 ―― 米英戦時貿易交渉とアメリカ主導の貿易システムの構築

1943・9～10　ワシントン会議→①国際通貨政策に関する米英共同声明（〔国際安定基金の設立に関する連合国および準連合国の専門家の共同声明〕草案）②貿易政策に関する米英合意文書（ワシントン原則）③国際商品政策に関する英米合意文書 ④民間国際企業協定に関する英米合意文書　⑤高水準の雇用維持政策の国際調整に関する英米合意文書

イギリス国内

1944・4・27　戦時内閣→国際通商同盟案，ワシントン原則に対する論争を収拾させることができず，通商同盟案の棚上げとワシントン原則に関する検討の延期を決定（War Cabinet(44)58）

1944・7～8　戦時内閣→アメリカからの貿易問題討論の再開要請を受けて，「貿易政策委員会（CCP）」を設置

1944・11　戦時内閣→CCPによるワシントン原則修正案を承認し，アメリカとの非公式の貿易交渉再開を決定（W.M.(44)153rd Conclusions）

ワシントン会議以後の戦時米英交渉と1945年米英金融・通商協定を巡る交渉

1944・12～1945・1　米英貿易交渉再開（第1ラウンド）→アメリカ，イギリスに対して「貿易政策に関する多国間協定案」を中心にECEFP傘下の各委員会が作成した案を提示

↓

1945・4～8　米英貿易交渉第2ラウンド→アメリカ，イギリスに対して「国際貿易機構設立に関する提案」（原則声明案）と国際貿易雇用会議開催に向けての手続きを提示。関税の一括引下げ方式の放棄と多角的2国間交渉方式の採用に伴い，中核国グループの形成とツー・トラック・アプローチ方式を示唆

↓

1945・9～12　米英金融・通商協定を巡る交渉。ツー・トラック・アプローチをイギリスは正式承認。イギリスは中核国グループの会議を経て国際貿易雇用会議を開催する点についても合意。アメリカはイギリスの承認を得て，「国際貿易雇用会議による考察に関する提案」を発表

アメリカ国内

1943・12　「貿易障壁削減問題特別委員会中間報告書」→ワシントン会議の総括とワシントン原則の発展

1944・2　ローズベルト大統領，対外経済政策に関する省間委員会の設置を勧告

1944・3～4　大統領令に基づき，「対外経済政策に関する執行委員会（ECEFP）」が設立される。傘下に「貿易障壁問題委員会」，「私的独占・カルテル委員会」，「商品協定委員会」，「国際経済専門機構に関する委員会」を設置。初会合は4月

1944・6　ハル国務長官，イギリスに対して貿易問題に関する討論再開を要請

1944・10・4　貿易障壁問題委員会，「貿易政策に関する多国間協定案の条文草案」を完成させ，ECEFPに提出。後に「貿易政策に関する多国間協定案」としてイギリスに提示

1945・1　互恵通商協定法更新のキャンペーン始まる

1945・2　ローズベルト大統領，議会に対して，貿易政策分野での国際協定締結を要請

1945・4　ECEFP，国際経済専門機構に関する委員会が作成した「国際貿易機構に関するアウトライン」を承認

1945・5　トルーマン大統領，国際貿易雇用会議開催に関する勧告を承認

1945・6　ホーキンズ，ECEFP傘下の各委員会が作成した案をまとめ，「国際貿易機構設立に関する提案」(原則声明案)を作成し，イギリスに提示

1945・6　互恵通商協定法更新

1945・7　関税について一括引下げ方式を放棄し，多角的2国間交渉方式を，特恵関税や非関税障壁の削減・撤廃については多国間方式を採用

（出所）　山本和人，1999，図9-2を加筆，修正。

ード案に触発され，互恵通商協定に規定された選択的で品目別の2国間関税引下げ方式に替わる一括引下げ方式を提唱（「貿易政策に関する多国間協定案の条文草案」：1944年10月），特恵関税や非関税障壁の撤廃についても普遍的国際ルールを基軸とした多国間主義に傾斜した。ECEFPのその他の委員会も，商品政策，国際カルテル問題，そして国際機構に関する研究を深化させた。1945年3月に「対外経済政策に関する執行委員会（EPEFP）」傘下の国際機構の研究に関する委員会は「国際貿易機構のアウトラインに関する草案」を作成し，国際貿易機構がカバーする分野を貿易政策，商品政策そして商慣行の領域であるとした（Notter File, 1945a）。この草案は正式提案（Notter File, 1945b）としてECEFPに渡され，ECEFPは4月27日にこの案を承認した（Notter File, 1945c）。われわれがいうところの「広義の貿易政策」は，アメリカの理解では上記3分野をカバーするものであり，雇用政策は除外されていた。つまり，この段階においてもアメリカは雇用政策の国際調整問題を国際貿易機構の扱う領域外としていたのである。ところが図1-2に示した米英の貿易交渉第2ラウンド（1945年4月から8月にかけてロンドンで開催。詳細については山本和人，1999，316～330ページ参照）の第4回目の会議（5月15日）において，アメリカは，上記3分野に加えて雇用政策もカバーする国際貿易機構の設立に関する文書を作成していること（Board of Trade, 1945b, p.3）をイギリスに伝えた。

　さらにアメリカは「国際貿易雇用会議」の開催を約束すると述べたのである（Board of Trade, 1945b, p.1：傍点は筆者）。そして実際に貿易システム（GATTおよびITO憲章）を構築するに当たって開催された一連の国際会議に「第1回国連貿易雇用準備会議」（ロンドン会議），「第2回国連貿易雇用準備会議」（ジュネーブ会議），「国連貿易雇用会議」（ハバナ会議）という名称が与えられるようになる（傍点は筆者）。この一連の会議において，国際雇用政策について言及した章は，中核国グループを構成するイギリスを中心とするヨーロッパ諸国，さらにオーストラリアなどの途上諸国の支持を得て，その存在意義をますます高めていったのである。

　ところでこのようなアメリカの態度の変化は，交渉団長ホーキンズ（Hawkins, H.）が3週間ほどの帰国（ワシントン）からロンドンに戻った直後に生じたのである。つまり，アメリカ側に，雇用政策を国際的枠組みの中で考える姿勢が

強まってきたと考えるべきであろう。そしてすでにその兆候をイギリスは感じ取っていた。前述した「貿易政策に関する多国間協定案」を分析したイギリスは，その序文における国際的な雇用政策の必要性に関する記述を評価した。序文には，主要国の経済繁栄がその他諸国の繁栄を左右すると述べられており（Board of Trade, 1945a, p. 9），これをイギリスは，アメリカが責任をもって経済拡大政策を採り続ける必要性を認識し始めたものと捉えたのである（*Ibid*., p. 4）。

　もっとも，第7条との関連で雇用問題への対処についてアメリカの見解を聞かれたホーキンズは，今後イギリスと討論を進めるつもりでいると返答した。さらにイギリス代表団が，国際貿易機構は上記の3つの分野に加えて「雇用政策の貿易に関する側面（trade aspects of employment policy）」をカバーすべきであると考えていると述べたところ，ホーキンズは次のような見解を示したのである。「貿易の見地から考えて，雇用政策の問題は主として控えめな（negative）問題であるとアメリカは考えている。つまり，それは様々な諸国の国内雇用政策が失業の輸出という結果を招くのをどのように防ぐかの問題である」（Board of Trade, 1945c1, p. 5：傍点は筆者）。このような発言から，アメリカは各国が完全雇用政策を実施できる環境（国際的なインバランスの解消）を作る必要性を認識する以上に，自由・無差別主義に基づいた貿易ルールの提供をITO憲章の主要目標と考えていたことがわかる。ウッズの指摘するように，アメリカ政権は，1944年以降，アメリカ国内における完全雇用（正確には最大限の雇用）は，自由・無差別主義に基づく貿易制度の形成でもって実現できるとする方向に動いていったのである（Woods, 1990, pp. 207-211）。

　しかし，アメリカ団長のホーキンズが貿易交渉第2ラウンドの第6回会議（6月7日開催）にイギリス側に手渡した『国際貿易機構設立に関する提案』（われわれが呼ぶところの「原則声明案」）には，実際，第III章「国内雇用計画の国際的側面」と題する新たな章が挿入されていた（アメリカでは，Notter File, 1945d, p. 4, イギリスではBoard of Trade, 1945c2, pp. 5-6）。まさしく，「貿易政策に関する多国間協定案」の序文に述べられていた雇用に関する記述が，第III章として結実したと考えられる。ホーキンズは，この原則声明案について，ワシントン出張に際して持ち帰ったECEFP傘下の各種委員会が作成した文書を彼自身が取り纏めたものであり，アメリカ政府の承認を得たものではなく，極秘文書として扱うことを

イギリスに要請している (Board of Trade, 1945c3, p.7)。上述したように，ECEFP の各種委員会では，雇用問題を国際貿易機構のカバーする問題とする意識はなかったことから，ホーキンズが独自で書き入れた可能性が高い。なおホーキンズの私的な文書である原則声明案は，第2章で考察するように，1945年12月の米英金融・通商協定の通商面での合意文書『国際貿易雇用会議による考察に関する提案』の基礎を提供していくのであるが，『提案』は雇用問題の重要性について述べつつも，再び雇用問題は国際貿易機構のカバーする問題ではなくなっている（第2章の注(14)に掲載した図を参照のこと）。

ここで原則声明案，第Ⅲ章「国内雇用計画の国際的側面」の内容を概説しておくことにしよう。まず指摘しておかなければならないことは，第Ⅲ章が節にも分けられておらず，簡約かつ未完成の条文である点である。その内容に関しては，「貿易政策に関する多国間協定案」と同様に，各国の繁栄が主要先進国の経済繁栄（雇用と所得の水準の高さ）に依存していることがまず指摘され，それをもとに3つの原則が列挙されている。第1に雇用問題が国内的な責任問題であるにしても，国際的に重要性を有する問題であることが確認されている。第2に高水準の雇用を維持する政策が，他国の犠牲の上に行われてはならないこと，そして第3に，各国の国内雇用政策が一貫性を持ち，互いに補完的であることが述べられている（Notter File, 1945d, p.4；Board of Trade, 1945c2, p.5）。まさしく，「貿易政策に関する多国間協定案」の序文に対してイギリスが行った論評，つまり，アメリカの主要国（大国）としての責任を述べたものと捉えることができよう。しかし，それは，相互援助協定第7条，そしてワシントン会議における雇用に関する合意内容を，一歩進めるものであったには違いないが，世界に対する完全雇用の責任について抽象的な表現にとどまるとともに，また戦後世界経済の構造的不均衡(インバランス)（国際収支の大幅赤字国，大幅黒字国として具現）のもとでの赤字国の権利など，明確に述べたものではなかった。雇用条項が ITO 憲章の雇用条項として形を整えるのには，第1回貿易雇用準備会議（ロンドン会議）において，イギリスに中核国諸国が加わって，アメリカの責任とその他諸国の権利が明確にされるまで待たなければならなかった（詳細については，第3章の第2節(2)項および第4章の第2節(1)項を参照）。

他方，イギリスに手渡された原則声明案は，前著でも指摘したように（山本和

人，1999，325〜327ページ），第Ⅳ章「貿易政策一般」のセクションC．「関税」の内容について，後に書き入れられるという表現をもって，空白にされたのである（Notter File, 1945d, p. 8；Board of Trade, 1945c2, p. 9）。これは，関税引下げ方式について，アメリカ代表団がイギリスに採用を匂わせてきた一括引下げ方式が不可能になりつつあったことと関連している。1945年6月の互恵通商協定法の更新に際して，国務省の通商政策グループの要請にもかかわらず，国務長官をはじめとする政権のトップは，議会との関係から関税の引下げに関して2国間主義を放棄できなかったのである。従って，ホーキンズは，1945年6月27日に開かれた第7回目の米英会議において，一括引下げ方式ではなく，アメリカ政府が多角的2国間方式（multilateral bilateral approach）によって関税引下げを実施する法的権限を与えられたとし，できるだけ早く，多くの国と2国間協定を結び，その利益を均霑すれば，一括引下げ方式の場合と同じ目標を達成できると述べた（山本和人，1999，326ページ）。こうして一方では，関税引下げに関して2国間で選択的，商品別に行い，他方では，特恵関税や非関税障壁の削減・撤廃に関して多国間方式で実施するという正式なアメリカの貿易障壁削減政策が決定されたのである（前掲図1-2参照）。

　これに対して，イギリスとカナダは，2国間関税引下げ交渉を同時に多数国（40〜50ヵ国）の間で行うことは，莫大な労力と時間を費やすことになり，事実上，このような交渉は不可能である，また特恵関税の縮小・撤廃について多国間ルールで，関税引下げについては2国間で行うことは市場開放の程度を予め知ることなく，特恵関税の撤廃を約束させられるようなものだとして，失望と猛反対を表明した。アメリカはイギリスとの戦時貿易交渉の最終局面において，イギリスやカナダからの批判に応えるべく，カナダの提案に基づいて貿易障壁削減を含めた関税引下げを，まず主要国（中核国）間で実施するという提案をイギリスに行った（山本和人，1999，328〜329ページ）。関税引下げとその他の貿易問題（広義の貿易政策）を分離して貿易システムを構築する方式，いわゆる「ツー・トラック・アプローチ」（まだ未完成ではあったが）をイギリスに打診したのである（前掲図1-2参照）。ここに，ファースト・トラックとしてのGATT交渉，セカンド・トラックとしてのITO憲章の作成という貿易システム形成の基本的道筋が示された。しかし，ツー・トラック・アプローチは，最終的にGATTに帰結する関税

引下げのルールをどこまで拡大するのか，換言すればITO憲章のルールとの整合性あるいは重複をどうするのか，といった問題を交渉参加国（中核国グループ）に投げかけることになった。

　戦時米英貿易交渉の意義をわれわれは次のように整理することができよう。すなわち，第7条に盛られたイギリスの主張，完全雇用政策のための国際政策（ケインズあるいはミードの原理）がアメリカによって戦争終結直前まで等閑視され，原則声明案においても国際雇用政策の内容が原則論を述べただけで，曖昧であったこと，他方，関税の一括引下げ方式が撤回され，それに代わる多角的2国間交渉方式をアメリカが採用したことは，米英戦時貿易交渉の原点からの後退を示すとともに，これから本格化する貿易システム構築の困難さと複雑さを予想させるものであった。要するに，米英の戦時貿易交渉では，イギリスからアメリカへの主導権の移行が明確になる中，自由・無差別・多国間主義に基づく貿易システムの構築については基本的合意を見た。しかし，自由・無差別主義の具体的達成方法とその内容については，大きな見解の隔たりが存在したままであった。また国内の完全雇用と貿易の関係についても米英間の考えは異なっていた。こうした中，戦時貿易交渉に続く2年以上にわたる長期の交渉（米英だけでなく中核国グループ間での交渉も含めて）の結果は，複雑で神秘的とも形容できるGATTとその実施方式に結実していくのである。われわれは次章からGATT誕生のプロセスを詳細に跡付ける作業を行うことにする。

注
(1) 佐分晴夫氏は，国際法学者の立場から，GATTの翻訳文の不適切さを指摘されている。GATTは暫定適用に関する議定書を通じて，暫定的に発足したのであるから，日本がGATTに加入するに際しても，外務省の告示において，条約として公布されたのは加入議定書だけであり，GATT本体の正文や翻訳文は示されなかったという。外務省の告示の中で，GATTの翻訳文が最初に掲載されたのは1966年の8月であった。それは，GATT第IV部，いわゆる発展途上国条項を追加する議定書を日本が受諾し，その効力が発した1966年6月に対応してなされたものであった。しかもその翻訳文が公定訳かどうか明らかでないと氏は述べられている（佐分晴夫，2010）。筆者が佐分氏のエッセーから感じることは，GATTが，日本政府にとっても対応に苦慮すべき難解な存在であったことあり，そしてこれはひとえにGATTを発効させるに際して採られた複雑な手続きに拠っている。われわれは様々な公文書類が公開された

(2) 従来の解釈ではGATTでは主要供給国方式が採用されたとされているが，実際の関税引下げ交渉の場においてこの方式を厳格に適用すれば，世界貿易に占めるシェアの高かった，従って主要供給国にランクされることが多い日独の旧枢軸国が加入していない状況下で，関税引下げ対象品目の数は限定されることが予想された。したがってGATT関税交渉ではこの規定は柔軟に運用され，主要供給国にはランクされない諸国との交渉も行われたのである。この点については第5章の第1節(2)項①を参照。

(3) ミードが『国際通商同盟案』を作成するまでの経緯については，山本和人，1999，175～176ページを参照せよ。また彼が雇用問題を国際的なフレームワークの中で考察しようとしていたことは，1941年7月8日付の論文「全面的失業防止のための国内手段」（Meade, 1941）の一節である「国際経済政策と失業」に見ることができる（*Ibid.*, pp. 180-182）。彼はその中で，最も重要な諸国（most important countries）の間で，国内経済政策（総需要管理政策）に関して国際協調がなければ，その政策はうまく機能しないと述べている。とくに彼は世界的な不況時において，イギリスだけが需要拡大政策をとれば，イギリスは貿易赤字に陥り，金および外貨準備を喪失することになると述べている（*Ibid.*, p. 181）。そしてとくに戦後過渡期において，イギリスの膨大な貿易赤字が予想される中，完全雇用政策の追求には，とりわけ国際収支調整問題に配慮する必要があると述べている（*Ibid.*, p. 182）。なお，この論文は省間委員会で検討されたことが，添え書きに述べられている（*Ibid.*, p. 171）。これを契機にミードは，1944年5月の『雇用政策白書』に至る論争を主導していくことになる。もちろん，ケインズも同じ認識に立って国際清算同盟案を作成しつつあった。ミードは，国際清算同盟案について，黒字国に国際収支調整の負担を負わせ，世界の需要拡大を促すことを目的としており，ミードの提案した国際通商同盟案と同じ趣旨を持って提案されていると述べている（山本和人，1999，199～200ページ）。『雇用政策白書』の発行に至るミードの役割，および彼とケインズの関係については，平井俊顕（服部正治／西沢保編著，1999，第6章）が詳しい。平井論文から，実際に『雇用政策白書』の作成に関わったのはミードであったこと，そしてそれを支えたのがケインズであったことが理解できる。

　欧米の研究では，ウッズ（Woods, R. B.）が，大部の著作，A Changing of the Guard: Anglo-American Relations, 1941-1946の第7章「多国間主義の解釈―完全雇用と外国貿易に関する論争，1943～1944年」（Woods, 1990, pp. 188-211）において，米英両国における戦後に向けての完全雇用政策形成の違いを明確にする作業を行っている。アメリカにおいては，完全雇用実現の手段が，総需要管理主義から多国間主義的な貿易政策（自由・無差別貿易）にシフトしていくのに対して（その転換点としてウッズが重視するのが，1944年12月，クレイトン〔Clayton, W. L.〕の国務省経済事情担当次官への任命であった。事実クレイトンは，GATTおよびITOを設立するための一連の会議でアメリカ側の中心人物となるのである），イギリスでは総需要管理

政策へのコンセンサスが形成されていった。その象徴が『雇用政策白書』の発行であった。ウッズもイギリスにおいて完全雇用政策の理論を政府の政策に移す現実主義的な役割をミードが担ったことを指摘し，『雇用政策白書』作成への彼の関与についても述べている。また，ミードは，ウッズの著作においても，すべての諸国が国内で有効な完全雇用政策を実施しないなら，多国間主義（ウッズのいう多国間主義とは，自由で無差別な貿易と捉えることができる）は機能しないと考えていたことに言及されている（*Ibid.*, p. 195）。

(4) 1982年の論文で，戦後の世界経済秩序を，Embedded Liberalism（埋め込まれた自由主義または制限された自由主義）という概念を用いて説明したラギー（Ruggie, J. G.）は，大西洋憲章第5パラグラフ，相互援助協定第7条に注目し，次のように述べている。「早くも1941年8月の大西洋憲章で，米英の戦後経済目的に関するリストには，多国間主義が国内経済成長と社会保障のための協力と結び付けられた。実際，多国間主義の進展は，1942年2月に調印された（武器貸与に関する）相互援助協定の第7条において，国内生産，雇用そして財の交換・消費の拡大を条件とするようになったと思われる」（Ruggie, 1982, p. 394）。この段階でラギーは，多国間主義（Multilateralism）に関して正確な定義を行っておらず，自由・無差別主義の代名詞として使用しているが，Embedded Liberalism の起源を正確に捉えているといえよう。また彼は，先進国間（米英間）の見解の相違は，社会目的の合法性，つまり，国内の安定（雇用の確保）に関するものではなく，その安定を確保するために必要な国家介入の程度と形態に関するものであったし，米英両国の見解の相違が質的というより，程度の差にあったことも指摘している（*Ibid.*, p. 394）。なお，彼が多国間主義について正確な定義を行うようになるのは，1993年の論文を待たなければならなかった（Ruggie, 1993, pp. 3-47）。さらに，ラギーは，Embedded Liberalism が，グローバリズムの進展の中で，国家に代わって「グローバル・パブリック・ドメイン（global public domain）」の出現によって，保証される可能性があると述べている（Ruggie, 2003, p. 95, p. 104, p. 117）。

(5) われわれの理解では，「広義の貿易政策」とは，ITO 憲章がカバーする対外経済政策すべて，すなわち，最終的には通商政策，国際雇用政策，経済開発政策，制限的商慣行を巡る政策，政府間商品協定の5分野を指す。しかし，前著で述べたように，当初は通商政策，制限的商慣行，政府間商品協定の3領域に関するルール化を目指したものであった（山本和人，1999，297ページ）。他方，「狭義の貿易政策」とは，GATT に結実した通商政策だけに関するルール，とりわけ貿易障壁削減に関する多国間取決めを表すタームとして使用した（同，297ページ）。

(6) 完全雇用に関する議論が本格化するのは第1回貿易雇用準備会議いわゆるロンドン会議においてであった。同会議でイギリスの雇用問題責任者であったミードは，アメリカが提出した ITO 憲章草案（ITO 憲章アメリカ草案）の最も不十分な部分が，雇用に関する規定であると見做し，その内容の豊富化を試みたのである。結果的にこの

試みはその他の中核国グループの賛同を得て成功し，世界各国の完全雇用の達成のためには国際収支不均衡是正の必要性（黒字国アメリカの責任）と，アメリカ発のデフレ圧力を回避する必要性（その他諸国の対米輸入制限の権利）について，規定した条文がロンドン草案，第Ⅲ章「雇用」の第7条「国際収支不均衡の是正」，第8条「対外デフレ圧力に対する各国のセーフガード」として追加されたのである（ECOSOC, 1946a, p. 27）。もっとも，条文では，アメリカを名指しで述べているわけではないが，各条文の内容と意図を詳しく解説したロンドン会議報告書の第Ⅱ部では，「ある重要な国（an important country）」という表現をもって，世界の完全雇用に向けてのアメリカの責任（需要拡大と輸入拡大の義務）を明確化している（*Ibid*., pp. 4-6：第4章の第2節(1)項を参照のこと）。大西洋憲章第5パラグラフ，相互援助協定第7条に盛られた「ケインズの原理」（われわれの分析からはミードの原理といってもよいであろう）は，こうした形でITO憲章ロンドン草案に反映されたのである。なおITO憲章（ハバナ憲章）の雇用に関する章は，第Ⅱ章「雇用と経済活動」という名称に変更されているが，完全雇用達成に向けてアメリカの責任とその他諸国の権利が明記されていることには変わりない（Interim Commission for International Trade Organization, 1948a, pp. 6-7）。

参考文献
[アメリカ国務省関連]

① *Post World Foreign Policy Planning: U. S. State Department Record of Harley A. Notter, 1939-1945*, Congressional Information Service, 1987.（Notter Fileで統一した）

Notter File (1945a), Committee on Specialized International Economic Organization of ECEFP, "Draft Outline of Proposed International Organization," March 16, reference No. 350-124.

Notter File (1945b), Committee on Specialized International Economic Organization of ECEFP, "Outline of Proposed International Organization," April 3, reference No. 350-124.

Notter File (1945c), Committee on Specialized International Economic Organization of ECEFP, "Outline of Proposed International Organization" (As approved by the ECEFP at its meeting on April 27.), reference No. 350-124.

Notter File (1945d), "Proposal to Establish an International Trade Organization," June 8, reference No. 520-7.

② *Foreign Relations of the United States*.（文中ではFRUSで統一）
③ *The Department of State Bulletin*.（文中ではDSBで統一）

[イギリス国立公文書館（The National Archives: TNA）関係]

Board of Trade (1945), " Article Ⅶ Discussions," reference No. BT11/2521：

Board of Trade (1945a), "Article Ⅶ Discussions: Resumption of Informal Discussions with American Officials," reference No. A.S.D.(45)1, March in reference No. BT11/2521.

Board of Trade (1945), "Post War Commercial Policy: Continuation of Informal Talks with American Officials," reference No. BT11/2541：

Board of Trade (1945b), "Article Ⅶ: Continuation of Informal Talks with American Officials held on 15th May," reference No. A.S.(U.S.)(45) 4th Meeting, 17th May in reference No. BT11/2541.

Board of Trade (1945), "Post War Commercial Policy: U. S. Papers relating to Cartels produced at talks with Mr. Hawkins," reference No. BT11/2581：

Board of Trade (1945c1), "Article Ⅶ: Continuation of Informal Talks with American Officials held on 30th May," reference No. A.S.(U.S.)(45) 5th Meeting, 8th June in reference No. BT11/2581.

Board of Trade (1945c2), Draft Statement by Mr. Hawkins, "Proposal to Establish an International Trade Organization," 2nd June in reference No. BT11/2581.

Board of Trade (1945c3), "Article Ⅶ: Continuation of Informal Talks with American Officials held on 7th June," reference No. A.S.(U.S.)(45) 6th Meeting, 11th June in reference No. BT11/2581.

［**GATT・ITO** 関連文書］(http://www.wto.org/english/docs_e/gattdocs_e.htm より ダウンロード)

United Nations Economic and Social Council (ECOSOC) (1946a), "Report of the First Session of the Preparatory Committee of the United Nations Conference on Trade and Employment," 1946, reference No. E/PC/T/33.

Interim Commission for the International Trade Organization (1948a), "United Nations Conference on Trade and Employment: Final Act and Related Documents: Held at Havana, Cuba from November 21, 1947, to March 24, 1948," April 1948, reference No. E/CONF. 2/FINAL ACT&RELATED DOCUME.

［欧文文献］

Culbert, J. (1987), "War-time Anglo-American Talks and the Making of the GATT," *The World Economy*, Vol. 10, No. 4.

Dobson, A. P. (1986), *US Wartime Aid to Britain, 1940-1946*, Croom Helm Ltd.

Dobson, A. P. (1988), *The Politics of the Anglo-American Economic Special Reationship, 1940-1987*, Wheatsheaf Books Ltd.

Gardner, R. N. (1980: new, expanded edition with revised introduction; the first in 1956), *Sterling-Dollar Diplomacy in Current Prospects of Our International Economic Order*, Columbia University Press.［村野　孝・加瀬正一訳（1973）『国際通貨体制成立史――英米の抗争と協力』（上・下）東洋経済新報社］

Howson, S. (2000), "James Meade," *The Economic Journal*, Vol. 110, No. 461.

Irwin, D. A., Mavroidis, P. C. & Sykes, A. O. (2008), *The Genesis of the GATT*, Cambridge University Press.

Meade, J. (1941), "Internal Measures for the Prevention of General Unemployment," 8 July in Howson, S. (ed.) (1988), *The Collected Papers of James Meade, Volume I*, Unwin Hyman.

Ruggie, J. G. (1982), "International regimes, transactions, and change: embedded liberalism in the postwar economic order," *International Organization*, Vol. 36, No. 2.

Ruggie, J. G. (1993), "Multilateralism: The Anatomy of an Institution" in Ruggie. J. G. (ed.), *Multilateralism Matters: The Theory and Praxis of an Institutional Form,* Columbia University Press.

Ruggie, J. G. (2003), "Taking Embedded Liberalism Global: the Corporate Connection," in Held, D. and Koenig-Archibugi, M. (eds.), *Taming Globalization: Frontiers of Governance: Frontiers of Governance*, Policy Press.

Toye, R. (2003), *The Labour Party and the Planned Economy, 1931-1951*, The Royal Historical Society/Boydell Press.

Woods, R. B. (1990), *A Changing of the Guard: Anglo-American Relations, 1941-1946*, University of North Carolina Press.

Zeiler, T. W. (1999), *Free Trade Free World: The Advent of GATT*, Chapel Hill and London: The University of North Carolina Press.

［邦文文献］

平井俊顕（1999）「ケインズの雇用政策――政策における『ケインズ革命』」［服部正治・西沢　保（1999）『イギリス100年の政治経済学――衰退への挑戦』ミネルヴァ書房，第6章に所収］。

佐分晴夫（2010）「GATTの翻訳文」『書斎の窓』10月号，No. 598，有斐閣。

佐々木隆生（1980）「戦後世界経済関係再編成の構想と原理――戦後国際経済関係再編成の基本論理1．」『（北海道大学）経済学研究』第30巻第2号。

佐々木隆生（1986）「戦後世界経済関係再編成と『国際協力』――戦後国際経済関係再編成の基本論理(2)」『（北海道大学）経済学研究』第35巻第3号。

佐々木隆生（2010）『国際公共財の政治経済学――危機・構造変化・国際協力』岩波書店。

山本和人（1987）「戦後世界経済構想を巡る英米の角逐―― A. P. ドブソンの研究を中心として」『（福岡大学）商学論叢』第31号第3・4号合併号。

山本和人（1999）『戦後世界貿易秩序の形成――英米の協調と角逐』ミネルヴァ書房。

山本和人（2011）『GATT/WTO体制成立史――戦後貿易システムの原点を探る』（増補版）櫂歌書房。

第2章

1945年米英金融・通商協定

―― 戦後貿易システム構築を巡る米英の確約 ――

　1945年12月に米英両国は，ワシントンにおいて「米英金融協定（Financial Agreement between the Government of the United States and the United Kingdom）」または「米英借款協定（Anglo-American Loan Agreement）」と一般的に呼ばれている協定を締結するに至る。従来この米英金融協定については，我が国において一定の研究蓄積があり，アメリカが37億5000万ドルの対英援助と武器貸与援助の事実上の棒引きと引替えにポンド交換性の回復とIMF（国際通貨基金）の批准をイギリスに求めたものとの事実認識をもとに，多少のバリアントはあるにせよ，基本的には国際金融面から見てアメリカを中心とする戦後世界経済体制の出発点との評価が共有されてきたように思われる。

　しかし，協定は金融面に限られたものではなかった。協定は，①金融上の取決め　②武器貸与，相互援助協定そして余った戦時物資に関する共同声明　③貿易政策に関する共同声明　の3つのパートからなっていた。事実，アメリカ国務省の発表した文書では「米英金融および通商交渉（Anglo-American Financial and Commercial Negotiations）」となっており，協定のもつもうひとつの側面を浮き彫りにしている。そしてわれわれの問題意識からすれば，協定を通商協定の面から捉える必要性を強調したい。本章のタイトルを「1945年米英金融・通商協定」としたのも，これまで一般的に「米英金融協定」または「米英借款協定」と称されてきたこの協定を貿易の側から分析する視角を強調したいがためである。

　ところでここで協定を通商協定と捉える問題意識について述べておかねばなるまい。これまでわれわれは，戦後貿易秩序の形成過程を考察する中で，イギリスからアメリカへの主導権の移行が，国際金融システムの成立プロセスとは異なった形で行われつつあったことを明らかにした（山本和人，1999および本書，第1章）。1941年8月の大西洋憲章第4，第5パラグラフ，そして1942年2月の相互

援助協定第7条に発した戦後世界経済の枠組み作りは,具体的に国際金融システムと国際貿易システムの2つの側面から取り組まれることになった。後者に関しては,イギリスの経済学者ミード(Meade, J.)が中心となって作成した『国際通商同盟案』がその原型となった。通商同盟案は1943年9〜10月のワシントン会議を経て,イギリスに代わってアメリカがその完成を引き受けることになる。こうして1944年にアメリカ主導による貿易システム形成が始まるのであるが,貿易案は何度か書き替えられた後,戦争終結時点で『国際貿易機構設立に関する提案』(原則声明案)が生み出されるのである。この原則声明案は,特恵関税および非関税障壁の削減・撤廃と関税引下げをもってする財貿易の自由化,その他,第1次産品,雇用政策,国際カルテル政策に関する国際ルールを提供するものであった。こうした規定は,ITO憲章の原案ともいえるもので,ゆえに,われわれは原則声明案と名付けたのである。

それでは『国際貿易機構設立に関する提案』はその後どうなるのであろうか。われわれの関心はこの点にある。原則声明案の発表から戦後貿易システムの確立,すなわちITO憲章の作成そしてGATT形成に至る過程の詳細な分析をわれわれはこれから行わなければならない段階にある。本章はその第1歩として「1945年米英金融・通商協定」の内容を戦後貿易システムの確立過程の中で捉え返すことにある。換言すれば,協定のもつ意味を貿易政策面から明らかにしようとするものである。

第1節　戦時貿易討論から戦後貿易交渉へ

(1)　戦時貿易討論の到達点:アメリカによる『国際貿易機構設立に関する提案』の提示とその内容

前著で示したとおり,戦時中の米英貿易交渉は,1943年9〜10月に開催されたワシントン会議の結果を踏まえて1944年12月から始まった2回にわたるラウンドにおいて,アメリカが『国際貿易機構設立に関する提案』(原則声明案)をイギリスに示したことをもってその頂点に達した。この原則声明案は,貿易障壁の撤廃・削減に関して,関税引下げについては互恵通商協定法の手続きを基本的に踏襲した多角的2国間交渉方式,特恵関税を含むその他の非関税障壁の撤廃・縮小

28

に関しては多国間方式を採用するものであった。こうした方式をアメリカが採用したのは，1945年6月の互恵通商協定法更新に際して，反対派の存在のために，互恵通商協定法を超える自由貿易案を提案できなかったことによる。もし，ここで国務省が一括関税引下げ方式を提案し，議会がそれを承認していたら，その後の展開は変わっていたものになったであろう。それは兎も角，1945年互恵通商協定法は従来の形（50％引下げを限度とする2国間による選択的引下げ方式）で3年間の延長を認められたのである。国際通商同盟案の作成以来，イギリス側が主張してきた関税の一括引下げ方式はここで否定されることになった。ジラーはこうしたアメリカの方式を「修正多国間主義（Modified Multilateralism）」と呼んでいる（Zeiler, 1999, pp.41-58）。アメリカの方針がこのように確定したことは，戦後の貿易システム形成に，互恵通商協定法に依拠した関税引下げ交渉方式が組み込まれることを意味した。しかし，このことはまたこれまで検討されてきた多国間方式の中に2国間方式を如何に組み込んでいくか，という複雑な手続き上の問題を惹起するものとなった。

こうした事態の展開の中で，対英交渉に当たっていた経済問題担当の国務次官補クレイトン（Clayton, W. L.）が1945年8月にロンドンを訪れ，ケインズ，ロビンズ（Robbins, L.），リーシュンク（Liesching, P.）を中心とするイギリス代表団と3回の会合をもった。アメリカは，こうした会議の中で，イギリスに対して1945年6月に手渡していた『国際貿易機構設立に関する提案』（原則声明案）の修正案（Document No.Ⅱ）と今後の手続きに関する文書（Document No.Ⅰ）を提示し（Foreign Office, 1945i1；Foreign Office, 1945i2），その内容を口頭で詳しく補足したのである。

まず，6月の段階でイギリスに示された『国際貿易機構設立に関する提案』（原則声明案）は，互恵通商協定法の更新中であったため，関税と特恵に関する項目（第Ⅳ章「貿易政策一般」のセクションC.およびD.）は余白にされていたが，8月の修正案（Document No.Ⅱ）においては次のような文章が新たに挿入されていた。

> セクションC.およびD.「関税と取引の平等」　メンバーは，合意された方法に従って，関税の大幅引下げと特恵関税の撤廃に向けて，効果的かつ迅速な手段を講じるべきである。（Foreign Office, 1945i2）

非常に簡潔な文書であるが，公式文書の草案で初めて，「特恵関税の撤廃に向けて……手段を講じる」という言葉が使用されたことは注目に値する。しかし，特恵関税の撤廃と関税の大幅引下げを具体的にどのように実施していくのかについては文書は述べていない。それを補うべく，上述のようにアメリカはイギリスに手続きに関する文書（Document No. I）を手渡したのである。[7]

　その内容は，8から12ヵ国で構成される「中核国グループ（Nuclear Group）[8]」の間で，関税に関しては選択的な引下げを規定した2国間交渉を行い，特恵関税やその他の関税以外の問題（割当，為替管理，商品政策，カルテル政策）に関しては普遍的ルールを作り，すべての中核国に適用するというものであった。そしてアメリカは，こうした2つの交渉から生まれた協定を多国間協定案として公表するとともに国際貿易機構の設立を世界に向けて発表し，参加意志のあるするすべての国に向けて国際貿易会議の召集を図ることを明らかにしたのである。関税と特恵およびその他の貿易問題とを切り離して交渉すること，交渉を迅速に行う必要性から，まず世界貿易に大きな影響力を持つ諸国つまり中核国の間での交渉を先行させることがアメリカ案の要旨であった。関税とその他の貿易問題を切り離して交渉するやり方は，「ツー・トラック・アプローチ（Two-Track Approach）」と呼ばれる方式であるが，結果的にファースト・トラックである2国間関税引下げ交渉がGATTに結実していくのである。その他にもアメリカはイギリスに対して，関税引下げ交渉を短期間で行う必要性から，多くの2国間交渉を1，2の中心地で同時に行うことも提案していた（Foreign Office, 1945f, p. 3 ; Foreign Office, 1945g, p. 3）。これもGATTに結実していく方式であったといえよう。

　以上のように，戦時貿易討論の最終局面においてすでに，GATTの萌芽が見てとれるのである。それでは，こうした戦時貿易討論がどのように借款交渉に組み込まれていくのか，英米双方の思惑を絡めながら，以下，論じることにしよう。

（2）　第3局面（Stage III）の対英援助問題と米英貿易討論の模索

①アメリカの対英援助構想とイギリスへの圧力

　上述のように戦争終結時点で，米英間の貿易討論は，非公式ながら，アメリカの主導のもとに一定の方向付けが行われつつあったが，ここでアメリカは世界に向けて自らの貿易プランを公表するためにも，イギリスとの議論を詰め，自身の

プランを予めイギリスに受け入れさせる必要があった。そこでアメリカは，当時，折しも進んでいた対日戦終了後の第3局面（Stage III）における対英金融援助の問題と通商問題に関する議論を結び付けようとした。すでに7月にドイツのポツダムにおいて，チャーチル（Churchill, W.）首相がトルーマン（Truman, H. S.）大統領に，武器貸与援助の今後を含めて第3局面の金融問題を話し合うために，9月にワシントンに使節団を送ることを打診していたが（FRUS, 1945, IV, p. 114 ; Bullen & Pelly, 1986, p. 2），アメリカはこうしたイギリスの要請に対して，討論の議題のひとつに通商問題のそれを加えようとしたのである。

　前著で指摘したように，すでにクレイトンは，8月の訪英前に，イギリスに対する低利のクレジット供与と，その見返りに英帝国特恵関税制度の大幅修正・撤廃を求める考えを明らかにしていたが（山本和人，1999，328ページ），彼はロンドンにおける8月の貿易討論においてイギリスに対して，金融援助と通商政策問題を同時に議論するというスタンスを明確に伝えた。その意図をイギリスから質問されて，クレイトンは，イギリスにアメリカの考えの受入れを強制するものではないとしつつ，その要点は，クレジットの回収は自由で多国間主義に基づく手段を通じた国際貿易の拡大のもとで可能であると返答した（Foreign Office, 1945g, p. 2 ; FRUS, 1945, IV, p. 94）。またワイナント（Winant, J. G.）駐英大使は，大規模な対英援助を議会に要請するに当たって，戦後の貿易政策について一般的な了解に達していることが必要であるとイギリス側に説明した（FRUS, 1945, IV, p. 104）。いずれにせよ，アメリカは，9月にワシントンで開催される武器貸与関連の問題，対英援助の問題を含めた戦後過渡期の金融問題に，通商問題を加えて，これらを一括して討論することをイギリス側に伝えたのである。

　こうしたアメリカの考えに対して，ケインズを中心とするイギリスサイドはどのような態度を取ったのであろうか。

②イギリスの対応と戦後米英貿易交渉の模索

　イギリス側も，今後，貿易討論と金融交渉が一体化して行われることに注目していた。商務大臣クリップス（Cripps, S.）は，クレイトンとの貿易討論が終了した後の8月16日，1943年9月のワシントン会議から1945年8月までの米英貿易討論を振り返るとともに，アメリカの要求する貿易提案を飲まなければ，十分な金融援助を受けることができなくなることを認識しなければならないとする覚書を

内閣に提出している（Foreign Office, 1945h）。

　しかし，こうした認識を持ちつつも，イギリスはアメリカと異なった交渉過程を考えていた。それはこうである。アメリカの通商案は「すべての差別形態が否定され，貿易障壁が削減され，世界の貿易量が拡大する世界」を想定した「ドグマ的提案」であり，戦争によって巨額の援助を必要とするほど不均衡状態にあるイギリス経済は，そうした要求をすぐに受け入れることができない（Foreign Office, 1945j）。したがって均衡の回復が先決であり，言い換えればそうした均衡の回復に必要な金融援助についてまず議論すべきであり，貿易に関する問題は，その援助の問題が片付いた後で解決すればよい（Foreign Office, 1945k）。要するに満足いく援助の条件が得られた後に，通商問題の討議に入るというのがイギリスの戦略であった。

　ケインズも同じ立場であった。ケインズはワシントンでの通商討論が一般原則の合意に留まるべきであり，詳細な取決めを回避すべきであると考えていた（Foreign Office, 1945l）。彼はイギリスの金融困難を詳しくアメリカに説明する機会を得て，それに成功するならば，アメリカの通商問題に対する態度は変わるであろうという見解をとっていた。ケインズは金融問題に議論を集中させることによって，通商問題への関心を削ごうとしていたのである（Foreign Office, 1945m）。アメリカ側もケインズが「英帝国特恵関税，関税の引下げやその他の貿易障壁，カルテル政策，商品政策の問題をできるかぎり，翌年に引き延ばしたい」（FRUS, 1945, IV, p. 104）と考えていることを察していた。

　イギリスはこうした考えから，ワシントンへ送り込む代表団に，これまで米英の貿易討論に参加してこなかったひとりの通商政策担当の高官をオブザーバーの資格で参加させることで対応しようとしたのである。ワシントンで9月11日に始まった討論は，アメリカの要請に基づいて，(1)金融問題，(2)武器貸与法の終結とその決済，(3)通商問題，(4)海外にある余剰物資の処理の4つの分野について，それぞれ委員会を組織して行い，各委員会がまとめた結論は両国の代表からなるトップグループに示され，そこで合意に達したなら，それが勧告として両国政府に提示されるという形をとった。しかし，通商分野では「通商政策委員会（Committee on Commercial Policy）」が組織されたものの，委員会の活動はイギリス側のスタッフ不足から延期せざるをえない状況にあった。アメリカ側はこうしたイ

ギリスの態度を厳しく批判した。その結果，イギリスはついに本格的な通商団の派遣を9月下旬に発表するに至るのである。代表団には，戦時中から一貫して対米通商交渉に当たってきたリーシュンク（Liesching, P.），シャックル（Shackle, R. J.），ロビンズ（Robbins, L.）教授を含んでいた（Foreign Office, 1945n）。こうして，米英の貿易討論は，1カ月以上のブランクを経て，1945年10月から，ワシントンにて再開されることになったのである。

第2節　ワシントンにおける米英貿易交渉（1945年9〜12月）

（1）　通商政策委員会の開催

①アメリカによるツー・トラック・アプローチの提唱

　上述のように，米英の貿易討論は，通商政策委員会の会議において再開された。会議は10月に集中して行われた[10]。議長には，クレイトンが就いた。両国の出席者は，毎回異なるが，アメリカ側は，国務省のホーキンズ（Hawkins, H.），エドミンスター（Edminster, L. R.），関税委員会のレイダー（Ryder, O. B.），農業省のウェラー（Wheeler, L.），ホワイト（White, H. D.）がほぼ毎回の会議に出席した。なお，後にGATT原案を作成することになるレディ（Leddy, J. M.）も書記官としてすべての会議に参加している。イギリス側は，前述したメンバー，すなわちケインズ，ハリファクス（Halifax, E.），リーシュンク，ロビンズ，シャックル（Shackle, R. J.）が名を列ねた（Board of Trade, 1945b1〜b7）。すでに彼らは，戦中の貿易討論で，両国それぞれの代表者としてその手腕を発揮していた（山本和人，1999，第8，9章）。こうしたことからも，われわれはこの会議を戦中から続く米英貿易交渉の一環として捉えることができるのである。しかし，これから明らかにするように，会議の主導権はアメリカが握っていた。アメリカの繰り出す提案をイギリスが受けとめるという形を取ったからである。それでは，アメリカは如何なる提案を持ち出してくるのか。そしてイギリスはそれに対してどのように対応するのであろうか。具体的に考察することにしよう。

　アメリカはイギリスに対していくつかの文書を配布し，その検討を要求した。一つ目は「国際貿易機構に関する提案（COM/TRADE 1）」（Treasury, 1945q1），二つ目は「貿易障壁削減のための中核的・多国間アプローチ（COM/TRADE 2）」

(Treasury, 1945q2), 三つ目は「国際貿易機構に関する提案の交渉と履行についての手続き (COM/TRADE 3)」(Treasury, 1945q3), 四つ目が「国際貿易雇用会議の開催に先立つ会合に参加する政府向けの招待状の草案 (COM/TRADE 4)」(Treasury, 1945q4) であった。COM/TRADE 1は Document No. II として, COM/TRADE 2は Document No. I として, クレイトンによって8月にイギリス側に手渡されていたものであった。

　10月1日に開催された第1回目の通商政策委員会では, 議論は「国際貿易機構に関する提案の交渉と履行についての手続き (COM/TRADE 3)」と「国際貿易雇用会議の開催に先立つ会合に参加する政府向けの招待状の草案 (COM/TRADE 4)」に集中した。とくに前者のCOM/TRADE 3において, アメリカは, 今後の貿易交渉の手続きをかなり詳細に説明している。条文は13項から成っている。アメリカのオリジナル案 (Board of Trade, 1945a2, pp. 1-3) に従い,「国際貿易機構に関する提案の交渉と履行についての手続き (COM/TRADE 3)」の要点を述べれば次のようになる。

　第(i)項から(iii)項では,「国際貿易機構に関する提案 (COM/TRADE 1)」についてイギリスとの討論が終り次第, アメリカはすべての国連加盟国にそれを配布するとともに, 国際貿易雇用会議を遅くとも1946年6月までに開催することを謳った声明文も手渡す。COM/TRADE 1と声明文は11月15日ぐらいまでにアメリカ国務長官が公表し, イギリスはそれに賛同する意思を表明することになる。第(iv)項から(vii)項にかけては, アメリカの指定する15の中核国グループに招待状 (COM/TRADE 4) を送り, 1946年3月1日ぐらいをメドに, 関税引下げ交渉を中心とした貿易障壁削減交渉を始めることを伝える。このためにアメリカは12月15日ぐらいまでに, 上記中核国グループに関税引下げ交渉の意思を正式に伝えるとともに, 関税譲許品目リストを提示する。中核国グループもそれぞれ3月1日には関税譲許表とその他諸国に対する関税譲許要求を提示できるよう求められる。第(viii)項と(ix)項では, 上記の中核国グループ間の会議においてCOM/TRADE 1の規定によりながら非関税障壁問題 (特恵問題を含む) について統一的なルール (いわゆる多国間協定) を作り上げること, 雇用, 商品, カルテル政策, 国際貿易機構についても同じような協議を行うことが述べられている。そして最後に第(x)項から(xiii)項では, 中核国グループによる予備会議から, 加盟を希

第2章　1945年米英金融・通商協定

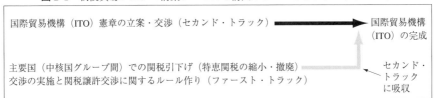

図 2-1　戦後貿易システム構築プロセスの構図：ツー・トラック・アプローチ

（注）当初，アメリカは特恵関税の撤廃について，セカンド・トラックであるITO憲章の中に多国間ルールとして明確に規定することを目指したが，イギリスの反対にあい，ファースト・トラックにおける関税引下げ交渉の中で漸次的縮小・撤廃方式をとることに同意した。

望するすべての国が参加する国際貿易雇用会議の開催に至る手続きが規定されている。以上のように，COM/TRADE 3は，米英金融・通商協定から1946年3月の中核国グループによる予備交渉そして同年6月の国際貿易雇用会議に至る道筋とその交渉内容を明らかにしているのである。[12]

とくに注目すべきは第(iv)項から(vii)項において関税引下げ交渉の内容を8月時点よりさらに具体化している点であろう。すなわち当該項目において，一方で，アメリカが1946年3月に予定されている予備貿易交渉に参加の意思を示した中核国に対して，互恵通商協定法の規定に従ってその国が主要供給国である品目リストと関税譲許を行おうとしている品目リストを提示すること，他方で，中核国もそれぞれ関税譲許リストを提出することを求められたのである。そして各国は2国間交渉によって直接的にそうした引下げの利益を獲得するとともに，最恵国待遇原則を通じて，間接的に引下げの利益を享受できるとされた。いわゆる，多角的2国間交渉方式による関税引下げ方式がここに正式に提案されることになったのである。

もうひとつ重要なことは，関税引下げをその他の貿易問題と切り離して行う方式をアメリカが正式に宣言したことであろう。アーロンソンやハートが，「ツー・トラック・アプローチ（Two-Track Approach）」と呼ぶ交渉方式がここで正式に提案されたのである（Aaronson, 1996, pp. 62–63；Hart, 1995, p. 39）。そして基本的にイギリスもこうしたアメリカの提案に同意した（Board of Trade, 1945b1）。GATTの骨格がここに準備されたといっていいであろう。こうして図2-1に示したように，2つの方向から貿易システムを構築する方式が米英によって基本的に合意された。そしてファースト・トラックが結果的にGATTに結実すること

になる。しかし，この段階では，ツー・トラック・アプローチ自体に対する合意であって，その細部に関する取決めは，まだ行われていなかった点を押えておく必要があろう。それらに関する交渉は，これから分析するように，中核国グループを巻き込み，長くそして困難な過程を辿ることになる。

　この点に関して従来の研究では，GATTに関して，ITO憲章の作成・合意の過程が長引く中で，暫定措置として，とりあえず関税引下げ交渉を開始させ，その結果を纏めたものとの評価が下されているように思えるが，そうではなくて，アメリカは米英金融・通商協定の交渉時点から国際貿易システムを計画的に2つの方向から打ち立てることを目指していたのである。すなわち，2国間関税交渉には膨大な時間と労力を要することが予め判っていたので，関税引下げ交渉とその他の貿易問題を分離し，関税交渉を別個にスタートさせようとした点を強調すべきであろう。[13]

②特恵関税の撤廃を巡る米英の攻防

　ところで，以上述べたようにイギリスは基本的にはアメリカ方式に賛成したが，どうしても譲ることのできない点があった。それは特恵関税の問題であった。10月1日に開かれた第1回目の通商政策委員会においてアメリカの特恵関税に対する考え方が提示される。ホーキンズは，第1回目の2国間交渉（ラウンド）において，特恵幅縮小は関税の引下げと対をなして実施し，その交渉に後で，残った特恵関税について，関税引下げの代償なしに，イギリスは一方的な撤廃を求められると説明した（Board of Trade, 1945b1, p. 3）。つまり，2国間交渉ではなく，多国間協定によってその他の非関税障壁と同じように扱うというのである。ホーキンズにとって特恵関税の撤廃は，対英援助の代償として，アメリカの世論や議会の支持を取付けるために不可避のものであると考えられたのである。こうした主張に対して，リーシュンクはアメリカの率直な考えを聞けたことに感謝しつつも，イギリスにとって受け入れがたい要求であると述べた。こうした特恵に関する問題は「国際貿易機構に関する提案（COM/TRADE 1）」の内容を検討する際にも取り上げられることになる。

　手続きに関する問題は第1回の会議で終り，第2回目以降からは「国際貿易機構に関する提案（COM/TRADE 1）」の内容に関する討論に移るのである。[14] リーシュンクは，議論をCOM/TRADE 1の重要と思われる点に集中させることを提

案した。彼が重大だと考えた箇所は，「数量制限」（第3章，セクションB.），「関税と特恵」（第3章，セクションC.およびD.），「補助金」（第3章，セクションE.），「国営貿易」（第3章，セクションF.），「為替管理」（第3章，セクションG.），「カルテル」（第5章）であった。彼はこれ以外の箇所は相違点が少なく，大きな問題にはならないであろうと述べた。ただし，雇用政策について，彼は関心を示しつつも，議題に載せるのを差し控えている（Board of Trade, 1945b2, p. 3）。その理由は，COM/TRADE 1は，雇用と貿易に関する関係について，ひとつの節（B節）を当てて検討しているが，国際貿易機構の扱う直接対象（C節）とはなっておらず，切り離された格好になっている（注(14)の表を参照のこと）。従って，通商政策委員会は，雇用問題の検討を行わず，国際貿易機構の内容に集中し，リーシュンクもそれに従ったと考えられる。しかし，彼は，雇用問題を扱った節（B節）が，大きな貢献をなすとともに，イギリスの考えに沿ったものであると述べている（*Ibid.*, p. 3）。その理由は，原則声明案に述べられた内容（第1章，17~18ページ参照）が整理されて，主導原則（Governing Principles）として纏められ，主要先進諸国（アメリカ）の完全雇用政策が世界の繁栄にとって不可欠であること，各国の雇用拡大政策はその他諸国の経済福祉と両立するものでなければならないことが明記された点にあると思われる（Treasury, 1945q1, p. 2）。こうした貿易と雇用との関連問題は，第3章と第4章で考察するようにロンドン会議に向けて一層大きなテーマとなっていくのである。

ところで，リーシュンクは国際貿易機構の内容としてまず関税と特恵の問題を論議することを提案した。(15) 特恵の削減・撤廃方法に関してのアメリカの考えは，すでに述べたように，まず，2国間関税引下げ交渉の一環として特恵幅の縮小・撤廃を行い，次にその結果残った特恵関税については多国間協定によって撤廃するというものであった。そのことを具体的に示した文書をアメリカはCOM/TRADE 1の第3章，セクションC.およびD.「関税と取引の平等」に挿入することを提案し，それをイギリス側に提示したのである。その内容は次のとおりである。

(1) 特恵と関税
　メンバーは，合意に基づいた方法に従って，関税の大幅引下げと特恵の撤

廃に向けて，効果的かつ迅速な手段を講じるべきである。相互援助協定第7条で述べられた両者を結び付ける原則に鑑み，関税の引下げと特恵関税の撤廃を次のように一括して扱うルールが存在すべきである。

 (a)如何なる品目に対する特恵幅も拡大されてはならない。

 (b)最恵国関税が引下げられた場合，そうした引下げは自動的に特恵関税幅の縮小や撤廃に作用すべきである。

 (c)上記のことを実行するために，特恵関税幅維持という現行の国際的約束を放棄し，新たな約束も行ってはならない。

 (d)特恵と関税に関する交渉の一部として，上記の原則の適用によっては除去されない特恵関税を早期に撤廃することについて，適切な取決めが行われるであろう。(Board of Trade, 1945b2, p. 8)。

 見られるとおり，8月の貿易交渉に際にイギリスに手渡された文書Document No.II（本章29ページ参照）に，具体的な関税の引下げと特恵関税の撤廃方法を示した(a)から(d)項を加えていることがわかる。とくに，(d)項は，アメリカ側の説明によれば，2国間交渉の結果残った特恵関税幅を多国間協定によって撤廃しようとしたものであり，イギリスの批判はここに集中した。

 ロビンズ教授は，予め撤廃が決まっている特恵関税に対して，如何なる諸国も交渉過程で撤廃の代償としての関税の引下げを行わないであろうと反対した。またケインズは，売りに出された馬が3カ月以内に死ぬ運命にあることを相手側が知っていたなら，そんな馬を購入することはないという喩えを出して，アメリカ案に反論した（Board of Trade, 1945b2, p. 9）。リーシュンクも，関税引下げについてその交渉の結果得られるものが不確かなのに対して，特恵の撤廃は明確であるが，こうした非対称性は，もともと存在したわけではなく，当初の予定では関税引下げも多国間協定を通じて行われるためその結果は予め予見できた。関税交渉を2国間交渉に変更したのはアメリカである。したがって，この特恵関税の縮小・撤廃方式は以前の方式の「遺物（hold-over）」であると批判した（*Ibid.*, p. 9）。このような激しいイギリスからの批判に対して，クレイトンもこうした交渉方式が大きな弱点をもっていることを認めたのである（*Ibid.*, p. 10）。

 また(c)項に関して，「特恵関税幅維持という現行の国際的約束を放棄し」とい

う文言は明らかに英帝国特恵関税制度の廃止を謳ったものであり，しかも，オタワ協定は2国間関税交渉が開始される以前に廃棄する約束を意味した（Board of Trade, 1945a3, p. 4）。これもイギリスには受け入れがたい要求であった。特恵関税を巡る英米の討論はデッドロックに乗り上げてしまったのである。この間の様子をワシントンのイギリス代表団は本国に「情況は非常に困難である」と打電している[16]（Foreign Office, 1945o, p. 1）。

　こうした中で，アメリカ代表団は「多くの自己省察と躊躇の後」（*Ibid*., p. 1），「草案7（Draft 7）」と称される文書を練り上げ，イギリス代表団に提示したのである。草案7はアメリカ当局の承認を得たものではなく，従って「暫定的で言質を与えないもの」ではあったが，最終的にはこの草案7が12月に発表される『国際貿易雇用会議による考察に関する提案』の第3章，セクションB.「関税と特恵」の条文を構成することになるのである（10月時点でのセクションCおよびD.「関税と取引の平等」は最終的にセクションB.となり，上記のようにタイトルも変更された）。草案7の内容は次のとおりである。

草案7
特恵関税
<u>暫定的で言質を与えないもの</u>
1．関税と特恵
　相互援助協定第7条で述べられた諸原則に鑑み，メンバーは，関税の大幅削減と特恵の撤廃に関する明確な取決めを結ぶべきである。特恵関税撤廃の最初の段階として，以下のことが合意されるべきである。
　(a)現行の国際的約束は，特恵関税に関して合意される行動を妨げるものであってはならない。
　(b)最恵国関税に関する引下げ合意はすべて自動的に特恵関税の縮小や撤廃に作用する。
　(c)如何なる品目に対する特恵幅も拡大されてはならないし，如何なる新たな特恵が導入されてはならない。
2．特恵関税撤廃に関する行動は，本文書で考察されている相互に利益的な国際取決めの一部として，世界貿易に対する障壁の大幅削減のための適切

な手段と関連して実施されるであろう。(Foreign Office, 1945o, pp. 1-2)

見られるとおり，草案7は「特恵関税撤廃の最初の段階」について言及したものであり，2国間関税引下げ交渉の後の残った特恵関税の扱いについては規定していない。そのことは原案の(d)項が削除されていることから明らかであろう。またオタワ協定の廃棄を求めた原案の(c)項は，(a)項の表現によってその廃止が回避された。これらの結果，特恵の全廃が行われない可能性がでてきた。アメリカ側も，特恵の撤廃を可能にする徹底的な行動を望むとしながらも，特恵全廃の不可能性について言及したのである（Foreign Office, 1945p, Column One の Question 3 に対するアメリカの解答）。これはイギリスにとって好ましい条件であった。事実，ワシントンのイギリス代表団（ケインズ，ハリファクス大使，リーシュンク，シャックル，ロビンズ）は，「草案がまったく適切にわれわれの立場をカバーするものである」(Foreign Office, 1945o, p. 4) と述べて，その受入れ可能性を本国に打電したのである。

こうして最終的に英米両国は原案の(d)項を削除した形で問題の決着を図ったのである。(17) これは特恵関税の撤廃・縮小を2国間関税引下げ交渉の一環として行うことに米英が合意したものと捉えることができる。そしてその後の完全な撤廃方法については，曖昧にしたのである。イギリスは，特恵関税の撤廃を約束はさせられたが，多国間協定による代償なしの即時撤廃という形を回避することに一応成功したのである。そして GATT でも特恵の縮小・撤廃は2国間関税引下げ交渉の一環として行われることになるのである。

（2） 英連邦諸国との関係

上述のように米英2国間で特恵関税の縮小や撤廃の方式を決定できたとしても，イギリスにとって重要となるのは英連邦諸国との関係である。つまり，自治領諸国がそうした一方的な特恵の縮小や撤廃に同意するかであった。イギリス代表団もこのことをよく熟知しており，本国に向けて直面する困難のひとつとして，自治領諸国との関係を挙げ，「英連邦との憲法上の取決めのもと，自治領を深く巻き込む問題でイギリスが一方的な行動を取ることは不可能である」(Board of Trade, 1945a3, p. 2) と打電している。それでは，こうした難題にイギリスは如何

に取り組んだのであろうか。本項は，米英金融・通商協定の舞台裏で1945年10月に集中的に行われたイギリスと自治領諸国との交渉プロセスに焦点を当てることによって，協定の意義を立体的に捉えようとするものである。[18]

イギリスは，米英間の通商討論の進展について，自治領諸国に対して，ワシントンとロンドンにおける自治領代表との接触，自治領局（Dominion Office）からの電報という3つのルートを通じて，伝えていた（McKenzie, 1998, p. 80）。ここでは，イギリスが最終的に受け入れた『国際貿易雇用会議による考察に関する提案』，とくにその関税と特恵に関する部分（第3章のセクションCおよびD．，最終的にはセクションB．となる）に対する自治領諸国とインドの反応について考察することにしよう。

自治領局は，10月12日と15日に，自治領4カ国に対して，通商討論の進捗情況と特恵関税を巡る情勢について述べた電報を送っている（同様の電報はインド担当大臣からインド政府向けにそれぞれ10月12日と17日に打電された）。10月15日付けの電報においては，ワシントンでの通商討論が，まず，アメリカの通商提案のうち特恵と関税以外の項目について満足いく結果を生みつつあることと，今後の手続きに関するアメリカの考えがより一層明確になったことを述べ，特恵と関税を除くアメリカ通商提案（COM/TRADE 1）の要約と今後の手続き（COM/TRADE 3の内容）について伝えている（Board of Trade, 1945c3；Board of Trade, 1945c4）。

他方，10月12日付けの電報においては，アメリカの特恵と関税の引下げ方法に関する最終案（いわゆる草案7）がイギリスに提示されるまでの状況について説明を加えている。前述したように，アメリカが10月初旬の通商政策委員会の会議でイギリスに手渡した原案（37～38ページ参照）について，アメリカ側が，結局は特恵関税の全廃を目論んでいる点，金融援助の代償として特恵の全廃を求めている点を指摘し，その即時撤廃は，互恵通商協定法のもとでの関税譲許の程度を前提とすれば不可能であること，さらに金融援助と特恵の撤廃を結び付けることはできないことを指摘している。その上で特恵の問題はあくまでの相互援助協定第7条のフレームワークで考えるべきものであると述べている。つまり，第7条の条件は，特恵と関税の「漸次的引下げ（a step-by-step reduction）」によって叶えられるというのである（Board of Trade, 1945c1, pp. 1-2；Board of Trade, 1945c2, p. 1）。以上の点をふまえて，上記のアメリカ案を脚注(16)における形で修正す

ることによって，特恵関税の一方的全廃を防ぐとともに，その縮小を関税引下げと関連付けて行う点と経済状況を考慮に入れて行う点を伝えている。そして最後にこうした意図を持つイギリス案への同意を求めたのである。

　以上の自治領局からの電報に対して，自治領4カ国とインドは次のような反応を示した。カナダとインドは，イギリス案に同意した（Board of Trade, 1945c5 ; Board of Trade, 1945c6）。カナダ政府は「もっとも好意的な配慮」を行うと述べ（Board of Trade, 1945c5, p. 2），インド政府は「総じて提案には満足である」（Board of Trade, 1945c6）と伝えてきた。また南アフリカも金融大臣がイギリス案に同意するであろうと語ったが，同国にとって重要な品目（柑橘類）に対する特恵は撤廃されるべきではないことを付け加えたのである（Board of Trade, 1945c7, p. 2）。こうして以上の3カ国はイギリスとともに特恵関税幅の漸次的縮小の方向に動いていたのである。

　それに対してニュージーランドとオーストラリアは，次のような態度をとった。まずニュージーランドは，英帝国特恵関税がニュージーランドにとって，輸出依存度とイギリス市場への依存度の高さから，非常に重要であり，「したがって特恵関税の縮小と廃止そして輸出の安定に対するその逆効果は，ニュージーランド政府にとって由々しき懸念材料である」（Board of Trade, 1945c8, p. 1）として，イギリス案へ不信を表明した。しかし，ニュージーランドはワシントンでの交渉がイギリスにとって非常に重要であることを熟知しているので，イギリス案を暫定的に承認する（上述したCOM/TRADE 1とCOM/TRADE3を含めて）と述べた。そして最終的な承認は，米英の交渉結果について自治領およびインド政府と協議した後，下すことになると返答したのである（*Ibid.*, p. 2）。さらに特恵関税縮小の問題は通商政策のその他の側面に関連して考察されなければならないとし，大量買付け制度やニュージーランド自身の輸入許可制度の存続の如何に大きな利害を有していることを明らかにした。これはニュージーランドの関心が特恵問題以上にこうした問題にあることを示すものであった（Board of Trade, 1945c7, p. 4 ; Cabinet, 1946d1, p. 2）。またニュージーランド産品の市場確保のためにはイギリスを除く諸国（とりわけアメリカ）の関税およびその他の貿易障壁の引下げの程度が重要であるとし，アメリカ市場の開放を重要視したのである（Board of Trade, 1945c7, p. 2 ; Board of Trade, 1945c8, p. 3）。ともあれニュージーランドは，英帝国

特恵関税制度の維持を主張し，その他の貿易統制の存続やアメリカ市場の開放を重要視するとした上で，特恵関税の縮小に向けてのイギリスのイニシアティブを暫定的に承認したのである。

　オーストラリアはさらに強硬であった。特恵に関するアメリカへの約束は，イギリスとともに自治領によってもなされなければならない問題である。しかし自治領はワシントンでの討論に参加していない。こうした中でオーストラリアは，ワシントンでの討論の結果についてイギリスと協議するまで，また特恵の縮小と撤廃の見返りにアメリカの提供する譲許について直接アメリカと交渉するまで，特恵に関する如何なる約束も行うことを望まない (Board of Trade, 1945c9, p. 1)。したがって特恵に関するイギリス案についても，オーストラリアの行動の自由を縛るものと見做し，この段階で特恵の縮小や撤廃を約束したものとアメリカに取られるような行動を慎むことが重要であるとして，批判的態度を取ったのである (Ibid., p. 2)。もっとも，オーストラリアはこれから予定されている2国間関税引下げ交渉には参加の意志が十分あり，その成功を期待しているとした (Ibid., p. 2)。こうしたことからオーストラリアの意図は，そうした交渉に入る前に，その交渉力を予め束縛することになる約束を回避することにあったと考えられる[19]。

　以上のことからイギリスとともに英帝国特恵関税修正の方向に向かうカナダ，インドそして南アフリカと，消極的賛成にまわったニュージーランド，それに抵抗するオーストラリアという構図が明らかとなった[20]。そしてこの構図は，最終的に特恵を巡る草案7が米英両国によって合意され，『国際貿易雇用会議による考察に関する提案』がイギリスによって承認された後でも変わらなかった。自治領担当大臣は，1945年11月22日に内閣に，ニュージーランドとオーストラリアが次のような理由から反対していることを報告する覚書を提出している (Cabinet, 1945d1)。それはニュージーランドが主に輸入数量制限を禁じた第3章のセクションC. に，オーストラリアが特恵と関税を扱った第3章のセクションB. に反対しているというものであった。ニュージーランドは，自由に輸入数量制限を賦課する権限を保持することで，国際収支危機の回避と完全雇用の確保を目指したのである (Ibid., p. 2, p. 5)。またオーストラリアの反対理由は，上述したように，2国間関税交渉に入る前に特恵の撤廃を事前に約束したことになると判断したからである。こうして両国は，イギリスへの追随を拒否したのである。

もっとも，オーストラリア，ニュージーランドとも中核国（後の起草国）グループとして1946年3月に予定されていた関税引下げ交渉には参加の意志を示したことは重要である。そして両国を含めた自治領4カ国とインドが，揃ってアメリカの提示した多国間協議の枠組みの中での関税引下げ交渉に臨む意志を示したこと，しかもイギリスも含めてそうした交渉に参加することは英連邦・スターリング地域の歴史的転換点を画するものであった。われわれは米英金融・通商協定の意義のひとつをこの点に求めることができると考える。

1945年12月6日，米国国務省は『国際貿易雇用会議による考察に関する提案』を発表し，イギリス政府もそれに完全に合意し，白書として公表した（注(3)参照）。またこれまで述べたように手続き上の問題についても合意に達した。われわれは，通常，米英金融協定と称されているこの協定の通商面に焦点を当て，主に英米の原史料，とくにイギリス国立公文書館（TNA）のそれに当たることによって，考察を進めてきたのである。その結果，従来の研究が主張するように，金融面からみてこの協定が，アメリカを中心とする国際通貨体制の出発点と捉えることができるのに対して，貿易システム構築に向けても重要な協定であったことを実証できたのである。すなわち，この協定によって，戦中の貿易システム構想の段階から，その具体的実施に向けての第一歩が米英間で踏み出されたとの結論を下すことができたのである。

それは次のような意味においてであった。まず重要なことは，交渉を金融援助問題に止め，貿易面についての討論を渋るイギリスをアメリカが交渉の場に引き摺り出した点である。ここには戦争末期に練られた通商政策に関するアメリカ案を，援助を見返りに是が非でもイギリスに飲ませたいとするアメリカの意図があったといえる。

戦争末期にアメリカは関税に関して一括引下げ方式を取り止め，それに替わる多角的2国間交渉方式を提唱した。そして関税引下げとその他の貿易に関する問題を切り離して考察するツー・トラック・アプローチと称される方式を編み出していた。そのもとで，アメリカは，当初，特恵関税について多国間方式による早期の撤廃を主張し，その他の貿易障壁に関する問題とともに処理することを主張した。しかし，交渉の過程でイギリスの強い反対に遭い，早期の撤廃ではなく，

関税引下げと同じ土俵，すなわち2国間方式で行うという合意形成がなされた。こうして，特恵の漸次的な縮小・撤廃方式が編み出された。ここに後のGATTの基本的交渉方式が米英によって合意されたと捉えることができたのである。

　第2に，こうした関税引下げ交渉を，多国間協議（ITO憲章の作成）と並行して，1946年3月に中核国（起草国）の間で開始するという手続きが承認され，英連邦諸国を含む15カ国がその中核国グループに選ばれた。そして米英による『国際貿易雇用会議による考察に関する提案』に反対を表明していたオーストラリアやニュージーランドを含めて，カナダ，南アフリカ，インドという英連邦の主要メンバーが関税引下げ交渉に参加の意志を表明したのである。こうしてイギリスのみならず英連邦・スターリング地域の主要メンバーが，特恵関税修正の方向に動き始めたのである。この事実は英連邦・スターリング地域の再編・崩壊の一過程を意味するものと位置付けることができた。

　以上，アメリカは金融援助と引き替えに，アメリカの論理に基づく自由貿易体制の受入れをイギリスに迫ったのであり（イギリス当局はこの考えを一貫して否定しようと努めた），われわれが呼ぶところの米英金融・通商協定において，ツー・トラック・アプローチとGATT交渉の基本的枠組みが準備されたと捉えることができたのである。まさに戦後世界貿易体制構築の具体的・実質的な第一歩が踏み出されたのである。しかし，次章以下で考察するように，その構築の具体化が進むにつれ，米英を含めて中核国間の見解の齟齬が表面化する。その結果，ITO憲章には互いに矛盾するたくさんの条項が挿入され，また多国間通商協定GATTは，そうした見解の相違を乗り越えるために，いくつかの特殊な工夫が施されることになる。それでは米英金融・通商協定から2年の歳月をかけて作り出される多国間貿易システム構築の分析にさらに立ち入ることにしよう。

注
(1) 原田三郎（1949），本間雅美（1991），岩本武和（1999），前田啓一（1977, 1980），牧野裕（1993），油井大三郎（1985）の諸氏が協定に関する分析を体系的に行っている。他方，欧米では，ガードナーの研究（Gardner, 1956）を嚆矢として，公文書が公開された1980年代以降，本格的な研究が行われるようになってきている。例えば，Bullen & Pelly (1986), Pressnell (1986), Woods (1990) を挙げることができる。
(2) 我が国において，管見する限り，唯一，原田三郎氏だけは，協定を米英金融貿易協

定と称され，協定のもつ貿易の側面を明確にされている（原田三郎，1949，第3編，第Ⅰ章と第Ⅱ章）。金融面，貿易面の両面から戦後世界経済再建のスタートを本協定においている点は今日から見て正鵠を得た指摘であるといえよう。もっとも，氏の分析は，GATT成立以前に行われたものであり（それぞれの章の終りには，1946年2月と1947年6月に脱稿されたことが記されている），戦後の貿易システムがまだ形成途中であった点を考慮すれば，その特徴を十分，協定の中に見出しているとはいえない。

(3) "Conclusion of Anglo-American Financial and Trade Negotiations," *DSB*, Vol. XⅢ, No. 337, December 9, 1945, pp. 905-929. イギリス側は，金融取決めと貸与援助の清算に関する取決めについて，U. K. Government, 1945a1, Cmd. 6708, 貿易面のそれについては，U. K. Government, 1945a2, Cmd. 6709として公表した。

(4) 第1ラウンドは，1944年12月から1945年1月にかけて，13回の協議が行われた。その内容については，山本和人，1999，309～316ページを参照のこと。また第2ラウンドは，1945年4月に始まり，7月の中断を経て，8月までに計11回の会議がもたれた。第2ラウンドの協議内容に関して，とくに6月までに開かれた8回の会議内容については，山本和人，1999，316～327ページを参照のこと（第1章，図1-2も見よ）。本章では，8月に開かれた3回の会議に注目したい。その理由は，その協議事項が，9月から始まる米英金融・貿易交渉に直接連動していると考えられるからである。3回の会議の具体的内容については，Foreign Office, 1945e, 1945f, 1945gを参考にした。

(5) 1945年6月の互恵通商協定法更新に関する具体的分析は，Woods, 1990, pp. 212-228およびAaronson, 1996, pp. 42-49を参照のこと。アーロンソンは，貿易面から国際機構を作ろうとする国務省の推進派が，反対派の勢力の大きさの前に，その計画を縮小させ，互恵通商協定法の更新という形で事態の打開を図ったことを論じている。この過程で彼らの描いていたアメリカ関税の一括引下げ方式はアメリカ国民の前に日の目を見ることはなかったのである。

(6) 1945年6月時点の『国際貿易機構設立に関する提案』の内容については山本和人，1999，323～327ページを参照のこと。

(7) Foreign Office, 1945i1. Document No. Ⅰと名付けられた文書は今後とるべき手続きを簡潔に5つの項目に纏めている。全訳すれば次のようになる。

> 1945年8月4日にクレイトン氏がイギリス高官に手渡したDocument No. Ⅰ
> 8カ国から12カ国で構成される中核国グループは次の手続きに同意することになる：
> 1．中核国のメンバーは直ちに選択的な関税引下げを規定した2国間協定に向けて交渉を開始する。そうした引下げは，特恵関税やその他の関税以外の問題（例えば，割当，為替管理，商品政策そしてカルテル政策）に関する諸規定を，以下の4で規定したように，すべてのメンバーが互いに受け入れることを条件として，効力を生じることになる。

    2．2国間関税交渉の最初，またはもっと後の段階で，国際貿易機構設立に関する提案と多国間協定案のアウトラインを示した提案がアメリカによって公表されることになる。
    3．中核国グループは，2国間の関税交渉と同時に，関税以外の問題に関する交渉も行うことになる。こうした交渉はおそらく多国間で行われるであろう。
    4．1と3のもとでの交渉が実質的合意に帰結するとき，参加準備のあるできるだけ多くの諸国を加入させる目的で国際会議が開催されるであろう。そして中核国グループ間の協定とその他諸国間の協定が締結され，効力を発揮することになる。
    5．その他の諸国は，(a)非関税問題に関する協定と(b)そのように合意された関税規定に関する協定に加入することになる。その他諸国に対する関税要求とは以下のことである。すなわち，彼らが，(1)関税に関する2国間協定の締結，(2)中核国グループの行った引下げに相当する分の関税の引下げ，(3)会議の決定するその他の方策の実施，に合意することである。
(8) アメリカの考えでは，アメリカ，イギリス，イギリス自治領およびインドのうちから4ないし5カ国，フランス，オランダ・ベルギー関税同盟，チェコスロバキア，キューバ，ブラジルであった（Foreign Office, 1945e, p. 2）。ただし，アメリカ側の文書ではソ連と中国が入っている。そしてイギリスが中国を除外するよう望んだことが述べられている（FRUS, 1945, IV, p. 88）。後述するように中核国グループは米英金融・通商協定終結時点でアメリカを除いて15カ国となる。そして起草国（Drafting Countries）とも呼ばれるようになる。
(9) イギリス代表団はハリファクス（Halifax）駐米大使とケインズを中心に構成され，大蔵省や外務省などの高官からなっていた。通商政策委員会のイギリス側の代表は，ケインズ，ハリファクス大使と上述した商務省の通商政策アドバイザーの他，3名の計6人の名が挙げられていた（Board of Trade, 1945a1）。他方，アメリカ代表団は，バーンズ（Byrnes, J. F.）国務長官，クレイトン国務次官補，ヴィンソン（Vinson, F. M.）財務長官を中心にしていた。
(10) 計7回の会議が開催されたが，そのうち6回は10月初旬に集中して行われた。第7回目の会議は12月1日に開かれた（Board of Trade, 1945b1～1945b7）。会議の内容は，イギリス国立公文書館（TNA）所収の史料の他にロビンズ教授の日記からも窺い知ることができる（Robbins, 1945）。
(11) 「国際貿易機構に関する提案の交渉と履行についての手続き（COM/TRADE 3）」と「国際貿易雇用会議の開催に先立つ会合に参加する政府向けの招待状の草案（COM/TRADE 4）」について，ここではイギリスとの討論が終了した後の11月5日のものを挙げているが，アメリカが提出したオリジナル案については，それぞれBoard of Trade, 1945a2, pp. 1-5を参照した。なお，COM/TRADE 3のタイトル名は，10月時点では「国際貿易機構に関する提案の交渉と履行に関する手続き」であったが，11月には「国際貿易雇用会議による考察に関する提案の交渉と履行に関する手

続き」(Treasury, 1945q3, p. 1) に変更された。

⑿　他方,「国際貿易雇用会議の開催に先立つ会合に参加する政府向けの招待状の草案 (COM/TRADE 4)」は,中核国グループに対して1946年3月の予備交渉を呼び掛ける内容であり,アメリカの招聘に対して中核国グループが12月1日までに返答すべきことを記している (Board of Trade, 1945a2, pp. 3-5)。

　　以上,COM/TRADE 3,COM/TRADE 4のオリジナル案の内容について説明したが,イギリスとの討論でその一部は書き替えられ,11月5日の修正版となったのである (Treasury, 1945q3 ; Treasury, 1945q4)。修正版では,1946年3月の中核国グループの予備貿易会議が1946年春の開催という表現に変わっており,同年6月の国際貿易雇用会議が同年夏の開催と言い換えられている。しかし,修正版も基本的内容はオリジナル案と大差はないように思われる。

⒀　例えば,国際経済に関する最新の研究成果を収めた辞典,岩本武和・阿部顕三編,2003においても,GATTの起源について,「この憲章(ITO憲章のこと:筆者)の発表と同時期に,米国政府は関税率の相互引下げと特恵関税廃止の交渉を行うことを提唱し,1947年に23ヵ国がこれに参加し関税交渉が行われた。この交渉の結果,参加国に無差別・平等に適用されるべき国別の関税率が決定されるなど,本来『国際貿易機関憲章』に盛り込まれるべき規定が,別の多国間国際協定という形でまとめられたものがGATTである」(同書,59ページ) とされており,関税引下げ交渉開始の経緯が正しく把握されていないように思える。管見するかぎり,我が国において,すでに1945年時点でアメリカがツー・トラック・アプローチを採用していたという事実を指摘した研究は,片山謙二氏のそれ (同氏, 1960, 7ページ) 以外にはないように思える (もっとも,氏はツー・トラック・アプローチという語を使用されていない)。そして,氏はそうした事実について,「想像するに難くない」(同上,7ページ) という表現をされていることからも明らかなように,第1次史料に依拠した分析をされているのではない。

⒁　ここで「国際貿易機構に関する提案 (COM/TRADE 1)」の変遷について整理しておこう。まずアメリカは1945年6月に『国際貿易機構設立に関する提案』(いわゆる原則声明案) を作成したが,それは互恵通商協定更新の後,修正され,前述したように,Document No. II として8月にイギリスに手渡された (Foreign Office, 1945 i2)。その後『国際貿易機構設立に関する提案』はタイトルを「国際貿易機構に関する提案」に改められ,通商政策委員会に提出された。そして委員会の開催中にアメリカは再度タイトルの変更を行い,「国際連合貿易雇用会議による考察に関する提案 (Proposals for Consideration by the Proposed United Nations Conference on Trade and Employment)」とした (Traesury, 1945q5)。そして最終的には『国際貿易雇用会議による考察に関する提案 (Proposals for Consideration by an International Conference on Trade and Employment)』として世界に発表されるのである。その内容すべてについて分析を加えるわけにはいかない。以下,本文では重要な点の

みに考察を加えることにする。しかし，その大枠は原則声明案以来，変わっていない。

われわれは残念ながら，「国際貿易機構に関する提案（COM/TRADE 1）」の原文を持ち合わせていないので，ここでは，11月5日に最終的に修正された COM/TRADE 1（そのタイトルは『国際貿易雇用会議による考察に関する提案』となっており，それが世界に向けて12月に発表されることになった）の構成を以下の図で示すことにしよう。

国際貿易雇用会議による考察に関する提案

A．国際経済協力の必要性	セクションF．為替管理
B．雇用に関する提案	セクションG．一般的例外
C．国際貿易機構に関する提案	セクションH．第3章の適用地域
国際貿易機構の必要性	第4章　制限的商慣行
国際貿易機構案	第5章　政府間商品協定
第1章　目　的	第6章　機　構
第2章　メンバーシップ	セクションA．機　能
第3章　貿易政策一般	セクションB．機　関
セクションA．貿易規定一般	セクションC．会　議
セクションB．関税と特恵	セクションD．理事局
セクションC．数量制限	セクションE．コミッション
セクションD．補助金	セクションF．鉱工業部
セクションE．国営貿易	セクションG．事務局
	セクションH．その他の機構との関係

（出所）　Treasury, 1945q1.

⒂　本文では，最も議論が集中した関税と特恵の問題に焦点を当てたが，上記のその他の問題についてどのような討論が行われたのかを簡単に整理しておく必要があろう。まず，補助金の問題であるが，それは農業政策に関連していた。アメリカはイギリスの所得補助金（不足払い制度）を撤廃させようとする一方で，自国の農産物に対する輸出補助金制度を維持しようとした。不足払い制度の廃止を求めるアメリカに対して，リーシュンクとロビンズは，アメリカを含むすべての国の農民は補助を受けていると述べ，その撤廃を拒絶した（Zeiler, 1999, p. 55；Board of Trade, 1945b3, p. 4）。また輸出補助金の使用は輸入国の農業を悪化させる可能性がイギリスから指摘された。結局，補助金一般は許可され，輸出補助金については，世界的に余剰状態にある品目について許可することで合意をみた（Board of Trade, 1945b6, pp.4-5）。

次に国際カルテルの問題に関しては，アメリカは国内法であるシャーマン反トラスト法に沿って，国際的なカルテル行為を禁止すべきであると論じたが，イギリスは，国際的なカルテル行為は，必ずしも悪いものではなく，価格と企業の状況を安定させる手段となり得ると論じた。そして成文法を作るより，徐々に国際的な判例法を作り出す機関にITOをすべきであると主張したのである（Board of Trade, 1945b5, p. 3）。

国営貿易については，完全なる国営貿易国（ソ連）への対応について議論が行われるとともに，イギリスは自国の食料に関する国営貿易（バルク・バイング・システム）の継続を望んだ。そのためにイギリスは，国営貿易品目の保護主義的マージン（国営貿易機関による当該品目の輸入価格と国内販売価格との差）は，民間貿易における財にかかる関税と同じように交渉することができ，同様に固定できると主張した。つまり，そうした保護は，関税交渉の結果許可されるものより，大きなものであってはならないというものあった。そしてアメリカもそれに同意した（Board of Trade, 1945b4, p. 2）。さらに国営貿易のもとでの特恵幅も民間貿易のものと同じであるべきとされた。このような条件を満たすかぎり，イギリスは英連邦諸国からの食料品の国家独占購入を認められたのである。

　　この他，為替管理の問題については，IMF条文の当該規定とオーバーラップすべきではないことがケインズによって指摘され，実際かなりの部分が削除された（*Ibid.*, p.6）。

　　最後に数量制限の問題であるが，通商政策委員会自体においてはそれほど議論されなかった。しかし，その導入の是非を，国際収支上の理由から考察するための下部委員会が設立され，下部委員会でかなりの議論が行われたようである（Board of Trade, 1945b2, p. 3）。

⒃　この間にイギリス代表団は，上記のアメリカ案に対する修正案を作成していた。それは(c)および(d)項を次のように改めたものであった。

　　(c)すべての特恵関税幅は，交渉の開始に先立って関連諸国間で合意された特恵関税幅維持という現行の約束の修正を受けて，その対象となる交渉に従うものと考えるべきである。

　　(d)もし，上述の原則の適用によっても特恵が除去されずに残った場合，国際貿易機構は，支配的な経済諸条件によって決定される日に，特恵の撤廃に向けてのさらなる措置を正当化するのに十分な関税の引下げが合意できるかどうかを検討する会議を招集するのが適切であろう。（Board of Trade, 1945a4, p. 2）

　　見られるとおり，(c)項において，現行の約束（英帝国特恵関税制度）の修正という表現をもちいることによってその即時撤廃を回避し，また(d)項では，2国間関税引下げ交渉の後で残った特恵関税の引下げを，経済諸条件に鑑みて行うこととし，さらに関税のいっそうの引下げを代償として実施することを規定して，一方的な特恵の廃棄を否定した。しかし，イギリスは，こうした規定の他に，アメリカが2国間交渉の後，残った特恵の撤廃を要求した場合，全体の輸入のうち英帝国からの輸入が5％以下の品目について，一方的に特恵を全廃するという譲歩案を考えていた（Board of Trade, 1945a4, p. 2）。この段階でイギリスは代償なしの一方的な特恵関税の全廃は拒否しつつも，アメリカに対して一定の譲歩を模索していたことがわかる。

⒄　最終的な条文は，以下で示すように，第7草案の内容とほとんど同じである。しかし，第7草案は2項から成っていたが，最終条文はひとつに纏められていることがわ

かる。
　(1)関税と特恵
　　相互援助協定第7条に述べられた諸原則に鑑み，メンバーは，関税の大幅引下げと特恵の撤廃に向けての取決めを結ぶべきである。特恵関税撤廃に向けての行動は，本文書で考察されている相互に利益的な取決めの一部として，世界貿易に対する障壁の大幅削減のための適切な手段と関連して実施されるであろう。
　　特恵関税撤廃の最初の段階として，以下のことが同意されるべきである。
　　　(a)現行の国際的約束は，特恵関税に関して合意される行動を妨げるものであってはならない。
　　　(b)最恵国関税に関する引下げ合意は，すべて自動的に特恵関税幅の縮小や撤廃に作用する。
　　　(c)如何なる品目に対する特恵関税幅も拡大されてはならないし，如何なる新たな特恵も導入されてはならない。(Treasury, 1945q1, p. 7)

(18)　こうした米英金融・通商協定の交渉下での，イギリスと自治領間との関係を詳細に分析し，英連邦の変質に注目した論文としてMcKenzie, 1998がある。

(19)　ここでオーストラリアが戦中にアメリカの互恵通商協定締結運動に呼応して同国との2国間通商協定を模索していた事実をどう理解するかという問題が浮かび上がってくる（交渉の詳細については山本和人，1999の第6章を参照のこと）。すでにこうしてオーストラリアが戦中に特恵関税の修正を受け入れていたという事実は，上述の米英金融・通商協定時点でのオーストラリアの態度と齟齬を来すからである。キャプリングに従えば，当時，オーストラリア国内では，特恵関税支持派と修正派の意見対立があり，政府はその中でアメリカ市場への接近を見返りに，特恵関税修正の意志を表しており，それがアメリカとの通商協定の模索となって現われた（Capling, 2000, pp. 2-4）。しかしこうした政府の姿勢は，戦争終結時点で，同政権がアメリカ市場の開放の程度に疑問を持ち，特恵関税縮小の代償を獲得できないと踏んだがために，また工業化のための保護の必要性を認識したために，『国際貿易雇用会議による考察に関する提案』に対して態度を保留することになったのである。もっとも，イギリスが同提案に賛成したことは，オーストラリアの選択肢を狭めることになり，結局，「特恵の縮小をその他の貿易譲許によって補うことを目指して，関税交渉に参加しなければならなくなった」(*Ibid*., p. 6)。オーストラリアは，こうした貿易自由化の枠組みの中で，換言すればITOやGATT設立を巡る交渉過程で，「その他の貿易譲許」（完全雇用状態の確保，途上地域の工業化の促進，経済緊急時における防衛手段の採用の許可）を獲得すべく，努力することになるのである。その詳細に関しては，第7，第8章で述べることにする。

(20)　ロビンズ（Robbins, L.）教授も，彼の日記において，自治領4カ国の態度について「カナダはもっとも信頼でき，南アフリカは人当たりがよく，フレンドリィで，ニュージーランドは普通，そしてオーストラリアは気難しく，非協力的である」(How-

son & Moggridge (eds.), 1990, p. 233) と分析している。
(21) 『国際貿易雇用会議による考察に関する提案』は，1945年11月にアメリカ国務省が発行した『世界貿易と雇用の拡大に関する提案』と題するパンフレット (U. S. Department of State, 1945) の主要部分を抜粋したものであることを付け加えておく。なお，このパンフレットが世界各国に配布されたのである。

参考文献
[イギリス国立公文書館 (The National Archives: TNA) 関係]
Board of Trade (1945), "Telegram exchanged with Washington regarding Commercial Policy: Sir Percivale Liesching's Mission," reference No. BT11/2795：

Board of Trade (1945a1), Telegram No. NABOB 43, J. S. M. Washington to A. M. S. S. O., 10th September in reference No. BT11/2795.

Board of Trade (1945a2), Telegram No. NABOB103, J. S. M. Washington to Cabinet Offices, 29th September in reference No. BT11/2795.

Board of Trade (1945a3), Telegram No. NABOB132, J. S. M. Washington to Cabinet Offices, 9th October in reference No. BT11/2795.

Board of Trade (1945a4), Telegram No. NABOB133, J. S. M. Washington to Cabinet Offices, 9th October in reference No. BT11/2795.

Board of Trade (1945), "Keynes Mission, 1945: Minutes of Meetings of the Commercial Policy Committee," reference No. BT11/2806：

Board of Trade (1945b1), "COM/TRADE-1st Meeting, Draft Minutes of the Meeting of the Committee on Commercial Policy held, 1st October," reference No. GEN. 80/41, 15th October in reference No. BT11/2806.

Board of Trade (1945b2), "COM/TRADE-2nd Meeting, Draft Minutes of the Meeting of the Committee on Commercial Policy held, 2nd October," reference No. GEN. 80/44, 18th October in reference No. BT11/2806.

Board of Trade (1945b3), "COM/TRADE-3rd Meeting, Draft Minutes of the Meeting of the Committee on Commercial Policy held, 4th October," reference No. GEN. 80/45, 17th October in reference No. BT11/2806.

Board of Trade (1945b4), "COM/TRADE-4th Meeting, Draft Minutes of the Meeting of the Committee on Commercial Policy held, 5th October," reference No. GEN. 80/47, 20th October in reference No. BT11/2806.

Board of Trade (1945b5), "COM/TRADE-5th Meeting, Draft Minutes of the Meeting of the Committee on Commercial Policy held, 8th October," reference No. GEN. 80/48, 23rd October in reference No. BT11/2806.

Board of Trade (1945b6), "COM/TRADE-6th Meeting, Draft Minutes of the Meeting of the Committee on Commercial Policy held, 11th October," refer-

ence No. GEN. 80/49, 23rd October in reference No. BT11/2806.
Board of Trade (1945b7), "COM/TRADE-7th Meeting, Draft Minutes of the Meeting of the Committee on Commercial Policy held, 1st December," reference No. GEN. 80/75, 15th December in reference No. BT11/2806.
Board of Trade (1945-47), "USA/UK Commercial Policy: Article VII Negotiations Despatch of Telegrams informing Dominions and India of Progress of Discussions with Americans," reference No. BT11/3228：
Board of Trade (1945c1), Telegram D. No. 1909, D. O. to Canada, Australia, New Zealand, South Africa, 12th October in reference No. BT11/3228.
Board of Trade (1945c2), Telegram No. 22687, Secretary of State for India to India (Govt), 12th October in reference No. BT11/3228.
Board of Trade (1945c3), Telegram D. No. 1920, D. O. to Canada, Australia, New Zealand, South Africa, 15th October in reference No. BT11/3228.
Board of Trade (1945c4), Telegram No. 22592, Secretary of State for India to India (Govt), 17th October in reference No. BT11/3228.
Board of Trade (1945c5), Telegram No. BABOON115, Cabinet Offices to J. S. M Washington, 15th October in reference No. BT11/3228.
Board of Trade (1945c6), Telegram No. BABOON122, Cabinet Offices to J. S. M. Washington, 16th October in reference No. BT11/3228.
Board of Trade (1945c7), Telegram No. BABOON157, Cabinet Offices to J. S. M. Washington, 27th October in reference No. BT11/3228.
Board of Trade (1945c8), Telegram No. BABOON149, Cabinet Offices to J. S. M. Washington, 25th October in reference No. BT11/3228.
Board of Trade (1945c9), Telegram No. 352, Australia (Govt) to D. O., 23rd October in reference No. BT11/3228.
Cabinet (1945d1), "Commercial Policy: Memorandum by the Secretary of State for Dominion Affairs," reference No. C.P.(45)295, 22nd November in Cabinet Memoranda, reference No. CAB129/4.
Foreign Office (1945), "Commercial Policy and Postwar Economic Policy: International Employment Conference," reference No. FO371/45680：
Foreign Office (1945e), "Article Ⅶ, Summary of discussion held at the Board of Trade on 4th August, 1945," reference No. A.S.(U.S.)(45) 9th Meeting, 7th August, reference No. FO371/45680/UE3615.
Foreign Office (1945f), "Article Ⅶ, Summary of discussion held at the Board of Trade on 9th August, 1945," reference No. A.S.(U.S.)(45) 10th Meeting, 15th August, reference No. FO371/45680/UE3774.
Foreign Office (1945g), "Article Ⅶ, Summary of discussion held at the Board of

Trade on 14th August, 1945," reference No. A.S.(U.S.)(45) 11th Meeting, 18th August, reference No. FO371/45680/UE3830.

Foreign Office (1945h), "Article VII of the Mutual Aid Agreement: Commercial Policy, Memorandum by the President of the Board of Trade," reference No. C.P.(45)116, 16th August, reference No. FO371/45680/UE3692.

Foreign Office (1945), "Financial Negotiations and Commercial Policy: Anglo-United States Relations," reference No. FO371/45698：

Foreign Office (1945i), Foreign Office Minute: Mr. Clayton's visit to London-International Trade Organization, reference No. FO371/45698/UE3534.

Foreign Office (1945i1), "Document No. I handed to United Kingdom Officials by Mr. Clayton on 4th August, 1945," undated, in reference No. FO371/45698/UE3534.

Foreign Office (1945i2), "Document No. II handed to United Kingdom Officials by Mr. Clayton on 4th August, 1945: Proposal to establish an International Trade Organization," 21st July in reference No. FO371/45698/UE3534.

Foreign Office (1945j), "Financial Negotiations and Commercial Policy: Memorandum prepared in the Treasury and the Board of Trade," undated, reference No. FO371/45698/UE3996.

Foreign Office (1945k), Foreign Office Minute (Mr. J. E. Coulson), 30th August, reference No. FO371/45698/UE3995.

Foreign Office (1945l), Telegram No. NABOB49, J. S. M. Washington to A. M. S. S. O., 13th September, reference No. FO371/45698/UE4238.

Foreign Office (1945m), "Financial Negotiations and Commercial Policy: Record of a Meeting of Ministers held at No. 10 Downing Street, on Friday 31st August, 1945," undated, reference No. FO371/45698/UE4080.

Foreign Office (1945n), Telegram No. BABOON48, Cabinet Offices to J. S. M. Washington, 21st September, reference No. FO371/45698/UE4254.

Foreign Office (1945o), "Financial Negotiations and Commercial Policy: Anglo-United State Relations: Keynes Missions," reference No. 371/45704. The Document titled: Telegram No. NABOB186, J. S. M. Washington to Cabinet Offices, 19th September, reference No. FO371/45704/UE4958.

Foreign Office (1945p), "Financial Negotiations and Commercial Policy: Anglo-United State Relations: Keynes Missions," reference No. 371/45705. The Document titled: Telegram No. NABOB216, J. S. M. Washington to Cabinet Offices, 25th September, reference No. FO371/45705/UE5066.

Treasury (1945), "1945 United States of America-United Kingdom Negotiaions in Washington: minutes and papers: COM/TRADE papers," reference No. T236/

446：

Treasury (1945q1), "Proposals for Consideration by an International Conference on Trade and Employment," reference No. COM/TRADE 1, (Revised as of November 5, 1945) in reference No. T236/446.（タイトル名は11月5日には上記のように変更されているが，10月時点では，Proposal for an International Trade Organization となっていた）

Treasury (1945q2), "Nuclear-Multilateral Approach for the Relaxation of Trade Barriers," reference No. COM/TRADE 2, 19th September in reference No. T236/446.

Treasury (1945q3), "Procedure for Negotiating and Implementing the 'Proposals for Consideration by an International Conference on Trade and Empolyment'," reference No. COM/TRADE 3, (Revised as of November 5, 1945), in reference No. T236/446.（タイトルは11月5日には上記のように変更されているが，10月時点では，"Procedure for Negotiating and Implementing the 'Proposal for an International Trade Organization'"となっていた）

Treasury (1945q4), "Draft of Proposed Invitation on Certain Governments to Participate in a Meeting Preliminary to the Holding of the Proposed International Conference on Trade and Employment," reference No. COM/TRADE 4, (Revised as of November 5, 1945) in reference No. T236/446.

Treasury (1945q5), "Proposed Amendments to 'Proposal for an International Trade Organization'," reference No. COM/TRADE 6, 2nd October in reference No. T236/446.

[**Command Papers**]

U. K. Government (1945a1), "Financial Agreement between the Governments of the United States and the United Kingdom dated 6th December, 1945 together with a Joint Statement regarding Settlement for Lend-Lease, Reciprocal Aid, Surplus War Property and Claims," Cmd. 6708, HMSO.

U. K. Government (1945a2), "Proposals for Consideration by an International Conference on Trade and Employment: As transmitted by the Secretary of State of the United States of America to His Majesty's Ambassador at Washington," Cmd. 6709, HMSO.

［アメリカ国務省関係］

Foreign Relations of the United States.（文中ではFRUSで統一した）

The Department of State Bulletin.（文中ではDSBで統一した）

U. S. Department of State (1945), *Proposals for Expansion of World Trade and Employment*, Pub. 2411, November.

[欧文文献]

Aaronson, S. A. (1996), *Trade and the American Dream: A Social History of Postwar Trade Policy*, The University Press of Kentucky.

Bullen, R. & Pelly, M. E. (1986), *Documents on British Policy Overseas, Series I, Vol. III, Britain and America: Negotiation of the United States Loan, 3 August-7 December 1945*, HMSO.

Capling, A. (2000), "The 'Enfant Terrible': Australia and the reconstruction of multilateral trade system, 1946-8," *Australian Economic History Review*, Vol. 40, No. 1.

Gardner, R. N. (1980: new, expanded editon with revised introduction; the first in 1956), *Sterling-Dollar Diplomacy in Current Prospects of Our International Economic Order*, Columbia University Press.［村野　孝・加瀬正一訳（1973）『国際通貨体制成立史——英米の抗争と協力（上・下）』東洋経済新報社］

Hart, M. (1995: Edited and with Intoroduction), *Also Present at the Creation: Dana Wilgress and the United Nations Conference on Trade and Employment at Havana*, Centre for Trade Policy and Law.

McKenzie, F. (1998), "Renegotiating a Special Relationship: The Commonwealth and Anglo-American Economic Discussions, September-December 1945," *The Journal of Imperial and Commonwealth History*, Vol. 26, No. 3, September.

Pressnell, L. S. (1986), *External Economic Policy since the War, Vol. I, The Post-war Financial Settlement*, HMSO.

Robbins, L. "The Loan Negotiations and the ITO, September-October 1945."［Howson, S. & Moggridge, D. (eds.) (1990), *The Wartime Diaries of Lionel Robbins & James Meade, 1943-45*, St.Martin's Press に所収］

Woods, R. B. (1990), *A Changing of the Guard: Anglo-American Relations, 1941-1946*, University of North Carolina Press.

Zeiler, T. W. (1999), *Free Trade Free World: The Advent of GATT*, Chapel Hill and London: The University of North Carolina Press.

[邦文文献]

原田三郎（1949）『イギリス資本主義の研究』日本評論社。

本間雅美（1991）『世界銀行の成立とブレトン・ウッズ体制』同文舘。

岩本武和（1999）『ケインズと世界経済』岩波書店。

岩本武和・阿部顕三編（2003）『岩波小辞典　国際経済・金融』岩波書店。

片山謙二（1960）「描かれた世界貿易の理想図——自由化原則の背景とその変貌過程」『(関西学院大学) 経済学論究』第14巻第2号。

前田啓一（1977）「1945年『英米金融協定』の研究——イギリスにおける借款の消尽経路の考察を中心として」『世界経済評論』12月号［同氏（2001）『戦後再建期のイギ

リス貿易』御茶の水書房の第1章に所収]。
前田啓一（1980）「英米金融協定とアメリカ——戦後国際金融の出発点」『（同志社大学大学院）商学論集』第15号［同氏（2001）『戦後再建期のイギリス貿易』御茶の水書房の第2章に所収］。
牧野　裕（1993）『冷戦の起源とアメリカの覇権』御茶の水書房。
山本和人（1999）『戦後世界貿易秩序の形成——英米の協調と角逐』ミネルヴァ書房。
油井大三郎（1985）『戦後世界秩序の形成——アメリカ資本主義と東地中海地域 1944-1947』東京大学出版会。

第3章
米英金融・通商協定から第1回貿易雇用準備会議
（ロンドン会議）前夜まで

　1945年12月6日，アメリカ政府は『国際貿易雇用会議による考察に関する提案 (Proposals for Consideration by an International Conference on Trade and Employment)』を発表し，イギリスも同じ文書をコマンド・ペーパーとして発行した。[1] こうして，一般的に米英金融協定と呼ばれる協定を導いた会議において，国際貿易システム形成に向けて米英間の話合いがなされ，合意形成が行われた。われわれは第2章において，協定のこうした側面に注目して考察し，ひとつの結論を引出した。それはこうである。関税の引下げと特恵関税幅の縮小・撤廃については，いわゆる多角的2国間交渉方式により実施し，他方，その他の貿易問題については多国間ルールを設定するとともに国際貿易機構（ITO）を設立するというものであった。いわゆるツー・トラック・アプローチ（Two-Track Approach）と呼ばれる方式が米英金融・通商協定によって取り決められたのである（図2-1および表3-1の第2欄参照）。アメリカはこの方式に基づいて国際貿易体制の構築に取り組むことになる。そして結果的には，ファースト・トラックとしての関税引下げ交渉がその後の GATT に繋がっていくのである。われわれはかかる意味で米英金融・通商協定を戦後貿易体制構築の具体的出発点と位置付けたのである。しかし，GATT の成立そして ITO 憲章の発表までには2年以上の歳月が必要となる。この間の経緯に関する検討を行わなければならない。本章は，その最初の試みとして，始めての多国間貿易交渉として位置付けることのできる1946年10月の第1回貿易雇用準備会議（ロンドン会議）までの進展について考察を加えることにする。まず，アメリカが一挙に貿易システムの構築を行おうとした点，そしてそれが失敗に帰し，関税引下げ交渉が引き延ばされていく過程の中で，ITO 憲章の作成も先延ばしにされていく事実を指摘したい。こうした中でイギリスは，アメリカ主導の貿易体制確立過程にどのような対応をとるのであろうか。英連邦

表3-1 国際貿易システム構築に関する構想の変遷（1945年8月～1946年5月）

①1945年8月（戦時米英貿易討論の最終局面）	②1945年末英金融・通商協定会議に先立って開催（時期は未定）	③米英金融・通商協定締結直後（1945年12月中旬）
・中核国グループ（起草国グループ）による関税引下げ交渉と国際貿易会議を国際会議に先立って開催（時期は未定） ・中核国会議ではファースト・トラックで関税引下げ交渉、セカンド・トラックでその他の貿易問題や特恵関税問題に関する協議を行う一方で特恵関税問題に関する協議もいうツー・トラック・アプローチをアメリカは非公式に提唱 ・アメリカは、こうした交渉の結果生まれた協定、あわせて国際貿易機構設立に関する提案を公表として公表、多国間協定案に関する提案を行う国際貿易会議の開催	・1946年3月に関税引下げ交渉を中心とした多角的な2国間交渉方式による関税引下げ交渉を中核国グループ間（アメリカを含めて16カ国）で開催（ファースト・トラック）。その一方でその他の貿易問題として中核国貿易機構の設立に関する協議を行う（セカンド・トラック）。イギリスと協議の結果、2国間交渉方式で関税引下げ交渉を行うことに決定。特恵撤廃に関する多国間規定は先送りに ・アメリカは国連加盟国に対して1946年6月に「国際貿易雇用会議」を開催するよう要請 ・以上の方式（ツー・トラック・アプローチ）を正式にイギリスに提案、イギリスも了承 ・11月の最終文書では、中核国の会議の開催が1946年3月から1946年の春と表明された国際貿易雇用予定の会議の開催が1946年6月から1946年の夏と表現に変更される	・1945年12月6日、アメリカは「国際貿易雇用会議による考察に関する提案」を発表し、イギリスもそれに合意 ・アメリカは、中核国15カ国に対して、1946年夏の国際貿易会議の準備会議（3月か4月）に開催予定としての国際貿易会議（中核国グループ会議）への招請状および国際貿易雇用会議の内容と目的および国際貿易雇用会議に向けての手続きに関する覚書を送付。ツー・トラック・アプローチの内容がすべての中核国に伝えられる ・ソ連を除く14カ国が1946年1月中旬までに予備会議への参加を表明。なお以下14カ国とは、イギリス、フランス、カナダ、南アフリカ、インド、ニュージーランド、オーストラリア、ベルギー、ルクセンブルク、ブラジル、オランダ、チェコ、キューバ、中国であり、これら諸国がGATTの原締約国を構成することになる

④1946年2月プラン	⑤1946年4月末
・アメリカ国務省は2月6日付け文書「貿易と雇用に関する国際予備会議計画——」を作成し、中核国グループに送付。予備会議の検討議題をさらに詳細に規定。それまた付属文書（Protocol）の作成とITO憲章の検討。アメリカの主導の下で関税引下げ交渉を行い、その結果を各国関税譲許表として付属文書に掲載するとともに、付属文書にはITO憲章のいくつかの条文	・アメリカ国務省、イギリスに対して「貿易および雇用に関する国際会議一行動計画」と題する覚書を提出し、予備会議および国際貿易雇用会議の開催時期の大幅変更を提案。予備会議の開催は1947年3月まで延期。従って国際貿易雇用会議はそれ以降となるが、開催時期については明言せず

第3章　米英金融・通商協定から第1回貿易雇用準備会議（ロンドン会議）前夜まで

ず。国際貿易雇用会議の大幅延期に伴い、その間、貿易システム形成への関心の低下を防ぐために国際貿易雇用会議までに2回、貿易雇用準備委員会の会議を開催する。第1回目は1946年7月にニューヨークで、第2回目は1947年3月に予備貿易会議と同時に開催。準備委員会のもとに起草下部委員会を組織し、アメリカ案をもとにITO草案を作成することを提案

恵国待遇、数量制限、内国税などの貿易障壁などが加えられる）⇒GATTの骨格といえるもの。なお付属文書はITO憲章の既にはITO憲章に包摂される。そして付属文書は、国際貿易雇用準備会議グループの間で調印される

・1946年2月18日、アメリカのイニシアティブのもと、国連の経済社会理事会（ECOSOC）は、1946年後半に国際貿易雇用会議を招集すること、この会議に提出するITO憲章草案を作り上げるために貿易雇用準備委員会を組織することを決議。そして貿易雇用準備委員会に19カ国を指名。それら諸国に、中核国グループ16カ国にレバノン、ノルウェー、チリの3国を加えたものであった。そして準備委員会の開催時期として1946年5月を予定

⑥1946年5月初旬	⑦1946年5月下旬
「貿易会議──行動計画」に対するイギリスの返答	アメリカ政府の最終決定
・貿易会議、国際貿易会議の延期に賛成 ・米英金融・通商協定の審議がアメリカ議会で行われている最中に、第1回の貿易雇用準備委員会を開催するのは時期尚早である。協定案の議会通過を待って開催すべきである。したがって1946年10月頃まで延期すべきである。また開催地はヨーロッパ（ロンドンかジュネーブ）にすべきである。3月に第2回貿易雇用準備委員会の会議を予備会議とともに開催することには合意 ・起草下部委員会を設けてITO憲章の草案を作ることの必要はない。第1回の準備委員会は意見交換の場に留まるべきであり、ITO憲章の作成は実際の関税引下げ交渉の結果と結びつけて付けて行うべきである	・第1回の貿易雇用準備会議開催のデッドラインを1946年10月15日とする。会議はロンドンで開催することにこれを受けて5月28日に正式に10月15日ロンドンでの貿易雇用準備委員会の開催を宣言。第2回の貿易雇用準備委員会の開催は予備貿易会議に合わせて3月に行うことになっていたが、国連はこれについて公表されなかった。また国際貿易会議は1947年に延期する点については言及されず具体的な日程については言及されず ・ITO憲章草案作成のための下部委員会の設立は見送られたが、なおこの時点でアメリカはITO草案の作成はすでに取り組んでおり、国連国際貿易機構草案『Suggested Charter for an International Trade Organization of the United Nations』として、その原案は7月に完成した。ロンドンでの参加国に配布されることになる（もっともイギリスはすでに草案完成時点でアメリカから入手していた）。この文書の中で始めて、公式にGATTという言葉が付属文書（Protocol）に代わって使われる ・かくして第1回国連貿易準備委員会：ロンドン会議（1946年10月～11月）、第2回国連貿易準備会議［GATT第1回関税議許交渉］：ジュネーブ会議（1947年4月～10月）、そして国連貿易雇用会議：ハバナ会議（1947年11月～1948年3月）の道筋が決定される

（出所）ブリティッシュ・ナショナル・アーカイブズ所収の各史料およびアメリカ国務省関連史料（*FRUS*）より作成。

との関連を視野に入れて分析することにしたい。

本章の目的は，戦後世界貿易体制成立過程を明らかにする作業を行うとともに，関税および特恵を中心とする貿易障壁削減交渉およびITO憲章作成を巡る交渉に向けてのイギリスと英連邦諸国の基本的スタンスを明確にすることにある。

第1節　米英金融・通商協定とアメリカによる関税引下げ交渉の提案

(1)　米英金融・通商交渉の終了とアメリカによる予備貿易会議の提唱

　アメリカ駐英大使ワイナント (Winant, J. G.) は，米英金融・通商協定が合意を見た直後の1945年12月19日に，貿易会議への招聘状と貿易システム形成を巡る今後の手続きに関する覚書をイギリスの外務大臣ベヴィン (Bevin, E.) に手渡した (Foreign Office, 1945g1; Foreign Office, 1945g2)。それは1945年10月に行われた両国間の話合いで合意された手続きについて再確認したものであった。本節ではこの招聘状と覚書の分析を行うことにしよう。

　第2章で述べたように，1945年10月の話合いの結果は，「国際貿易雇用会議による考察に関する提案の交渉と履行についての手続き (COM/TRADE 3)」(Treasury, 1945j1) と「国際貿易雇用会議の開催に先立つ会合に参加する政府向けの招待状の草案 (COM/TRADE 4)」(Treasury, 1945j2) として具現した。ベヴィン宛の招聘状と覚書は，この2つの文書をベースにしたものであった。

　まず招聘状 (Foreign Office, 1945g1) はCOM/TRADE 4に基づき，イギリス政府に対して，米英の共同文書である『国際貿易雇用会議による考察に関する提案』をさらに検討し，実行に移すために，1946年夏に国連主導で国際貿易雇用会議を開催することを提案している。次にその準備として予備貿易会議の招集をアメリカが行うこととその会議への参加を求めている。その会議は1946年の3月か4月に開催されること，関税およびその他の貿易障壁の削減について話し合うことが述べられている。具体的には，アメリカ政府が国内法である互恵通商協定法の規定に基づき，イギリスとの2国間の貿易障壁削減交渉に入ることが述べられている。そしてその他にも主要貿易国である14カ国に同様の内容の招聘状を送付した事実が語られている。見られるように，アメリカの意図は，2段階に分けて，貿易システムの形成を行うことにあったと理解できる。

第3章　米英金融・通商協定から第1回貿易雇用準備会議（ロンドン会議）前夜まで

　一方，覚書（Foreign Office, 1945g2）はCOM/TRADE 3 の内容を踏襲し，予備貿易会議の内容と目的を簡潔に説明している。第1に，会議に参加する各国は，アメリカだけではなくすべての参加国と2国間交渉を行い，すべての諸国に提供できる関税譲許表を作成する。第2に，『国際貿易雇用会議による考察に関する提案』の第3章に盛られた非関税障壁（数量制限，補助金，国営貿易，為替管理）について，すべての参加国の貿易に適用できる統一的な規定を作成する。第3に，『国際貿易雇用会議による考察に関する提案』に含まれるその他の問題（雇用政策，制限的商慣行，国際商品協定，国際貿易機構の組織など）について協議する。すなわち，予備貿易会議においては，多角的2国間方式による関税引下げの実施と，非関税障壁に対する統一（多国間）ルールの作成，さらにわれわれが「広義の貿易政策」と呼んだカルテルと第1次産品問題，そして雇用問題についても考察を深めることが述べられているのである（広義の貿易政策および狭義の貿易政策の概念については，山本和人，1999, 297ページを参照のこと）。GATTの基本である多角的2国間交渉方式とその結果としての各国譲許表の作成が明確に謳われている。米英金融・通商協定交渉の終了時点でアメリカは明らかに2つの方向から，すなわち，多角的2国間方式による関税引下げ（いわゆるファースト・トラック）と多国間方式による非関税障壁の縮小・撤廃とその他の貿易問題（広義の貿易政策）に向けてのルール作り（セカンド・トラック）によって，比較的短期間のうちに（すなわち1946年夏までに）世界貿易システムを打ち建てようとしていたことが明らかとなる（前掲図2-1と表3-1の第3欄参照）。

　こうした予備貿易会議の内容と目的についてアメリカはさらに詳しい文書を作成し，予備貿易会議参加国に配布した。次項ではこの文書の内容を検討することにしよう。

（2）　1946年2月プラン：アメリカの世界貿易システム形成のシナリオとそのタイムテーブル

①予備貿易会議の内容とその意義──GATTのブループリント

　1946年2月6日付の「貿易と雇用に関する国際予備会議の準備」と題するアメリカ国務省作成の文書は，「予備会議の目的」，「予備会議に先立つ準備段階」，「予備会議における交渉手続き」，「予備会議と貿易雇用に関する世界会議との関

係」というタイトルの4節からなる（*FRUS*, 1946, I, pp. 1280-1289）。以下では，文書の内容を具体的に紹介し，その意義を明らかにしたい。

「予備会議の目的」という節においては，まず，予備貿易会議の目的について国際的な文章であるITO憲章を交渉することであるとしている。しかし，会議において憲章の貿易障壁を扱った部分がその他の部分（つまり広義の貿易政策）よりも重要な意味を持ち（*FRUS*, 1946, I, p. 1281），さらに貿易障壁の中でも関税引下げに関する規定の作成が最とも重要な作業となると述べている（*Ibid*., pp. 1282-1283）。これは，すなわち，予備貿易会議の第1の目的が，アメリカの主導する関税引下げ交渉になるという事実である。

さらに詳しくこの点について文書は次のように述べている。貿易障壁削減に向けての重要な部分として，関税引下げに関する規定を作る必要がある。しかしながら，何千もの関税項目と選択的で品目別の関税引下げ手続きの必要性から関税引下げの実施規定は，ITO憲章自体に組み入れることはできない。それゆえ，付属文書（Protocol）をITO憲章に付け加えることが必要となる。その中で，予備貿易会議に出席する諸国はさまざまな品目を記載した関税譲許表に従って，関税引下げと固定化について合意するのである（*Ibid*., p. 1281）。具体的には予備貿易会議に参加する各国は，交渉の結果として，それぞれ関税譲許表を持つことになる（文書には15の関税譲許表が現れるとしている）。

しかも重要なことは，付属文書（Protocol）には，ITO憲章に含まれるいくつかの条文（例えば，最恵国待遇，数量制限，内国税などの貿易障壁〔非関税障壁を含めて〕に関する条文）が，各国関税譲許表とともに挿入されることになるとされた点である。こうして，関税引下げを明記した各国関税表と貿易障壁に関する規定が付属文書（Protocol）を構成することになるのである。文書は，各国の議会がITO憲章の受入れに時間を要した場合を想定し，それに先立って付属文書の規定を発効させることによって，貿易障壁に関するルール（狭義の貿易政策）の作成と実行をITO憲章のそれに先行させようとしたのである（*Ibid*., p. 1283）。そして文書はこうした点について，「予備会議と貿易雇用に関する世界会議との関係」と題する節において，具体的に，付属文書が，予備貿易会議に参加した諸国によって，予備貿易会議で調印され，実施されることになると述べている（*Ibid*., p. 1288）。そして続けて，付属文書の発効の後，ITO憲章が完成した暁に

第3章 米英金融・通商協定から第1回貿易雇用準備会議(ロンドン会議)前夜まで

は，付属文書は，付属文書の関税以外の貿易障壁に関する部分の規定がITO憲章の当該関連箇所の規定に一致するよう変更されるという形で，ITO憲章に包摂されるようになることについても明記している(*Ibid*., p. 1288)。ITO憲章の調印に先立って付属文書に対する合意を取り付け，発効させるというシナリオ(前掲図2-1および表3-1の第4欄参照)は，まさしくその後のGATTとITO憲章の関係を正確に物語っているのである。

　以上のことから，すでにアメリカは1946年初頭に，ITO憲章に対する各国議会の反発を予測し，ITO憲章の作成と平行して，関税引下げを中心とする貿易障壁の削減交渉とその結果としての付属文書の作成とその実施を行おうとしていたことが明らかとなった。米英金融・通商協定終了時点での関税譲許を中心とするファースト・トラックには，1946年2月6日付の文書からわかるように，その他の貿易障壁(非関税障壁)の削減が加えられることになった。われわれは付属文書(Protocol)の作成という形でGATTの骨格がこうして1946年初めまでに準備されていたことを理解すべきであろう。アーロンソンもこの文書の意義を高く評価し，「この付属文書(Protocol)がGATTの国際法上の基礎になる」(Aaronson, 1996, p. 62)と述べている。もっとも，以下の章で検討するように，アメリカの思惑通りに事は順調に進まなかった。関税引下げ交渉と多国間通商協定GATTを生み出す過程は苦難の連続であり，それを乗り越えるべき様々な妥協と工夫が施されるのである。

　なお，この時点でアメリカは6～8週間ぐらいの間に，付属文書の草案とITO憲章の草案を練り上げ，予備貿易会議に参加する政府に配布する旨をこの文書で明確にしている(*FRUS*, 1946, Ⅰ, p. 1283)。

　われわれは，GATTの誕生に至る歴史の間隙を埋める作業を1946年初めまで終えることができた。次に，この時点でのGATTを含めた総体的なアメリカの戦後貿易システム案を検討しておくことにしよう。

②ITO憲章の作成プラン

　こうして米英金融・通商協定が締結をみた直後，すなわち1946年初頭においてアメリカは2つの方向からの世界貿易システムの構築を明確化していた。それは，ファースト・トラックとしての関税引下げ交渉を中心とする貿易障壁に関する協定(後のGATT)とセカンド・トラックとしての広義の貿易政策に関する協定，

つまりITO憲章の作成であった。そしてファースト・トラックは，直接アメリカが中心となって交渉を主導することがこれまでの分析によって明らかになった。それに対して，セカンド・トラックについて，つまりITO憲章の作成は具体的にどのように行われるのか。アメリカは，1946年2月に国連の場を通じて，その交渉をアレンジすることになるのである。本項ではその交渉内容について述べるとともにファースト・トラックとの関連についても指摘することにしたい。

1946年2月18日に開催された国連の経済社会理事会（Economic and Social Council：ECOSOC）は，アメリカのイニシアティブのもとで，次のような決議を採択した。a）1946年の後半に貿易雇用に関する世界会議を招集すること。b）この会議に提出すべき草案を作り上げるために準備委員会（Preparatory Committee）を組織し，そのメンバーとして19カ国を指名すること。c）この草案が，5つのトピック（すなわち，I．安定的で高度の雇用水準の達成，II．貿易障壁，III．制限的商慣行，IV．国際商品政策，V．ITOの設立）から構成されるものであることを主張することであった。なお19カ国とは，アメリカが指名した予備貿易会議に参加する16カ国のいわゆる中核国（起草国：アメリカを含める）に，ノルウェー，チリそしてレバノンを加えたものであった（FRUS, 1946, I, pp. 1290-1292, p. 1337）。なお，この準備委員会の正式名称は，Preparatory Committee of the United Nations Conference on Trade and Empolymentという。以下，貿易雇用準備委員会と呼ぶことにする。

こうして，セカンド・トラックについても，1946年の2月にその交渉内容とタイムテーブルが決定されたのである。そしてファースト・トラックの交渉とセカンド・トラックの交渉は別個に行われるものではなく，合い携えて，またオーバーラップしながら実行されるものであったことを銘記すべきであろう。事実，予備貿易会議参加国16カ国（中核国グループ）は，上述のように国連が指名した貿易雇用準備委員会を構成することになり，しかも，貿易雇用準備委員会構成国だけに指名されたノルウェー，チリ，レバノンもその後，アメリカの要請によって予備貿易会議の参加国（中核国グループ）に加えられることになるのである。

以上のことから，米英金融・通商協定締結時点で合意されたいわゆるツー・トラック・アプローチは，その後さらに厳密化され，1946年の2月時点では，1946年2月プランとして前掲表3-1の4欄に示したようにその方向性が明確にされた

のである。この時点で，付属文書（Protocol）という形で後のGATT条文の骨格が準備されるとともに，予備貿易会議や貿易雇用準備委員会の開催についても決定された。この予備貿易会議が後のジュネーブ会議（第1回GATT交渉）に繋がっていくのである。

もっとも，それは国際貿易システム構築に向けての方向付けを行っただけであった。つまり，まず予備貿易会議と貿易雇用準備委員会の会議を開催し，その後1946年後半に国際会議を招集することによって国際貿易システムの構築を完了するという大まかな道筋だけを示しただけで，会議の開催場所など綿密なタイムテーブルが決定されたわけではなかったし，予備貿易会議とITO憲章作成にあたる貿易雇用準備委員会との関連についても明確にされていなかった。しかし以下で述べるように，1946年前半にそのタイムテーブル自体がアメリカの都合でかなりの変更を余儀なくされる過程で，こうした問題は1946年5月までにほぼ決定をみることになる。次項ではそれについて考察を加えることにしよう。

(3) アメリカ貿易プログラム（1946年2月プラン）の変更とその理由

前掲表3-1の3欄に示したように，米英金融・通商協定締結直後の1945年12月中旬には予備貿易会議の開催時期は，3月から4月とされていた。しかし，この開催時期は次々と変更される。イギリス側の史料によれば，次にアメリカが提案したのは1946年7月であり，それが不可能になるとさらに9月を打診した。そして最終的に1946年中の開催は不可能であり，1947年3月まで引き延ばすことをイギリス側に伝えている（Foreign Office, 1946i5i, ii, iii ; FRUS, 1946, I, pp. 1318-1321）。アメリカ国務省がこの最終決定案を駐英大使館に伝えたのが1946年4月25日であり，4月29日に大使館付き経済顧問ホーキンズ（Hawkins, H.）がリーシュンク（Liesching, P.）商務省次官を訪ね，上記の決定を伝える「貿易会議─行動計画─」と題する覚書を手渡したのである（Foreign Office, 1946i5i ; FRUS, 1946, I, pp. 1320-1321）。こうして予備貿易会議の開催が先送りにされていく中で，アメリカ国務省が危惧したのは，アメリカやその他の諸国において貿易システム形成に対する「勢い」と「関心」が失われることであった。こうした問題に対処するためにこの覚書において1947年3月までの行動計画が指し示されたのである。

それによれば，1946年7月1日ぐらいを目処にニューヨークで第1回目の貿易

雇用準備委員会の会議（われわれのいうところの第1回貿易雇用準備会議）を開催する。この会議では委員会を組織し，『国際貿易雇用会議による考察に関する提案』を考察・検討するとともに，さらに5ないし6カ国（たとえば，アメリカ，イギリス，ソ連，カナダ，フランス，キューバ）から成る起草下部委員会（Drafting Subcommittee）を形成する。下部委員会では，そうした『提案』に関する議論や各国が提出した案（実際はアメリカの草案）をもとにITO憲章草案が作成される。なおこの下部委員会は，準備委員会の会議の終了後に開催され，10月15日ぐらいまで2カ月続くことになる。次に第2回目の貿易雇用準備委員会の会議（われわれのいうところの第2回貿易雇用準備会議）が，第1回貿易雇用準備会議と下部委員会の作業を基礎に開催されることになる。第2回貿易雇用準備会議は，予備貿易会議と同時に開催される。つまりそれは1947年の3月15日ぐらいとされている。なお，予備貿易会議の開催に先立って，アメリカは交渉開始の意図を6カ月前（すなわち1946年11月15日ぐらい）に公表するとともに，各国（つまり中核国グループ）に対して，アメリカ輸出品に対する譲許要求リストを手渡し，その他の諸国に対しても譲許要求リストを提出するよう求めることを提案している（Foreign Office, 1946i5ⅱ；FRUS, 1946, Ⅰ, pp. 1318-1319）。

こうして，前掲表3-1の5欄に示したように，この「貿易会議―行動計画―」と題する覚書によって，アメリカの貿易計画プログラムがさらに明確にされることになった。国際貿易雇用会議の前に，2回の貿易雇用準備委員会の会議を開くこと，そのうち1回を予備貿易会議と同時に開催することは，実際のITO憲章およびGATTの形成過程に照らしてみれば，まさにそれに一致することが理解できよう。このような形でアメリカは貿易システム形成の延期に起因する関心の低下を防ごうとしたのである。

ところで「貿易会議―行動計画―」に対して，イギリスは大枠では賛成したが，いくつかの対案を示した（前掲表3-1の6欄参照）。それは，第1に，アメリカ議会で対英借款に関する論議が行われている最中に，貿易雇用準備委員会を開催するのは時期尚早であり，1946年の10月まで延期すべきである。またその際，準備委員会はヨーロッパで開催すべきである。第2に，起草下部委員会（Drafting Subcommittee）を設立する必要はない，というものであった（Cabinet, 1947d1, pp. 3-4；Cabinet, 1947b1, pp. 35-36）。イギリスにとって，関税交渉において実質

第3章　米英金融・通商協定から第1回貿易雇用準備会議（ロンドン会議）前夜まで

的な成果が示されるまで，換言すればアメリカ関税の大幅引下げが実現されるまで，具体的にITO憲章の詳細な規定に関する交渉に入ることは避けるべきことであった。関税引下げ交渉とITO憲章の作成は切り離して行うべきではなく，同時並行的に行うべきであるというのがイギリスの主張であった（Cabinet, 1947 d1, p. 2および pp. 5-6）。

こうしたイギリスの指摘を受入れて，アメリカは1946年5月中旬までには，前掲表3-1の7欄に示したように，国際貿易雇用会議開催までのスケジュールをほぼ確定するのである。それはこうである。

第1回目の貿易雇用準備委員会を10月15日までにロンドンで開催する。第2回目の準備会議は，1947年3月に，予備貿易会議（関税引下げ交渉）と合わせて開催する。そしてその後，国際貿易雇用会議を国連の名で招集する[11]。こうして，ロンドン会議，ジュネーブ会議そしてハバナ会議の道筋が描かれることになったのである。またアメリカは下部委員会の設立を見合わせたが，すでにこの時点でITO憲章草案の作成に着手していた。草案は注(8)に示したように7月にはすでに『国連国際貿易機構憲章草案』（ITO憲章アメリカ草案）の原案である「国連国際貿易機構憲章の草稿」（U. S. Department of State, 1946b）が纏められ，若干の修正を受けて9月には草案は完成していた（U. S. Department of State, 1946a）。そしてこの草案はロンドンでの準備委員会会議に提出されることになる（草案の作成過程の概略については FRUS, 1946, I, p. 1328の注(73)を参照）。

それでは，なぜ当初予定されていたアメリカによる貿易システムの構築がこのように延期されることになったのであろうか。われわれは，アーロンソン，ガードナーそしてジラーらによる先行研究を拠り所にして，その理由を明らかにしておく必要があろう。

そのひとつは，米英金融・通商協定法案のアメリカ国内での批准の遅れにある。ガードナーによれば，トルーマン大統領が議会に法案を上程したのが1946年1月20日であり，最終的に大統領が法案に署名したのが1946年7月15日であった（Gardner, 1980, p. 236, p. 253：訳本，417ページおよび435ページ）。実に6カ月間もの間，上下両院で論争が戦われたのである[12]。論争が長引く中で，貿易プログラムも変更を余儀なくされる。そもそも，借款の獲得を前提としてイギリスはアメリカの貿易プログラムに賛成を表明したのであるから，協定法案の行く末が不確か

69

な中では，イギリスの参加を望むことが不可能であることはアメリカ自身が周知していた事実であった（*FRUS*, 1946, I, p.1320）。イギリスにおいても，1946年5月3日の第3回目の貿易交渉委員会（Trade Negotiations Committee：詳細は第2節の(1)項を参照）の会議において，前述したアメリカの覚書「貿易会議―行動計画―」が検討されているが，会議に参加したミード（Meade, J.）は，アメリカ議会が金融・通商協定案を批准するまで，イギリスは準備委員会への参加が不可能であることをアメリカに伝えるように主張している。その際彼は特にイギリスの金融状況に関する言及を避け，あくまでも会議延期の原因をアメリカの法案批准の遅れに帰するように主張すべきであるとコメントしているのである（Foreign Office, 1946i6, pp.1-2）。以上，要するに法案の批准が終わるまで，アメリカは貿易プログラムを前に進めることができなかったのである。

　第2に，1946年11月に行われる議会選挙の問題である。共和党の保護主義者の勝利が予想される中で関税交渉を始めることはさらに彼らを有利に導くことになると政権のトップは考えた。そしてITO憲章案の考察だけを行い，実際の関税交渉を選挙後に引き延ばすように国務省は中核国グループに要請したのである。明らかに政権は国内的な同意を先延ばしにしたのである（Zeiler, 1999, p.63；Aaronson, 1996, pp.66-67）。アメリカ国務省はイギリスに対して，この事態を1946年4月中頃に次のように説明した。「アメリカ関税の約2000項目が引下げ対象となる通商協定交渉の意図を公表することは，もし，この問題が11月の選挙キャンペーンの一部となることで論争が生じるなら，非常に深刻な問題となるであろう。政権のよって立つところの多くの候補者達は，彼らの選挙区で利害を有する品目について保護主義的な保証を求めるであろう。そうした保証がなければ，彼らは議席を獲得できないか，保持できないであろう」（Foreign Office, 1946h1）。従って，アメリカは関税交渉（予備貿易会議）を選挙の後に引き延ばすこと（具体的には1947年の2月か3月）をイギリスに提案したのである（*Ibid.*）。

第2節　アメリカ貿易プログラムに対するイギリスの対応

（1）　貿易交渉委員会（TNC）と対外経済政策委員会（OEP）の設立

　以上のように，アメリカ主導で世界貿易システムの具体化とそのタイムテーブ

第3章　米英金融・通商協定から第1回貿易雇用準備会議（ロンドン会議）前夜まで

ルが決定されていく中で，イギリスはどのような対応をとるのであろうか。まず本節ではそれに応じてなされたイギリス政府組織の編制について述べることにしよう。

　アメリカによってわれわれが呼ぶところの2月プランが発表され，関税引下げ交渉とITO憲章作成の道筋が示されたことをもって，それに対応すべくイギリスは新たな委員会を組織した。委員会の名は「貿易交渉委員会（Trade Negotiations Committee： TNC）」という。商務省が主導し，議長には戦中から対米貿易交渉に当たっていたリーシュンク（Liesching, P.）商務省事務次官が就いた。委員会の第1回目の会議において，リーシュンクは，委員会設立の目的を「来る貿易交渉との関連で必要な準備作業を行うこと」（Foreign Office, 1946i7, p. 1）と述べ，それには商務省が大きな役割を演じることになるが，関連諸省・部門も自らの見解を述べることができるようにすべきであるとしている（Ibid.）。そして事実，委員会には，毎回，外務省，大蔵省そして食料省を始めとしてさまざまな政府部門からの代表者が参加することになるのである。前述したように，当時，内閣経済部（Economic Section）の長官であったミードも，内閣（Cabinet Offiice）を代表して，何回かの会議に出席している。また貿易交渉委員会（TNC）の下には相次いで3つの作業部会が組織された。関税，非関税障壁，商品政策に関する作業部会である。

　こうして貿易交渉委員会（TNC）は，委員会自身が作成した覚書，アメリカから送られてくる文書，作業部会が作成する文書を検討する会議を開き，政府中枢に対して覚書を提出している。例えば，前述した貿易プログラムの大幅延期を提案したアメリカの覚書「貿易会議―行動計画―」に対するイギリスの返答案を作成するに当たって，委員会は1946年5月3日に第3回目の会議を開き，各方面からの意見を聞いた（Foreign Office, 1946i6, pp. 1-2）。そしてそれが最終的に1946年5月9日の閣議に提出された枢密院議長の覚書「通商政策」となるのである（Cabinet, 1946d1）。そしてこれに基づいてアトリー首相を議長とする閣議は前掲表3-1の6欄に示した返答をアメリカに行うことを決定したのである（Cabinet, 1946b1, pp. 35-36）。

　実際，貿易交渉委員会（TNC）は，来るべき貿易会議に向けてさまざまな考察や勧告を行った。1946年中に10回の会議を開き，71にも及ぶ覚書を作成した。

71

そしてその活動は貿易交渉のタイムテーブルが決定された6月以降，特に8月以降に集中して行われた。しかし，貿易交渉委員会（TNC）自体の権限はそれほど大きくなかったと思われる。それは商務省が中心となった組織であり，参加するメンバーも大臣クラスではなかった。委員会の役割は，あくまでも来る貿易交渉について政権中枢への勧告や報告を行うことであったと考えられる。

ところでロンドンで第1回目の貿易雇用準備会議の開催が近付いた1946年10月3日の閣議でアトリー首相は来る貿易交渉の展開を把握すべく，ひとつの閣僚委員会を立ち上げることを提議した（Cabinet, 1946c1, p. 48）。この提案を受けて設立されたのが「対外経済政策委員会（Committee on Overseas Economic Policy：OEP）」である。議長にはアトリー首相自身が就き，大蔵大臣，商務大臣，枢密院議長を始めとして計11名の大臣が名を連ねた。そして必要な場合には他の大臣も委員会に招聘されることになった（Cabinet, 1946f1）。この対外経済政策委員会（OEP）は，アトリー政権の経済計画作成の一翼を担う重要な機関であったことが，アルフォード，ロー，ロリングスの研究から明らかとなる（Alford, Lowe & Rollings, 1992, p. 28）。次項においては，商務大臣クリップス（Cripps, S.）が委員会に提出したひとつの覚書と2つの付録文書に注目することにしたい（Foreign Office, 1946h2i, ii, iii）。この覚書は，ロンドンでの貿易雇用準備会議の開催にあたって，会議に提出すべく作成されたものであり，イギリス経済の置かれている状況を政権が如何に認識していたかを知る上で重要な資料といえるからである。

(2) イギリスの世界経済認識と政策課題

これまでの分析から明らかなように，イギリスは，アメリカの主張する貿易障壁の引下げ方式とそのプログラムに大枠では賛同してきた。しかし，クリップスの覚書は，アメリカの主張する貿易障壁の引下げに基本的に賛同しつつも，イギリスの置かれている状況と国際収支不均衡の実態を認識し，貿易障壁引下げ計画へ条件をつけるものであったといえる。それではその内容とは具体的に如何なるものなのであろうか。本項ではそれについて分析することにしよう。

イギリスがこの段階でとくに強調するようになったのは，国際的な完全雇用の維持である。そもそも，完全雇用の維持については，『国際貿易雇用会議による考察に関する提案』のB編にも盛り込まれていたが，それ程多くの紙幅を費やし

第3章 米英金融・通商協定から第1回貿易雇用準備会議（ロンドン会議）前夜まで

ていたわけではなかった。1941年8月の大西洋憲章の発表以来，イギリスの関心がますます完全雇用の達成とそれを維持するための国際的な枠組みの構築に向けられ，一方，アメリカは，完全雇用の問題は基本的に国内のそれであるとのスタンスをとっていた。しかしこれまで分析してきたように，英米間で国際的な完全雇用達成に関する問題について本格的な論争が行われてきたわけではなかった。だが，ここにきてイギリスは国際的な完全雇用政策の維持の必要性をクローズアップしてくるのである。そして「国際雇用政策」と題する覚書を作成するに至るのである（Foreign Office, 1946h2i）。

　覚書は完全雇用の維持がイギリス政府の重要な政策目標であることを述べ，その達成がイギリス一国では不可能であり，国際的な行動が必要であることを指摘する。さらに完全雇用の達成と貿易障壁の削減は車の両輪であり，それらが同時に実施されなければ，生活水準の向上はありえないとするイギリス政府の見解が強調される。しかし，重要なのは，イギリスにとって貿易の自由化が自動的に完全雇用をもたらすものではないという認識である。完全雇用の維持のためには「それとは別の積極的な行動が必要となる」（Foreign Office, 1946h2iii, p. 9）。そしてそのために，国際雇用政策をカバーする協定の必要性が指摘されるのである。その協定はITO憲章の一部を構成するか，ITO憲章の調印と同時に締結される別の協定として成立させるか，いずれかの形をとることになると覚書は主張するのである（Foreign Office, 1946h2i）。それではイギリスは，完全雇用の維持と貿易自由化との関係をどのように捉えていたのであろうか。

　そこでイギリスは，覚書に加えて「国際雇用および貿易政策に関する協定に挿入する雇用条項の草案」と題する文書を付録Aとして作成し（Foreign Office, 1946h2ⅱ），その文書に関する解説として「説明のためのノート」（付録B）を添付したのである（Foreign Office, 1946h2iii）。

　われわれは雇用条項草案（付録A）の内容を「説明のためのノート」（付録B）による詳細な補足説明を利用しながら，紹介することによって，イギリスの主張する国際雇用政策の特徴を浮き彫りにすることにしたい。

　雇用条項草案の要点を覚書は次の4点にまとめている。(1)各国で完全雇用の達成と維持のための政策を講じること　(2)その他の国際的な義務に反する手段によって雇用を維持しないこと　(3)国際収支の基礎的不均衡を是正すること。そうし

73

た不均衡はその他の諸国を国際収支危機に陥れ，完全雇用の維持を不可能にさせる　(4)完全雇用促進のために明確な特徴を持つ国際的な行動に参加すること (Foreign Office, 1946h2i)。

すでに『国際貿易雇用会議による考察に関する提案』においても草案の要点(1), (2)に関しては簡単に指摘されていた（*DSB*, December, 9, 1945, p. 919）。さらに草案は詳しくこれらの点について議論を展開している。しかし，草案で特徴的なのは，完全雇用の維持のためには国際収支の基礎的不均衡の是正が不可欠であるとの認識と国際機関を通じた完全雇用維持のための行動の必要性を新たに付け加えたことである。

まず，国際収支の基礎的不均衡の問題についてイギリスの主張を纏めてみよう。ここでいわれている国際収支の基礎的不均衡とは，赤字国のことではなく，黒字国のことを指していることは雇用条項草案の文面から明らかであろう。イギリスは，継続的な国際収支黒字国（つまりアメリカ）の存在が世界経済の大きな障害のひとつであると考えていたのである。そこで黒字国の責任が重要視される。4節から成る「説明のためのノート」の第1節「各国政府の責任」の大半は，まさにこの問題についての説明に当てられている。そこでは，まず，「裕福で最も進んだ国（a rich and highly developed country）」が，高度で安定した国内需要を維持する責任を常に世界に対して持たなければならないとし，それを「国際的な責任」という言葉で表現している。もし，その責任を怠れば（つまり，その国が不況になれば），その他諸国の輸出を減少させ，世界を不況に陥れることになる。要するに，「裕福で最も進んだ国」であるアメリカは，その過程で，失業を輸出し，結果的にさらに異常な黒字を累積させることになる。ここで注目すべきは，こうした異常な黒字が，その国が完全雇用状態を維持しない場合（その国が不況の場合）に基本的に出現することを前提としつつも，「現実には失業問題を抱えていない国によっても引き起こされる」（Foreign Office, 1946h2iii, p. 4）という現状認識であろう。異常な黒字を持つ国の存在が，その他の諸国にデフレ圧力をかけ，それら諸国に雇用維持の問題を困難にさせることになると述べ，そうした黒字国は，輸入の促進，輸出促進政策の廃止，為替の切上げ，国内物価とコスト構造の上方修正，海外投資の拡大などの手段を通じて，黒字の削減に努める義務を負うべきであると主張されるのである（*Ibid*., pp. 4-5）。まさしく黒字国責任論の

第3章　米英金融・通商協定から第1回貿易雇用準備会議（ロンドン会議）前夜まで

展開である。イギリスは，直面する世界経済の不均衡問題の本質をこのように理解するとともに，黒字を蓄え「裕福で最も進んだ国」アメリカに世界経済調整の責任を負わすことを考えていたといえる。

　他方，この問題との関連で指摘されるのが国際収支赤字国の権利である。「説明のためのノート」においてイギリスは，「一国の国際収支に対する保護」と題する第2節を設け，国際収支赤字国の権利を主張している。ある国が完全雇用政策を追求せず，その結果として，その他の諸国に国際収支危機を押し付けている場合，当該諸国は，(1)海外への貸付の削減や借入れの拡大　(2)為替切下げ　(3)無差別的な輸入制限　(4)完全雇用政策を追求していない諸国の通貨が希少となる場合，その国からの輸入制限を行うことができる（*Ibid*., p.5）としている。こうして，IMF条文やITOに関する提案に関して，不況時（つまりとくに主要国が完全雇用状態でない場合），国際収支赤字国が上記(1)から(4)の例外規定（免責条項）の適用を受けることができるようにすべきであるとの主張がなされるのである。とくにITOに関する提案について，その作成に当たって，ITOの通商義務からの免責の範囲と形態が明らかにされていく過程で，雇用政策を理由とした免責条項の形も明確にされると述べている（*Ibid*., p.6）。

　以上要するに，イギリスは覚書とその付属文書において，異常な黒字国が存在する下で，各国の雇用維持は不可能な状態にあるという世界経済に対する認識を持ち，さらにその国が不況に陥った場合，各国の雇用の維持はいっそう危険に晒されることになるとの予想を立っている。黒字国はそうした黒字是正の責任を持たなければならないし，赤字国（不完全雇用の状態に追い遣られた国）は，その是正のために貿易自由化からの免責を獲得できるとしているのである。イギリスの見解では，貿易の自由化とは，世界経済が構造的不均衡状態にある場合に，完全雇用の維持の必要性から，その追求を免責される場合が生じてくるというものであり，まさにその対象国がイギリスということになる。

　それでは，雇用条項草案の第4点目の主張である国際機関を通じた完全雇用維持のための行動の必要性についてはどうであろうか。「説明のためのノート」は，第3節「国際機関による直接行動」と第4節「国際機関」を割いて，国際的な完全雇用維持のためには国際機関の主導の下で，具体的にはIBRD（国際復興開発銀行）やFAO（国連食糧農業機関）を通じて国際的な公共事業を行う必要性や

75

ITO を通じて途上国の工業開発を支援する必要性を指摘している（*Ibid.*, p. 7）。しかし，ここでもイギリスの利害に関わる提案がなされている。まず，第1次産品生産者の所得安定を図るために緩衝在庫制度の導入が勧告されている（*Ibid.*, p. 7）。第1次産品生産者の所得安定は結局のところ第1次産品生産地域である英連邦・スターリング地域の購買力を高めることになり，同地域に対して特別な利害を持つイギリスの輸出を拡大させることに繋がるのである。もっとも「説明のためのノート」ではその安定が「工業製品の需要安定化問題に適切な貢献をなす」（*Ibid.*, p. 7）という表現を用いているのではあるが。そしてITO憲章の作成に際しては，こうした視角から商品政策問題を検討すべきであるとの指摘が行われている。

さらに，世界経済がアメリカの異常な貿易黒字という構造的不均衡を抱える中で，その他諸国（イギリスを想定）が完全雇用政策を追求することは，国際収支危機を招く危険性を高めることになるが，そうした完全雇用政策が続けられるように，IMFやIBRDはその赤字をファイナンスする仕組みを作るべきであると主張される（*Ibid.*, p. 8）。無論，ITOもこうした場合，これからの作成に際して，貿易自由化という通商義務からの免責条項を検討する必要性があると述べられている（*Ibid.*, pp. 9-10）。

以上，イギリスの考えに従えば，戦後世界経済が構造的不均衡を抱えるという状況で，各国の雇用の維持は，黒字国アメリカの責任と国際機関の積極的関与の下で行うべき問題であり，特に前者による総需要拡大政策によって，各国の雇用は維持されると同時に，世界経済の不均衡は縮小する。こうした中で，もし，世界が不況に陥ったとしても，赤字国は，その完全雇用の維持を国際収支危機の回避という目的で中止すべきではない。そうした場合，赤字国は，ITOの貿易自由化からの免責を獲得できると同時に，とりわけ国際機関の役割とアメリカの責任が問われるということになろう。

（3） 英連邦会議の開催：ロンドン会議に向けての予備討論

①会議の主要議題――国際雇用政策と産業開発問題

以上のように，イギリスはアメリカの貿易自由化プログラムに対する条件を明確化すると同時に，英連邦諸国に対しても，自らの見解を伝え，自治領諸国の考

第3章　米英金融・通商協定から第1回貿易雇用準備会議（ロンドン会議）前夜まで

えを聞き出すべく英連邦会議の開催を提案した。それはロンドンで第1回目の貿易雇用準備会議（いわゆるロンドン会議）が始まる直前の1946年10月初旬にロンドンにて開かれた（詳しくは10月3日から11日にかけて13回の会議が行われた）。第4章と第5章で分析対象とするロンドン会議は，英連邦諸国が「ひとつのグループとしてアメリカの代表団と貿易政策について討論する最初の機会」（McKenzie, 2002, p. 168）を持ったという意味で，重要な会議といえるが，イギリスはこの会議直前に，自治領諸国の代表（カナダ，オーストラリア，ニュージーランド，南アフリカ，アイルランド，ニューファンドランド，インド，南ローデシア〔植民地〕）との意見交換を行ったのである。これらの自治領諸国のうち，ニュージーランド，オーストラリア，カナダ，南アフリカ，インドはすでに述べたように，アメリカの指定した中核国グループと国連の指名した貿易雇用準備委員会の構成国となっており，戦後貿易システム形成において影響力を行使できる立場にあった。しかし，自治領諸国は，第2章の第2節(2)項で指摘したように，『国際貿易雇用会議による考察に関する提案』に対してもさまざまな反応を示していた。すでに貿易政策について英連邦は一枚岩ではなかったのである。

こうした事実は，マッケンジー（McKenzie, F.）の研究によっても明らかにされている。彼女は，米英金融・通商協定締結後の米英主導の貿易自由化プログラムに対する自治領諸国の反応について，自治領各国の公文書を渉猟し，それに基づいてその実態を明らかにしている（McKenzie, 2002, pp. 156-165）が，われわれは，この英連邦会議で行われた議論をもとに，自治領各国がこれから開催される貿易システム確立に向けての会議に対して，どのような考えを持って臨もうとしていたのかを分析しておくことにしたい。なお，この会議で議論のたたき台とされたのは，『国際貿易雇用会議による考察に関する提案』（DSB, December 9, 1945）と『国連国際貿易機構憲章草案』（ITO憲章アメリカ草案：U. S. Department of State, 1946a）であった。

まず会議の分析に入る前に，イギリスにとってこうした英連邦会議開催の最大の目的が何であったのかを確認しておく必要があろう。10月3日に開かれた閣議は，枢密院議長モリソン（Morrison, H.）が提出した「国際雇用政策」（Cabinet, 1946e1）と題する覚書について検討を行っている（Cabinet, 1946c1）。この覚書には大蔵省，商務省そして経済部によって作成された「国際雇用政策」という文書

77

が添付されている。すでに本節の(2)項で分析した国際雇用政策に関する3つの文書（Foreign Office, 1946h2i, ii, iii）はこの文書の内容を詳細に説明したものである。従って閣議において説明されているように，この文書は「来る自治領政府の代表との討論でイギリス代表が使用する目的で準備された雇用政策に関する専門的ダイジェスト」（Cabinet, 1946c1, p. 47）として位置付けることができる。そして閣議において，この文書を英連邦との会議においてイギリス代表の指針とすることが承認されたのである（*Ibid.*, p. 47）。すなわち，このことから英連邦との会議においてイギリス政府が最も強調しようとした問題が国際雇用政策であったことが理解できよう。

こうしたイギリスの思惑は，会議の進行にも反映された。前述したように，英連邦諸国と13回の会合が持たれたが，第1回目の会議は商務大臣クリップスの歓迎の挨拶や議長の選出そして会議の開催日時や討議題目についての決定に当てられた（Board of Trade, 1946a1）。第2回目は『国際貿易雇用会議による考察に関する提案』（以下，『提案』）や『国連国際貿易機構憲章草案』（以下，ITO憲章アメリカ草案）の全体に対する問題点が特にオーストラリアの代表によって指摘された。彼らの主張については後に詳しく述べることにするが，そのひとつとして彼らは総需要の維持・拡大（完全雇用の維持）という視点が『提案』に欠如しているという批判を展開した（Board of Trade, 1946a2, p. 1）。この点においてオーストラリアの見解はイギリスのそれと一致するものであった。議長の役を務めたイギリス代表は，完全雇用の維持という考えは「英連邦諸国の主張や思考を貫く共通の特徴」（*Ibid.*, p. 3）であると纏め上げた。こうして完全雇用の維持が会議の主要議題として位置付けられたのである。そして第3回目の会議からは『提案』の個々の項目に関する討論に入っていったのであるが，まず雇用政策について詳しく議論されることになったのである。

第3回目の会議には，雇用政策に関するイギリスの立場を説明するためにミード（Meade, J.）が招聘された。彼の議論は，上述した10月3日の閣議決定そして本節の(2)項で説明した国際雇用政策に関する3つの文書の内容を踏襲するものであった。すなわち，各国は完全雇用政策を講じなければならない。しかしある国（おそらくアメリカ）の不況によって，その他の諸国に国際収支赤字がもたらされ，そうした政策の継続が困難になる可能性がある。したがって為替切下げや輸入制

第3章 米英金融・通商協定から第1回貿易雇用準備会議（ロンドン会議）前夜まで

限などの国際収支に対するセーフガード措置が必要となる。ミードは，完全雇用を維持するために，国際収支赤字国の権利を主張し，さらにこうした場合のITOを始めとする国際機関の役割について言及したのである（Board of Trade, 1946a3, pp. 1-3）。オーストラリア代表はミードの説明に対してほぼ完全な同意を示した（*Ibid.*, p. 3）。その上で彼らは世界各国の完全雇用達成に対する債権国，黒字国としてのアメリカの責任を付け加えた（*Ibid.*, pp. 3-4）。この会議でミード自身がアメリカの責任についてなぜ言及しなかったのかは不明である。というのも(2)項で論じたように，すでにイギリス政府は，国際雇用政策の要はアメリカ政府にあるとの見解をとっていたからである（Foreign Office, 1946h2iii , p. 4）。それはともかく，こうしたイギリスとオーストラリアの遣り取りを受けて，その他の自治領諸国も国際的な雇用政策の必要性について合意を表明したのである（Board of Trade, 1946a3, p. 4）。かくして，イギリスはロンドン会議に向けて，国際雇用政策について英連邦諸国をひとつに纏め上げ，アメリカ案に修正を迫ることになるのである。

ところで，この会議においてアメリカの『提案』に対してもうひとつ重要な修正案が提起された。それはオーストラリアが行ったものであった。上述したように，オーストラリアはアメリカの『提案』に対して総需要の維持・拡大の視点がないと批判したが，彼らはさらに『提案』は，貿易制限を嫌悪すべきものとして捉えているが，「低開発諸国（Countries with Under-developed Economies）」にとってそれは必要なものであると主張した（Board of Trade, 1946a2, p. 1）。そして『提案』が「現在の国際貿易構造が最適なものであるという不当な仮定に立っている」（*Ibid.*, p. 2）として批判したのである。オーストラリアはこの点に関して「産業開発」と題する修正案を準備していた（Board of Trade, 1946a9）。その要点は，ITOの承認を受ければ，製造業が未発達な諸国はその発展のために関連製造品目の輸入を保護関税の導入や引上げそして輸入数量制限などによって規制でき，そのためにこの問題を扱う新たなセクションをITOに作るべきであるというものであった。そしてオーストラリアは，この「産業開発」をITO憲章に新たな章として挿入すべきであると主張したのである（*Ibid.*, p. 1）。第4回目の会議はこの問題について討論されることになったのである。

会議においてはまずオーストラリア代表が「産業開発」の内容を説明した後，

それに対する各国代表の意見が述べられた。アイルランド代表は，オーストラリア案に対して，貿易大国と発展の必要性を感じている大多数の諸国との間で見解の相違が生じる可能性を明らかにしたと評し，もし，産業開発について低開発諸国の権利がITO憲章に書き込まれることになるなら，オーストラリア案が満足な基盤を提供することになろう（Board of Trade, 1946a4, p. 2）と述べ，オーストラリアの提案を歓迎した。またニュージーランドは，低開発諸国の開発の望ましさについて意見の一致をみた点を喜び，オーストラリアの提案に賛意を表明した（Ibid., p. 2）。こうした両国のオーストラリア案に対する賛美ほどでないにしても，南アフリカ代表も原則的支持を表明した（Ibid., p. 3）。それに対してカナダ代表は，短期間にそれが有効かどうか考えることは困難だとした上で，いくつかの質問を行ない，オーストラリア案に反対はしていないという旨を伝えた（Ibid., p. 2）。こうして自治領諸国の間ではオーストラリア案に対して，真っ向から反対意見は述べられなかったが，ニュアンスの違いがあった。それは自治領各国の経済発展段階の相違が反映していたと思われる。

　それでは，イギリスはオーストラリア案に対してどのような評価を下したのであろうか。イギリスは，各国経済の多様化は一般的に望ましいとしながらも，新たな産業の創設は非常に複雑な問題であり，輸入数量制限をそのために使用することに反対した（Ibid., p. 3 ; Foreign Office, 1946h3, p. 2）。イギリスにしてもオーストラリア案に正面から反対は唱えなかったが，全面的な賛意を表明したわけではなかった。そしてオーストラリア案をITO憲章に書き入れることの是非については，史料を見る限り，何もイギリスは語っていない。以上を鑑みれば，オーストラリア案に賛成するニュージーランド，アイルランドそして南アフリカと，反対はしないが，態度を鮮明にしなかったイギリス，カナダという色分けを行うことができるであろう（なおインドは，管見する限り，何も発言していない。前述したようにオブザーバーとしての参加であり，しかも参加者がロンドン駐在の高等弁務官代理ひとりであったことによると考えられる[15]）。

　以上，英連邦会議の中心議題となった国際雇用政策と産業開発問題について検討した。この2つの問題は，その後，ITO憲章の条文に加えられていくとともに，それによってITO憲章の性格が複雑化し，最終的にはアメリカがITO憲章を批准しなかった大きな原因を作っていくこととなる。こうした問題の詳細につ

第3章　米英金融・通商協定から第1回貿易雇用準備会議（ロンドン会議）前夜まで

いては次章以降の考察対象にまわすことにし，その他の協議問題に論点をあてることにしたい。

②特恵関税と輸入数量制限に関する協議

　特恵の縮小と撤廃の問題は，すでに戦中から米英間の大きな懸案であり，多国間ルールの下でそれを撤廃に追い込もうとするアメリカに対して，イギリスは関税の引下げ問題と特恵のそれを結び付けることによって処理しようとした。そして第2章で分析したように，米英金融・通商協定において，双方をファースト・トラックにおいて多角的2国間交渉方式によって扱うことが決定された（前掲表3-1の第2欄参照）。『提案』の第3章，セクションB.において，特恵関税の縮小と撤廃は，関税やその他の世界貿易に対する障壁の削減という適切なる代償と引き換えに実施されるべきである（DSB, December 9, 1945, p. 920）とする原則が打ち出され，ITO憲章アメリカ草案の第18条でもその原則が踏襲された（U. S. Department of State, 1946a, p. 11）。もっとも，これまで論じてきたように，ファースト・トラックの具体的交渉は1947年春まで行われないことが決定されていたわけであるから，この時点で早急に特恵関税の具体的引下げ方法などについて議論する必要性はなかったといえる。しかし，英連邦会議では，第7回目の会議をこの問題の討論に割いたのである。討論では，各国とも特恵関税の縮小と撤廃を関税の引下げと密接に結び付けて実施するという原則に対して反対を唱えなかった（Foreign Office, 1946h3, p. 2）。つまり，これはアメリカ関税の大幅な引下げが実施されれば，特恵関税の縮小や撤廃を認めてもよいという立場に立っていたことを意味する。

　しかし，その縮小方法やその程度に関してはかなりの意見が出された。まず，特恵関税縮小の基点をどこに置くかという問題である。ITO憲章アメリカ草案では，戦前の1939年7月1日か，戦後の1946年7月1日のうち，より低い特恵関税率が適用されていた日を選択することになっていた（U. S. Department of State, 1946a, p. 3, p. 12）。しかし，自治領諸国では戦中に多くの特恵関税が廃止または縮小されており，その結果として1946年7月1日を特恵関税幅縮小の基点とすれば，交渉に際して，相手国から多くの譲許を引出しにくい立場におかれることが考えられた。こうしたことからカナダや南アフリカの代表は，戦前の特恵関税率を交渉の基点と考えるべきであると主張した（Board of Trade, 1946a5, p. 3）。

他方,オーストラリア代表は,アメリカやヨーロッパ大陸の関税引下げを見返りにオーストラリアが英帝国で享受している特恵の多くを「手放す (trade)」つもりでいると述べたが,もし,そうした特恵関税幅の縮小によって,オーストラリア産業が深刻な被害を受けたなら,それを撤回できる条項(エスケープ・クローズ)を設けるべきであると主張した。関税引下げの場合においても同じような規定(U. S. Department of State, 1946a の第29条「特定品目の輸入に対する緊急措置」)があるのだから,同様の権利を特恵関税幅の縮小に際しても設けるべきであるというのがオーストラリアの見解であった(Board of Trade, 1946a5, pp. 3-4)。それに対してイギリスはオーストラリアの主張を酌み入れ,すでにその点を考慮した草案の作成を試みていると述べたのである(Ibid., p. 4)。またオーストラリア代表は,特恵関税幅縮小の限度についても指摘した。アメリカの関税引下げが互恵通商協定法の規定によって既存関税率の最大50％までと決められている以上,特恵関税幅の縮小も最大限50％までに制限すべきであるというのである。さもなければ,英連邦諸国は次回の交渉において,相手国から譲許を引出す交渉力を保持できなくなるとオーストラリア代表は述べた。そしてイギリスやカナダも基本的にこうしたオーストラリアの考えに同調したのである(Ibid., p. 8)。

　以上の考察から明らかなように,自治領諸国はアメリカ関税の引下げを見返りにした特恵関税の縮小・撤廃に原則的に同意しつつも,実際はその実施にあたって,いくつかの条件を付帯させ,イギリスもそれに同調したのである。そしてこのことは,1947年春に始まる関税引下げ交渉の難航を予期させるものであったといえよう。

　輸入数量制限については,戦中からの討論を通じて米英両国は原則禁止の方向ですでに意見が一致していた(山本和人,1999,第7章～9章)。しかし,その細目に関しては双方の溝が埋まっていたわけではない。ITO憲章アメリカ草案のセクションC.「数量制限」(第19条～22条)においてアメリカは,輸入数量制限の一般的撤廃を基本に置きつつ,その例外として戦後過渡期(1949年7月1日まで)における制限を許可するとともに,とくに国際収支赤字国の場合には1949年12月末日まで輸入数量制限を認めたのである。なお,過渡期終了後においても対外準備の少ない慢性的国際収支赤字国は輸入数量制限を課すことができるとした(U. S. Department of State, 1946a, pp. 13-14)。また輸入数量制限の導入に当たって

第3章　米英金融・通商協定から第1回貿易雇用準備会議（ロンドン会議）前夜まで

は，その対象品目の供給諸国からの過去一定期間の輸入割合に応じて，輸入枠をそれら諸国に割当てることを条件としていた。そしてこれをアメリカは数量制限の無差別主義的管理と呼んだのである（Ibid., p.16）。これに対してイギリスは，国際収支擁護のための数量制限について話合いが持たれた第9回会議において，ITO憲章アメリカ草案に反対するためにイギリス案を自治領諸国に提示した（Board of Trade, 1946a7, p.1）。イギリス案の特徴は，まず，戦後過渡期についてITO憲章アメリカ草案のようにその期間を限定するのではなく，IMF14条国から8条国への移行をもってその終了とすることで，過渡期自体を弾力的に捉えた点にあった（Board of Trade, 1946a8, p.1およびp.3）。これによって数量制限の継続が，各国の状況に応じて，しかもITO憲章アメリカ草案に比べて長期的に可能となる。第2の特徴として，過渡期において数量制限を差別的に課すことを認めている点である（Ibid., p.1およびp.3）。これによってアメリカからの輸入を特定して制限できるようになる。そして自治領諸国は国際収支擁護の観点からイギリス案のほうに賛意を表明した（Foreign Office, 1946h3, p.3）。

　しかし，数量制限に関する見解の相違は，米英間よりも，イギリスと自治領諸国（カナダを除く）間のほうが大きかった。そもそも，数量制限に関する話合いが始まった第8回会議において，南アフリカの代表は，国内産業保護を目的とする数量制限の使用は国民経済の必要不可欠な要素となっており，直ちにそれを根絶しようとする憲章にはほとんどの国が署名をしないであろう（Board of Trade, 1946a6, p.2）と述べ，ITO憲章アメリカ草案は数量制限問題について「あまりにも教条主義的である」（Ibid., p.2）と非難した。同じくニュージーランド代表は，輸入される多くの原材料の価格を関税よりも数量制限を用いることで安く抑え，もって製造品の生産コストを安価に保つためにニュージーランドの輸入政策が数量制限を主体としていると説明し，また第2次産業を育成するためにもそれを必要としていると述べた（Ibid., p.4）。一方，オーストラリアは，数量制限の原則的撤廃には賛同しつつも，例外規定を追加すべきであると主張した。それは，産業開発に必要な場合（本項の①参照）と英帝国特恵制度のもとで課せられる輸入割当（とくにイギリスがオーストラリア産食肉に与えた割当特恵）である。しかも数量制限の撤廃は，関税や特恵の引下げと同様にITO憲章アメリカ草案の第18条に基づいて，つまり多角的2国間方式によって，漸進的に行うべき問題であると

83

主張した（*Ibid.*, p.2）。アイルランド代表もこうしたオーストラリアの見解に賛同した（*Ibid.*, p.4）。またオーストラリアは，必ずしも数量制限が関税よりも貿易を制限するとは限らないと考え，もしそれが証明されれば，数量制限を保護目的で導入できるとする見解を表明した（*Ibid.*, p.2）。南アフリカ代表もこの見解に賛成した（*Ibid.*, p.3）。

以上のように，輸入数量制限に関する自治領の見解は，各国の置かれた状況によって幅があったが，数量制限撤廃の期限を曖昧にしたり，例外規定を付け加えたりすることで，とくに国内産業保護の観点からイギリスよりもその使用に対して寛大な考えを持っていたといえる。こうして，われわれは，数量制限を巡る英連邦会議の内容を検討することによって，今後の展開次第で，米英が合意した貿易理念が骨抜きにされる可能性のあることを示すことができたと考える[16]。

本章において，われわれは，まず，国際貿易システム確立に向けて基本的交渉方式が合意された米英金融・通商協定を起点として，その後，その構築が具体的にどのような形で進められたのかを分析した。主にそれはアメリカのイニシアティブのもと，イギリスがそれに協力そして従う形で展開された。アメリカは，1946年2月に，関税引下げ交渉を中心とする通商交渉（ファースト・トラック）と，ITO憲章の作成（セカンド・トラック）を分離し，それを最終的に統合するという戦略を明確に規定するとともに，そのタイムテーブルを明らかにした（いわゆる1946年2月プラン）。このプランに従えば，1946年の後半には国際貿易システムが完成するはずであった。アメリカは比較的短期間のうちにその成立を目指したのである。しかし，このプランは，アメリカ国内の政治的環境の変化によって延期せざるを得なくなる。結局，アメリカが最終的にそのタイムテーブルを決定したのは1946年5月下旬のことであった。そしてここにおいて，GATTとITOを巡る交渉の道筋が確定されることになるのである。

こうしたアメリカの貿易プログラムにイギリスは如何に対応したのか。われわれは第2節でこの問題に取り組んだ。イギリスは今後の国際交渉に向けて委員会を組織するとともに，イギリスおよび世界経済の現状を鑑みて，新たな政策の必要性を主張するにいたる。それが国際雇用政策であった。完全雇用の追及は各国に任せるだけでは不十分で，国際的にその追求を保障するシステムを作らなければならないというものであった。そこで問題とされるのが，国際機関とともに異

第3章　米英金融・通商協定から第1回貿易雇用準備会議（ロンドン会議）前夜まで

常な黒字を蓄積している国（アメリカ）の役割であった。国際機関とアメリカが相応の国際的責任を果たしてこそ，世界経済の安定とイギリス経済の復興そして完全雇用の達成が実現可能となる。こうしてイギリスはアメリカの要求する自由貿易システムを基本的に承認しつつも，それを修正する方法を模索していたのである。

イギリスは，第1回目の貿易雇用準備会議（ロンドン会議）に向けて，こうした国際雇用政策の考えを英連邦諸国に伝える目的をもち，あわせてアメリカの国際貿易システム案に対する自治領各国の考えを聞くという目的から，1946年10月初めに英連邦会議を招集した。この会議においてイギリスは国際雇用政策に関しては自治領の同意を得ることができたものの，産業開発や輸入数量制限について自治領諸国の要求も満たさなければならないことが明らかとなったのである。

こうしてわれわれの分析は，1946年10月15日から1カ月間以上にわたって開催されるロンドン会議開催直前で終わっている。国際貿易システムの構築を巡る交渉は，史上初の多国間貿易交渉となるロンドン会議をもって本格化する。ITO憲章の作成を巡る交渉（セカンド・トラック）とともに，1947年春に予定された関税および特恵問題を中心とする貿易削減交渉（ファースト・トラック）いわゆるジュネーブ会議に向けての準備作業も開始されるのである。そしてこれらの交渉は，イギリスを中心とする西ヨーロッパ諸国の経済危機が高まる中で，進められていくことになる。われわれの次なる課題は，こうした世界経済状況を考慮に入れつつ，ジュネーブ交渉開始までの国際貿易システムの構築過程を分析することにある。

注

(1) 『国際貿易雇用会議による考察に関する提案』については，*DSB*, December 9, 1945, pp. 918-929, またはイギリス側のコマンド・ペーパー（U. K. Government, 1945a, Cmd. 6709）を参照のこと。なお，第2章でも述べたようにこの『提案』はアメリカ国務省がすでに1945年11月に発表していた『世界貿易と雇用の拡大に関する提案』（U. S. Department of State, 1945a）の主要部分を抜粋したものであった。

(2) 上記の招聘状と覚書の原文は，12月5日付の国務長官から駐英大使ワイナント宛の電文の中に見出すことができる（*FRUS*, 1945, II, pp. 1345-1348）。

(3) イギリスを含めたこれらの諸国をアメリカは，中核国（Nuclear Countries）また

は起草国(Drafting Countries)と呼んでいる。14カ国は,フランス,カナダ,南アフリカ,ニュージーランド,オーストラリア,インド,ベルギー,ルクセンブルク,ブラジル,オランダ,チェコスロヴァキア,キューバ,ソ連そして中国である。ソ連以外の14カ国(イギリスを含む)は1946年1月中旬までに会議への参加の意思をアメリカに伝えた(*FRUS*, 1946, I, p. 1275)。そして結局,ソ連を除いて,これら諸国がGATTの原締約国を構成することになる。なお,イギリスを含めた15カ国をアメリカが主要貿易国と呼んだのは,アメリカの貿易総額のうち3分の2以上がこれら諸国で占められるからであった(*Ibid.*, p. 1352)。

(4) 文書は,2月27日に,アメリカ大使館のホーキンズ(Hawkins, H.)によってイギリス商務省に手渡された(Foreign Office, 1946i1)。文書には,短い覚書が添えられており,それには,アメリカ政府が文書の内容についてイギリス政府の見解を聞きたいことと予備貿易会議に参加するその他の諸国にも同様の文書が送付された事実が述べられている(Foreign Office, 1946i2)。なお,この文書「貿易と雇用に関する国際予備会議の準備」はイギリス国立公文書館(TNA)にも保管されている(Foreign Office, 1946i3)。

(5) この予備貿易会議には,16カ国が参加予定であるのに,15の関税譲許表としている(*FRUS*, 1946, I, p. 1285)のは,ベルギーとルクセンブルクが関税同盟を結んでいることと関連している。なお,関税譲許表の作成とその効果については,GATTの第I部,第2条を構成することになる。

(6) そもそも,アメリカがツー・トラック・アプローチを提唱したのは,第1章および第2章で述べたように,戦時貿易討論の最終局面において,イギリスとカナダから多角的2国間方式による関税引下げには膨大な時間と労力を要する点を批判されたことによっている。時間のかかる2国間関税交渉をITO憲章作成に関する交渉と切り離し,まず実施することによって,貿易システムの構築を効率的に行おうとしたのである。しかし,上述のように,アメリカ国務省は関税交渉を先行させる理由を,各国政府(アメリカを含めてと思われる)によるITO憲章受入れ困難に求めている。これは比較的短期間のうちにアメリカ国務省がITO憲章の成立に関して厳しい見方に転じた証拠と考えられる。

(7) 文書の他の節の内容について説明しておこう。「予備会議に先立つ準備段階」という節では,参加各国が,会議開始に先立って,譲許を求める品目リストとその品目についての要求引下げ税率を提出すること,そしてそれを受け取った各国は,会議開催のときまでに,オファー表(Schedule of Offers)を作成することが述べられている。まさしく,GATTの関税交渉の手続きについて述べたものといえる。また,「予備会議における交渉手続き」と題する節においては,さまざまな分野に話が及ぶので,それをカバーするために各種の委員会を組織する必要性について指摘されている。具体的には雇用,関税,非関税障壁,通商政策一般,カルテル,商品政策,機構に関する委員会の設立が勧告されている。

第3章　米英金融・通商協定から第1回貿易雇用準備会議（ロンドン会議）前夜まで

(8)　ジラーもまた，この文書に注目し，その内容を説明するとともに，この付属文書（Protocol）がGATTと呼ばれるようになると指摘している（Zeiler, 1999, pp. 62-63）。

　なお，付属文書（Protocol）という表現に代えて，初めてGATT（General Agreement on Tariffs and Trade）という言葉が公式文書に現れるのは，後述する第1回貿易雇用準備会議（ロンドン会議）のためにアメリカが準備した『国連国際貿易機構憲章草案（Suggested Charter for an International Trade Organization of the United Nations）』（われわれはITO憲章アメリカ草案と呼ぶ）の第56条においてである。第56条では，GATTについて，アメリカが招聘した諸国（つまり中核国グループ）間に適用される関税および貿易障壁の削減に関する協定案のことであり，それは，関税譲許表とITO憲章アメリカ草案の第IV章「通商政策一般」に盛られた諸規定（最恵国待遇，内国税の扱い，数量制限等）からなると説明されている（U. S. Department of State, 1946a, p. 37）。なお，ITO憲章アメリカ草案の原案は「国連国際貿易機構憲章の草稿」としてすでに1946年7月に完成していた（U. S. Deparatment of State, 1946b）。本文で説明しているように，1946年2月時点でアメリカはITO憲章アメリカ草案と付属文書の草案（いわゆるGATTの草案）を6～8週間で完成させると述べていたが，憲章草案の作成には実際は7月まで要したのである。しかし，この時点ではGATTの草案の具体的内容については公表していない。

(9)　この他，決議には，発展途上国やその産品に対して，特別な配慮を行う必要性が述べられている（FRUS, 1946, I, p. 1291）。そもそも，アメリカの原案では，アメリカ政府のイニシアティブに注目するとともに，国連の経済社会理事会がアメリカの計画に沿って行動することが述べられていたが（FRUS, 1946, I, p. 1278），実際採択された決議では，上述のように，途上国への配慮が入れられるとともに，アメリカの提案である『国際貿易雇用会議による考察に関する提案』への言及が避けられる形で，アメリカ原案はかなり「和らげられた（water down）」という（Foreign Office, 1946i4, p. 2）。こうした変更がなされたことに関して，イギリスは，アメリカとともに進めてきた貿易計画案が，国連の場でかなり修正を受ける危険性を危惧し，あくまでも『国際貿易雇用会議による考察に関する提案』を実施に移すことが重要であって，そのためには中核国（起草国）グループが中心になって『提案』に盛られたプログラムを実施に移すことが必要であるとしている（Ibid., p. 2）。具体的には，上述したように，国連の経済社会理事会において，貿易雇用準備委員会（19カ国）が『提案』の一般規定の作成を進め，他方で，中核国グループ（16カ国）が実際に関税引下げ交渉を行うという，いわゆるツー・トラック・アプローチを推進する必要性について米英両国間で合意が取れている点を主張している（Ibid., p. 2）。

(10)　次章で考察するように，1946年10月から11月にかけて開かれた第1回貿易雇用準備会議（いわゆるロンドン会議）の決議では，予備貿易会議（中核国グループの会議）を第2回貿易雇用準備会議（いわゆるジュネーブ会議）の一部として開催することが

87

宣言されている。これは，ファースト・トラックとセカンド・トラックの交渉が重複して行われたことを示すものといえよう。しかし，ブラウンが主張するように，ファースト・トラックの交渉（GATT設立に関する交渉）は，国際連合の経済社会理事会（ECOSOC）の支援のもとで行われはしたが，国連の権限の及ばない「国家間の通商協定」であった（Brown, 1950, p. 62）点を重視する必要があろう。

⑾　5月28日に正式に国連から，10月15日にロンドンで貿易雇用準備委員会の会議を開催することと国際貿易雇用会議を1947年に延期する旨が発表された（*FRUS*, 1946, I, p. 1325）。なお，上述した第2回目の貿易雇用準備会議（と予備貿易会議）の開催時期については公表されなかった。

⑿　本章では，この間の論争の内容については分析の対象外とする。我が国においてもすでにいくつかの詳細な研究が存在している。本間雅美，1991の第4章，牧野裕，1993の第3章，油井大三郎，1985の第1章を参照のこと。

⒀　「雇用に関する提案」と題するB編（第2章の注⒁の表を参照のこと）は，「原則」と「目的の実現」という2つの項目からなり，とくに「原則」において完全雇用と貿易の自由化に対するアメリカ政府の考えが述べられている。それによれば，完全雇用の維持は，満足な生活水準の達成のための主要条件であり，特に主要国や主要貿易国による完全雇用の維持は，国際貿易の拡大，自由化を目指す国際協定の実現，そして世界平和の維持にとって必要不可欠である。逆に自由化を目指す国際協定（ブレトン・ウッズ協定や貿易障壁の引下げ）は完全雇用の維持に大きく貢献する。そして雇用の拡大に関する国内計画は，自由化を目指す国際協定の実現と一致しなければならない（*DSB*, December, 9, 1945, p. 919）。要するにアメリカの理解では，完全雇用の維持は貿易の自由化にとって不可欠であり，それゆえその追及は貿易の自由化目標と一致すべきである。他方，貿易の自由化は完全雇用の維持に大きな貢献をなす。両者の追及は，矛盾するものではなく，矛盾するものであってはならないというものであり，両者の関係が整合的に捉えられているのが特徴であろう。またロンドン会議のためにアメリカが準備したITO憲章アメリカ草案（U. S. Department of State, 1946a）の第Ⅲ章「雇用に関する規定」においても，完全雇用の維持と貿易自由化との関係について述べられているが，それは『提案』におけるよりも簡単に（すなわち『草案』の総ページ数47ページ中，ほんの1ページを割いただけで）原則論について触れただけでのものであった。

　それに対して，イギリスの両者の関係に関する考えは，アメリカのそれとかなり違うものとなっている。この点については以下，本文で明らかにする。

⒁　なお，インドは代表団を本国から派遣せず，ロンドン駐在の高等弁務官代理がオブザーバーとして出席し，ニューファンドランドと南ローデシアもオブザーバーとして参加した。植民地は植民地局（Colonial Office）がその利害を代表し，イギリスの代表団の一員として会議に加わった（Foreign Office, 1946h3, p. 1）。

⒂　英連邦会議ではインドは発言を行っていないが，アメリカの『提案』に対するイン

ドの見解について，インド局（India Office）は次のように纏めている。基本的に『提案』の主張する無差別原則に賛成する。したがって特恵関税を廃止すべきである。しかし，『提案』は世界貿易において米英の支配の維持を目指している。低開発地域の開発を援助するために先進諸国には積極的な義務が課せられるべきであり，こうした中でインドも経済開発のために無差別的な輸入数量制限を導入できる権利を保持すべきである（Foreign Office, 1946i8, pp 1-2）。以上のように産業開発に関するインドの見解はオーストラリア見解と基本的に同じであったことが読み取れる。

(16) 第2章で指摘したように，オーストラリアは『提案』に対して最も批判的な態度をとっていた。こうしたことからイギリスはオーストラリアが英連邦会議において，『提案』自体を葬り去り，それを完全に骨抜きにするような修正案を提出するのではないかと危惧していたようである（Foreign Office, 1946h3, p. 5）。しかし，会議においてオーストラリアが自らの批判点を『提案』の中に生かそうとし，イギリスを含めてその他の英連邦諸国と協力した点を評価している（*Ibid.*, p. 5）。もっとも，本文で示したように『提案』そしてITO憲章アメリカ草案にオーストラリアの主張する産業開発条項，数量制限禁止の例外条項などが挿入されれば，ITO憲章の性格が，アメリカの目指す貿易理念とは異なるものに変質することは明らかであろう。またオーストラリアとイギリスの考えは，国際雇用政策については一致していたものの，その他の点では食い違いを示していた。イギリスは英連邦会議におけるオーストラリアの態度を評価したが，明らかにその貿易構想は，英米のそれと隔たりを持つものであったといえよう。なお，ニュージーランドもオーストラリアほどでないにしろ，『提案』に対して批判的であったが，英連邦会議での発言の機会はそれ程多くなかった。とくにニュージーランドが輸入数量制限を主体とする貿易政策を展開している関係上，もっと積極的にこの問題について持論を展開してもよかったと思われる。イギリスは，会議の結果を纏めた報告書において，ニュージーランドとの討論が進まなかったことを挙げ，この理由について，ニュージーランド代表団がその他の自治領諸国のそれに比べて有力でなかった点を指摘している（Foreign Office, 1946h3, p. 5）。

参考文献
[イギリス国立公文書館（The National Archives: TNA）関係]
Board of Trade (1946-1947), "1945 Discussions in Washington between U. K., British Dominions and U. S. A. regarding Future Trade Policy," reference No. BT60/87/1：

 Board of Trade (1946a1), "Preparatory Committee on Trade and Employment: British Commonwealth Talks," reference No. T.N.(P)(B.C.)(46) 1st Meeting, 3rd October in reference No. BT60/87/1.

 Board of Trade (1946a2), "Preparatory Committee on Trade and Employment: British Commonwealth Talks," reference No. T.N.(P)(B.C.)(46) 2nd Meeting, 4th October in reference No. BT60/87/1.

Board of Trade (1946a3), "Preparatory Committee on Trade and Employment: British Commonwealth Talks," reference No. T.N.(P)(B.C.)(46) 3rd Meeting, 4th October in reference No. BT60/87/1.

Board of Trade (1946a4), "Preparatory Committee on Trade and Employment: British Commonwealth Talks," reference No. T.N.(P)(B.C.)(46) 4th Meeting, 7th October in reference No. BT60/87/1.

Board of Trade (1946a5), "Preparatory Committee on Trade and Employment: British Commonwealth Talks on Tariffs and Preferences," reference No. T.N. (P)(B.C.)(46) 7th Meeting, 8th October in reference No. BT60/87/1.

Board of Trade (1946a6), "Preparatory Committee on Trade and Employment: British Commonwealth Talks on Quantitative Restrictions," reference No. T. N.(P)(B.C.)(46) 8th Meeting, 9th October in reference No. BT60/87/1.

Board of Trade (1946a7), "Preparatory Committee on Trade and Employment: British Commonwealth Talks on Quantitative Restrictions used to safeguard Balance of Payments," reference No. T.N.(P)(B.C.)(46) 9th Meeting, 9th October in reference No. BT60/87/1.

Board of Trade (1946a8), "Preparatory Committee on Trade and Employment: British Commonwealth Discussions on Quantitative Restrictions to safeguard the Balance of Payments- Note by the United Kingdom Delegation," reference No. T.N.(P)(B.C)(46)4, 2nd October in reference No. BT60/87/1.

Board of Trade (1946a9), "Preparatory Committee on Trade and Employment: British Commonwealth Talks on Industrial Development- Note by the Australian Delegation," reference No. T.N.(P)(B.C.)(46)5, 5th October in reference No. BT60/87/1.

Cabinet (1946b1), "Commercial Policy," reference No. C.M.(46) 44th Conclusions, 9th May in Cabinet Minutes, reference No. CAB128/5.

Cabinet (1946c1), "International Employment Policy," reference No. C.M.(46) 84th Conclusions, 3rd October in Cabinet Minutes, reference No. CAB128/6.

Cabinet (1946d1), "Commercial Policy: Memorandum by the Lord President of the Council," reference No. C.P.(46)189, 7th May in Cabinet Memoranda, reference No. CAB129/9.

Cabinet (1946e1), "International Employment Policy: Memorandum by the Lord President of the Council covering a Note prepared in the Treasury, the Board of Trade and the Economic Section," reference No. C.P.(46)364, 30th September in Cabinet Memoranda, reference No. CAB129/13.

Cabinet (1946f1), "Note by Secretary of the Cabinet," reference No. O.E.P.(46)1,

第3章　米英金融・通商協定から第1回貿易雇用準備会議（ロンドン会議）前夜まで

23rd October in "Committee on Overseas Economic Policy," reference No. CAB134/541.
Foreign Office (1945), "Agreement between United Kingdom and United States on Financial Negotiations," reference No. FO371/45715：
Foreign Office (1945g1), Letter No. 5191 from John Winant to Earnest Bevin, 19th December, reference No. FO371/45715/UE6434.
Foreign Office (1945g2), Memorandum from John Winant to Earnest Bevin, 19th December, reference No. FO371/45715/UE6434.
Foreign Office (1946), "Preparations for International Trade and Employment Conference to be held in London in November: Report on Work of Preparatory Committee," reference NO. FO371/52982 to FO371/52990：
Foreign Office (1946h1), Telegram No. 110 ASKEW from Washington to the Board of Trade, 20th April, reference No. FO371/52983/UE1678.
Foreign Office (1946h2), Committee on Overseas Economic Policy, "Preparatory Committee on Trade and Employment on Full Employment: Note by the President of the Board of Trade," reference No. O.E.P.(46)3, 29th October, reference No. FO371/52987/UE5145. The following 3 items in this Document：
Foreign Office (1946h2i), "International Employment Policy: Memorandum by the United Kingdom Delegation," (annexed in O.E.P.(46)3) in reference No. FO371/52987/UE5145.
Foreign Office (1946h2ii), ANNEX A. "Draft Passages on Employment for Inclusion in a Convention on International Employment and Trade Policy," (annexed in O.E.P.(46)3) in reference No. FO371/52987/UE5145.
Foreign Office (1946h2iii), ANNEX B. "Explanatory Note," (annexed in O.E.P. (46)3) in reference No. FO371/52987/UE5145.
Foreign Office (1946h3), Board of Trade, "Preparatory Committee on Trade and Employment on British Commonwealth Talks: Summary of Results," 18th October, (annexed in reference No. O.E.P.(46)2, 24th October, 1946), reference No. FO371/52987/UE5095.
Foreign Office (1946), "Trade Negotiations Committee: Report," reference No. FO371/53046 to FO371/53050：
Foreign Office (1946i1), Trade Negotiations Committee, "Note by the Board of Trade," reference No. T.N.(46)4, 1st March, reference No. FO371/53046/UE929.
Foreign Office (1946i2), "Memorandum from the U. S. Department of State," 26th February, (annexed in T.N.(46)4), reference No. FO371/53046/UE929.
Foreign Office (1946i3), U. S. Department of State, "Preparations for Preliminary

International Meeting on Trade and Employment," 6th February, (annexed in T.N.(46)4), reference No. FO371/53046/UE929.
Foreign Office (1946i4), "Note by the Board of Trade on Resolution E/22/Rev. 1 of the Economic and Social Council," 8th March, (annexed in reference No. T. N.(46)7, 12th March), reference No. FO371/53046/UE1100.
Foreign Office (1946i5), Trade Negotiations Committee, "U. S. Proposals for Revised Programme: Note by the Board of Trade," reference No. T.N.(46)14, 1st May, reference No. 371/53046/UE1875. The following 3 items in this Document :
Foreign Office (1946i5i), "U. S. Proposals for Revised Programme: Note by the Board of Trade," reference No. T.N.(46)14, 1st May in reference No. FO371/ 53046/UE1875.
Foreign Office (1946i5ii), ANNEX A "Aide-Memoire left by Mr. Harry Hawkins with Sir P. Liesching on 29th April: Trade Meetings-Plan of Action," (annexed in T.N.(46)14) in reference No. FO371/53046/UE1875.
Foreign Office (1946i5iii), ANNEX B "Draft of paper to be circulated to the Cabinet by the Lord President of the Council: Trade Negotiations-Arrangements for International Discussions," (attached in T.N.(46)14) in reference No. FO371/53046/UE1875.
Foreign Office (1946i6), "Minutes of a Meeting held in Conference Room D, Cabinet Office on 3rd May," reference No. T.N.(46) 3rd Meeting, 7th May, reference No. FO371/53046/UE1944.
Foreign Office (1946i7), Trade Negotiations Committee, "Minutes of a Meeting held in the Board of Trade on 19th February," reference No. T.N.(46) 1st Meeting, 22nd February, reference No. FO371/53046/UE809.
Foreign Office (1946i8), Trade Negotiations Committee, "Indian Industrial Development and Attitude of India towards United States Proposals: Note by India Office," reference No. T.N.(46)60, 11th November, reference No. FO371/ 53050/UE5338.
Treasury (1945), "1945 United States of America-United Kingdom Negotiations in Washington: minutes and papers: COM/TRADE papers," reference No. T236/ 446 :
Treasury (1945j1), "Procedure for Negotiating and Implementing the 'Proposals for Consideration by an International Conference on Trade and Employment'," reference No. COM/TRADE 3, (Revised as of November 5, 1945) in reference No. T236/446.
Treasury (1945j2), "Draft of Proposed Invitation on Certain Governments to

第3章 米英金融・通商協定から第1回貿易雇用準備会議（ロンドン会議）前夜まで

Participate in a Meeting Preliminary to the Holding of the Proposed International Conference on Trade and Employment," reference No. COM/TRADE 4, (Revised as of November 5, 1945) in reference No. T236/446.

[Command Paper]

U. K. Government (1945a), "Proposals for Consideration by an International Conference on Trade and Employment: As transmitted by the Secretary of State of the United States of America to His Majesty's Ambassador at Washington," Cmd. 6709, HMSO.

[アメリカ国務省関係]

Foreign Relations of the United States. （文中では FRUS で統一した）

The Department of State Bulletin. （文中では DSB で統一した）

U. S. Department of State (1945a), *Proposals for Expansion of World Trade and Employment*, Pub. 2411, November.

U. S. Department of State (1946a), *Suggested Charter for an International Trade Organization of the United Nations*, Pub. 2598, Sepember.

U. S. Department of State (1946b), *Suggested Draft of a Charter for an International Trade Organization of the United Nations*, July.

"Proposals for Consideration by an International Conference on Trade and Employment." (*DSB*, December 9, 1945, pp. 918-929に Text of the Proposals というタイトルで，所収されている)

[欧文文献]

Aaronson, S. A. (1996), *Trade and the American Dream: A Social History of Postwar Trade Policy*, The University Press of Kentucky.

Alford, B. W., E., Lowe, R. & Rollings, N. (1992), *Economic Planning 1943-1951: A guide to documents in the Public Record Office*, HMSO.

Brown, W. A, Jr. (1950), *The United States and the Restoration of World Trade: An Analysis and Appraisal of the ITO Charter and the General Agreement on Tariffs and Trade*, Bookings Institution.

Gardner, R. N. (1980: new, expanded edition with revised introduction; the first in 1956), *Sterling-Dollar Diplomacy in Current Prospects of Our International Economic Order*, Columbia University Press. [村野 孝・加瀬正一訳 (1973)『国際通貨体制成立史——英米の抗争と協力』（上・下）東洋経済新報社]

McKenzie, F. (2002), *Redefining the Bonds of Commonwealth, 1939-1948: The Politics of Preference*, Palgrave Macmillan.

Zeiler, T. W. (1999), *Free Trade Free World: The Advent of GATT*, Chapel Hill and London: The University of North Carolina Press.

［邦文文献］

本間雅美（1991）『世界銀行の成立とブレトン・ウッズ体制』同文舘。
牧野　裕（1993）『冷戦の起源とアメリカの覇権』お茶の水書房。
山本和人（1999）『戦後世界貿易秩序の形成——英米と協調と角逐』ミネルヴァ書房。
油井大三郎（1985）『戦後世界経済の形成——アメリカ資本主義と東地中海地域 1944-1947』東京大学出版会。

第4章
第1回貿易雇用準備会議(ロンドン会議)の考察と
ITO憲章草案の作成
―― セカンド・トラックに関する協議 ――

　われわれは，これまで第2次大戦後の世界貿易システムの構築過程を跡付ける作業を続けてきた。その構築に当たっては，大戦中，1942年2月の相互援助協定第7条の締結以後，まずイギリスがミード(Meade, J.)の構想した『国際通商同盟案』をもって主導権を発揮したが，1944年前半にアメリカがその構想を体系化する役割を担うことになる。かくしてそれ以降，イギリスに代わってアメリカが中心となって戦後貿易システムの構築を進めていくことになる。貿易システム面からみたパクス・アメリカーナはこのような形で具現したのである。

　アメリカは，イギリスとの戦時貿易討論の最終局面において，貿易自由化に向けてツー・トラック・アプローチと呼ばれる方式を提唱し，1945年12月の米英金融・通商協定による対英援助の供与を代償に，そうした方式をイギリスに認めさせた。そして関税引下げおよび特恵関税幅縮小・撤廃交渉(ファースト・トラック)とITO憲章の作成，ITOの創設(セカンド・トラック)に向けての具体的かつ詳細なタイムテーブルの承認をイギリスから取り付けることに成功した。こうして1946年5月末にはおもに米英2国間で戦後貿易システム構築への道筋について合意を見たのである(前掲表3-1の7欄参照)。もっとも，こうしたアメリカ主導の貿易システム構築に関して，イギリスは表面的には賛同しながらも，戦争直後の自らの置かれた状況を鑑み，英連邦諸国との連携を図りつつ，アメリカの追い求める貿易システムに修正を加えるべく，計画を練り上げたのである。われわれはこうした事実を第3章において明らかにした。しかし，われわれの分析は貿易システム確立に向けての初めての多国間貿易交渉，いわゆる第1回貿易雇用準備会議(ロンドン会議)直前で終わっている。繰り返すが，この段階までの戦後貿易システムの構築は，主に米英2国間で行われてきたといってよい。本章と第

5章において，多国間貿易交渉としての意義を強調しつつ，ロンドン会議を2つの視角から分析することにしたい。

第1節　ITO憲章アメリカ草案の提出

(1)　問題の所在と先行研究の整理

　まず第4章では，アメリカの国際貿易システム案が，ロンドン会議において貿易雇用準備委員会に属する諸国いわゆる中核国グループ（アメリカとソ連を除くと17ヵ国）にどのような扱いを受けるかのかについて検討する。イギリスのみならず中核国を構成する英連邦諸国（オーストラリア，ニュージーランド，南アフリカ，カナダ，インド）そして西ヨーロッパ諸国がアメリカ案に対して如何なる態度をとるのであろうか。具体的にいえば，それは，アメリカが提示した『国連国際貿易機構憲章草案』(U. S. Department of State, 1946a：以下，ITO憲章アメリカ草案）に対する中核国グループの対応である。後に詳しく分析するように，これら諸国の圧力の下で，ITO憲章アメリカ草案は，大きく修正，加筆されることになる。どのような形でITO憲章アメリカ草案は書き換えられるのであろうか。この具体的分析を通じて，われわれは，ITO憲章アメリカ草案の目的が多様性を帯びていく過程，言い換えれば，曖昧にされていく事実に注目する。そしてこうしたアメリカ草案の変質は，戦後過渡期における世界経済構造と見事に符合する。と同時に，この変質はITO憲章に対するアメリカ国内の反対を高める要因となっていく。要するにわれわれは，戦後貿易システム構築のセカンド・トラックに関する考察を第4章で行おうとするものである。

　第5章では，ファースト・トラックにおける貿易交渉がロンドン会議でどのように展開したのかに焦点を当てる。後に詳述するように，ロンドン会議で初めてGATTの原案なるもの（ECOSOC, 1946a）が纏められるのである。われわれはその作成の経緯そしてその具体的な内容について検討することにしたい。とくにGATT原案を含めてその作成過程に関しては，史料上の制約からか，我が国においてこれまで全く分析の対象となることがなかった。しかし，2006年5月よりGATTやITO関連の公式文書（1946年以降）がほとんどすべてインターネット上で公開されるようになり，GATT原案の内容とその作成プロセスについて知

ることができるようになった。また GATT 草案の作成に直接関わったアメリカ高官の証言や文書も，トルーマン・ライブラリーやアメリカ国立公文書館 (NARA) へのインターネットによるアクセスを通じて利用できるようになった。われわれはこうした史料を駆使しつつ，イギリス国立公文書館 (TNA) 所収の未公開文書やアメリカ国務省の文書（主に FRUS）にも拠りながら，ロンドン会議における GATT 草案誕生の経緯を跡付ける作業を続けることにする。

 かくして，第4章および第5章において，セカンド・トラックとしての ITO 憲章アメリカ草案の修正過程と，ファースト・トラックとしての GATT 原案の作成とその修正過程という2つの視点から，戦後世界貿易体制成立に向けての多国間貿易交渉としてロンドン会議の意義を探ることを目的としたい。

 ところで，われわれの行っている分析対象は，これまで我が国において先行研究の蓄積が皆無の状態にある。[1]欧米においても，ITO 憲章に関する批准論争がまだ終了していない段階で，その歴史的交渉過程や ITO 憲章と GATT の内容およびその関連性を分析し，アメリカの戦後対外政策の中にそれらを位置付けたブラウン (Browan, W. A., Jr.) の著作 (Brown, 1950. もちろん，公文書等の公開は行われておらず，ITO 憲章の帰趨が決定していない段階ゆえに，その分析には限界がある)，ガードナーによる先駆的，古典的ともいえる大著 (Gardner, first edition in 1956)（彼とて分析の中心はそのタイトルに示されているようにポンドとドルの外交，すなわち戦後の国際通貨体制成立史であり，貿易システムの成立過程については付随的，限定的に説明されているに過ぎない）以降，1990年代まで本格的な研究は行われてこなかった。漸く，90年代後半にジラー (Zeiler, 1999) やアーロンソン (Aaronson, 1996) の研究によって，戦後国際貿易システムの起源に本格的な光があてられるようになったといえよう。ジラーの著作に対するアーロンソンの書評にも見られるように，こうした研究の遅れは，国際貿易システムの成立過程が欧米人である彼らにとっても，長期にわたる非常に複雑でわかり難い分析対象であったことにその一因があるように思われる (Aaronson, 1999)。しかし，世界貿易機関 (WTO) の出現と轍を一にして，その成立に触発された形でアメリカにおいて本格的研究が現れたのである。彼らの視角は，主にアメリカの公文書に依拠して，アメリカの立場から時系列的に詳細に国際貿易システムの成立を見ることにあった。これによって，アメリカ政策立案者の意図や各国特にイギリスや英連邦諸国

との駆け引き，そしてアメリカ国内の利害集団の錯綜した関係を詳細に知ることができるようになった。しかし，イギリスが如何に具体的にそうしたシステムの形成に関わったのかについては十分な説明がなされていない。当時，世界最大の貿易立国であったイギリスとその影響下にあった英連邦諸国の動向を無視して，国際貿易システムの成立史を語ることはできないと考える。

アメリカにおける研究を追う形で今世紀に入ってイギリスにおいても，この問題に関心が寄せられるようになっている。「帝国主義後のイギリス」(Post-Imperial Britain) に関する研究が深化する中で，戦後国際貿易システム形成へのイギリスの関与を積極的に評価する視角が打ち出されているのである（Miller, 2000, 2003a, 2003b；Toye, 2003a, 2003b；Toye & Miller, 2002；Kelly, 2002）。こうして1990年代後半以降，米英双方においてこの問題に関心が寄せ始めた。また，英連邦諸国の視角からこの問題へのアプローチも行われるようになっている（Capling, 2000；Hart (ed.), 1995；McKenzie, 2002）。そして直近になってアーウィン・マブロイディス・サイクスによる『GATTの起源』(Irwin, Mavroidis & Sykes, 2008) が刊行されるに及んで，交渉の具体的内容を体系的に摑めるようになった。[(2)]

ここで改めてわれわれの目的を敷衍すれば，以上のような欧米での研究動向を踏まえ，1946年10月15日から11月26日まで1ヵ月以上にわたって開催された初めての多国間貿易交渉である第1回貿易雇用準備会議（ロンドン会議）に焦点を当て，アメリカが準備したITO憲章草案の修正過程とGATT原案の作成とその修正過程について考察することである。

(2) ロンドン会議の目的と概要：ITO憲章アメリカ草案の検討

ロンドン会議の目的は，1946年2月18日の国連の経済社会理事会（Economic and Social Council：ECOSOC）の決議，いわゆる1946年2月プランに基づいてITO憲章の草案を練り上げることにあった（決議の具体的内容については，表3-1の第4欄および第3章の第1節(2)項②を参照のこと）。そのためにアメリカは1945年12月にイギリスと合意した『国際貿易雇用会議による考察に関する提案』(*DSB*, December 9, 1945. 以下『提案』で統一）を独自に修正・発展させたITO憲章アメリカ草案（U. S. Department of State, 1946a）を練り上げていた。ロンドン会議の

第4章　第1回貿易雇用準備会議（ロンドン会議）の考察とITO憲章草案の作成

討論は，このITO憲章アメリカ草案を叩き台にして行われることになる。

ところで会議は，当初，2月18日のECOSOCの決議に従って，5つの委員会に分かれて行われることになっていた。それらは，高度で安定的な雇用水準と経済活動の維持と達成に関する委員会（第Ⅰ委員会），国際貿易に影響を与える規制，制限，差別に関する委員会（第Ⅱ委員会），制限的商慣行に関する委員会（第Ⅲ委員会），政府間商品協定に関する委員会（第Ⅳ委員会），国連の一機関としての国際貿易機構設立に関する委員会（第Ⅴ委員会）であった（ECOSOC, 1946c）。そしてITO憲章アメリカ草案の章立てもこうした委員会の構成を反映するものとなっていた。草案は，7章，79条から成る大部のものであったが，第Ⅲ章「雇用に関する規定」（第3条～7条），第Ⅳ章「通商政策一般」（第8条～33条），第Ⅴ章「制限的商慣行」（第34条～40条），第Ⅵ章「政府間商品協定」（第41～49条），第Ⅶ章「組織」（第50条～79条）となっており，ロンドン会議で各委員会は，それぞれ該当するアメリカ草案の章を巡って議論を戦わせることになるのである。

ここで付け加えておかなければならないことは，こうした委員会の編制に関して，すぐに修正が加えられたことである。前章の注(9)で指摘したように，すでに1946年2月のECOSOCの決議において途上国の経済開発に関して特別な配慮を行う必要性について言及され，また第1回の英連邦会議においても途上国の産業開発の必要性をイギリスやカナダを除くすべての自治領諸国が強調した。こうした多くの中核国諸国（英連邦以外にも中国やチリがこの必要性を強調した〔Cabinet, 1946b1iii, p. 7〕）の主張に基づいて，発展途上国の産業開発に関する国際取決めがロンドン会議の討論に加えられた（ECOSOC, 1946d）。そして第Ⅰ委員会と第Ⅱ委員会が合同でこの問題を検討することになったのである。こうして6つの議題を各委員会が検討し，その結果が，『第1回国連貿易雇用会議準備委員会報告書』（ECOSOC, 1946b）として纏められたのである。報告書には，8章，89条に及ぶ『国連国際貿易機構憲章』（いわゆるITO憲章ロンドン草案）が記載されている（ロンドン草案の具体的内容については，*Ibid*., pp. 27-41参照）。それだけではない。報告書には，「第2回目の貿易雇用準備会議（ジュネーブ会議）開催に関する決議」，第2回目の貿易雇用準備会議（ジュネーブ会議）に向けてITO憲章ロンドン草案を完全に仕上げるための「起草委員会任命に関する決議」，「産業開発に関する決議」，「ITO設立までをカバーする第1次産品問題を巡る政府間協議・

措置に関する決議」,「関税譲許のための多国間通商協定交渉に関する決議」の5つの決議文書が添付されている (*Ibid.*, pp. 47-48)。もちろん,こうした決議文は,ロンドン会議参加国18カ国(中核国グループ)によって承認されたものであった(ECOSOC, 1946e, pp. 1-2)。ロンドン会議は,ITO憲章の草案作成とそれを次の会議(ジュネーブ会議)に繋げる役割を果たしたといってよい。

こうしたITO憲章ロンドン草案について,ITO憲章アメリカ草案と比較してすべてにわたる修正点や加筆点を列挙することはできない。ここで行おうとする作業は,われわれの問題意識との関連で,必要な限りにおいて,ITO憲章アメリカ草案とロンドン草案の相違点とその意義を探ることにある。つまり,アメリカ草案は具体的にどのような形で,またどのような目的から修正・加筆されていくのか。そしてその中で,ITO憲章アメリカ草案の中心に据えられてきた自由・無差別主義の原則はどのような位置付けとなるのであろうか。われわれはまず本章においてこうした点をまず明確にしておきたい。

第2に,ロンドン会議の目的がITO憲章アメリカ草案の検討(セカンド・トラックに関する交渉)であったことを認めるにしても,ロンドン会議では上述した5つの決議のひとつ「関税譲許のための多国間通商協定交渉に関する決議」に見られるように,ジュネーブ会議における多国間(つまり中核国グループ間)での関税引下げおよび特恵の縮小・撤廃交渉の実施を承認し,またそのための手続きについて議論を重ねているのである。すなわちファースト・トラックに関する交渉も会議に内包されていたのである。GATT原案はこうした話合いの中から生み出されたものである。われわれは第5章においてGATT原案の内容を明らかにした上で,原案がロンドン会議での討論を経て修正される過程(1947年1月から2月に開催されたニューヨーク会議でのGATT第2草稿の完成まで)を示すことにしたい。ジュネーブ会議に向けてGATT草案はどのような形で準備されるのであろうか。以上の2点に焦点を当て,ロンドン会議を分析することにする。

第2節 ITO憲章アメリカ草案の修正とその意義

(1) 雇用条項の深化と拡大:国際雇用政策の必要性

ロンドン会議の第1回総会(10月15日)に当たって,ホスト国であるイギリス

第4章 第1回貿易雇用準備会議（ロンドン会議）の考察とITO憲章草案の作成

政府を代表して，クリップス（Cripps, S.）商務大臣は貿易雇用準備委員会構成国（アメリカの任命した中核国グループとほぼ同じメンバー）17ヵ国の代表団を前に，歓迎演説を行った。ここでその内容を，彼の演説を記録した文書（ECOSOC, 1946g, pp. 4-5）を拠り所にして示すことにしよう。それはロンドン会議をイギリス政府がどのように捉えていたのかを理解する上で重要な示唆を与えていると思われるからである。

　クリップスは，まず2度と戦争を引き起こさない平和な世界を作る必要性を強調し，そのためにはとくに各国間の経済関係が重要であると指摘した。そしてそうした経済関係が国際的な政治問題に影響を及ぼすとの認識が共有されるようになり，国連の経済社会理事会（ECOSOC）によって貿易雇用準備委員会が任命されたという経緯を説明した。その上で，彼は貿易雇用準備委員会の目標を，高水準の雇用の促進，需要の維持，世界貿易の規制という3つに纏めた。とりわけ，彼は，完全雇用（需要の維持と拡大）の必要性を重視し，両大戦間期には大量失業を各国が抱え込み，そうした困難を他国に転嫁しようとしたからこそ，それを防ぐ目的で各国は保護政策を採用し，世界が悪循環に陥った。したがって，完全雇用の維持こそが根本に据えられるべき課題であることを強調した。クリップスの理解によれば，1945年12月に米英が合意した文書（『国際貿易雇用会議による考察に関する提案』）の基本的意図は，各国政府が完全雇用を国民に保障することにあった。したがって引き続きロンドン会議においても，『提案』の基本的意図である完全雇用の維持を中心的課題として検討を加えることにあると彼は述べた。

　そうした中で，世界貿易の「規制（regulation）」についてクリップスの考えが示される。彼のいう規制とは，世界貿易の国際ルールとそれを監視する国際機関を作ることであり，そのルールとは，各国が相互に，貿易を保護，制限するいくつかの手段を放棄することに基づく。彼は，各国が完全雇用政策の実施を保障できるような国際貿易のルールを作り，そのルールに従ってある程度の保護や制限を撤廃する必要性について述べたのである。しかし，彼はここであえて貿易の自由化という言葉を使用していない。あくまでも国際貿易の規制という言葉を国際貿易のルール化という意味で用いているのである。そして戦前の貿易の基盤を完全に無視することは不可能とも述べている（彼の頭の中には英帝国特恵関税のことがあったと思われる）。こうした意味で，彼の主張は，完全雇用を中心に据え，戦

前の無秩序な貿易状態を，世界貿易の実態を考慮しつつ，ルール化された貿易システムに変える（そこではある程度の貿易保護の削減が必要となる）ことにあった。

クリップスは同じような発言を，もっと鮮明にイギリスの利害を中心に据えて，10月11日の記者会見においても行っている（Dominion Office, 1946e1）。彼は，世界経済・貿易を規制するルールがなかった両大戦間期において，各国の貿易制限政策の悪循環が引き起こした世界貿易の縮小を，戦争の結果イギリス経済が負わざるを得なくなった輸出の75％拡大という使命を達成するためにも回避しなければならないとし，各国による相互に利益的なベースで貿易障壁削減を中心とする貿易ルールを作成する必要性を主張した。彼のイメージする相互的な貿易障壁の削減とは，その他諸国による大幅な関税率の引下げを前提とする英帝国特恵関税の「調整（adjustment）」であった。そしてこうしたルールの下でイギリスの輸出目標達成にとって必須の世界貿易の拡大が可能となるとした。さらに続けて彼は世界貿易のルール化とともに，各国の完全雇用維持の必要性を強調した。完全雇用の実現によって世界の需要が高まり，それが世界ひいてはイギリスの貿易拡大に繋がると主張したのである。彼は，需要拡大（世界貿易の拡大）の観点から，世界的規模での完全雇用と世界貿易のルール化が必要であるとした。

こうした完全雇用の維持と世界需要の拡大を主眼とするクリップスの主張は，自由貿易の実施を基本に据えたアメリカの主張と力点のおき方が異なるものであることは言を俟たないであろう[4]。もっとも，彼は国際貿易の規制化・ルール化と各国の完全雇用政策の実施が具体的にどのような関係にあるのか，またどのようにして世界的規模での完全雇用政策を実施すべきかについては何も語っていない。こうした彼の主張は，ロンドン会議において高度で安定的な雇用水準と経済活動の維持と達成に関する委員会（第Ⅰ委員会）で詳細に検討されることになるのである。それでは，分析を第Ⅰ委員会の活動内容とその結果生み出された文書の考察に進めることにしよう。

第Ⅰ委員会の目的は，「高水準で着実に拡大する有効需要，雇用そして経済活動を維持・達成するための国際協定」について作業を進めることであった（ECOSOC, 1946h, p.1）。このために第Ⅰ委員会は，4回の全体会議を開催した。さらに『国際貿易雇用会議による考察に関する提案』やITO憲章アメリカ草案を初めとして各国の提出した雇用に関する論文を整理するためにオーストラリア，

第4章　第1回貿易雇用準備会議（ロンドン会議）の考察とITO憲章草案の作成

ブラジル，キューバ，インド，イギリス，アメリカの代表からなる下部委員会が組織された。そして下部委員会においてそれらをもとにして雇用に関する草案が纏められたのである（Ibid., pp. 3-15）。そしてその草案が，多少の修正を加えられて，ITO憲章ロンドン草案の第Ⅲ章「雇用」に関する条項（ECOSOC, 1946b, p. 27）とロンドン会議に関する報告書の第Ⅱ部，第Ⅰ章「高水準で着実に拡大する有効需要，雇用そして経済活動の維持・達成」（Ibid., pp. 4-6）となるのである。

　ここで注目すべきは，第Ⅰ委員会の草案作りに中心的な役割を果たしたのがミード（Meade, J.）であったという事実である（ECOSOC, 1946i, p. 1；ECOSOC, 1946j, p. 2）。彼は，ロンドン会議のイギリス代表団のひとりとして名を連ね，また第Ⅰ委員会のラポーター（Rapporteur：報告担当委員）として，委員会に対して草案を取り纏めたのである。したがってITO憲章ロンドン草案の雇用に関する条項，そして上述したロンドン会議報告書の第Ⅱ部の第Ⅰ章は，事実上ミードが作成したものであったといえる。

　そもそも，ミードはイギリス国内で国際的な雇用政策の作成に携わっていたことが，彼の日誌より読み取ることができる。すでに彼は戦時中（1945年7月8日）に，自由貿易を確立できる状況を作り出す唯一の方法は各国が雇用維持のための政策を採用することであるのに，アメリカでは自由貿易の確立が失業を解決する方法であるとする「非常に危険な思想の傾向」が形成されている（Howson & Moggridge, 1990, p. 106）と警告を発し，また1946年6月7日の日記では，国際雇用政策に関する経済部（Economic Section）の論文を準備するために多くの時間を費やしていることを述べた上で，来る貿易雇用会議においてイギリスは雇用問題を強調することが重要であるとしている。そして自由貿易それ自体が雇用の拡大をもたらすと主張するアメリカ側の傾向に抵抗する必要があると主張している（Ibid., p. 277）。第3章の第2節(3)項において分析したように，彼はロンドン会議直前に開催された英連邦会議においても，自治領諸国に対してイギリスの雇用政策に関する立場を説明する役を演じている。このようにイギリス政府は経済部のミードを中心として，すでに英連邦会議やロンドン会議に向けて，完全雇用政策の重要性と国際雇用政策の必要性に関して，かなりの議論を重ねており，それは内閣の承認事項となっていたのである（Cabinet, 1946c1）。またそのために大蔵省，商務省そして経済部が共同で作成した「国際雇用政策」（Cabinet, 1946d1）と題す

る文書が用意されていた（ちなみにこの文書は主にミードが作成したものであった〔Howson & Moggridge, 1990, p. 331〕）。英連邦会議の後，この文書はその会議での協議を踏まえてさらに書き換えられ（Foreign Office, 1946f1i），その修正文書はロンドン会議に「国際雇用政策――イギリス代表団による覚書――」（ECOSOC, 1946k）として提出されるのである。なお，このロンドン会議提出文書は，「完全雇用に関する貿易雇用準備委員会――商務大臣の覚書――」と題する覚書としてイギリス国内でも閣僚委員会である対外経済政策委員会（OEP）に配布された（Foreign Office, 1946f2）。

すでにわれわれは第3章の第2節(2)項においてこうした文書の内容の分析を試みてきた。イギリス政府は，ITO憲章アメリカ草案の雇用条項の不十分さを認識していた。第3章そして本章で示したように，また上述のミード日誌から明らかなように，ITO憲章アメリカ草案は，自由貿易の追求の結果として完全雇用がもたらされると理解するがゆえに，第III章「雇用に関する規定」において，自国の雇用拡大のために他国を犠牲にしてはならないことが規定されているに過ぎなかった（U. S. Department of State, 1946a, p. 2）。この点について，第1章と第2章で考察したように，抽象的な表現ながら，原則声明案そして『提案』では，世界の雇用問題に対する大国（アメリカ）の責任について明記されていた。ITO憲章アメリカ草案にはこうした記述は見当たらない。イギリスからすれば，雇用問題について戦時中からの米英公約を後退させていることになる。イギリス政府はこうした雇用条項に関する部分が「ITO憲章アメリカ草案のなかで，最も不十分な部分である」（Foreign Office, 1946f3）と見做した。ロンドン会議直前には，イギリス代表団のメンバーであるヘルモア（Helmore, J.）商務省書記官に対して，雇用問題についてイニシアティブを握るために，ロンドン会議の非常に早い段階で雇用政策に関するイギリス文書を提出する必要性を指摘している（Foreign Office, 1946f1ii）。

このように，イギリスは雇用問題をロンドン会議における「最重要課題（a matter of the highest importance）」（Foreign Office, 1946f4）と位置付け，周到な準備のもと，英連邦諸国と連携しつつ，ITO憲章アメリカ草案の修正に向けてイニシアティブを握ろうとしたのである。では，ITO憲章ロンドン草案の雇用条項はどのように修正されたのであろうか。

第4章　第1回貿易雇用準備会議（ロンドン会議）の考察とITO憲章草案の作成

　繰り返すことになるが，ITO憲章アメリカ草案の第Ⅲ章「雇用に関する規定」は，第3条から第7条をカバーするにすぎず，完全雇用の達成と維持はITOの目的（自由で無差別な貿易と財の生産・交換・消費の拡大に向けての行動）にとって重要であること（第3条），そして各国はその国内で完全雇用政策を取るべきこと（第4条），そうした国内での完全雇用政策の追及は他国の犠牲の上に実施されてはならないこと（第5条），が述べられているに過ぎなかった（U.S. Department of State, 1946a, p. 2）。つまり，完全雇用政策の追及は各国国内政策の範疇に属するものであるという認識に立ち，雇用政策に関する国際的な行動については全く規定していなかった。それはITOの目的を主に自由で無差別な貿易体制の創出と考え，それによって完全雇用が齎されるという基本認識をアメリカがもっていたからである。そもそもITO憲章アメリカ草案は，ITOがカバーする責任領域から雇用問題を除外していたのである。アメリカ草案においてITOの組織について規定した第Ⅶ章の第50条「機能」は，第Ⅳ章「通商政策一般」，第Ⅴ章「制限的商慣行」，第Ⅵ章「政府間商品協定」についてメンバー諸国と協議し，勧告を行うことを謳っていた（Ibid., p. 35）。これを受ける形で，ロンドン会議の当初の暫定的議題のひとつは，上記3分野に責任を持つITOを設立すること（ECOSOC, 1946c, p. 2）とされていたのである。雇用問題と次項で考察する経済開発問題が，ITOの受け持つ責任領域に加えられるのはロンドン会議での第3回執行委員会（10月17日開催）においてであった（ECOSOC, 1946d, p. 1）。

　それに対して，ITO憲章ロンドン草案では，完全雇用の追及は基本的に国内政策を通じて行われるとしつつも，それを可能にさせる国際的な枠組みの必要性について言及されるのである。それは「ある重要な国（an important country）」における需要の減少が各国に失業を齎すケースであり（ECOSOC, 1946b, p. 4），また持続的な国際収支黒字国が同様の事態を各国に齎す場合である（Ibid., p. 6）。従って「ある重要な国」は絶えず需要拡大の責任を負い，また持続的黒字国も輸入と対外投資の拡大を通じて国際収支不均衡を是正する責任を負う。こうした国際的な枠組みの中で各国の完全雇用政策の追求が可能となる。この責務を担う国がアメリカであることは明らかであろう。アメリカは，その他の諸国以上に，世界の需要を維持・拡大させるという国際的責任をもたなければならない。他方，アメリカがこの責任を果たせなかった場合，各国はアメリカを震源とする対外的

なデフレ圧力から自らを保護する権利を持つ。そもそもITO憲章アメリカ草案にはある国がITO憲章の目的を傷つけた場合，その国に対してその他諸国はITO憲章の義務から逸脱できる権利を持つことを規定した条項（第30条「協議——無効化または侵害」）が存在した (U. S. Department of State, 1946a, p. 23)。この規定を使って対外的なデフレ圧力から国内の完全雇用政策を守る必要性について第Ⅰ委員会は考察を行ったのである (Cabinet, 1946b1iii, p. 7)。事実イギリスはこの条項をアメリカからのデフレ圧力を回避する手段として利用しようと考えていた (Cabinet, 1946b1ii, p. 1)。こうしてITO憲章ロンドン草案の第Ⅲ章「雇用」は，2つの条項が付け加えられ，第3条から第9条をカバーする形で拡大されたのである。もっとも，各条項では名指しでアメリカの責任については明言されてはいない。しかし，ITO憲章ロンドン草案の各条項を詳しく補足説明したロンドン会議報告書第Ⅱ部の第Ⅰ章の内容（ECOSOC, 1946b, pp. 4-6）や条項作成の討論の過程をみれば，明らかにアメリカの責任を重視していることは言を俟たないであろう。

　さらに前述したように条文作成に当たったのがミードであることを鑑みれば，彼を中心にしてイギリスがロンドン会議に向けて練り上げてきた国際雇用政策がロンドン草案の内容に反映されたことは至極当然といえよう。第3章で考察したイギリスの国際雇用政策案がITO憲章ロンドン草案に大きく影響を及ぼしたことは，「国際雇用政策」と題するイギリスのロンドン会議提出文書（Foreign Office, 1946f2；ECOSOC, 1946k）とロンドン草案を比較検討してみれば明らかである。ITO憲章ロンドン草案に新たに挿入された3つの規定，すなわち主要国における国内需要の維持と拡大，持続的国際収支黒字国による黒字是正策の必要性，対外デフレ圧力からの国内経済の保護は，まさにイギリスの文書「国際雇用政策」が扱っていた問題であった（Foreign Office, 1946f2, pp. 4-6およびECOSOC, 1946k, pp. 4-6. 文書の具体的検討については第3章の第2節(2)項を見よ）。イギリスはその他諸国（とくにオーストラリア）の協力を得て，アメリカ草案の書き換えに成功したのである。事実，クリップス商務大臣は対外経済政策委員会（OEP）に対してロンドン会議の結果について，「雇用の重要性について大いに強調することができ，非常に満足な結果を得られた」とする報告を行っている（Cabinet, 1946b1i, p.1）。

第4章　第1回貿易雇用準備会議（ロンドン会議）の考察とITO憲章草案の作成

　一方，アメリカは，こうしたミードが取り纏めた第Ⅰ委員会の草案を検討した第4回目の会議において，草案の第Ⅱ章の第3項「国内諸資源の開発と生産性」の内容に異議を挟んだ（ECOSOC, 1946j, p. 5, p. 7）。草案では，有効需要の水準を決定するのは，雇用状況，国内諸資源の開発や労働生産性の上昇であると規定していた（ECOSOC, 1946h, pp. 4-5）。それに対してアメリカは，有効需要の水準（つまり世界貿易の拡大）を決定するのは，貿易障壁の高さであることを明記すべきであると主張したのである（ECOSC, 1946j, p. 5, p. 7）。完全雇用の実施を主眼にした草案の内容に対して，貿易障壁削減を会議の第1目標とするアメリカの姿勢がここに表れているといえよう。[6]

　またアメリカ代表は，国内の完全雇用政策とITOの関係について規定した草案の第Ⅱ章第2項「国内雇用の維持」における表現内容を問題にした（*Ibid.*, pp. 4-5）。草案では，各国が完全雇用のためにとる具体的な国内政策は，ITO憲章の目的や規定と矛盾しないことを条件として，自由に選択できるとされていた（ECOSOC, 1946h, p. 4）。アメリカ代表はこの表現では，国内雇用政策がITO憲章によって拘束されることになるとし，別の言い方に変更することを求めた（ECOSOC, 1946j, p. 4-5）。アメリカにとって雇用維持のための政策はあくまでも国内問題であり，それを国際的な公約とすることはできなかったのである。しかし，これらのアメリカによる修正案は，委員会の受入れるところとはならなかった。ミードが準備した草案は，前述の如く，ほとんど修正を加えられることなく，ロンドン会議報告書の第Ⅱ部，第Ⅰ章「高水準で着実に拡大する有効需要，雇用そして経済活動の維持・達成」（ECOSOC, 1946b, pp. 4-6）とITO憲章ロンドン草案の第Ⅲ章「雇用」（*Ibid.*, p. 27）を構成することになるのである。

　しかし，アメリカ代表団の団長ウィルコクス（Wilcox, C.）はこうした雇用に関するロンドン会議での討論について，雇用の維持，拡大のための積極的な国際政策について提案がなされたわけではなく，アメリカの持続的国際収支黒字とアメリカの不況の可能性について認識されたに過ぎないと捉えた。そしてこの2つの場合は，各国の国際収支危機として具現するであろうから，その際各国はすでにITO憲章アメリカ草案に盛り込まれている輸入制限措置に訴えればよい。したがってアメリカは実質的に何も譲歩したわけではないと本国に報告したのである（*FRUS*, 1946, Ⅰ, pp. 1361；Wilcox 1949, pp. 41-42）。しかし，後にITO憲章流

産の原因のひとつとなるのが，この雇用条項におけるアメリカの国際責任に対するアメリカ国内からの反発であったこと（Gardner, 1980, p. 376：邦訳（下），596ページ；Zeiler, 1999, p. 135, p. 157）を考えると，ウィルコクスの認識は誤っていたといえよう。確かにロンドン会議では，注(5)で述べたように雇用維持のための国際行動についてこれから研究する必要性を決議しただけであったが，世界の完全雇用に果たすアメリカの国際的責任は明確にされたといってよい。ゆえに，この責任を引き受けるか否かがその後アメリカ国内でITO憲章批准の争点となったと理解すべきである。

（2） 経済開発条項の追加

アメリカにとってロンドン会議の主要目的は，前述したように貿易障壁削減のための国際ルールを作成することであった。しかし，またもアメリカの目的のまえに立ちはだかる問題が生じた。それは発展途上諸国の要求であった。ITO憲章アメリカ草案は，第Ⅰ章「目的」においてITOの目的のひとつとして，産業発展の初期段階にある諸国の産業および経済開発を促進，援助することを謳っていた（U. S. Department of State, 1946a, p. 1）。しかし，その具体的手段については何も明記していなかった。自治領諸国（カナダを除く），中国そしてラテン・アメリカ諸国は，ITO憲章アメリカ草案に対して，経済開発問題に対する認識が不十分であり，大幅な修正が必要であると感じていた。そもそも第3章の第2節(3)項で分析したように，ロンドン会議直前に開催された英連邦会議においても，オーストラリアが主導する形で産業開発の必要性が議論され，ITO憲章に産業開発に関する章を書き加えることが提案されていた。そして前述したように，ロンドン会議ではこの問題を考察するために，第Ⅰ，第Ⅱ委員会の合同委員会が対応することになったのである。

ここで途上国の要求をひとつに纏め，アメリカ草案の修正に大きな力を発揮したのが，オーストラリアの代表を務めたクームズ（Coombs, H.）であった。ちなみに彼は，ロンドン会議で第Ⅰ委員会の議長，そして第Ⅰ，第Ⅱ委員会の合同委員会の副議長を務めた。ところで上述のように，オーストラリアはITO憲章に産業開発に関する1章を追加すべきであると考え，「産業開発」と題する文書を作成し（Board of Trade, 1946a1），その文書をロンドン会議に提出する前に，英

第4章　第1回貿易雇用準備会議（ロンドン会議）の考察とITO憲章草案の作成

連邦会議でイギリスおよび自治領諸国に配布していた。その配布に際して，クームズはアメリカの『国際貿易雇用会議による考察に関する提案』を次のように批判していた。アメリカ案は国際貿易の拡大についてネガティブな側面，つまり貿易障壁の低減化を強調し過ぎている。それに対して途上国の産業開発は国際貿易の拡大に「最大限の貢献 (the greatest contribution)」をなすことができる（それが途上国における生産性の上昇と所得の拡大をもたらすからである）。したがって，ITO憲章には発展途上国の工業化を援助する必要性を述べた1章を設けるべきである。そしてそうした産業開発は何らかの保護主義の形態をとって実現できるものであり，これを不可能にさせる行為は今後すべての途上国から敵対行為と見做されるであろう (Board of Trade, 1946a2, p. 1)。

　それでは具体的にオーストラリアの文書「産業開発」の内容とはどのようなものであったのかについて検討することにしよう。文書は，セクションA.において，発展途上国の産業開発はITOの目的（オーストラリアによればITOの目的とは完全雇用，所得の上昇を通じた需要拡大を達成することにある）に合致していること，そうした産業開発は保護主義を必要とするものであるが，その産業開発計画についてITOや関連メンバーと協議するシステムを構築する必要性が指摘される。セクションB.では，具体的に途上国の産業開発計画の適切性を審査し決定する委員会をITOに作り，その委員会が認めれば，保護関税や輸入数量制限の導入が合法化される。この他委員会は，産業開発のための技術上のアドバイスを与える機能も持つことが規定されている (Board of Trade, 1946a1, pp. 1-2)。要するに，オーストラリアの提案は，途上国の工業化を押し進め，それを援助するとともに，ITOの認める範囲で，保護主義の採用を合法化する権限を与えるというものであった。そしてオーストラリアはこの提案をロンドン会議に提出したのである。[9]

　さて，ロンドン会議で第I，第II委員会の合同委員会は4回の会議を開き，また産業開発に関する草案を作成するためにオーストラリア，ブラジル，中国，インド，フランス，イギリス，アメリカの代表からなる下部委員会を組織した。下部委員会は7回の会合を持ち，報告書を作成し，その報告書は第4回目の合同委員会の会議に提出され，修正採択された (ECOSOC, 1946l, p. 1)。報告書の正式名称は「産業開発に関する合同委員会報告書」（以下，合同委員会報告書）という。合同委員会報告書は，合同委員会の活動内容と勧告の要約を記した第1部，具体

的に産業開発の内容について考察した第2部,さらにその要点を条項の形で整理した付録1,産業開発に関する決議を示した付録2,第II委員会へのメッセージを示した付録3から成っている(*Ibid.*, pp. 1-20)。そしてこの合同委員会報告書は総会で検討を加えられ,ロンドン会議報告書の一部となるのである。ロンドン会議報告書には,第II部の第2章「産業開発」(ECOSOC, 1946b, pp. 6-9)として合同委員会報告書の第2部が,ITO憲章ロンドン草案の第IV章「経済開発」(*Ibid.*, pp. 27-28)として同報告書の付録1が,そして「産業開発に関する決議」(*Ibid.*, p. 48)として報告書の付録2がそれぞれ所収されている。

それでは,合同委員会報告書の特徴について述べることにしよう。下部委員会で草案を準備したオーストラリアの報告担当委員(Rapporteur)[10]は,4回目の合同委員会の会議において,合同委員会報告書草案の要点を次のように整理した。第1に,すべてのメンバーは,その責任を認識しつつ,あらゆる手段を用いて自由に開発促進を試みるべきこと,第2にその開発のために保護主義が必要とされるなら,そのメンバーがさもなければITOが禁止しているその保護政策を使用できるように,ITOには免責条項が存在すべきこと(ECOSOC, 1946m, p. 7)。こうした規定は途上国による産業開発のための手段としての保護主義の合法性を国際的に認めたものといえる。合同委員会報告書の核心部分である付録1(ITO憲章ロンドン草案の第IV章「経済開発」に結実)は,D条(ロンドン草案では第13条)において,経済開発のために保護主義の必要性を認めるとともに,そうした保護政策の無分別な使用を防ぐためにITOがその政策を審査する権利を持つこと,さらにその政策がITO憲章の義務に反している場合,ITOは関連諸国の利害調整を行った上で,その義務からの逸脱を認めることができるとしている[11](ECOSOC, 1946l, pp. 16-18)。ITOの認める範囲で,開発のために保護主義の採用を容認するというスタンスはオーストラリア提案の骨子と同じであるといえよう。合同委員会報告はオーストラリア提案を基礎にしていた(Cabinet, 1946b1iii, p. 18)とされる所以がここにある。さらに上述したように合同委員会報告書草案の報告担当委員がオーストラリア人であったこと,また英連邦会議からオーストラリア代表団の長として経済開発問題に取り組んできたクームズが,草案の書き直しに責任を負っていることを証言している(ECOSOC, 1946n, p. 11)という事実からも,このことは裏打ちできよう。

第4章　第1回貿易雇用準備会議（ロンドン会議）の考察とITO憲章草案の作成

　それでは，こうしたオーストラリアを中心とする途上国の要求を米英はどう捉えたのであろうか。アメリカ代表のウィルコクスは，ロンドン草案第Ⅳ章「経済開発」について，ロンドン会議で「アメリカが行った唯一の重要な譲歩であった」(FRUS, 1946, Ⅰ, p. 1361)としたが，こうした譲歩によってロンドン草案が参加各国によって事実上満場一致で受入れられた（Ibid., p. 1361）と本国に報告した。そしてオーストラリアに対して反対派のリーダーとして分別をわきまえて行動したと評価した（Ibid., p. 1363）。他方，イギリス代表団も，オーストラリアの目的は建設的で，穏健であり，その目的を憲章案に生かすに当たって，賞賛すべき柔軟性を示したとする一節を対外経済政策委員会（OEP）に対する報告書に書き入れた（Cabinet, 1946b1ii, p. 4）。米英両国とも，オーストラリアが纏めた発展途上諸国の要求がロンドン草案全体を破壊するほど過激なものではなかったと認識したのである。

　しかし，中核国グループを構成する途上諸国の中にはアメリカを中心とする貿易システム構築に対してさらに激しい批判を展開する国があった。その典型がインドであった。インドは，ITO憲章アメリカ草案について，発展途上国を経済的従属の立場に保持し続けることで先進工業国の利益に役立てることを意図した米英の文書であると主張した（FRUS, 1946, Ⅰ, p. 1362）。それを世界貿易における米英の既存の卓越したポジションを保持することを目的とした文書であると捉えたのである。したがって，彼らは先進国に明確な義務を課すことで，途上国の開発を援助する内容に変えることを要求した（Foreign Office, 1946g1, p. 1）。インドの態度はけんか腰であったとウィルコクスは述べている（FRUS, 1946, Ⅰ, p. 1362）。こうした米英の公文書から，インドがITO憲章アメリカ草案に対して途上国の立場からオーストラリアよりさらに批判的であったことが読み取れる。事実，彼らは，ロンドン会議の総括声明で，経済開発に関する1章が作られたことを一応評価しつつも，会議の結果についていささか懐疑的であると述べた（ECOSOC, 1946o, p. 1）。その最大の原因は，開発のための保護政策を採用するに際して，ITOの審査を受けなければならないことにあった。そうした審査は手間取り，そして対立の種となると彼らは考えたのである。それは長きにわたって，その貿易政策や関税政策そして財政権を海外（イギリス）に握られてきたというインドの経験に基づいたものであった（Ibid., p. 6）。その開発計画を決める権限

は当該国が持つべきであるという考えが彼らにはあったのである。こうしてインドは，ロンドン会議に参加したのは，公約をするためではなく，その他諸国と意見や考えを交換するためである点を強調した (*Ibid.*, p. 2)。

　以上のように，途上諸国は，ITO 憲章アメリカ草案に対して，温度差はあるものの，批判的スタンスを取ったのである。そして合同委員会報告書では，ITO の目的が産業開発に置かれ，それによって雇用機会の改善と需要の増大が引き起こされ，世界貿易が拡大するとされた (ECOSOC, 1946l, p. 15. なおこの規定は ITO 憲章ロンドン草案の第IV章「経済開発」の第10条を構成することになる)。かくして自由で無差別な貿易体制を作り出すことを主眼とする ITO 憲章アメリカ草案の意図は，本節(1)項で考察した雇用条項とともに，この開発条項によっても曖昧にされていくのである。

（3）　ITO 憲章ロンドン草案と戦後過渡期の世界経済構造

　さて，ここで，雇用条項，経済開発条項をどのような諸国（中核国）が支持したのかについて改めて纏めておく必要があろう。われわれはこれに関してこれまでの分析においてかなり明確にできたと考えている。しかし，戦後過渡期の世界経済の構造を理解するためにこの作業を一層進めることは不可欠である。というのも ITO 憲章ロンドン草案の内容は，戦後過渡期の世界経済の構図を見事に映し出しているからである。

　ロンドン会議最終日の11月26日に開かれた第5回総会において，フランス代表団長アルファンド（Alphand, F.）は会議を総括するに当たって，中核国グループを次の3つの範疇に分け，それぞれの要求が ITO 憲章ロンドン草案の内容に反映されることになったと説明した。彼によれば，第1グループとは先進的な経済段階にあり，構造的な国際収支黒字を持つ諸国である。第2グループは国際収支が多かれ少なかれ不安定であり，第1グループほどの経済段階にない諸国で，迅速な経済回復を模索する諸国である。そして第3グループは経済開発に遅れをとってきた諸国である (ECOSOC, 1946e, pp. 36-37)。これら3グループの要求はそれぞれ異なったものであり，それが ITO 憲章ロンドン草案の内容に反映されたとフランス代表は述べ，さらにこうした多様性を認める形でロンドン草案を発展させていく必要性を説いたのである (*Ibid.*, p. 37)。彼は具体的にどの国がどのグ

第4章　第1回貿易雇用準備会議（ロンドン会議）の考察とITO憲章草案の作成

ループに属するかについては述べていない。しかし，ロンドン会議における各国の主張や要求内容を具体的に拾い上げていけば，それら諸国の類型化は可能となる。なお同じような3つのグループへの類型化はキャプリング（Capling, A.）によっても試みられている。彼女は，ITO憲章アメリカ草案を支持するグループ，それに批判的なグループ，中立的なグループに分類した。アメリカ草案を支持する国とは自由貿易推進派の範疇に属する国アメリカ，イギリス，カナダ，批判的なグループとは途上国の範疇に属するオーストラリア，ブラジル，チリ，コロンビア（中核国ではないがロンドン会議に出席），中国，チェコそしてインド，中立的なグループとは完全雇用政策を前面に押し出した西ヨーロッパ諸国であった（Capling, 2000, p.9）。彼女の分類方法をフランス代表団長アルファンドのそれと重ね合わせてみれば，第1グループが自由貿易の推進を企図するITO憲章アメリカ草案支持派，第2グループが完全雇用政策を重視し，戦後復興を模索する西ヨーロッパ諸国，そして第3グループが発展途上諸国ということになろう。

　われわれはこうした3分類化に基本的には賛成する。以下ではこれまで分析してこなかった西ヨーロッパ諸国の立場を彼らの証言をもとに具体的に示すことにし，次にキャプリングによって第1グループに分類されたイギリスの位置付けについてわれわれの見解を明らかにすることにしたい。

　まず，西ヨーロッパ諸国が，ロンドン会議で強調したのは完全雇用政策の実施を可能にする国際的枠組みを作ることであった。フランスは，イニシアティブを発揮し，イギリスやオーストラリアの助けを借りて，国内の完全雇用政策と社会政策の実施のために，国際収支擁護の必要性から，輸入数量制限を導入できる権利をロンドン草案に盛り込んだ（Brown, 1950, pp. 83-84. 具体的には，第Ⅴ章「通商政策一般」の第26条「国際収支擁護のための制限」となった。なお注(11)に示したように，第26条では経済開発のためにも，輸入数量制限が認めている）。次にオランダ代表は，会議の総括にあたってとくに雇用に関する第Ⅰ委員会の作業に特別な重要性を置くとともに，その作業結果に高い評価を与えていると述べた（ECOSOC, 1946o, p. 19）。すでにロンドン会議開始前にオランダはイギリスとITO憲章アメリカ草案の内容について協議しており，その中で，アメリカ草案は完全雇用の問題に簡単に触れているに過ぎないと批判し，オランダ政府は完全雇用に関する規定を憲章に含めることを最重要課題と位置付けていると語っていた（Foreign Office,

1946h1, p. 2)。このようなことからオランダはロンドン会議で雇用に関する規定が拡大・深化したことを評価したと考えられる。またベルギー・ルクセンブルク代表も，戦前の国内的なフレームワークに縛られた雇用政策では失業を解消することができなかったという経験から，世界的な規模での有効需要の拡大と長短期の経済政策の調整について考察した第Ⅰ委員会の活動を評価した（ECOSOC, 1946e, pp. 13-14）。

このように西ヨーロッパ諸国は，国内完全雇用政策を可能にさせる国際的な枠組みの必要性について共通の利害を有していたといえる。すなわち，彼らはロンドン草案の第Ⅲ章「雇用」に関する規定を戦後復興のよりどころとしていたのである。こうした意味で西ヨーロッパ諸国はイギリスと同じ立場にあったといえよう。

そこでキャプリングがイギリスを第1グループに分類したことに対するわれわれの見解を明らかにする必要があろう。すでにイギリスは大戦中からアメリカと共同して戦後貿易システムの枠組み作りを行ってきた。その構築において1944年以降，アメリカに主導権を握られたとはいえ，自由・無差別主義に基づいた貿易体制の迅速なる実現を目指すアメリカに対して，常にイギリスは対案を提示してきたのである。そしてロンドン会議に向けてイギリスが準備したのが国際雇用政策であった。ミードを中心にして練られたこの政策案は，彼自身の『国際通商同盟案』やケインズの『国際清算同盟案』の内容と通じるものがあった。持続的国際収支黒字国アメリカに世界経済調整の役割を負わせつつ，他方で，貿易自由化の例外規定を設け，そのもとで国内完全雇用政策の実施や戦後復興を可能にさせる国際ルールをITO憲章の中に挿入することを目指すものであったからである。アメリカはこれまでの分析から明らかなように，雇用政策はあくまでも国内問題であるという立場をとっていた。しかしこの立場は，イギリスや西ヨーロッパそしてオーストラリアを中心とする途上国グループによって否定されたのである。アメリカ代表のウィルコクスは本国に向けて，ロンドン会議においてイギリスが必ずしも協力的でなく，いくつかの問題ではアメリカに対して反対するなど，かなり独自の路線をとったと報告している（*FRUS*, 1946, Ⅰ, p. 1363）が，それはこうした事実に基づいていたと考えられる。

以上のことから，われわれはイギリスの立場を，西ヨーロッパのそれにむしろ

第4章　第1回貿易雇用準備会議（ロンドン会議）の考察とITO憲章草案の作成

近かったと捉え，第2グループに分類することにしたい。したがって，ITO憲章ロンドン草案は，自由貿易推進派である第1グループとしてのアメリカそしてカナダ，完全雇用政策を前面に押し出し，戦後復興を試みるイギリスを含む西ヨーロッパ諸国の第2グループ（ロンドン草案の第III章「雇用」を支持），そして経済開発を主眼とする途上諸国からなる第3グループ（ロンドン草案の第IV章「経済開発」を支持）の妥協の上に成り立った多国間協定案であったと理解すべきだと考える。また当然それは，戦後過渡期の世界経済の構図を見事に反映していたといえるのである。無論，この際ITO憲章作成の枠外に立ったソ連圏の存在も考慮すべきであろう。

それでは，無差別な自由貿易体制の推進を至上目標とするアメリカはロンドン会議をどのような形で自己目的達成の手段にしようとしたのであろうか。第5章ではこの問題を考察することにしたい。

注
(1)　もちろん，戦後過渡期における米英両国の貿易政策について分析した研究は存在している。アメリカの対外貿易政策については，鹿野忠生，2004の第6章，牧野裕，1993の第1章，油井大三郎，1985の第1章を，イギリスのそれについては，前田啓一，2001，益田実，1997，2008，山口育人，2004a，2004bを参照のこと。もっともこれらの研究は，あくまで当時の米英貿易政策の具体的展開を中心にしており，そうした政策とITO憲章やGATTとの関連について分析したものは，鹿野忠生氏のそれを除いてない。鹿野氏は，1934年のアメリカ互恵通商協定法をストレートにITO憲章やGATTの成立と結び付ける手法をとられている（もっとも，ITO憲章やGATTの具体的成立過程の記述は限定的である）。

　われわれは，かねてより，1930年代アメリカ貿易政策（互恵通商協定法とその締結運動）を戦後貿易システムの原点とする視角に対して疑問を呈してきた。そのために，これまで省みられることのなかった30年代後半から第2次大戦期にかけての英米貿易政策と戦後構想の関わりを具体的，実証的に分析する作業を行ってきたのである。こうした分析を通じて1930年代互恵通商協定締結運動が，2国間主義に基づいていたこと，関税再分類化方式等に代表されるように，決して自由貿易政策とはいえない双務的，差別的側面を有していたことを明らかにした（山本和人，1985，1999）。アメリカが戦後の貿易システム構築に向けて動き出すのは，1943年9〜10月のワシントン会議以降であり，ここにおいてアメリカは自由・無差別主義に基づいて国際貿易を監視する国際ルールと国際機関（いわゆる多国間主義〔Multilateralism〕）の必要性を認識し，その形成に向けて主導権を発揮し始めるのである。われわれはこれをもってア

メリカを中心とする戦後世界貿易秩序形成の起点と位置付けたのである（山本和人，1999の第9章）。こうした認識をもとに，本書は，ITO憲章やGATTを巡る各国間の激しい駆引きや論争に焦点を当て，GATT体制成立の詳細を明らかにしようとしているのである。

(2) 『GATTの起源』は，戦後貿易体制の成立過程を明らかにしようとするわれわれの作業と，その問題意識や時代的な考察範囲そして使用している第1次史料など，その多くが重なり合うものである。著者たちは，「はじめに」においてGATTの起源について考察する目的を次のように述べている。「GATTについては法律上そして経済上の観点から非常に多くの研究が存在している。しかしGATTが第2次大戦の焼け跡からどのように成立したかについてはほとんど研究されてこなかった。われわれの研究目的は，この驚嘆すべき協定を成立に至らしめた外交史を回顧することによって，GATT創設者たちの本来の目標や意図を認識することであり，そしてGATTのテキストに含まれたり，除外されたりしたさまざまな規定に関して，なぜGATTが特殊な形態や形をとったのかを理解することにある」(Irwin, Mavroidis & Sykes, 2008, p. 1)。彼らはGATTを所与のものとして分析してきたこれまでの研究を深化させるためにGATTの誕生プロセスを明らかにしようとしたのである。

こうした問題意識のもとに，『GATTの起源』は，第1章「GATTの創造」，第2章「GATT交渉」，第3章「GATTの理論的根拠」，付録AおよびBから成っている。第1章は，両大戦間間期のアメリカ貿易政策，とくにハル（Hull, C.）国務長官が主導した1934年互恵通商協定法の特徴とその意義から説き起こし，次に米英のGATT交渉の直接的起点として1942年のミード（Meade, J.）の『国際通商同盟案』を分析し，GATTの「先駆者（precursor）」と位置付けている。最終的に1947年のジュネーブ会議終了までを考察の対象としてGATT誕生の歴史を，米英の交渉を軸に考察している。さらに第2章では，GATT条文が生まれた1946年10～11月のロンドン会議以降に焦点を当て，2006年5月にインターネット上で公開されたGATT・ITO関連文書（レファレンス・ナンバー E/PC/T）を利用することによって，GATT条文の作成プロセスに光を当てている。第3章では，こうしたGATTという多国間協定をなぜ各国は締結する必要性があったのかについて，経済理論そして政治理論（国際関係論）に依拠しながら説明している。最後に付録A，Bとして多くの第1次史料を添付している。まず，付録Aでは，GATTに関連する8つの草案や報告書（未公開文書を含めて）を時系列的に掲載し，GATTの創出過程を史料上から明らかにしている。また付録Bは，GATT文書を生み出したロンドン会議，ニューヨーク会議そしてジュネーブ会議など組織された委員会や下部委員会の活動内容を概観している。

以上のように『GATTの起源』は忠実に第1次史料に依拠することによってGATT誕生の経緯を明らかにしようとするものであり，まさにわれわれの問題意識や方法論と重なりあうものである。我が国において，アメリカの圧倒的な指導力と独

創性によって創出されたとされてきた戦後の貿易システムは，実のところは，もっと複雑な過程を経て作り出された多国間協定であった点を明らかにした点に本書の意義があるといえる。そしてまさにこの点をわれわれの研究も追及しているのである。

　もっとも，1930年代のアメリカ貿易政策をハル国務長官の自由貿易思考に代表させて論じている点は，あまりにもアメリカ貿易政策を一面的に捉えすぎているといわざるを得ない。互恵通商協定締結運動は結局のところアメリカ大陸諸国を囲い込む手段となったこと，そして何よりも2国間主義に基づく政策であったことなどを考え合わせると，明らかに無差別主義と多国間主義を基調とする戦後貿易原則とは異なるものなのである。アメリカ貿易政策が多国間主義と無差別主義を体現するものに変化していくのは，第2次大戦中のイギリスとの貿易論争を経てのことなのである。この過程についてはすでわれわれはすでに分析を試みている（山本和人，1999）。なお同書に関する合評会を『ワールド・トレード・レヴュー』誌が特集として組んでいる（Josling, Trachtman & Low, 2009）。また我が国においては，小林友彦氏による書評がある（小林友彦，2009）。

(3)　決議文書においては，「関税の大幅引下げと・特・恵・の・撤・廃・に向けての交渉」（ECOSOC, 1946b, p. 48：傍点は筆者）という言葉が使われているが，この決議文を作成し，委員会に提出したのは，他ならぬアメリカであった（決議案の原文ついては，ECOSOC,1946f を参照のこと。原文には決議案がアメリカによって提出されたものであることが明記されている）。アメリカがロンドン会議において，中核国からこうした交渉の実施に関する言質を再度取り付けていること（すでにアメリカは米英金融・通商協定締結直後の1945年12月中旬に中核国に対して，関税引下げ交渉を呼びかけ，ソ連を除く14カ国が交渉への参加を表明していた〔前掲表3-1の第3欄および第3章の第1節(1)項を参照〕），しかも特恵の撤廃に向けての交渉と位置付けていることは重要であろう。

　すでにこの問題に関しては戦中から米英間でかなりの論争が展開されてきたことはこれまでの分析から明らかであろう。しかし，特恵の撤廃に関する認識には米英間で大きな隔たりがあった。アメリカが特恵関税の撤廃を目指すのに対して，第3章で検討したように，ロンドン会議開催直前に開催された英連邦会議においても，特恵関税の縮小や一部撤廃には応じるが全廃は行わないというのがイギリスと大半の自治領諸国の方針であった。ジュネーブ会議では，こうした自治領を含めたイギリスとアメリカとの間の認識の相違が会議を紛糾させ，交渉を決裂寸前にまで追い込むことになるのである。この点に関しては，第7章で詳細に分析することにしたい。

(4)　ITO憲章アメリカ草案は，第Ⅰ章の第1条「ITOの目的」において，ITOの目的を，財の生産，交換および消費の拡大，関税およびその他貿易障壁の削減，そして国際通商におけるすべての差別待遇措置の撤廃に向けて，国内および国際的な行動をとることと規定し，その結果，世界経済の拡大，各国の高水準の雇用と実質所得の維持，世界の平和が可能になるとしている（U. S. Department of State, 1946a, p. 1）。この

ようにアメリカの理解では、自由で無差別な貿易の結果として、完全雇用の状態がもたらされることになる。単純化を恐れずにいえば、完全雇用は自由貿易を行いさえすれば必然的にもたらされるものであり、国際的には完全雇用維持のための政策は特別に必要とされないということになる。

(5) この他、会議では雇用政策に関する国際機関の役割についても検討されている。こうした国際機関の役割については、条文自体では直接明記されなかったが、ロンドン会議報告書の第II部、第I章の「雇用維持に関する国際行動」と題する項目の中で、ECOSOCが中心となって、適切な政府間機関と協力し、完全雇用と高度で安定的な有効需要の達成・維持のための国際行動をとる必要性を主張している。そしてその国際行動とは、貿易障壁の低減化に加えて、各国の信用政策や金利政策の国際的調整、第1次産品生産者の所得安定のための国際協定、国際的な公共事業の実施、国際収支赤字国への資本貸付の促進であり、これらについて早期に具体的検討を始めるよう勧告している (ECOSOC, 1946b, p. 5)。こうした国際行動についても、イギリスがロンドン会議に提出した文書「国際雇用政策」の中で国際機関による直接行動として提起していたものであった (Foreign Office, 1946f2, pp. 6-8 ; ECOSOC, 1946k, pp. 6-8. 文書の具体的検討については第3章の第2節(2)項を参照のこと)。

(6) ロンドン会議でアメリカ代表団の長を務めたウィルコクス (Wilcox, C.) 国務省国際貿易政策局局長は、アメリカにとってロンドン会議の主要目的が輸入数量制限を非合法化するルールを作ること、第2の目標が関税引下げと特恵関税幅の縮小・撤廃について合意を得ることであったとする報告書を国務長官宛に提出している (*FRUS*, 1946, I, pp. 1360-1366)。彼はまた同じ事実を自著『世界貿易憲章』においても述べている (Wilcox, 1949, pp. 41-43)。

(7) 本章で考察している経済開発問題がITO憲章の起草過程で重要な論点となっていた点に本邦で初めて注目したのは佐分晴夫氏である。佐分氏は、ITO憲章ロンドン草案について、「貿易の自由化とは全く異質な経済発展に関する諸規定が存在する……画期的なもの」(佐分晴夫, 1978, 142ページ) との評価を下されている。ロンドン草案に対するわれわれの見解は氏のそれと基本的に同じである。本項の分析目的は、時代的な制約から氏が利用できなかった原史料を利用することによってロンドン草案の経済開発条項作成の経緯について検討することである。なお氏はロンドン会議の議事録や提案に関する文書を入手できなかったことを明記されている (同氏, 146ページ)。

(8) クームズは、オーストラリア戦後再建省 (Department of Post-War Reconstruction) の長官を務め、オーストラリアの戦後貿易政策の立案に携わるとともに、1946年10月の英連邦会議を皮切りに、ロンドン、ジュネーブそしてハバナ会議に出席し、ITO憲章やGATT交渉で大きな役割を演じた。彼は、オーストラリアのケインズ派であり、完全雇用と需要拡大を重視し、アメリカ流の自由貿易政策には懐疑的であった。オーストラリアがイギリスとともに国際雇用政策の必要性を説き、ITO憲章の

雇用条項を深化・拡大させる役割を演じることができたのは彼の存在による。また，他面では，本項で論じるように経済開発問題でも主導権を発揮した。クームズを含めたオーストラリアの戦後貿易システム構築への関わりについてはCapling, 2000が詳しい。

(9) この提案は10月21日に「オーストラリア代表団による産業開発についての国際協定案に関する章」と題する文書として提出された（Capling, 2000, p. 12）。残念ながらわれわれはこの史料を持ち合わせていない。しかし，英連邦会議で示された文書には，「ITO憲章に含めるべき産業開発に関する章の草案」（Board of Trade, 1946a1, p. 1）とする但し書きが付けられていることを鑑みれば，ロンドン会議で提示されたオーストラリア文書は英連邦会議に出されたものと同じであったと推察できる。

(10) 彼の名はハートネル（Hartnell, B.）という。戦後再建省（Department of Post-War Reconstruction）に属し，英連邦会議にも出席した。

(11) 保護主義の具体的形態とは，合同委員会報告書の付録1のD条3項(b)，(c)（ロンドン草案では第IV章の第13条3項(b)，(c)）で規定されているメンバー間の交渉による通商義務からの逸脱（つまり関税の引上げや輸入数量制限の導入）である（ECOSOC, 1946l, pp. 17-18；ECOSOC, 1946b, p. 28）。またロンドン草案の第V章「通商政策一般」の第26条「国際収支擁護のための制限」でもメンバーは国内雇用，経済再建，社会政策とともに経済開発政策を遂行するために必要とされる輸入需要増大への対処から，その対外金融ポジションを擁護する目的で輸入数量制限を導入できると規定している（ECOSOC, 1946b, p. 29）。なお，合同委員会報告書の付録1は，こうした開発に伴う保護主義採用の合法性だけでなく，B条において，ITOが経済開発を行っている諸国に対してアドバイスや技術を与えるべきであると述べている（ECOSOC, 1946l, p. 15）。このB条はロンドン草案の第11条「経済開発計画」となるのである（ECOSOC, 1946b, p. 27）。オーストラリア提案はここでも生かされたのである。ところで合同委員会報告書の付録1は，A条からD条をカバーするものであったが，それがそのままの形でロンドン草案の第IV章「経済開発」を構成する第10条から13条となって具現したのである。

参考文献

[イギリス国立公文書館（The National Archives: TNA）関係]

Board of Trade (1946), "1945 Discussions in Washington between U. K., British Dominions and U. S. A. regarding Future Trade Policy," reference No. BT60/87/1：

　Board of Trade (1946a1), "Preparatory Committee on Trade and Employment: British Commonwealth Talks on Industrial Development-Note by the Australian Delegation," reference No. T.N.(P)(B.C.)(46)5, 5th October in reference No. BT60/87/1.

Board of Trade (1946a2), "Preparatory Committee on Trade and Employment: British Commonwealth Talks," reference No. T.N.(P)(B.C.)(46) 4th Meeting, 7th October in reference No. BT60/87/1.

Cabinet (1946), "Overseas Economic Policy Committee," reference No. CAB134/541 :

Cabinet(1946b1) "Preparatory Committee on Trade and Employment, First Session," reference No. O.E.P.(46)10, 23rd December in reference No. CAB134/541. The following 3 items in this Document:

Cabinet (1946b1i), "Memorandum by the President of the Board of Trade," 23rd December in reference No. O.E.P.(46)10.

Cabinet (1946b1ii), "Preparatory Committee on Trade and Employment, First Session: Summary Memorandum," 23rd December in reference No. O.E.P.(46)10.

Cabinet (1946b1iii), "Preparatory Committee for the Trade and Employment Conference: Report on the First Session held at Church House, Westminster, from 15th October to 26th November, 1946," 9th December in reference No. O.E.P.(46)10.

Cabinet (1946c1), "International Employment Policy," reference No. C.M.(46) 84th Conclusions, 3rd October in Cabinet Minutes, reference No. CAB128/6.

Cabinet (1946d1), "International Employment Policy: Memorandum by the Lord President of the Council covering a Note prepared in the Treasury, the Board of Trade and the Economic Section," reference No. C.P.(46)364, 30th September in Cabinet Memoranda, reference No. CAB129/13.

Dominions Office (1946e1), "Dominions Office and Commonwealth Office: Original Correspondence," reference No. DO35/1227. The Document titled: "Report of the Speech given at a Press Conference by Sir Stafford Cripps, President of the Board of Trade in connection with the Opening of the Preparatory Commission of the International Trade and Employment," 11th October in "Commercial Policy: Post-war International Conference on Trade and Employment Arrangement for the October Meeting," reference No. WT980/43 in reference No. DO35/1227.

Foreign Office (1946), "Preparations for the International Trade and Employment Conference to be held in London in November: Report on work of Preparatory Committee," reference No. FO371/52987 :

Foreign Office (1946f1) "Foreign Office Minute to Secretary of State, Mr. Stevens," 19th October, reference No. 371/52987/UE4951. The following 2 items in this Document :

第4章 第1回貿易雇用準備会議（ロンドン会議）の考察と ITO 憲章草案の作成

Foreign Office (1946f1i), "International Employment Policy: Note by the Treasury, Board of Trade and Economic Section," undated, in reference No. 371/52987/UE4951.

Foreign Office (1946f1ii), Letter to J. R. C. Helmore, 14th October in reference No. 371/52987/UE4951.

Foreign Office (1946f2), Committee on Overseas Economic Policy, "Preparatory Committee on Trade and Employment on Full Employment: Note by the President of the Board of Trade," reference No. O.E.P.(46)3, 29th October, reference No. FO371/52987/UE5145.（この文書にはイギリスがロンドン会議に提出した国際雇用政策に関する覚書，その草案，その注釈書が添付されている〔ロンドン会議提出文書については，ECOSOC (1946k)を参照のこと〕）

Foreign Office (1946f3), "Second Week of Trade and Employment Conference," 30th October, reference No. FO371/52987/UE5142.

Foreign Office (1946f4), Overseas Economic Policy Committee, reference No. O.E.P.(46)2, "Preparatory Committee on Trade and Employment: British Commonwealth Talks, Note by the President of the Board of Trade," 24th October, reference No. FO371/52987/UE5095.

Foreign Office (1946g1), "Trade Negotiations Committee: Report," reference No. 371/53050. The Document titled: Trade Negotiations Committee, "Indian Industrial Development and Attitude of India towards United States Proposals: Note by India Office," reference No. T.N.(46)60, 11th November, reference No. 371/53050/UE5338.

Foreign Office (1946h1), "Trade Negotiations Committee: Report," reference No. 371/53049. The Documet titled: "Summary of a Discussion with the Dutch held in the Board of Trade on 13th September, 1946," reference No. T.N.(46)43, 23rd September, reference No. FO371/53049/UE4494.

[アメリカ国務省関連文書]

The Department of State Bulletin.（文中では DSB で統一した）

Foreign Relations of the United States.（文中では FRUS で統一した）

U. S. Department of State (1946a), *Suggested Charter for an International Trade Organization of the United Nations*, Pub. 2598, September.

"Proposals for Consideration by an International Conference on Trade and Employment"（*DSB*, December 9, 1945, pp. 918-929に所収）

[GATT・ITO 関連文書]（http://www.wto.org/english/docs_e/gattdocs_e.htm よりダウンロード）

United Nations Economic and Social Council (ECOSOC) (1946a), "Multilateral Trade-Agreement Negotiations: Procedures for Giving Effect to Certain Provisions of the Proposed ITO Charter by Means of a General Agreement on Tariffs and Trade among the Members of the Preparatory Committee," 21 November, reference No. E/PC/T/C.II/58.

ECOSOC (1946b), "Report of the First Session of the Preparatory Committee of the United Nations Conference on Trade and Employment," reference No. E/PC/T/33.

ECOSOC (1946c), "Provisional Agenda," 11 October, reference No. E/PC/T/1.

ECOSOC (1946d) "Provisional Agenda-As revised at the Third Executive Session of the Preparatory Committee," 17 October, reference No. E/PC/T/4.

ECOSOC, (1946e), "Plenary Meeting: Summary record of Fifth Session held on 26 November 1946," 27 November, reference No. E/PC/T/31,

ECOSOC (1946f), "Resolution regarding the Negotiation of a Multilateral Trade Agreement embodying Tariff Concessions," 23 November, reference No. E/PC/T/27.

ECOSOC (1946g), *Journal of the Preparatory Committee of the International Conference on Trade and Employment*, No. 2, Wednesday, 16 Ocotber, reference No. ECOSOC JOURNAL 1946-02.

ECOSOC (1946h), "Draft Report of Committee Ⅰ," 9 November, reference No. E/PC/T/C.Ⅰ/14.

ECOSOC (1946i), "Summary record of third meeting of Committee Ⅰ held on 7 November, 1946," 10 November, reference No. E/PC/T/C.Ⅰ/15.

ECOSOC (1946j), "Verbatim Report of the Fourth Meeting of Committee Ⅰ held on 14 November," undated, reference No. E/PC/T/C.Ⅰ/PV4.

ECOSOC (1946k), "International Employment Policy: Memorandum by the United Kingdom Delegation," 26 October, reference No. E/PC/T/C.Ⅰ/T.6.（この文書は，イギリス国立公文書館〔TNA〕に対外経済政策委員会〔OEP〕関連資料として保管されている。Foreign Office〔1946f2〕を参照のこと）

ECOSOC (1946l), "Report of Joint Committee on Industrial Development," 23 November, reference No. E/PC/T/23.

ECOSOC (1946m), "Verbatim Report of the Fourth Meeting of Joint Committee on Industrial Development held on 18th November, 1946," undated, reference No. E/PC/T/C.Ⅰ&Ⅱ/PV/4.

ECOSOC (1946n), "Verbatim Report of the Seventh Meeting of the Drafting Sub-Committee of Committee Ⅰ&Ⅱ held on 16th November, 1946," undated, reference No.E/PC/T/C.Ⅰ&Ⅱ/D/PV/7.

ECOSOC (1946o), "Plenary Meeting: Summary record of Sixth Session held on 26th November 1946," 27 November, reference No. E/PC/T/32.

第4章 第1回貿易雇用準備会議（ロンドン会議）の考察とITO憲章草案の作成

[欧文文献]

Aaronson, S. A. (1996), *Trade and the American Dream: A Social History of Postwar Trade Policy*, The University Press of Kentucky.

Aaronson, S. A. (1999), "Review of Thomas W. Zeiler, Free Trade Free World: The Advent of GATT." (http//eh.net/book よりダウンロード)

Brown, W. A., Jr. (1950), *The United States and the Restoration of World Trade: An Analysis and Appraisal of the ITO Charter and the General Agreement on Tariffs and Trade*, Brookings Institution.

Capling, A. (2000), "The 'Enfant Terrible' : Australia and the reconstruction of the multilateral trade system, 1946-8," *Australian Economic History Review*, Vol. 40, No.1.

Gardner, R. N. (1980: new, expanded edition with revised introduction; the first in 1956), *Sterling-Dollar Diplomacy in Current Perspective: The Origins and Prospects of Our International Economic Order*, Columbia University Press. [村野 孝・加瀬正一訳 (1973)『国際通貨体制成立史——英米の抗争と協力』（上・下）東洋経済新報社]

Howson, S. & Moggridge, D. (eds.) (1990), *The Collected Papers of James Meade, Vol. IV: The Cabinet Office Diary 1944-46*, Unwin Hyman.

Hart, M. (1995: Edited and with Intoroduction), *Also Present at the Creation: Dana Wilgress and the United Nations Conference on Trade and Employment at Havana*, Centre for Trade Policy and Law.

Irwin, D. A., Mavroidis, P. C. & Sykes, A. O. (2008), *The Genesis of the GATT*, Cambridge University Press.

Josling, T., Trachtman, J. P. & Low, P. (2009), Book Symposium: *The Genesis of the GATT* by Irwin, D. A., Mavroids, P. C. & Sykes, A. O., *World Trade Review*, Vol. 8, No. 2, April.

Kelly, S. (2002), "A 'one-world' economy vs, 'the new British empire': British responses to the GATT Agreement, 1945-1955," (oral presentation to 16th Annual Conference of the Cotemporary British History, 8th July, Senate House, University of London)

Miller, J. N. (2000), "Origins of the GATT: British Resistance to American Multilateralism," Working Paper No. 318 of Jerome Levy Economics Institute at Bard College.

Miller, J. N. (2003a), "Four Myth : The World Trading System," *The Bard Journal of Global Affairs*, Vol. 3.

Miller, J. N. (2003b), "Wartime Origins of Multilateralism, 1939-1945: The Impact of Anglo-American Trade Policy Negotiations," unpublished Ph.D. dissertation,

University of Cambridge.
McKenzie, F. (2002), *Redefining the Bonds of Commonwealth, 1939-1947: The Politics of Preference*, Palgrave Macmillan.
Toye, R. (2003a), "The Attlee Government, the Imperial Preference System and the Creation of the Gatt," *The English Historical Review*, cxviii. 478.
Toye, R.(2003b), "Developing Multilateralism: The Havana Charter and the Fight for the International Trade Organization, 1947-48," *The International History Review*, xxv: 2.
Toye, R. & Miller, J. N. (2002), "Personality, Ideology, and Interest in the Origins of the Modern World Trading System: The Case of Stafford Cripps and Will Clayton," (Paper presented to the Historical Society Annual Conference—"Historical Reconstruction," Atranta, Georgia.
Wilcox, C. (1949), *A Charter for World Trade*, Macmillan.
Zeiler, T. W. (1999), *Free Trade Free World: The Advent of GATT*, Chapel Hill and London: The University of North Carolina Press.

[邦文文献]
鹿野忠生（2004）『アメリカによる現代世界経済秩序の形成——貿易政策と実業界の歴史学的総合研究』南窓社。
小林友彦（2009）「Douglas A. Irwin, Petros C. Marvoidis and Alan O. Sykes, The Genesis of the GATT」（文献紹介）『日本国際経済法学年報』第18号。
前田啓一（2001）『戦後再建期のイギリス貿易』御茶の水書房。
牧野　裕（1993）『冷戦の起源とアメリカの覇権』御茶の水書房。
益田　実（1997）「アトリー労働党政権と西ヨーロッパ経済協力問題，1945年～1949年(1)」『（三重大学）法経論叢』第15巻第1号。
益田　実（2008）『戦後イギリス外交と対ヨーロッパ政策——「世界大国」の将来と地域統合の進展，1945～1957年』ミネルヴァ書房。
佐分晴夫（1978）「国際貿易機構憲章と『発展途上国』」『国際法外交雑誌』第77巻第2号。
山口育人（2004a）『アトリー労働党政権の対外政策——1945-1951年』京都大学大学院文学研究科博士論文ライブラリー。
山口育人（2004b）「英米借款協定再考——イギリスの戦後世界経済構想と労働党政権の選択」『二十世紀研究』第5号。
山本和人（1985）「1930年代のアメリカ貿易政策(1)——非関税障壁問題を中心として」『（福岡大学）商学論叢』第29巻第4号。
山本和人（1999）『戦後世界貿易秩序の形成——英米の協調と角逐』ミネルヴァ書房。
油井大三郎（1985）『戦後世界秩序の形成——アメリカ資本主義と東地中海地域 1944-1947』東京大学出版会。

第5章
第1回貿易雇用準備会議（ロンドン会議）と
GATT草案の作成
—— ファースト・トラックに関する協議 ——

　史上初の多国間貿易交渉，ロンドン会議は，既に述べたように2つの意義を持っていると理解している。ひとつはわれわれが前著で「広義の貿易政策」と呼んだところのITO憲章案の基本的構成が確定したこと，もうひとつは「狭義の貿易政策」である多国間通商協定案の作成と多国間関税引下げ交渉に向けて本格的な手続き段階に入ったことである。すでに第1点目については，第4章で検討した。本章の課題は，第2点目の分析である。本章はGATT原案からGATT第1草稿の誕生そして第2草稿の作成までを跡付ける。それはロンドン会議を越えて1947年1月から2月に開催されたニューヨーク起草委員会会議の分析を射程に入れることになる。GATT第1草稿，そして第2草稿の特徴とは如何なるものか。紆余曲折の末，生み出されるGATT条文とその施行手続きに関する具体的検討を行おうとするものである。

第1節　GATT原案（レディ案）の提出とその検討
—— ファースト・トラックに関する協議 ——

（1）　ロンドン会議における関税引下げ交渉の位置付け
　①ITO憲章アメリカ草案第Ⅳ章「通商政策一般」の考察
　第4章で論じたように，ロンドン会議で，『国際貿易機構憲章草案』いわゆるITO憲章アメリカ草案（U.S. Department of State, 1946a）は，第Ⅲ章「雇用」の内容の拡大・深化や第Ⅳ章「経済開発」の追加に見られるように中核国諸国によってかなりの修正を受け，アメリカの目指す自由・無差別主義に基づく貿易体制は，その思惑通りにストレートな形で達成できるものでないことが明確となった。しかし，アメリカにとってITO憲章草案の核心部分は第Ⅳ章「通商政策一般」

125

にあり，それはセクションA．「通商規定一般」からセクションJ．「適用地域」まで10項目のもと，第8条から第33条までをカバーするものであった（*Ibid*., pp. 3-25）。Ⅶ章79条からなるITO憲章アメリカ草案の実に3分の1が第Ⅳ章に費やされていたのである。そしてアメリカはこの第Ⅳ章に自らの目指す戦後世界貿易システムの原則を置いていた。とくに第8条「一般的最恵国待遇」，第9条「内国の課税および規制に関する内国民待遇」，第18条「関税の引下げと特恵関税の撤廃」，第19条「数量制限の一般的廃止」は，その中心といえるものであった（*Ibid*., pp. 3-4, pp. 11-13）。

ロンドン会議において，この第Ⅳ章を担当した「国際貿易に影響を与える規制，制限，差別に関する委員会」すなわち第Ⅱ委員会の作業は，本会議の開催数，組織された下部委員会の数，報告書類などをとって見ても，他の委員会のそれらを圧倒するものであったことがわかる（ECOSOC, 1946c）。第Ⅱ委員会のもとには各種の下部委員会が組織され，それぞれの項目についてかなりの議論が戦わされた。無論，第Ⅱ委員会の作業はその他の委員会のそれと関連性を持つものであり，例えば，経済開発問題は，第Ⅰ委員会と合同で検討されたことは第4章の第2節(2)項で考察したとおりであり，とくに関税，特恵そして数量制限の問題を扱う場合がそうであった。また第1次産品に対する補助金問題は「政府間商品協定に関する委員会」（第Ⅳ委員会）と協同で考察された。

こうした議論の末，「通商政策一般——制限，規制，差別」と題する第Ⅱ委員会報告書が纏められたのである（ECOSOC, 1946d）。ところで第Ⅱ委員会報告書は，3つの報告書を収録している。第1報告においては，下部委員会を含めて委員会の組織や構図とその担当問題を示すことで，委員会全体の活動を鳥瞰している（*Ibid*., Part. I）。第2報告では，各下部委員会が検討した担当問題についての討論の経緯とその結果を示し，そうした結果をITO憲章ロンドン草案の第Ⅴ章「通商政策一般」に帰結する条文草案として纏め上げている（*Ibid*., Part. IIおよびAppendix）。そして第3報告では付属文書という形で，「多国間通商協定交渉——準備委員会のメンバーの間で関税および貿易に関する一般協定という手段を通じてITO憲章案の諸規定を実施するための手続き」と題する文書を掲載している（*Ibid*., Annexure）。そしてこの文書において，初めてGATTの条文草案が公式に提示されている（*Ibid*., pp. 18-20）。GATT誕生を跡付ける作業を行うに

第5章 第1回貿易雇用準備会議（ロンドン会議）とGATT草案の作成

当たって，この文書の意義は大きいと考える。したがってわれわれは，GATT条文草案がロンドン会議においてどのような過程を経て生み出されていくのかについて考察する必要がある。

②手続きに関する下部委員会の形成

われわれがここで注目すべきは，第II委員会のもとに形成されたひとつの下部委員会についてである。すでに前項において指摘したようにITO憲章アメリカ草案の第IV章を検討するために，第II委員会にはセクションA.「通商規定一般」からセクションJ.「適用地域」までの10項目をそれぞれ詳細に審議，検討し，報告書を作成する義務を負った5つの下部委員会が組織された（注(2)を参照のこと）。そのうちのひとつに「手続きに関する下部委員会（Sub-Committee on Procedure）」があった。

手続きに関する下部委員会は，アメリカ，イギリス，カナダ，チリ，キューバ，フランス，インドそしてブラジルの代表から成り，オランダの団長が議長を務めた。委員会の当初の目的は，ITO憲章アメリカ草案の第18条に規定された関税の引下げと特恵関税の撤廃について具体的な交渉手続きを考案することであったが，計15回の会議を開催し（ECOSOC, 1946d, Part. I, p. 3），第II委員会向けの報告書を作成した。報告書の名称は「多国間通商協定交渉——準備委員会のメンバーの間で関税および貿易に関する一般協定という手段を通じてITO憲章案の諸規定を実施するための手続き」（ECOSOC, 1946a）という。その名称はすでに示した第II委員会報告書の第3報告と同じであり，手続きに関する下部委員会が作成した報告書が第II委員会報告書の下敷きとなったことがわかる。

ところで，ラポーター（Rapporteur：報告担当委員）としてこの報告書の作成に責任を負ったのがアメリカのレディ（Leddy, J. M.）であった。彼は，11月2日に開かれた第4回目の手続きに関する下部委員会の会議でラポーターに選出された（ECOSOC, 1946e, p. 1）。彼が手続きに関する下部委員会から求められたことは大きく分けて2つあった。ひとつは，1947年春に行われることになっている関税交渉（いわゆるジュネーブ会議）に適用される手続きを示した報告書を準備することであり，もうひとつは，ITO憲章アメリカ草案の第IV章のいくつかの条文，すなわち最恵国待遇について規定した第8条，関税の引下げと特恵の縮小・撤廃を扱った第18条，緊急措置に関する第29条，通商規定の無効化や侵害に関する協

議を扱った第30条そして通商規定の適用地域を定めた第33条を検討し，もし必要なら修正を加えることであった（ECOSOC, 1946f, p. 2）。

　こうした要求に応えて，レディは2つの報告書を纏め上げたのである。そのひとつはすでに示した「多国間通商協定交渉——準備委員会のメンバーの間で関税および貿易に関する一般協定という手段を通じてITO憲章案の諸規定を実施するための手続き」（ECOSOC, 1946a）であり，もうひとつは上記条項の修正案と修正理由を示した「手続きに関する下部委員会のラポーターによる草案」（ECOSOC, 1946g）と題する報告案であった。これらの報告書，とくに前者の内容に関しては次項で詳論することにして，ここでは手続きに関する下部委員会のラポーターにレディなる人物が就いたことの意義について考えることにしよう。彼をラポーターに推薦したのはアメリカの代表団長代理（Alternate Head）のホーキンズ（Hawkins, H.）であった（ECOSOC, 1946e, p. 1）。ホーキンズは，1930年代は互恵通商協定締結に当たって国務省長官ハル（Hull, C.）の右腕として働き（Zeiler, 1999, p. 17），第2次大戦中，その初期においては戦時米英貿易交渉において，そして中期以降は戦後貿易システム形成を巡る米英討論においてアメリカ側の先頭に立って活躍し，戦後においては駐英大使館付の経済顧問として1945年米英金融・通商協定からロンドン会議で中心的役割を演じた（山本和人, 1999および本書の第2，第3章を参照のこと）。いわば，ホーキンズは両大戦間期から戦後初期にかけてアメリカ側の貿易政策と戦後貿易システムの構築に関わった中心人物であったといえる。

　レディは自らの経歴と戦後貿易システム構築への関与について，インタビューを受けており，その記録がトルーマン・ライブラリー（Truman Library）に保管されている（Truman Library, 1973a）。われわれはそのインタビュー記録に依拠しつつ，彼を中心としたアメリカ国務省のスタッフが如何に戦後貿易システムの構築，とりわけGATT草案の作成に関わるようになったのかを明らかにしておこう。

　レディはホーキンズより20歳ほど若く，ホーキンズが長を務めていた国務省の通商協定部（Trade Agreements Division）に1941年に入省し，ホーキンズを補佐する役を担うようになった。事実，レディは戦後貿易計画の最初からホーキンズのアシスタントとして，対英交渉に携わっていたと証言している（*Ibid.*, [16]；

第5章　第1回貿易雇用準備会議(ロンドン会議)とGATT草案の作成

[　]内の数字は，テープレコーダーに記録されたインタビューの内容を最初にハードコピーした際，付けられたページ番号を表わす）。彼は自らのことを本格的な経済学の専門家というよりは，法律，外交そして経済学をミックスしたものを持っていたと述べ，それが国務省流の経済に対する考え方であったとしている (*Ibid.*,[5])。そして自らを「職人的技能(craftsmanship)」の持ち主であると称している。こうしたことから，すでにわれわれが明らかにしてきたように戦後世界経済システム，とくに貿易システムの構築に当たってケインズやミードという世界的に名声を博していた経済学者をそのメンバーに擁し，斬新的，画期的な案を提出していたイギリスの交渉チームとは明らかに異なっていたといえよう。彼は対英交渉が1942年頃から始まったとしているが，それはまさに相互援助協定第7条が締結された頃ということになろう。彼はイギリスを始めとして，カナダやオーストラリアとも交渉を行ったと述べているが，ケインズ，ミードそしてロビンズ(Robbins, L.)を含むイギリス代表団に接し，「この世界で得ることができる最もすばらしいチーム」(*Ibid.*, [33])であると賞賛している。レディは戦後貿易の枠組みについてイギリスと長期にわたる討論を行い，その中から1945年の『国際貿易機構設立に関する提案』(原則声明案：山本和人，1999，第9章参照)やITO憲章アメリカ草案が生み出され，ロンドン会議に繋がったと証言している(Truman Library, 1973a, [33])。レディはそうした討論から多くのことを学んだのである。事実，彼が1945年米英金融・通商協定を巡る交渉で，通商政策委員会の書記官を務めたことについては第2章の第2節(1)項で指摘した。

　それまで，すなわち1943年9〜10月のワシントン会議までのアメリカ貿易政策(互恵通商協定締結運動)は2国間方式であり，多国間方式ではなかった。国際機関の創設や国際ルールの必要性に関しては構想されていなかった。レディによれば，アメリカは1942年に入っても2国間交渉方式に基づいた通商協定締結運動をラテン・アメリカ諸国に対して進めており(われわれの分析結果からすれば，自治領諸国との補足通商協定も含めるべきである〔山本和人，1999，第6章の第2節参照〕)，戦後に向けての具体的な貿易政策案についてはまだ組織的な考察が進んでいなかった(Truman Library, 1973a, [12]〜[15])。もっとも，その準備の必要性については認識されていたのであり，レディによれば，イギリスとの協議や交渉がその重要な部分を占めていた(*Ibid.*, [16])。一方，アメリカの交渉相手国であ

るイギリスでは,すでにこの時期にミードを中心として多国間方式に基づく『国際通商同盟案』を完成させていた(山本和人,1999,第7章)。繰り返し述べるが,戦後貿易システムの最大の特徴を普遍的国際ルールと国際機関の存在に求める見解をとるなら,国際通商同盟案こそ戦後貿易システムの起源といえるものである。国際通商同盟案は戦後貿易システムの原則である多国間主義(Multilateralism)[5]とそのルールを提供していたからである。

しかし,我が国においてはこうした見解をとる論者は管見する限り存在しない。パクス・アメリカーナの世界経済の枠組み,つまりIMF・GATT体制について,前者のIMFの起源をホワイトvs.ケインズ論争とホワイト案の勝利に求める見解は一般化されているように思えるが,後者のGATTに関してはアメリカ互恵通商協定法をその起源と主張する論者が最近経済史家の間で見受けられるだけである(鹿野忠生,2004;三瓶弘喜,2002)。しかし,そこには戦後貿易システムの形成に関して,米英間で繰り広げられた大戦中から戦後過渡期にかけての貿易政策論争と具体的なシステムの構築過程に関する分析が完全に抜け落ちている。第4章の第1節(1)項でも指摘したように欧米の研究でも1980年代までは国際金融システムの形成のほうに重点が置かれ,国際貿易システムの形成に関する体系的研究は空白のまま残されてきた。それでもITOやGATTの形成に果たした『国際通商同盟案』の意義はペンローズ(Penrose, E. F.)やガードナー(Gardner, R. N.)によって断片的にではあるが指摘されていた(Penrose, 1953, pp. 89-90;Gardner, 1980〔first edition in 1956〕, p. 103:邦訳239ページ)。

国際通商同盟案の内容とそれが戦後貿易システム形成に果たした意義について本格的な分析を行ったのは1987年のカルバート(Culbert, J.)であった。彼はイギリス国立公文書館(TNA)の未公開文書に依拠しつつ,そこに収められた国際通商同盟案の原文を自身の論文に付録として掲載した(Culbert, 1987)。それ以後,国際通商同盟案の存在は戦後国際経済システム形成を対象とした文献には必ずといっていいほど登場するようになっている。ジラー(Zeiler, T. W.)は「ITO憲章の原案(Original Blueprint)」(Zeiler, 1999, p. 145)と表現し,イギリスがアイデアを提供し,1943年以降,アメリカがそれをもとに貿易システム構築にイニシアティブを握ったとしている。また同じような記述はハウ(Howe, A. C.)にも見られる。彼も国際通商同盟案をITOの起源と捉えるとともに,アメリカ

第5章　第1回貿易雇用準備会議（ロンドン会議）とGATT草案の作成

がそれを発展させたという見解をとっている（Howe, 2003：邦訳17ページ）。こうした彼らの見解はわれわれが英米の公文書，とりわけイギリスの未公刊文書の分析から導き出した結論（山本和人，1999，第6章～9章）とほぼ一致するものである。とくにミラー（Miller, J. N.）は2003年の学位論文において，多国間主義の起源をミードの国際通商同盟案に求めるとともに，それがイギリスの戦後貿易システム案として彫琢されていく過程，そしてワシントン会議においてアメリカに受入れられる経緯について，われわれと同様にイギリス国立公文書館（TNA）の未公刊史料を拠り処にして詳細に論じている（Miller, 2003, pp. 168-216）。さらにわれわれの分析とまったく同様にワシントン会議以降，戦後貿易システムの構築に対してアメリカが主導権を握っていくプロセスについても具体的に明らかにし，この段階についてマルチラテラルと題する一章（具体的には第5章）を設けて論じている（Ibid., pp. 217-284）。以上のように国際貿易システム形成に関する体系的研究は欧米においてここ10数年間でかなりの深化をと拡がりを見せているといえよう。そしてこれらの研究は，第4章で述べたように，アーウィン（Irwin, D. A.），マブロイディス（Mavroidis, P. C.），サイクス（Sykes, A. O.）による直近の著書『GATTの起源』（Irwin, Mavroidis & Sykes, 2008）に繋がった。また最後になるがミード全集（Howson, S. (eds.)）を編纂したホーソン（Howson, S.）が，ミードの生涯とその業績について概説した『エコノミック・ジャーナル』誌掲載の論文において，彼をGATT創設の父（founding father）と評している（Howson, 2000, p. 122）ことを付言しておこう。

　以上，話が，戦後貿易システムの構築を巡る議論に拡がった感があるが，再びレディと彼のグループがこうしたミードのオリジナルな考えを如何に吸収し，それをもとにアメリカ流の多国間主義をどのように構築しようと努めたかについてレディの証言をもとに考察することにしよう。

　彼によれば，多国間協定を成立させるに当たって，重要な問題は関税をどう扱うかにあった。周知のようにアメリカ互恵通商協定法のもとでは，その引下げは2国間での選択的で品目ごとの交渉を行うものとされていた。しかし，アメリカが嫌悪する輸入数量制限に代表される非関税障壁の撤廃を各国に求めるにはすべての加盟国が参加する多国間協定を結ぶ必要がある（レディはここでは証言していないが，特恵関税の撤廃も同様であろう）。関税引下げ交渉を2国間で行い，その

他の貿易障壁の撤廃を多国間協定に基づいて行うことが果たして可能なのか。多数国が参加する交渉において、互いに2国間、品目別の関税引下げ交渉を行うことは非常に長期にわたる交渉が必要となる。イギリスはこうしたアメリカ方式に異を唱えた。

　レディを中心とする国務省の面々（国務省のトップを除くホーキンズ，ウィルコクス〔Wilcox, C.〕など）は、イギリスが主張するように、関税の一括引下げ方式の採用を通じた多国間協定締結の必要性をイギリスとの討論から学んだのである（Truman Library, 1973a, [35]～[37]）。こうしたレディの証言は、われわれがすでに行った分析を裏打ちするものである（山本和人，1999, 第8章～9章）。

　しかし、レディなどの対英交渉者の願いも空しく、国務長官を中心とする国務省のトップは議会への配慮から1945年の互恵通商協定法更新に際して、従来通りの2国間、品目別引下げ方式を継続することを決定し、イギリスやカナダに伝えたのである。これに対して、例えば、カナダはその決定が大失敗といえるものであり、関税引下げを2国間ベースで行うなら、有効な協定締結の好機が失われてしまうと批判した（*Ibid.*, [39]～[40]）。実際、40～50カ国が参加する国際貿易機構の会議において短期間に互いに2国間同士で交渉を行うことなど無理な話であった。そこでレディによれば、アメリカに対してカナダが中核国アプローチ（Nuclear Approach）なる方式を提案した。つまり、ITOの設立の前に、少数の貿易大国（それは7～8カ国）の間で2国間方式による関税引下げを実施すること（多角的2国間方式）を提案したのである。これがいわゆるツー・トラック・アプローチと呼ぶところの方式である（初期のツー・トラック・アプローチについては、第1章の第3節および山本和人，1999, 329ページを参照のこと）。アメリカはこの考えを受入れた。レディによれば、これがGATTの概念の基盤をつくった。要するにGATTの直接的起源である。つまり、その直接的起源は第1章でも述べたように、戦時貿易交渉の最終局面にあったということになろう。こうしてイギリスの国際通商同盟案に端を発した戦後の貿易秩序形成を巡る構想は、ここにおいて、具体的、実体的な姿をとるようになったのである。

（2）　GATT原案（レディ案）の作成：ロンドン会議GATT草案の特徴
　①手続きに関する下部委員会報告書の内容

第5章　第1回貿易雇用準備会議（ロンドン会議）とGATT草案の作成

(1)項で何度か触れたように，手続きに関する下部委員会のラポーターに任命されたレディは2つの報告書を作成した（ECOSOC, 1946a；ECOSOC, 1946g）。われわれの問題意識からとくに重要なのは「多国間通商協定交渉——準備委員会のメンバーの間で関税と貿易に関する一般協定という手段を通じてITO憲章の諸規定を実施するための手続き（Multilateral Trade-Agreement Negotiations : Procedures for Giving Effect to Certain Provisions of the Proposed ITO Charter by Means of a General Agreement on Tariffs and Trade among the Member of the Preparatory Committee)」（ECOSOC, 1946a）である。レディのこの原案（以下，レディ案に統一）は，第Ⅱ委員会報告の第3報告となり（ECOSOC, 1946d, Annexture），そして最終的にはロンドン会議報告書（正式名称『第1回国連貿易雇用会議準備委員会報告書』）に付属文書10としてレディ案と同じタイトルで所収されることになった（ECOSOC, 1946b, pp. 48-52）。

　本項では報告書の概要を考察することによって，多国間通商協定の内容とその実態を明らかにしておこう。レディ案とロンドン会議報告書に所収された付属文書10の構成はほぼ同じである。したがってわれわれは以下，レディ案の内容を考察することによって，ロンドン会議におけるファースト・トラックに対する準備委員会（中核国グループ）の合意内容を示すことができる。

　レディ案は10項目（ロンドン会議報告書の付属文書10ではA～Kの11項目に修正）から成っているが，それらは3つの範疇に分割することができる(7)。第1範疇は，交渉の目的とそのルールについて述べている（ECOSOC, 1946a, pp. 2-11）。第2範疇はそうした交渉の結果をどのように処理し，ITO憲章に繋げていくのかについて規定している（Ibid., pp. 11-18）。そして第3範疇は，GATT草案の概略を提示している（Ibid., pp. 19-21）。なお，注(7)から，ロンドン会議報告書の付属文書10に準拠すれば，第1範疇はセクションAからFまで，第2範疇はセクションGからJまで，第3範疇はセクションKをカバーすることになる。

　第1の範疇において，まず，1947年4月8日からジュネーブにおいて関税と特恵に関する交渉を開始すること，そうした交渉は，2国間の品目別交渉に基づいて実施し，ITO憲章アメリカ草案の第18条（ロンドン草案では第24条）に盛り込まれた関税の大幅引下げと特恵関税の撤廃という究極目標を達成する方向で行われること，特恵関税に関する交渉に際して，これまでの国際公約はその交渉を妨

げるものであってはならないこと，最恵国関税率の引下げを通じて特恵関税幅の縮小や撤廃を実施すること（これが「自動化規定〔Automatic Rule〕」と呼ばれる方式である）が述べられている。すなわち，ジュネーブ交渉の目的とその交渉に当たっての一般ルールについて言及されるのである。次に一般ルールに付随するいくつかの詳細なルールが明確にされている。それらは，特恵関税幅を縮小・撤廃する際の基準年を設定する必要性，交渉開始前に新たな関税方式を導入することの禁止，主要供給国方式の修正，関税譲許表の作成とその譲許のすべての参加国への均霑（レディは「関税譲許表の多国間形態〔the multilateral form of the tariff schedules〕」〔ECOSOC, 1946a, p. 7〕と呼んでいる），そして実際の関税引下げ交渉手続きの順序についてである。最後の交渉手続きは，関税譲許要求に始まる4段階の交渉プロセスを明確化している。

ところで第1範疇におけるジュネーブ会議の目的と一般ルールについてはすでにレディ案以前にも言及されてきた。われわれが第2章の第2節(1)項②で分析したように，2国間方式に基づく関税と特恵幅の漸次的引下げ・縮小方式はすでに米英金融・通商協定において米英2国間ではあるが，合意を見ていた問題である。ここで注目すべきは，そうした2国間方式を補完する詳細なルールのほうであろう。とりわけ主要供給国方式の修正と交渉に先立つ新関税方式導入の禁止は，戦前の貿易交渉と戦後のそれを分かつ重要な規定であると考える。

主要供給国方式は，アメリカ互恵通商協定法に内包されたものであり，アメリカが2国間通商協定を締結するに当たって，その結果生まれる関税引下げの利益が第三国に無条件に均霑することを防ぐために，交渉相手国をアメリカにとって当該品目の最大の供給（輸入）先に限定するという方式である。1930年代を通じてアメリカ貿易政策の2国間主義と保護主義の継続性を示す重要な根拠とわれわれは位置付けている（山本和人，1985，962～965ページ）。レディ案においては，この主要供給方式に依拠しつつも，「あるメンバー国に対するある品目の総輸入の主要部分が準備委員会のその他のメンバー全体（つまり，中核国グループ全体）によって供給されている場合，その品目を交渉の対象に含めるべきである」（ECOSOC, 1946a, p. 6：カッコ内は筆者）と修正された。換言すれば，ある準備委員会メンバーの輸入品のうち委員会構成国全体からの当該輸入品が主要部分を占める場合，その品目は交渉の対象とされることになったのである。たとえ，準備

第5章　第1回貿易雇用準備会議（ロンドン会議）とGATT草案の作成

委員会の一メンバーが当該輸入品の主要部分を供給していないにしても，準備委員会構成国全体が主要供給源となっていればその品目は交渉に含まれることになったのである。われわれはこの主要供給国原則の修正に注目したい。これによって交渉対象品目が増えるだけでなく，準備委員会加盟国（中核国グループ間）の間ではあるが，無差別主義原則が貫徹されるようになるからである。事実，後述するニューヨーク会議において，ある交渉対象品目について準備委員会メンバーの2ヵ国以上が関心を示した場合，当該関連諸国間で会議をアレンジすることが明確にされたのである（ECOSOC, 1947q, p. 10）。こうした規定を通じて明らかに戦前の貿易政策（アメリカのそれを含めて）と戦後のそれとは質的に異なったものとなるのである。

　次に交渉に先立って新たな関税方式を導入してはならないことが規定されていること（ECOSOC, 1946a, p. 5）も戦前の貿易政策と際立った違いを表すものである。戦前，各国，とりわけアメリカは2国間通商交渉に際して，関税表を再分類化することによって，協定の利益が第三国に及ぶのを回避しようとした。以前われわれが分析したように，1938年の英米通商協定を含む18の通商協定においてアメリカは計979品目について何らかの関税引下げを行ったが，そのうち約41％に及ぶ398品目については新たに関税表を分類し直すことによって第三国を排除したのである（山本和人，1999，89ページの表3-17を参照のこと）。第三国に対する意図的な差別がここで行われたのである。しかし，レディ案はこうした関税方式の変更を禁止した。こうした規定も1930年代貿易政策との断絶を示す重要な指標であると考えられる。しかるに，互恵通商協定法成立以後の1930年代アメリカ貿易政策を自由貿易政策への転換と捉え，それをGATTシステムの原型と位置付ける論者たちは，主要供給国方式や関税再分類化方式についてはなぜか何も語っていない（鹿野忠生，2004；三瓶弘喜，2002）。1930年代のアメリカ貿易政策に内包されたこのような巧妙なトリックに注目してこそ，この段階の世界経済構造に規定されたアメリカ貿易政策の本質を理解できるのである。

　これまでの考察から明らかなように，アメリカが多国間主義，無差別主義を明確に打ち出し，それらを戦後貿易政策の基軸に据えた貿易システムの設計を開始するのは戦中（1943年のワシントン会議以降）であり，多国間主義，無差別主義への転換も，こうした中で行われていったのである。その具体的表れとしてレディ

案における主要供給国原則の修正や新関税方式導入の禁止を捉えるべきであろう。

さて、第2範疇について、レディ案は交渉の結果をどのように纏め、それをITO憲章に繋げていくのかについて次のような形で明確にしている。すなわち、交渉の結果としての関税譲許表は準備委員会のメンバー間でひとつの協定として成立させる。そしてその協定には、こうした関税譲許を保護するためにITO憲章アメリカ草案の第Ⅳ章「通商政策一般」（ロンドン草案では第Ⅴ章）に含まれる幾つかの規定を含める。それらの規定とは、最恵国待遇（第8条）、内国民待遇（第9条）、数量制限（第19条～22条）、為替管理（第23, 24条）、国営貿易（第26条）、緊急輸入制限（第29条）、無効化と侵害に関する協議（第30条）などである（ECOSOC, 1946a, p. 13）。この協定を「関税と貿易に関する一般協定（GATT）」と呼ぶ。なお、レディは、協定をGATTと命名したのは彼自身であったと証言している（Truman Library, 1973a, [54]）。同様の証言は、ジュネーブ会議に向けて関税譲許リストの作成や実際の関税交渉に従事した国務省通商政策局局長のブラウン（Brown, W. G.）も行っている（Truman Library, 1973c, [43]～[44]）。レディが中心となってGATTの規定を考案し、一方でブラウンが長となって関税譲許表を作成、それをもとに実際の関税交渉を行うという分業関係がロンドン会議以降、アメリカの交渉チームの間で出来上がっていたという（Truman Library, 1973a, [49]）。レディが準備したGATT原案の具体的内容については次項で検討することにする。

ところで準備委員会のメンバー（中核国グループ）は関税交渉が終了した時点でGATTに調印し、調印後できるだけ早くそれを発効させる必要性が指摘されている。重要なことは、GATTが単なる協定ではなく、その運営を監視するために、ITO成立までをカバーする「暫定的国際機関（Provisional International Agency）」（ECOSOC, 1946a, p. 14）の創出を必要としているとレディ案が述べている点にある。こうして多国間通商協定が国際機関としての性格を帯びるようになる。そして実際、ITO憲章の流産の後、GATTが単なる協定ではなく、曖昧ではあるが、国際機関としての性格を有するようになるのは、こうしたレディ案の規定を起源とするものである。第2範疇の最後の規定は、ITO設立後、GATT加盟国は暫定関税委員会（Interim Tariff Committee）の構成メンバーとなり、そのメンバーではないITO加盟各国と関税引下げ交渉に入る。当該ITO

第5章　第1回貿易雇用準備会議（ロンドン会議）とGATT草案の作成

加盟国が暫定関税委員会のメンバーたる資格を得られるほど十分な合意がその交渉で達成されれば，暫定関税委員会への加入が認められる。こうして徐々にITO加盟国に関税引下げ交渉を拡げていくプロセスが明らかにされている。

以上，第1および第2範疇において，レディ案は多国間貿易交渉の目的とそのルール，そしてその結果をITO憲章にどう繋げていくかを明らかにしたのである。強調すべきは，この段階において，GATTとITOとの関係が明瞭に示されていることである，しかし両者の関係は，次第に曖昧にされていく。この過程については，ツー・トラック・アプローチ戦略の変質として，第8章で分析することにする。さて，レディ案では以下で述べる第3範疇において，GATT条文が示されるのである。

②ロンドン会議GATT草案——GATT原案（レディ案）とGATT第1草稿の作成

レディ案の第3範疇，すなわちセクションK.「関税と貿易に関する一般協定の暫定的で不完全な草案のアウトライン」では，第1，第2範疇での説明に基づいて，GATT条文が具体的に提示されている。これはレディによる最初の公式なGATT条文である。もっとも，それは「関税と貿易に関する一般協定の暫定的で不完全な草案のアウトライン」とレディ自身が名付けているように，協定の概要を7つの条文に簡潔に纏めたものにすぎない。ロンドン会議段階でのGATT条文はまだ草稿段階といってよく，それに肉付けがなされるには，次に考察するニューヨーク会議を待たなければならない。その意味でロンドン会議段階のGATT草案をGATT第1草稿と呼ぶべきであろう。ここでロンドン会議時点でのGATT草案の内容を示しておくことは，GATT成立の経緯を考察する上で重要な作業となるであろう。われわれはまず，レディが手続きに関する下部委員会に提出したGATT原案の内容を紹介した後，それがロンドン会議報告書でどのように修正されたかについて考察することにしよう。

GATT原案では，まず，GATT調印国が，国連の貿易雇用会議に向けてITO憲章草案を準備し，その会議でITO憲章草案を推薦するとともに，そうした会議の目標を深化させるために，具体的な達成の事例を示す目的から，以下の7条を承認する旨が述べられている（ECOSOC, 1946a, p. 19）。

第I条は2つの項目から成っている。第1項では，ITO憲章から抜粋したい

くつかの諸規定を互いに遵守すること，第2項ではITOが成立するまで，暫定的国際機関が第1項の諸規定遂行の監視を行うことを述べている。なお，そうした諸規定とは，(a)最恵国待遇，(b)内国民待遇，(c)数量制限，(d)為替管理，(e)国営貿易，(f)緊急輸入制限，(g)無効化と侵害に関する協議の7項目の諸規定である（すでにわれわれは本項の①においてこれらの規定についてレディ案の第2範疇として説明した）。

第II条は，関税の引下げと特恵関税の撤廃に向けて，また国営貿易企業に対しても同様の原則の適用に向けて，調印国が手段を講じること，そしてITOのメンバーに対してもそうした交渉に引き入れる準備を行うことを規定している。

第III条においては，協定に添付された関税譲許表の待遇をその他の調印国の貿易に均霑することが規定されている。こうして第I条から第III条においてGATTの基本原則が示されるのである（*Ibid.*, pp. 19-20）。それに対して第IV条は，協定の義務からの逸脱を許される具体的ケースについて，第V条は，協定の適用地域，とくに関税同盟形成の条件について，第VI条と第VII条では，協定条文の修正の可能性と適用期間について規定している（*Ibid.*, p. 21）。このようにレディが手続きに関する下部委員会に提示したGATT原案は非常に概略的なものである。しかし，第I条から第III条には，後のGATTの基本原則となる2国間交渉を通じた関税引下げと特恵関税幅縮小・撤廃とその結果としての各国譲許表の作成，最恵国待遇，内国民待遇そして数量制限の原則的禁止などを謳っており，その骨格はGATT原案において形作られていたといってよい。

そしてこのGATT原案は手続きに関する下部委員会において修正を加えられ，第II委員会に提出され（ECOSOC, 1946d, Annexure, pp. 18-20），さらにそこでの検討を経て，最終的にロンドン会議報告書の付録文書10のセクションK.「関税と貿易に関する一般協定の暫定的で不完全な草案のアウトライン」となるのである（ECOSOC, 1946b, pp. 51-52）。われわれが呼ぶところのGATT第1草稿はこうして公式文書化されたのである。

ところで，この過程でGATT原案の基本的な骨子は変更されなかったが，いくつかの修正が行われた。とくに第I条の1項において，原案ではITO憲章草案から抜粋された7項目を明記していたが，ロンドン会議報告書に記載されたGATT第1草稿では「協定に含めるべき条文のリストは後に記載されるであろ

第5章 第1回貿易雇用準備会議（ロンドン会議）とGATT草案の作成

う」（*Ibid*., p. 52）という表現に変えられた。このような変更を通じて，ITO 憲章の更なる条文を GATT 条文として再録することができるようになった。事実，次節で考察するニューヨーク会議で GATT 草案（われわれは GATT 第2草稿と呼ぶ）の条文は27条に拡大されるのである（ECOSOC, 1947a, pp. 51-80）。

　GATT 原案においてレディが GATT 条文の範囲を極めて限定的にしたのにはそれなりの理由が存在した。アメリカの団長ウィルコクスによれば，そもそもロンドン会議に対するアメリカの主要目的は，アメリカが保護主義，差別主義の権化と考える輸入数量制限を原則禁止するルールを作ること，関税の引下げおよびそれに伴う特恵関税幅縮小・撤廃に関する協定を作り上げることであった（*FRUS*, 1946, Ⅰ, p. 1360）。アメリカはロンドン会議においてこの点を強調するために，「関税譲許のための多国間通商協定交渉に関する決議」と題する文書を提出した（ECOSOC, 1946h）。この文書は，貿易雇用準備委員会（いわゆる中核国グループ）の間で関税およびすべての貿易障壁削減のための具体的協定を早期に締結することを再度確認したものであり（ファースト・トラックに関する会議〔予備貿易会議〕の開催についてはすでに米英金融・通商協定終了後に中核国グループに伝えられていた〔前掲表3-1の第3欄を参照のこと〕），上述したロンドン会議における第Ⅱ委員会の一下部委員会である手続きに関する下部委員会が作成した規定に従ってこうした協定の締結を第2回貿易雇用準備会議，いわゆるジュネーブ会議で行うべきことを明らかにしたものであった。決議文は，ロンドン会議での手続きに関する下部委員会報告書について，ジュネーブ会議貿易障壁削減交渉の指針を提供するものと位置付けていた。アメリカからすれば，その最大の目標が貿易の自由化と無差別化を達成することであれば，ロンドン会議で考察された雇用条項や経済開発条項の諸規定を多国間通商協定つまり GATT の条文に含めることは是非とも避けなければならないことであったといえよう。レディが ITO 憲章アメリカ草案，第Ⅳ章「通商政策一般」の最小限度の規定に GATT 原案の条文を限定したのはこうした理由による。もちろん，アメリカ側が指摘するように，もし雇用条項や経済開発条項の条文を含めれば，議会の承認を得なければならなくなることも確かであろう。アメリカ政権としては議会の介入を阻止するためには，関税譲許とそれを直接保護するために必要な規定に GATT 条文を限定しなければならなかったのである（Colonial Office, 1947d1）。

しかし，こうしたアメリカの方針には，イギリスを始めとしてオーストラリアやインドなどの途上諸国から反対があがった。イギリスはGATT第1草稿に盛られた諸規定では，産業開発のための保護主義の採用が不可能になる結果，インドを始めとする途上諸国は強硬に経済開発条項の挿入を要求するであろうと論評し（Colonial Office, 1947d3, p. 6），またイギリスにとっても，完全雇用の実施のための保護主義採用の規定が欠如していると分析した（Colonial Office, 1947d2, p. 2）。もっとも，貿易交渉委員会（TNC）の1947年第1回目の会議では産業開発問題については途上諸国とともにイニシアティブを取ることは控えるべきだとしつつも，雇用に関する章を挿入することはイギリスの利益になると結論付けている（Colonial Office, 1947d4, p. 1）。

　興味深いのは，イギリスがロンドン会議終了直後に，「暫定協定（Provisional Agreement）」の施行（イギリスの文書の多くはGATTをあえてこのように表現している）(10)とITO憲章の発効の間には相当に長い時間的な間隔があると考えていた点である（Colonial Office, 1947d2, p. 2）。さらにいえば，同時点ですでにイギリス政権内部ではITO憲章発効の実現可能性について疑問視していた勢力が存在していたことである。その代表であるベヴィン（Bevin, E.）外相はITO憲章が採択されなかった場合，イギリスのとるべき貿易政策について西ヨーロッパ諸国と関税同盟を主体とした経済協力を強化することを具体的そして詳細に研究する必要性について述べた覚書を閣議に提出した（Cabinet, 1947b）。これを受けてアトリー政権は，1947年1月28日の閣議でその必要性を認め，在野の経済学者たちにそれに関する研究を開始するよう指令を発することを約束した（Cabinet, 1947c）。なおこの決定はトップシークレット扱いにされた。というのもITO設立を「回避（hedging）」するような行動をとっていることが公にされれば，非常に厄介な問題となるからであった（Toye, 2003, p. 180）。こうしたイギリスと西ヨーロッパとの経済統合の問題については今後の研究課題としたい。(11)

　それはともかく，このような認識から，イギリスはGATT規定の中にITO憲章の雇用に関する規定を挿入することを主張したのである（Colonial Office, 1947d2, p. 2）。「雇用と産業開発に関する章を暫定協定に組み入れることは望ましく，また必要である」（Ibid., p. 2）と貿易交渉委員会（TNC）は勧告している。そしてニューヨークでの起草会議が始まる前に，アメリカ大使館に対して，

第5章　第1回貿易雇用準備会議（ロンドン会議）と GATT 草案の作成

GATT 条文拡大の必要性をイギリスの公式見解として伝えている（Colonial Office, 1947d1）。

第2節　起草委員会による GATT 草案の完成——ニューヨーク会議の帰結

（1）　GATT 第1草稿の修正

①ニューヨーク会議の目的とその内容

　ロンドン会議は，貿易雇用に関する国際会議に向けての第1回目の準備会議であったために，その結果を纏めたロンドン会議報告書（ECOSOC, 1946b）には各国間の見解の相違から空白のまま差し置かれた箇所や，表現の一貫性や明確さに欠ける部分が存在した。そして何よりも，ITO 憲章の第Ⅰ章「目的」が空白のまま残されていたのである。そうした不十分な所を補足・修正して，第2回貿易雇用準備会議（ジュネーブ会議）に向けて ITO 憲章草案や GATT 草案をより完全なものにするために，起草委員会を任命する決議文書がロンドン会議で提出された（ECOSOC, 1946i）。この決議に従って，1947年1月20日から2月25日にかけて暫定的に国連本部が置かれていたニューヨーク郊外のレイクサクセスにて貿易雇用準備委員会構成国18カ国（ロンドン会議参加の中核国グループ）の代表者に加えてオブザーバーとしてメキシコ，コロンビアそれに IMF, IBRD, ILO, FAO のような国際機関も参加した会議が開催された。[12] 各国の代表者は起草を専門とする比較的少数の人数に限定されたが，アメリカは GATT 原案を作成したレディを団長とする5名が，イギリスは戦時米英貿易交渉以来対米貿易交渉に携わってきたシャックル（Shackle, R. J.）商務省主席次官を長とする4名が参加した（ECOSOC, 1947a, p. 82）。

　そして1カ月以上に亘る会議期間の間に正規の委員会（Full Committee）だけで29回もの会議が開催されたという。またこの委員会のもとに4つの下部委員会が形成され，各下部委員会でもそれぞれ会議が開かれた。それらの委員会を具体的に示せば，ロンドン会議でまだ合意を得られていなかった ITO 憲章ロンドン草案，第Ⅴ章「通商政策一般」のセクション A.「通商規定一般」（第15条〜23条）とセクション H.「一般的例外」（第37条）の草案作成に当たった「技術に関する下部委員会（Technical Sub-Committee）」，第2に，第Ⅷ章「機構」について，

ITO の投票制度，執行理事会そして各種委員会について検討した「管理に関する下部委員会（Administrative Sub-Committee）」，第3に，正規の委員会を通過した ITO 憲章草案を完全なる形態に仕上げる役割を負った「法律に関する起草下部委員会（Legal Drafting Sub-Committee）」，そして第4に，GATT 条文の作成を担当した「関税手続きに関する下部委員会（Sub-Committee on Tariff Procedures)」であった（*Ibid.*, p. 1；Colonial Office, 1947d5, p. 1)。

会議の成果は『国連貿易雇用会議準備委員会の起草委員会報告書』として纏められ，公表された（ECOSOC, 1947a)。その内容は，第Ⅰ部「はじめに」，第Ⅱ部「ITO 憲章草案とその注釈」，第Ⅲ部「GATT 草案」，第Ⅳ部「付属文書」から成っている。82ページに及ぶ報告書であるが，その核心部分が，第Ⅱ部と第Ⅲ部にあることは一目瞭然であろう。

さてとくにわれわれがここで注目したいのは，第Ⅲ部「GATT 草案」である。ロンドン会議 GATT 草案，われわれが呼ぶところの GATT 第1草稿は，「関税と貿易に関する一般協定の暫定的で不完全な草案のアウトライン」というタイトルが示す如く，GATT の基本原則が示されていたとはいえ，7条構成という短いものであった。そして，もともとレディ案では第1条の第1項で関税譲許を保護するための諸規定7項目（具体的項目の内容に関しては138ページ参照）が示されているに過ぎず，討論の結果，最終的には「協定に含まれることになる条文のリストは後に加えられるであろう」（ECOSOC, 1946b, p. 52）という表現を用いて詳細なルールの作成については先送りにされていたのである。ニューヨーク会議においては何よりもこれらの規定を作成する必要があった。如何にしてそれは行われたのであろうか。項を改めて論じることにしよう。

②ロンドン会議 GATT 草案の加筆・修正──関税手続きに関する下部委員会の設立と米英による修正案の提出

上述したように，ニューヨーク会議では正規の委員会の下に4つの下部委員会が組織された。ここで注目すべきは GATT 条文の作成を担当した「関税手続きに関する下部委員会」であろう。関税手続きに関する下部委員会は計7回の会議を開催し，われわれが GATT 第2草稿と名付ける GATT 文書を作成することになる。イギリス側の史料によれば，委員会には，ロンドン会議 GATT 第1草稿（ECOSOC, 1946b2, pp. 51-52)，イギリスが提出した GATT 第1草稿への追加

第5章　第1回貿易雇用準備会議（ロンドン会議）と GATT 草案の作成

条項を示した文書（ECOSOC, 1947b），アメリカが作成した，GATT 第1草稿をより完全な形にした GATT 草案（ECOSOC, 1947c）の3つの文書が提出され，それらを巡って議論が展開された。関税手続きに関する下部委員会の7回の会議記録をみれば，会議がアメリカ草案の検討を中心にし，それにイギリスを中心とした各国代表が対案を提示する形で進行したことがわかる（ECOSOC, 1947h, 1947i, 1947j, 1947k, 1947l, 1947m, 1947n）。もちろん下部委員会での議論はその他の下部委員会，とくに ITO 憲章草案の通商政策規定の作成に当たっていた「技術に関する下部委員会」の作業の進捗状況にも影響を受けていた。そして7回の会議の結果，アメリカの提出した GATT 草案を軸にイギリス文書の内容を加える形で GATT 第2草稿が作成されるのである。

こうした事実を鑑みれば，GATT 第2草稿の内容とその意義を検討する前に，まずイギリス文書の内容とその提出の意図，次にアメリカの提出した GATT 草案についてその特徴を纏めておくことが適切であると考える。

イギリス文書は「イギリス代表による暫定的かつ言質を与えない提案」と称し，2つの項目から構成される短い文書である（ECOSOC, 1947b, pp. 1-2）。第I項目「暫定協定（関税と貿易に関する一般協定）に関する条項草案」は，ロンドン会議 GATT 第1草稿の第VII条を補足するものである。すなわち，GATT 第1草稿の第VII条では GATT は3年間拘束力を持つ（ECOSOC, 1946b, p. 52）と規定されていたが，イギリス文書では ITO 憲章が2年経っても施行されていない場合，その時点で加盟国は GATT から脱退できる権利を有するとされた。要するに第I項目は GATT からの早期脱退を可能にさせる条項である。他方，第II項目「暫定協定に添付される声明文の草案」は GATT 条文に追加される声明文（Declaration）である。それは，GATT 加盟国が ITO 憲章の各章（アメリカがロンドン会議に提出した GATT 原案いわゆるレディ案はすでに述べたように主に ITO 憲章ロンドン草案の第V章「通商政策一般」からいくつかの条項を抜粋したものであるがゆえに，とくに第III章「雇用」，第IV章「経済開発」，第VI章「制限的商慣行」，第VII章「政府間商品協定」はその守備範囲ではなかった）の諸原則を指針として，相互関係に入るべきであると述べている。すなわち第II項目は GATT が貿易自由化の遂行だけに偏らないように歯止めをかけることを意図したものであった。ニューヨーク会議において，とくに雇用に関する規定を GATT に盛り込むこと，そしてこ

143

のような形でGATT第1草稿の想定する範囲を超えて，協定を拡大することがイギリス政府の方針となっていた。すでに第1節の(2)項②で触れたように，この方針は，ニューヨーク会議開催以前にホーキンズを中心とするアメリカ駐英大使館のメンバーとの非公式会議（1947年1月9日開催）で，イギリス代表団長のシャックル商務省主席次官を通じてアメリカ側に伝えられていた（Colonial Office, 1947d1）。イギリス文書の2つの項目は，アメリカの求める貿易自由化に対するイギリスの具体的解答であったと位置付けることができよう。

それに対してアメリカ文書は「アメリカ代表団の提案による暫定的かつ言質を与えない草案──関税と貿易に関する一般協定」と題し，23条から成るGATT条文を提示していた（ECOSOC, 1947c, pp. 1-32）。その内容はロンドン会議GATT第1草稿に較べ，条項の数そしてその量とも，飛躍的に拡大・深化したものとなっていた。そしてそれらの条項は，ITO憲章ロンドン草案の第V章「通商政策一般」から16の項目，第IV章「経済開発」からひとつの項目を抜粋するとともに，残りの6つの項目については，関税譲許表の作成や，ITO設立までをカバーし，GATTの運営に当たる暫定貿易委員会の形成など，GATT遂行のために特別に必要とされる規定を扱っていた。従ってアメリカの提出したGATT文書は，関税引下げと特恵関税幅縮小・撤廃のための交渉結果を確実に遂行するための各国関税譲許表の作成に関する条項を中心として，その交渉を実施するに必要な規定をITO憲章草案第V章「通商政策一般」から抜き出すとともに，その運営を管理する暫定貿易委員会の設立を謳ったものであったといえる。アメリカ文書は，前文にあたる部分で，「GATTに調印する政府」[13]（貿易雇用準備委員会諸国〔中核国グループ〕）は国際貿易雇用会議に向けてITO憲章を準備し，すべての諸国に公平な条件で一般化できる具体的な成果の一例を示すことによって，その会議の諸目的を促進することを望む（Ibid., p. 1）と規定している。また暫定貿易委員会（Interim Trade Committee）の機能と構造について述べた第20条と，GATT条文の改正について述べた第21条において，ITO憲章とGATTとの関係が示されている（Ibid., pp. 30-31）。しかし，これらの部分以外ではGATTとITO憲章との関連性について言及していない。すなわち，アメリカ文書は，前者を，専ら関税引下げを中心とする貿易障壁削減交渉に関するものとして，後者から独立させているところに特徴があるといえよう。こうしたアメリカ

のGATT草案の特徴は，第8章で分析するように，ジュネーブ会議においてさらに決定的となる。

(2) GATT 第 2 草稿の作成
① GATT 第 2 草稿の内容と特徴

それでは，アメリカ文書に示されたGATT条文は，関税手続きに関する下部委員会の会議を通じてどのような修正を受けるのであろうか。委員会での議論の末生みだされた草案の名称は「関税と貿易に関する一般協定草案（Draft General Agreement on Tariffs and Trade）」（ECOSOC, 1947o）という。そしてこの案は，前述した『国連貿易雇用会議準備委員会の起草委員会報告書』（ECOSOC, 1947a）の第Ⅲ部に収められた。すでに(1)項②で触れたように，われわれは，ニューヨーク会議で合意されたこの案をGATT第2草稿と呼ぶことにする。表5-1に示したとおり，GATT第2草稿は27の条文から成る。この他に表には示さなかったが，草稿には，前文が添えられている。前文には，GATT締約国となる20カ国（中核国グループ：ソ連や締約国となることが予定されていたシリアの名も挙げられている）が明記されるとともに，それら諸国のうち，留保を示した諸国とその対象条項が記載されている。そして，アメリカ文書の前文で述べられた内容とほぼ同じく，それら諸国が，貿易雇用会議に先立って，ITO憲章草案を準備し，また具体的な成果を上げる行動をとることによって，その会議の目的達成を促すことを望む（ECOSOC, 1947a, p. 65；ECOSOC, 1947o, pp. 2-3：GATT第2草稿の前文の主要部分の邦訳については第8章の第2節(2)項①，262ページを参照のこと）と謳っている。この点では両者に差異は認められない。

GATT第2草稿とアメリカ文書の大きな違いは，条文が23条から27条に拡大したことと大きく関連している。

イギリス側の史料によれば，委員会の初期の段階において，第Ⅵ章「制限的商慣行」，第Ⅶ章「政府間商品協定」を除くITO憲章草案の事実上すべての条項をGATT草案に書き入れようとする動きが高まっていった（Colonial Office, 1947d5, p. 34）。アメリカとしてはこうした動きを封じ込め，通商政策に関する項目だけにGATT条文を限定することが議会対策のために，そして何よりも，アメリカ流自由貿易システムの構築のために，不可欠であった。雇用や経済開発に関する

表5-1 GATT第2草稿の構成および内容——ITO憲章草案,GATT完成案との関係

GATT第2草稿の各条項のタイトル	ITO憲章草案[1]との相関	GATT完成案[2]との相関
第1条 一般的最恵国待遇	第V章 通商政策一般,14条	第I部,1条
第2条 内国の課税および規制に関する内国民待遇	第V章 通商政策一般,15条	第II部,3条
第3条 通行の自由	第V章 通商政策一般,16条	第II部,5条
第4条 反ダンピングおよび相殺関税	第V章 通商政策一般,17条	第II部,6条
第5条 関税上の評価	第V章 通商政策一般,18条	第II部,7条
第6条 税関手続き	第V章 通商政策一般,19条	第II部,8条
第7条 貿易規制の公表と施行	第V章 通商政策一般,21条	第II部,10条
第8条 個々の品目に対する譲許表	該当条項なし	第I部,2条
第9条 数量制限の一般的廃止	第V章 通商政策一般,25条	第II部,11条
第10条 国際収支擁護のための制限	第V章 通商政策一般,26条	第II部,12条
第11条 数量制限の無差別適用	第V章 通商政策一般,27条	第II部,13条
第12条 無差別待遇の原則の例外	第V章 通商政策一般,28条	第II部,14条
第13条 為替取決め	第V章 通商政策一般,29条	第II部,15条
第14条 補助金に関する一般的取決め	第V章 通商政策一般,30条	第II部,16条
第15条 国営貿易企業に対する無差別適用	第V章 通商政策一般,31条	第II部,17条
第16条 国内雇用の維持	第III章 雇用,有効需要,経済活動,4条	該当条項なし
第17条 経済開発に対する政府の援助	第IV章 経済開発,13条	第II部,18条
第18条 特定品目の輸入に対する緊急措置	第V章 通商政策一般,34条	第II部,19条
第19条 協議—無効化または侵害	第V章 通商政策一般,35条	第II部,22条,23条
第20条 一般的例外	第V章 通商政策一般,37条	第II部,20条
第21条 適用地域—国境貿易—関税同盟	第V章 通商政策一般,38条	第III部,24条
第22条 暫定貿易委員会の機能と構造	該当条項なし	第III部,25条[3]
第23条 改定,修正そして終了	該当条項なし	第III部,30条
第24条 解釈と論争の解決	該当条項なし	該当条項なし
第25条 効力発生と脱退	該当条項なし	第III部,26条,31条
第26条 加入	該当条項なし	第III部,33条
第27条 付属文書	第I章 一般目的,1条	該当条項なし。その一部は第29条に移行[4]

(注) 1) ITO憲章草案は,ロンドン会議ITO憲章草案の完成版であるニューヨーク会議ITO憲章草案(ECOSOC, 1947a, pp. 3-80)の内容に従った。
2) GATT完成案とは,ジュネーブ会議(第2回貿易雇用準備会議:1947年4月8日~10月30日)での

第5章 第1回貿易雇用準備会議（ロンドン会議）とGATT草案の作成

　　GATT完成案（ECOSOC, 1947d）を指す。この完成案が微調整を経て，1947年10月30日のGATT文書（GATTオリジナル文書）となる。
　3）名称は，「締約国の共同行動」に変更される。
　4）付属文書は，注⒂で述べたように，その一部が第29条1項に引き継がれた。なお第8章で述べるようにジュネーブ会議ではGATT完成案とは別に，「関税と貿易に関する一般協定の暫定適用に関する議定書」と題する独立した文書（ECOSOC, 1947e）や「第2回国連貿易雇用会議準備委員会の終結時に採択されるファイナル・アクト」（ECOSOC, 1947f）の2つの文書が交渉の結果として作成され，GATTの調印文書を構成することになる。
（出所）ECOSOC, 1947a および ECOSOC, 1947d より作成。

　すべての条項を加えることは，自由貿易とは異質の論理をGATTに持ち込むことになる。第4章で分析したようにロンドン会議においてITO憲章草案がこうした異質の論理を内包する形で修正を受けつつあった中，GATTを自由貿易推進のための協定に特化させることがアメリカの目的であった。しかしこの目的は関税手続きに関する下部委員会においてもイギリスを中心とするその他諸国から抵抗を受けることになった。そしてその妥協の産物が，アメリカ文書の条文を増やした形で纏められたGATT第2草稿であったといえる。

　表5-1に示したとおり，GATT第2草稿は，アメリカ文書に，第5条「関税上の評価」，第6条「税関手続き」，第16条「国内雇用の維持」，第27条「プロトコル（付属文書）」（以下，付属文書に統一）を加える形で纏められた。これら4条のうち，アメリカ文書との相違をとくに際立たせている条項は第16条「国内雇用の維持」と第27条「付属文書」であろう。とりわけ後者はGATT第2草稿全体の性格を規定するものといえる。

　そこで付属文書の内容を明らかにしておく必要があろう。それは結論的にいってイギリス文書の第Ⅱ項目「暫定協定に添付される声明文の草案」の内容を下敷きにしたものである。声明文（Declaration）は，第6回目の関税手続きに関する下部委員会の会議で「関税と貿易に関する一般協定の付属文書」に変更され（ECOSOC, 1947m, pp. 3-4），さらにそれは第7回目の会議で，「付属文書」というタイトルでGATT第2草稿第27条とすることが決定された（ECOSOC, 1947n, pp. 1-2）。第27条は，その冒頭で「この結果，本日調印される付属文書は，本協定（GATT）の不可欠な部分となる」（ECOSOC, 1947a, p. 79：カッコ内は筆者）と述べた上で，「関税と貿易に関する一般協定の付属文書」の内容について規定しているのである。その内容とは，以下のとおりである。GATT締約国は，世界貿易自由化のための手段を講じようとしているが，こうした手段とITO憲章の

147

諸目的との間には密接な関係があることを認識し，ITO憲章第Ⅰ章の第1条「一般目的」に述べられた諸目的を通じて国際経済関係に入ることを約束するというものである。そして次にそれらの目的が具体的に列挙されるのである。こうしてGATT第2草稿の第27条の主要部分は，ITO憲章草案第Ⅰ章の第1条の内容と全く同じものとなったのである（*Ibid*., p.3およびpp. 79-80）。

ところでロンドン会議ITO憲章草案の第Ⅰ章の第1条は，空欄のまま差し置かれていたという経緯があった。第4章で分析したように，ITO憲章の目的がロンドン会議の討論で多様化された結果，それらを矛盾することなく簡潔な形に纏める作業がニューヨーク会議に託されたのである。こうしてニューヨーク会議で作成そして合意されたITO憲章草案第Ⅰ章の第1条は，ITO設立の目的について，国際貿易，雇用そして経済開発分野で協議と協力を重ね，諸問題の解決を促進することを目標として掲げた。自由貿易の推進，すなわち関税およびその他貿易障壁の削減や貿易におけるすべての差別的形態の除去の問題は，それら目的のひとつに過ぎず，生活水準の向上，完全雇用の達成，有効需要の拡大，均衡のとれた拡大する世界経済の実現，途上国の経済開発への支援という目的が列挙されたのである(14)（*Ibid*., p.3）。

こうしたITO憲章草案の第Ⅰ章，第1条がそのままの形でGATT第2草稿の第27条「付属文書」に書き込まれた。さらに続けて第27条は，締約国が，ITO憲章の施行までの間，ITO憲章の第Ⅲ章「雇用・有効需要・経済活動」，第Ⅳ章「経済開発」，第Ⅴ章「通商政策一般」，第Ⅵ章「制限的商慣行」，第Ⅶ章「政府間商品協定」に関する「すべての原則と規定（all of the principles and provisions）」を遵守し，実施することを約束する，と述べている（*Ibid*., p.80：傍点は筆者）。

第27条挿入の意義について次のように考えられる。もし，第27条に違反する締約国がいれば，そうした行為に影響を受けた締約国は，GATT第2草稿の第19条「協議―無効化または侵害」の規定に依拠して，その是正を求めることができ，さらには暫定貿易委員会にその問題を付託し，委員会の決定に基づいて，当該締約国に対する譲許を停止することができる。すなわち第19条は，第27条を含めたGATT条項すべてをカバーするものであり，それに違反する締約国に対する譲許の撤回を可能にさせる（Colonial Office, 1947d6, p.4）。こうした手続きによって，GATT第2草稿のもとで，イギリスはITO憲章を遵守しない締約国に異議申し

第5章　第1回貿易雇用準備会議（ロンドン会議）とGATT草案の作成

立てができ，かつまた譲許の撤回が可能となるのである。

　かくして，関税引下げと特恵関税の縮小・撤廃を中心とする貿易障壁引下げという目的に絞られたアメリカ文書のGATT草案は，イギリスを中心とするその他の諸国からの抵抗に遭い，GATTの目的が自由貿易の推進だけではないことを明記したGATT第2草稿に結実したのである。

　この点と関連して述べなければならないことは，第16条「国内雇用の維持」についてあろう。この条項も新たにニューヨーク会議で追加されたものである。それはITO憲章草案第III章「雇用・有効需要・経済活動」を構成する6つの条項（第3条～8条）のうちから「国内雇用の維持」と題する第4条を抜粋したものとなっている。具体的にその内容を述べれば，各締約国が完全雇用と高度で安定的な有効需要の水準を達成そして維持するための手段を国内的に講じることと，そうした手段がGATTの条文や目的と一致するとともにその他締約国に対して国際収支困難を引き起こすものであってはならない（ECOSOC, 1947a, p. 75）というものである。すでに論じたように，完全雇用の必要性をGATTに書き入れることはかねてよりイギリスの方針であったが，オーストラリアも同じ主張を行った（Colonial Office, 1946d5, p. 34）。こうした要求を受入れ，関税手続きに関する下部委員会は，第3回目の会議で，第16条を新設したのである（ECOSOC, 1947j, p. 2）。それに対してアメリカ代表レディは，雇用に関する規定を具体的にGATTに書き入れることは，大統領の権限を越えた行為であり，議会の承認を必要とすると述べ，第16条に対してアメリカの態度を留保した（*Ibid.*, p. 2）。その結果，第16条は，アメリカの支持がないまま，GATT第2草稿を構成することになる。

　なお，表5-1の第3欄にみられるように，GATT完成案においては，第16条，第27条とも削除され，再びGATT完成案はITO憲章の通商規定を抜粋したものに戻っている。(15)この間，ジュネーブ会議でGATT条文作成を巡ってどのような具体的展開があったのか。それについては次章以降で明らかにすることになろう。

　その他，新たにGATT第2草稿に加えられた注目すべき規定として関税の再分類化に関するそれがあった。そもそも，第1節の(2)項①で指摘したように，レディ案には，関税引下げの効果を無効にするような新たな関税方式の導入を禁止することが謳われていた（ECOSOC, 1946a, p. 5）。これには関税の再分類化が含ま

149

れると考えられるが、レディ案は直接的に関税再分類化という言葉を用いてその違法性について明言していたわけではなかった。ニューヨーク会議に臨むに当たって、これまで分析した要求に加えて、イギリス代表団長のシャックルは次のような主張を行っていた。「アメリカは関税譲許の効果を無効にするような関税分類の変更を阻止する規定を含めることでわれわれの要求を満たさなければならない」(Colonial Office, 1947d1)。しかし、関税手続きに関する下部委員会で配布されたアメリカ文書の中には関税再分類化に関する言及はなかった。それに対して、アメリカ文書 GATT 草案の第6条「個々の品目に対する譲許表」（GATT 第2草稿では第8条に帰結）について検討した第4回から6回目の関税手続きに関する下部委員会は、交渉の結果が関税再分類化によって無効になるのを防ぐ規定を盛り込んだイギリス案（ECOSOC, 1947p）を考察した（ECOSOC, 1947k, p. 3 ; ECOSOC, 1947l, p. 1 ; ECOSOC, 1947m, p. 1）。その結果、下部委員会は、関税再分類化によってその他の締約国が受ける不利益を防止する、またはその不利益を補塡する規定を作ることを GATT 第2草稿の第8条「個々の品目に対する譲許表」の脚注に書き入れたのである（ECOSOC, 1947a, p. 69）。かくして、主にアメリカが1930年代に用いてきた差別主義的貿易政策の一形態は、禁止されることになったのである。

　以上の考察から明らかになったように、アメリカ文書の GATT 草案は、関税手続きに関する下部委員会においてイギリスを中心とする諸国からの修正案を受入れる形で加筆・修正された。その結果完成した GATT 第2草稿は、当初アメリカが意図した関税とその他貿易障壁の削減・撤廃というひとつの目的から、それを包含するもっと広範な諸目的を有するものへと拡大された（もっともそれらの目的は一条項として付属文書という形をとったが）。こうして ITO 憲章の目的と GATT 第2草稿のそれとは完全に一致することになった。GATT 第2草稿は、自由・無差別な貿易システムの樹立だけでなく、完全雇用の維持と達成、経済開発の促進、バランスの取れた世界経済に向けての国際協力など多様な目的を併せ持つ暫定的な多国間協定（とそれに基づく暫定的国際機関の創設）と位置付けることができよう。

　もちろん、アメリカの主張が完全に否定されたのではない。まずはイギリスの主張した GATT からの早期脱退を可能にさせる案は否決された。そしてなによ

第5章　第1回貿易雇用準備会議（ロンドン会議）と GATT 草案の作成

りもアメリカ文書に明記されていた自由・無差別な貿易システムを作るための諸規定（もちろん，ここでいう規定は一般原則であり，アメリカ文書にその例外規定が含まれていないといっているのではない）はそのまま GATT 第2草稿に引き継がれたのである。しかし，その目的が多様化したため，より自由で無差別な貿易体制の創出という目標と，その他の諸目的との関係に不整合が生じたのである。それが具体的な条文作成に際して，アメリカ文書に対する各国の加筆要求となって表れた。上述のように，イギリスやオーストラリアは完全雇用の実現という目的を重視し，アメリカの反対にもかかわらず，それを具体化する一条項を GATT 第2草稿に書き込むことに成功した。他方，途上国の立場からブラジルと中国は，経済開発のために必要な技術や設備を円滑に享受できる権利について規定したITO憲章草案の第IV章「経済開発」の第12条「経済開発の手段」を GATT 条文に追加しようとしたが，失敗した（ECOSOC, 1947a, p. 65；Colonial Office, 1947d5, p. 34）。

　こうした各国間の鬩ぎあいと妥協の中から生まれた GATT 第2草稿は，多様で必ずしも整合を持たない諸目的と，より自由で無差別な貿易システムを作るための具体的規定を併せ持つ暫定的な多国間協定であったと捉えることができよう。

　②ロンドン会議の到達点とジュネーブ会議に向けて

　第4章と5章において，第1回貿易雇用準備会議（ロンドン会議）からその延長と捉えることのできるニューヨーク会議に至る過程を次の視角を持って考察してきた。それは，セカンド・トラックとしての ITO 憲章草案の作成とファースト・トラックとしての GATT 草案の作成が，同時並行的にアメリカの主導の下に中核国グループの間で行われたというものである。この段階以前は，主に米英の下でこうした戦後貿易システムの形成が行われてきたが，ロンドン会議によってそのシステム作りは多国間に移行したのである。こうした中でアメリカの提示した ITO 憲章アメリカ草案は，世界経済を構成する3つの集団の利害を反映するように書き換えられていく。われわれはその具体的分析を第4章で行った。ITO 憲章の目的とその各章は，必ずしも整合性を持たない，いわば異質の性格を合わせ持つものとなり，それをひとつの文書として纏めたものが ITO 憲章ロンドン草案であった。

　他方，ファースト・トラックとしての GATT 草案の作成過程も明らかにした。

これまでこの分野における我が国における研究は，第1次史料に当たることなく論じられ，それゆえに戦後貿易システムの起源については納得いく説明がなされてこなかった。要するに我が国の研究はGATTの起源とその創出過程を等閑視してきたのである。われわれはその起源が多国間主義を打ち出したミードの『国際通商同盟案』にあることを改めて確認するとともに，アメリカがイギリスに代わって戦後貿易案の作成に乗り出す過程についても英米の公文書類それに最近公開されたGATT関連史料に則って明らかにした。そしてロンドン会議においてレディ案の提出を契機にわれわれがGATT第1草稿と呼ぶところの草案が練られ，それがニューヨーク会議において彫琢される過程を明らかにした。その到達点は，ITO憲章ロンドン草案と同じ多様な目的を持ちつつ，より自由で無差別な貿易システム形成のための具体的ルールを提供する多国間協定GATT第2草稿の完成であった。GATTを貿易自由化の目的だけに限定することに反対する諸国，とりわけイギリスは修正案を提示することで，GATTの目的を多様化することを試み，一定の成功を収めたのである。

ニューヨーク会議終了後，約1カ月のインターバルを置いて第2回貿易雇用準備会議いわゆるジュネーブ会議が開始される。この会議は，西欧諸国の経済危機の進行とそれに対応すべく打ち出されたマーシャル援助，そしてポンド交換性の回復とその失敗という戦後世界経済にとって極めて重要な出来事が連続する中で，開催されることになった。従来の研究は，これらの分析に焦点をあてたがために，ジュネーブ会議はそうした分析の中に埋没する結果となってきた。次章以降では，こうした研究の間隙を埋めるべく，ジュネーブ会議を詳細に跡付け，GATT成立に向けての最終局面を明らかにする。

注
(1) ITO憲章アメリカ草案の第Ⅳ章（第8条～33条）「通商政策一般」は次の10項目に分類された。
    A．「通商規定一般」（一般的最恵国待遇，内国の課税および規制に関する内国民待遇，通行の自由，反ダンピングおよび相殺関税，関税上の評価，税関手続き，原産地表示，貿易規制の公表と施行，通報・統計・貿易用語，不買を扱った第8条から第17条をカバー）
    B．「関税と特恵関税」（第18条）

第5章　第1回貿易雇用準備会議（ロンドン会議）とGATT草案の作成

　　C．「数量制限」（第19条～22条をカバー）
　　D．「為替管理」（第23条，第24条をカバー）
　　E．「補助金」（第25条）
　　F．「国営貿易」（第26条～28条をカバー）
　　G．「緊急規定および無効化・侵害に関する協議」（第29条，第30条をカバー）
　　H．「非加盟国との関係」（第31条）
　　I．「例外」（第32条）
　　J．「適用地域」（第33条）
　　（出所）U.S. Department of State, 1946a.

(2)　各種下部委員会の名称を挙げれば，ITO憲章アメリカ草案の第Ⅳ章のセクションA．「通商規定一般」とセクションI．「例外」について検討する「技術に関する下部委員会（Technical Sub-Committee）」，セクションB．「関税と特恵関税」の引下げと撤廃に関する具体的交渉を扱う「手続きに関する下部委員会（Sub-Committee on Procedure）」（なお，本項の②で詳述するように，手続きに関する委員会は，セクションG．「緊急規定および無効・侵害に関する協議」，そして関税同盟について規定したセクションJ．「適用地域」などについても検討した），セクションC．「数量制限」とセクションD．「為替管理」については，「数量制限および為替管理に関する下部委員会（Sub-Committee on Quantitative Restrictions and Exchange Control）」が，セクションE．「補助金」については，第1次産品と工業製品に関して別々に「補助金に関する下部委員会（Sub-Committee on Subsidies）」が組織され，セクションF．「国営貿易」については「国営貿易に関する下部委員会（Sub-Committee on State Trading）」がそれぞれ形成された（ECOSOC, 1946d, Part. I, pp. 2-5）。こうして合計5つの下部委員会（補助金問題について検討した2つの委員会をひとつとして数える）が編制されたのである。この他，下部委員会は組織されなかったが，セクションH．「非加盟国との関係」については，イギリスがその問題点について報告する役割を与えられた（*Ibid.*, p. 5）。

　こうしてITO憲章アメリカ草案の第Ⅳ章「通商政策一般」（第8条～33条）は，セクションA～Jの10の項目のもとに，各下部委員会で議論され，それぞれ報告書が作成された。この報告書は本会議で彫琢を加えられ，第Ⅱ委員会報告書の第2報告となるのである。そしてそれはさらに総会にかけられ，最終的にロンドン会議報告書の第Ⅱ部の第3章「通商政策一般」（ECOSOC, 1946b, pp. 9-18）として結実したのである。

(3)　ITO憲章アメリカ草案において，関税の引下げと特恵関税の縮小・撤廃を扱った第18条は，憲章の核心部分をなす。そこには，戦時交渉以来，アメリカがイギリスの同意のもとに導き出した基本的な貿易障壁削減方式が述べられていた。すなわちその基本方式とは，第2章で述べたように，最終的に1945年の米英金融・通商協定において両国が合意した関税の引下げと特恵関税の縮小・撤廃に関する取決めに基づいていた。それは2国間交渉方式を通じて関税の大幅引下げと特恵関税の縮小・撤廃を行う

ことである(第18条第1項〔U. S. Department of State, 1946a, p. 11〕)。その際,特恵幅の縮小および撤廃は,最恵国関税率の引下げを通じて行い,その結果,特恵幅は自動的に縮小または撤廃されることになる。後述するように,これを自動化規定(Automatic Rule)と呼ぶ。従ってこうした交渉によって,特恵関税幅は1939年7月1日の最恵国関税率と特恵関税率との差(つまり戦前の特恵幅)を上回ることはできなくなる(Ibid., p. 10)。

しかし,こうした規定では,特恵関税の撤廃がどれほどの関税引下げと見合うのかが明確にされていない。アメリカにとって戦時貿易交渉からの懸案であった英帝国特恵関税制度の撤廃はイギリスの抵抗に遭い,こうした曖昧な表現に落ち着いたのである。そして結局のところ,特恵関税の速やかなる撤廃を目論むアメリカとそれを阻もうとするイギリスの対立は,ジュネーブ会議においてアメリカと,イギリスおよび英連邦諸国との実際の関税および特恵関税を巡る2国間交渉に持ち込まれることになるのである。

(4) 管見する限り,レディは,1958年,GATT誕生10年を記念して組まれたアメリカの経済雑誌のなかに,"GATT—A Cohesive Influence in the Free World"と題する小論(Leddy, 1958)と,ケリー(Kelly, W. B., Jr.)編 *Studies in United States Commercial Policy* にノーウッドとの共同論文(Leddy & Norwood, 1963)を発表しているに過ぎない。なお,アメリカ国立公文書館(NIRA)は,主に1946年から1948年にかけてのレディに関する文書類,すなわちレディの書簡,レディ宛の書簡や報告書,さらには彼が関わったITO憲章,GATTジュネーブ関税交渉に関する文書類を保管している。こうしたレディに関する文書類は,作成者(Creator), International Conference on Trade and Employment (1947-48: Havana, Cuba). 11/17/1947-3/24/1948の中に,5つのファイルに分けて収められている(章末のNARA関連の参考文献を参照のこと)。

(5) ミラー(Miller, J. N.)は,多国間主義(Multilateralism)が,第2次大戦前のアメリカ貿易政策に関して重要な問題とはならなかったと述べ,その証拠として『オックスフォード英語辞典(Oxford English Dictionary)』や『ウェブスター新国際辞典(Webster's New International Dictionary)』の戦前版(前者は1934年版,後者は1933年版)にはMultilateralismという言葉が掲載されていないことを挙げている。彼は,このようにして戦前にはMultilateralismという言葉が存在しなかった事実を明白にした。そしてその言葉が両辞典に貿易用語として取り上げるようになるのは戦後になってからであるという事実を両辞典の戦後版(前者は1961年版,後者は1989年版)を見ることによって明らかにした(Miller, 2000, 注(49))。このワーキングペーパーを執筆した2000年時点では,彼は,1945年の米英金融・通商協定において初めて米英間で正式に国際貿易制度を設立するための交渉が行われたとし,それをもって多国間主義とそれに基づくGATTの起源と捉えているようである。

われわれの視角からすれば,それを戦中まで遡り,米英の世界経済を巡る主導権交

第5章　第1回貿易雇用準備会議（ロンドン会議）とGATT草案の作成

代と絡ませて，論じるべきであると考える。もっとも，彼が2003年にケンブリッジ大学に提出した学位論文では，その分析を大戦中まで拡げることによって，多国間主義の起源が戦中の米英の貿易システム構築を巡る交渉の中にあったことを明らかにしている（Miller, 2003）。この点については本文での彼の論文の紹介を参照されたし。しかし，このワーキングペーパーにおいても，ミラーの1930年代アメリカ貿易政策（互恵通商協定）に関する考え方，すなわちそれを双務主義に基づく貿易政策と捉える点には賛意を表明したい。少なくとも，1930年代アメリカ貿易政策が，マルチラテラリズムに基づいていたとはいえないであろう。

(6)　国際通商同盟案が，地域的特恵制度，国営貿易制度そして国際収支困難を有する諸国に対して貿易統制を許す権利など自由貿易に対する例外規定を備えていた点に注目し，UNCTADの「知的起源（intellectual origin）」と評価する論者もいる（Toye, J. & Toye, R., 2004, pp. 23-25）。

(7)　レディ案では，各項目には番号や記号が付されていなかったが，ロンドン会議報告書においてはアルファベットが付されるようになった。それらの項目のタイトルを具体的に示せば次のようになる。セクションA.「はじめに」，セクションB.「準備委員会のメンバーの交渉案」，セクションC.「交渉の本質」，セクションD.「交渉で遵守されるべきルール」，セクションE.「様々なルール」，セクションF.「準備委員会のメンバーの間での交渉手続き」，セクションG.「交渉の結果」，セクションH.「関税と貿易に関する一般協定」，セクションI.「ITO設立までの暫定機関の創設」，セクションJ.「ITO設立後の関税と貿易に関する一般協定とITOとの関係」，セクションK.「関税と貿易に関する一般協定の暫定的で不完全な草案のアウトライン」。

(8)　第3章の第1節(2)項①で見たように，関税譲許表の作成については，アメリカ国務省はすでに1946年2月の「貿易と雇用に関する国際予備会議の準備」の中で，それが付属文書（GATT）の一部を形成することになると述べていた。そして15の各国関税譲許表が掲載されるとしていたが，レディ案ではそれを16の譲許表としている。ちなみにそれらの関税譲許表は，I.オーストラリア　II.ベルギー・ルクセンブルク・オランダ関税同盟とベルギー領コンゴおよびオランダの海外領土　III.ブラジル　IV.カナダ　V.チリ　VI.中国　VII.キューバ　VIII.チェコスロバキア　IX.フランスおよびフランス連合　X.インド　XI.ニュージーランド　XII.ノルウェー　XIII.シリア・レバノン関税同盟　XIV.南アフリカ　XV.ソ連　XVI.イギリスとその海外領土　XVII.アメリカである（ECOSOC, 1946a, p. 11）。レディは一応，17の関税譲許表を挙げてはいるが，ソ連の参加がほとんど考えられないことを見越して16と述べている。

(9)　イギリス代表がニューヨーク会議に発つ前の1947年1月9日にイギリス商務省で開かれたアメリカ大使館の代表たち（H. ホーキンズを含む）との会議において，イギリス側は，アメリカに対してGATT条文に関税譲許の効果を無効にするような関税再分類化の変更を阻止する規定を盛り込むべきであるとの主張を行った（Colonial Office, 1947d1）。こうした主張の結果が，後述するように，ニューヨーク会議に反映

されるようになる。この点に関しては，第2節(2)項①で詳論する。もちろん，関税再分類化を行っていたのは，アメリカだけでなく，イギリスも1930年代の2国間通商協定において相手国から獲得した譲許のひとつにイギリス製品に対する有利な関税の再分類化があった（山本和人，1999，第1章）。

(10) イギリスがGATTを暫定協定と称した理由は，上述のように雇用に関する条項や産業開発に関する条項をレディ案（GATT原案）に含めることで，GATTを貿易自由化に限定しようとするアメリカの目的を躱すことにあったと考えられる。事実，イギリスの貿易交渉委員会（TNC）は，GATTという名称を「貿易と雇用に関する暫定協定（Interim Agreement on Trade and Employment）」に変更すべきであると提案している（Colonial Office, 1947d2, p. 5）。一方，GATTの名付け親であるレディ自身もその名称が各方面から批判されたと証言している（Truman Library, 1973a, [54]～[55]）。

(11) 実際組織された経済学者の名前を挙げれば，カーン（Kahn, R.），ロビンソン（Robinson, A.），ロバートソン（Robertson, D.），マクドゥーガル（MacDougall, D.），ハバカク（Habakkuk, H. J.）など錚々たるメンバーであった。彼らは「エコノミスト・グループ」と呼ばれ，1947年3月から10月にかけて政府側と討論を行うとともに，ITO設立失敗に際して，とるべき方向性を明確にするためにイギリスの対外経済の実態について3つの報告書を纏めた。第1報告書は，1947年7月8日付のもので正確なタイトル名は記載されていないが，5章構成で，討論された議題すべてを鳥瞰している（Board of Trade, 1947a1）。第2報告書は，西ヨーロッパ大陸諸国に関税同盟が形成された場合（次の3つのケースを想定。A.フランス・西ドイツ・ベネルクス間，B.フランス・イタリア間，C.スウェーデン・ノルウェー・デンマーク間），イギリスの受ける影響について考察している（Board of Trade, 1947a2）。第3報告書は，イギリスの国際収支ポジションを如何に改善するかについてさまざまな方法を検討している（Board of Trade, 1947a3）。報告書は，第2報告書を除いて大部のものであった（第1報告書は74ページ，第2報告書は17ページ，第3報告書は63ページ）。われわれは，当時のイギリスの著名な経済学者たちが，ITO憲章の不採択という仮定の下で，その対外経済政策をどのように構築していこうと考えていたのかについて，後に考察する必要があろう。それはイギリスの西ヨーロッパ統合との関連を検討することにもつながると考えるからである。

(12) ニューヨーク会議の全体像については，章末の参考文献GATT・ITO関連文書のレファレンス・ナンバーE/P/C/T/C.6シリーズとE/PC/T/34（ECOSOC, 1947a）によった。そして，イギリス側による会議の分析は，貿易交渉委員会（TNC）による2つの報告書（Colonial Office, 1947d5；Colonial Office, 1947d6），アメリカからのそれは，会議に参加したレディとカツダル（Catudal, H. M.）の証言（Truman Library, 1973a；Truman Library, 1973b）に依拠した。

(13) 前文では「GATTに調印する政府（The governments in respect of which this

第5章　第1回貿易雇用準備会議（ロンドン会議）と GATT 草案の作成

Agreement is signed）」（ECOSOC, 1947c, p. 1）という表現を用いているが，各条文においては，GATT 第1草稿で用いられていた「調印国（signatory country）」に代えて「締約国（contracting state）」という用語が使用されている。次に1947年の2月6日に開かれた第4回目の関税手続きに関する下部委員会において，contracting state は contracting party に変更された（ECOSOC, 1947k, p. 2）。さらにジュネーブ会議において，contracting party には2つの意味が当てられるようになった。ひとつは「締約国」，もうひとつは「締約国団」である。そして前者の「締約国」の場合は小文字すなわち，contracting party で表記し，後者の「締約国団」は大文字で CONTRACTING PARTIES と表すようになった（ECOSOC, 1947d, p. 58）。こうした変更を考案したのが他ならぬレディであった。彼は，アメリカ議会への対応から一連の手段を講じたと述べるとともに，もし，party の代わりに member というワードが使われていれば，それは「機構（organization）」を意味することになり，協定としての GATT からの逸脱となり，結果としてその承認を議会に諮らなければならない恐れがでてくると説明した（Truman Library, 1973a, [52]～[55]）。

　彼はインタビューの中では触れていないが，committee という言葉も同様であろう。表5-1に示したように，GATT 第2草稿，第22条のタイトル「暫定貿易委員会（Interim Trade Committee）の機能と構造」がジュネーブ会議で「締約国の共同行動」に変更され（表5-1の注3や後掲表8-3を参照のこと），アメリカ文書や本節の(2)項で検討する GATT 第2草稿の各所で使用されていた「委員会（The Committee）」（委員会は暫定委員会を指す）という言葉は一切削除された。第8章で見るように，こうした変更を重ねて，GATT は ITO 憲章との関係を希薄化させ，多国間通商協定として自己完結するのである。

(14)　ニューヨーク会議で作成された ITO 憲章ロンドン草案，第1章の第1条「一般目的」を全訳すれば，次の通りである。

　　世界平和に必要な経済および社会進歩を創出するという国連の決定を遂行するために，ITO 憲章に関与し，ITO を設立しようとしている諸国は，それを通じて以下の諸目的の達成に乗り出す。

　　　1．次のような国内的および国際的な行動を促進すること。
　　　　(a)国連憲章の55条(a)に述べられた目標，すなわち，より高度の生活水準，完全雇用そしてよりよい経済的および社会的進歩や開発条件を実現するために計画された行動。
　　　　(b)財の生産，交換そして消費の拡大のため，各国における高度で着実に増大する有効需要と実質所得の維持・達成のため，世界の経済的諸資源の開発のため，関税およびその他の貿易障壁の引下げ，そして国際通商におけるあらゆる差別待遇の撤廃のための行動。
　　　　(c)世界貿易の過度の変動を避け，バランスのとれた拡大する世界経済に貢献するための行動。

    2．すべての諸国が経済の繁栄と発展に必要な市場，財そして生産ファシリティに平等な条件で接近できるようにすること。
    3．加盟国とくに工業発展の初期段階にある諸国の工業および経済開発を支援すること。
    4．加盟国間の協議と相談を通じて，国際貿易，雇用そして経済開発の分野での問題の解決を図ること。
    5．相互に利益的なベースで貿易と経済開発の機会を増大させることによって，加盟国に，世界貿易を破壊し，雇用を減少させ，経済進歩を遅らせるような手段の採用を回避させること。(ECOSOC, 1947a, p. 3)

(15) もっとも，第27条は完全に削除されたのではない。その一部はジュネーブ会議で作成されたGATT完成案の第29条「本協定とITO憲章との関係」の第1項の次のような規定に引き継がれた。すなわち，締約国はITO憲章受諾の日まで，ITO憲章草案の一般的諸原則を「その行政上の権限の及ぶ最大限度まで (to the fullest extent of their executive authority)」遵守するよう試みる（ECOSOC, 1947d, p. 62：傍点は筆者）。つまり，ITO憲章草案の諸原則の具体的内容については明言を避け，曖昧にしたうえで，行政上の権限という言葉を入れることで，ITO憲章の諸原則をGATT締約国が遵守する義務を限定しようとしたのである。この点については第8章で詳述する。

参考文献
[イギリス国立公文書館（The National Archives: TNA）関係]
Board of Trade (1947), "Economists Group on Long-Term Problems: Study by Economists outside the Government Services of Alternative Policies for Adoption if the International Trade Organization fails," reference No. BT11/5180：
Board of Trade (1947a1), "The Economist Report—Economic Groups," 8th July in reference No. BT11/5180.
Board of Trade (1947a2), "The Effect on the United Kingdom of the Formation of Customs Unions of Which the United Kingdom is not a Member," undated, in reference No. BT11/5180.
Board of Trade (1947a3), "Further Methods of Improving the Balance of Payments," 23rd August in reference No. BT11/5180.
Cabinet (1947b), "Proposal for a Study of the Possibilities of Close Economic Co-operation with our Western European Neighbours," reference No. C.P.(47) 35, 18th January in Cabinet Memoranda, reference No. CAB129/16.
Cabinet (1947c), "Commercial Policy: Economic Co-operation with Western Europe," reference No. C.M.(47) 13th Conclusions, 28th January in Cabinet Minutes, reference No. CAB128/9.

第5章　第1回貿易雇用準備会議（ロンドン会議）と GATT 草案の作成

Colonial Office (1947), "1947 International Conference: Trade Negotiating Committee," reference No. CO/852/702/1：
Colonial Office (1947d1), "General Agreement on Tariffs and Trade: Note by the Joint Secretaries," reference No. T.N.(47)9, 27th January in reference No. CO/852/702/1.
Colonial Office (1947d2), "Proposed 'General Agreement on Tariffs and Trade': Question of Its Contents," 30th December, 1946 in "Points for the Interim Drafting Committee: Note by the Joint Secretaries," reference No. T.N.(47)2, 2nd January in reference No. CO/852/702/1.
Colonial Office (1947d3), "Minutes of a Meeting held in Board of Trade, I. C. House, on Tuesday, 31st December, 1946," reference No. T.N.(46) 10th Meeting, 4th January in reference No. CO/852/702/1.
Colonial Office (1947d4), "Minutes of a Meeting held in Board of Trade, I. C. House, on Tuesday, 7th January, 1947," reference No. T.N.(47) 1st Meeting, 15th January in reference No. CO/852/702/1.
Colonial Office (1947d5), "Work of the Interim Drafting Committee: Note by the Joint Secretaries," reference No. T.N.(47)26, 2nd April in reference No. CO/852/702/1.
Colonial Office (1947d6), "Report of the Interim Drafting Committee: Note by the Joint Secretaries," reference No. T.N.(47)24, 24th March in reference No. CO/852/702/1.

［アメリカ国務省関連文書］
Foreign Relations of the United States.（文中ではFRUSで統一した）
U. S. Department of State (1946a), *Suggested Charter for an International Trade Organization of the United Nations*, Pub. 2598, September.

［アメリカ国立公文書館（the United States National Archives: NARA）関係］
International Conference on Trade and Employment (1947-48: Havana, Cuba). 11/17/1947-3/24/1948: following 5 Files in this Creator.
　"Leddy, J. M.: Miscellaneous," National Archives Identifier Number 2195449.
　"Leddy, J. M.: Personal," National Archives Identifier Number 2195451.
　"Leddy, J. M.: General," National Archives Identifier Number 2195452.
　"Leddy, J. M.: List of Products," National Archives Identifier Number 2195453.
　"Leddy, J. M.: Chron. File," National Archives Identifier Number 2195455.
　（以上の史料はすべて The National Archives website: http://www.archives.gov/の The National Archives Catalog［http://www.archives.gov/research/catalog］にて検索し，NARAから入手したものである：史料の分類ナンバーはOnline　Public Access［OPA］の方式に従っている）。

[Truman Presidential Museum & Library] (http://www.trumanlibrary.org よりダ
ウンロード)
Truman Library (1973a), Oral History Interview with John M. Leddy.
Truman Library (1973b), Oral History Interview with Honore' M. Catudal.
Truman Library (1973c), Oral History Interview with Winthrop G. Brown.
[GATT・ITO 関連文書] (http://www.wto.org/english/docs_e/gattdocs_e.htm より
ダウンロード)
United Nations Economic and Social Council (ECOSOC) (1946a), "Multilateral Trade-Agreement Negotiations: Procedures for Giving Effect to Certain Provisions of the Proposed ITO Charter by Means of a General Agreement on Tariffs and Trade among the Members of the Preparatory Committee," 21 November, reference No. E/PC/T/C.II/58.
ECOSOC (1946b), "Report of the First Session of the Preparatory Committee of the United Nations Conference on Trade and Employment," reference No. E/PC/T/33.
ECOSOC (1946c), "Cumulative List of Documents issued by the Preparatory Committee of the International Conference of Trade and Employment," 5 December, reference No. E/PC/T/INF/9.
ECOSOC (1946d), "Report of Committee II: General Commercial Policy (Restrictions, Regulations and Discriminations)," 24 November, reference No. E/PC/T/30.
ECOSOC (1946e), "Committee II: Sub-Committee on Procedures: 4th Meeting held on 2 November, 1946," 4 November, reference No. E/PC/T/C.II/41.
ECOSOC (1946f), "Verbatim Report of the Twelfth Meeting of Committee on 22nd November, 1946," undated, reference No. E/PC/T/C.II/PV/12.
ECOSOC (1946g), "Draft Report of the Rapporteur of Sub-Committee on the Procedure," 20 November, reference No. E/PC/T/C.II/57. (ネットからはフランス語版のみダウンロードが可能であったが，現在ではフランス語版も削除されている)
ECOSOC (1946h), "Resolution regarding the Negotiation of a Multilateral Trade Agreement embodying Tariff Concessions: Submitted by the United States Delegation," 23 November, reference No. E/PC/T/27.
ECOSOC (1946i), "Resolution regarding the Appointment of a Drafting Committee," 23 November, reference No. E/PC/T/29.
ECOSOC (1947a), "Report of the Drafting Committee of the Preparatory Committee of the United Nations Conference on Trade and Employment, 20 January to 25 February 1947," 5 March, reference No. E/PC/T/34.

第5章　第1回貿易雇用準備会議（ロンドン会議）とGATT草案の作成

ECOSOC (1947b), "Tentative and Non-Committal Suggestions by the United Kingdom Representatives," 1 February. reference No. E/PC/T/C.6/W.40.

ECOSOC (1947c), "Tentative and Non-Committal Draft suggested by the Delegation of the United States: General Agreement on Tariffs and Trade," 7 February, reference No. E/PC/T/C.6/W.58.

ECOSOC (1947d), "General Agreement on Tariffs and Trade," undated, reference No. E/PC/T/214/Add.1/Rev.1.（ECOSOC, 1947gより，1947年10月4日に発行されたことがわかる）

ECOSOC (1947e), "Protocol of Provisional Application of the General Agreement on Tariffs and Trade," undated, reference No. E/PC/T/214/Add.2/Rev.1.（ECOSOC, 1947gより，1947年10月4日に発行されたことがわかる）

ECOSOC (1947f), "Final Act adopted at the conclusion of the Second Session of the Preparatory Committee of the United Nations Conference on Trade and Employment," undated, reference No. E/PC/T/214/Rev.1.（ECOSOC, 1947gより，1947年10月4日に発行されたことがわかる）

ECOSOC (1947g), "Note by the Secretariat concerning the revised texts of the Final Act, the General Agreement proper, and the Protocol," 4 October, reference No. E/PC/T/226.

ECOSOC (1947h), "Sub-Committee on Tariff Negotiations: Summary Record of the First Meeting held at Lake Success on 5 February," 5 February, reference No. E/PC/T/C.6/42.

ECOSOC (1947i), "Sub-Committee on Tariff Negotiations: Summary Record of the Second Meeting held at Lake Success on 6 February," 6 February, reference No. E/PC/T/C.6/46.

ECOSOC (1947j), "Sub-Committee on Tariff Negotiations: Summary Record of the Third Meeting held at Lake Success on 11 February," 11 February, reference No. E/PC/T/C.6/67.

ECOSOC (1947k), "Sub-Committee on Tariff Negotiations: Summary Record of the Fourth Meeting held at Lake Success on 12 February," 12 February, reference No. E/PC/T/C.6/74.

ECOSOC (1947l), "Sub-Committee on Tariff Negotiations: Summary Record of the Fifth Meeting held at Lake Success on 13 February," 14 February, reference No. E/PC/T/C.6/79.

ECOSOC (1947m), "Sub-Committee on Tariff Negotiations: Summary Record of the Sixth Meeting held at Lake Success on 14 February," 17 February, reference No. E/PC/T/C.6/87.

ECOSOC (1947n), "Sub-Committee on Tariff Negotiations: Summary Record of the

Seventh Meeting held at Lake Success on 18 February," 19 February, reference No. E/PC/T/C.6/91.
ECOSOC (1947o), "Draft General Agreement on Tariffs and Trade," 20 February, reference No. E/PC/T/C.6/85/Rev.1.
ECOSOC (1947p), "Article 24—Addition Proposed by the Delegate for the United Kingdom," 23 January, reference No. E/PC/T/C.6/W.15.
ECOSOC (1947q), "Revision of Secretariat of the International Conference on Trade and Employment," 17 February, reference No. E/PC/T/C.6/88/Rev.1.

[欧文文献]

Culbert, J, (1987), "War-time Anglo-American Talks and the Making of the GATT," *The World Economy*, Vol. 10, No. 4.
Gardner, R. N. (1980: new, expanded edition with revised introduction; the first in 1956), *Sterling-Dollar Diplomacy in Current Prospects of Our International Economic Order*, Columbia University Press. [村野　孝・加瀬正一訳 (1973)『国際通貨体制成立史——英米の抗争と協力』(上・下) 東洋経済新報社]
Howe, A. C. (2003), "Free Trade in Historical Perspective," *KIU Journal of Economics & Business Studies*, Vol. 9, No. 3. [高田　実訳 (2003)「自由貿易の歴史的意味」『(九州国際大学) 経営経済論集』第9巻第3号]
Howson, S. (eds.) (1988, 1990), *The Collected Papers of James Meade*, Ⅰ-Ⅳ, Unwin Hyman. (なお, 第Ⅳ巻は Moggridge, D. との共編)
Howson, S. (2000), "James Meade," *The Economic Journal*, Vol. 110, No. 461.
Irwin, D. A., Mavroidis, P. C. & Sykes, A. O. (2008), *The Genesis of the GATT*, Cambridge University Press.
Leddy, J. M. (1958), "GATT——A Cohesive Influence in the Free World," *Journal of Farm Economics*, Vol. XL, No. 2.
Leddy, J. M. & Norwood, J. L. (1963), "The Escape Clause and Peril Points Under the Trade Agreements Program," in Kelly, W. B., Jr. (ed.), *Studies in United States Commercial Policy*, Chapel Hill: University of North Carolina Press.
Miller, J. N. (2000), "Origins of the GATT: British Resistance to American Multilateralism," Working Paper No. 318 of Jerome Levy Economics Institute at Bard College.
Miller, J. N. (2003), "Wartime Origins of Multilateralism, 1939-1945: The Impact of Anglo-American Trade Policy Negotiations," unpublished Ph.D. dissertation, University of Cambridge.
Penrose, E. F., (1953), *Economic Planning for the Peace*, Princeton University Press.
Toye, J. & Toye, R. (2004), *The UN and Global Political Economy*, Indiana University Press.

Toye, R. (2003), *The Labour Party and the Planned Economy, 1931-1951*, The Royal Historical Society/Boydell Press.

Zeiler, T. W. (1999), *Free Trade Free World: The Advent of GATT*, Chapel Hill and London: The University of North Carolina Press.

[邦文文献]

鹿野忠生（2004）『アメリカによる現代世界経済秩序の形成——貿易政策と実業界の歴史的総合研究』南窓社。

三瓶弘喜（2002）「ニューディール期アメリカ互恵通商政策構想——アメリカ的世界経済秩序に関する一考察」『アメリカ経済史研究』創刊号。

山本和人（1985）「1930年代のアメリカ貿易政策(1)——非関税障壁問題を中心として」『（福岡大学）商学論叢』第29巻第4号。

山本和人（1999）『戦後世界貿易秩序の形成——英米の協調と角逐』ミネルヴァ書房。

第6章
第2回貿易雇用準備会議（ジュネーブ会議）への途
—— 分析視角と米英の動向 ——

　『世界経済評論』2008年2月号に，池間誠氏は「還暦を迎えたGATT/WTO」と題する巻頭文を寄稿されているが，その中で氏は，短命に終わった19世紀後半からのイギリスを中心とする自由貿易体制とGATT/WTO体制との違いを，自由貿易を多角化し，監視運営する国際貿易機関の存在の有無に求められ，この点を過小評価すべきではないと結論付けられている（池間誠，2008，5ページ）。われわれの問題意識も，温度差はあるにしても，国際貿易機関の存在を重視する氏の見解と重なり合うものである。これまでわれわれは戦後貿易体制の最大の特徴を多国間主義にあると認識し，世界貿易体制の構築過程について，国際機関の設立とそれが提供する貿易ルール（財貿易を超えるその他のルール：われわれが呼ぶところの「広義の貿易政策」を含める）がいつどのように構想され，それが如何なる過程を経て，最終的にGATTに行き着くのか，を中心に考察を進めてきた。

　本章の目的は，GATT誕生の最終局面である第2回貿易雇用準備会議，いわゆるジュネーブ会議に対するわれわれの分析視角を明確にするとともに，ジュネーブ会議，とくに第1回多国間関税引下げ交渉に向けての米英そしてイギリス自治領の動向について分析することにしたい。

第1節　ジュネーブ会議分析の視角

（1）　戦後貿易システム構築におけるジュネーブ会議の位置付け

　巻末の年表「戦後世界貿易システム形成の歩み」に示したように，1929年の世界大恐慌の勃発を契機とする世界経済の解体から，その再建に向けてのシステムの構想は，1941年8月の大西洋憲章第4，第5パラグラフの発表（第1回目の戦

後貿易に関する定義）と1942年2月の相互援助協定第7条（第2回目の戦後貿易に関する定義），われわれの呼ぶところの戦後世界経済再建に関するグランド・デザインの公表をもって本格化する。戦中を通じて行われた米英両国によるグランド・デザインの具体化の作業は，大戦後，中核国グループを組み入れることによって，世界的な規模へと拡大していくのである。

　第6章から第8章において分析するジュネーブ会議（第2回目の貿易雇用準備会議）は，GATT条文の完成とその暫定的施行，そしてGATTの第1回関税譲許交渉ラウンドの実施という，現在から見れば，戦後貿易システム作りの完成およびその体制の始動点として非常に大きな意義を持つと思われるが，我が国においてジュネーブ会議に関する詳細かつ体系的分析は，管見する限り，皆無であるといってよい。アメリカの圧倒的な経済力を背景として打ち立てられた自由・多角・無差別主義に基づいた貿易システムとしてのGATTを成立させた会議という捉え方が我が国の学会の一般的評価であろう。しかし，これまでの一連の分析で明らかにしてきたように，この見解はあまりにも戦後の貿易体制成立過程とその結果としてのGATTを一面的にしか見ていない。

　確かに戦後の貿易システム作りは，1943年9～10月のワシントン会議終了以降，イギリスに代わってアメリカが主導権を握ったといえる。これをもってわれわれは戦後貿易システムの面から見て，パクス・アメリカーナが成立したと捉えている。しかしアメリカは貿易システム構築に当たって，一方的に自らの論理を強制したのではない，あるいは強制できたのではない。むしろ，他国（主にイギリス）の構想，具体的には多国間主義（Multilateralism）を取り込み，それを自らの論理に適合させてシステムの構築を図ったのである。さらにこうして戦時中にイギリスと共同して構築してきたシステムは，上述のように戦後，中核国グループをその作成メンバーに加えることによって，まず中核間の間での多国間貿易交渉を実施するとともに，それら諸国の見解を反映させる形でITO憲章ロンドン草案を作成しようとしたのである。こうして出来上がったITO憲章ロンドン草案は，各国の利害（アメリカの主張する自由・無差別貿易，イギリス，西ヨーロッパ諸国の完全雇用政策，そして英連邦諸国〔イギリスとカナダを除く〕，ラテン・アメリカそして中国などの要求する経済開発の3つの目的の遂行）を鏤めた，いわば理想主義的な世界経済の構築を謳ったものとなった。別の言い方をすれば，ロンドン草案は

第6章 第2回貿易雇用準備会議（ジュネーブ会議）への途

玉虫色の色彩を帯びた文書であったといえる。では，こうしたロンドン会議の成果はジュネーブ会議にどのように引き継がれるのか。

　第6章から第8章の目的は，GATT誕生の最終局面とその機能の開始，つまり，われわれがこれまで分析を続けてきた戦後世界貿易体制成立過程の到達点を考察することを通じて，GATTに対する総合的評価を下そうとするものである。またそれはWTOのもとに新たに編成された現代貿易システムをどう評価するかに繋がると考える。

　さて，ロンドン会議（その延長としてのニューヨーク起草委員会会議）の終結に当たって，1947年2月20日にひとつの文書が採択されたが（ECOSOC, 1947c, p. 1），それは第2回貿易雇用準備会議（ジュネーブ会議）の作業スケジュールに関する国連事務局の計画案を骨子とするものであった（ECOSOC, 1947a）。その中で，ITO憲章アメリカ草案は中核国グループによって「徹底的に討論された」（Ibid., p. 5）と指摘されているとおり，2カ月以上にわたる議論を経て，すでにその基本的枠組みは完成の域に達していたといえる。またGATT草案（われわれの呼ぶところのGATT第2草稿）についても，第5章で考察したようにその形を整えつつあった。こうした中で第2回貿易雇用準備会議は，国際貿易雇用会議への提出が可能となるまでさらにITO憲章ロンドン草案を彫琢するとともに，GATT条文の完成を目指すことにあった。しかし，その文書が中心に扱っているのは，こうした枠組み作りでなく，貿易自由化のための具体的な交渉の実施，いわゆる関税および貿易障壁の削減交渉についてであった。後にGATTの第1回関税譲許交渉（ラウンド）と呼ばれるものである。文書がジュネーブ会議をこのように位置付けたのは，米英両国の勧告に従ったからである。イギリスはロンドン会議の代表団長会議（Heads of Delegations Meeting）において，条文の作成については非常に大きな進展が見られるが，関税に関する交渉は意図的に引き延ばされてきた。したがってジュネーブ会議は当初，条文の作成およびその検討を中断して，関税交渉だけに集中すべきであると主張した（ECOSOC, 1946a, p. 6）。またアメリカはニューヨーク起草委員会の会議において，関税交渉と条文の規定は密接な関係を有していると述べ，関税交渉だけに集中するというイギリスの考えを批判はしたが，それでもジュネーブ会議では関税交渉が優先権を持っていると主張した（ECOSOC, 1947b, p. 1）。このような米英の考えが上述したジュネーブ

会議の作業スケジュールに関する文書に繋がったと考えられる。

われわれの分析もジュネーブ会議を，第7章で関税引下げおよび貿易障壁削減を巡る交渉に焦点を当て考察し，次に第8章でGATT条文の作成プロセスについて論じ，ITO憲章全体については必要な限りにおいて触れることにしたい。それに先立って，本章で，まずジュネーブ交渉分析の準備作業として，欧米におけるGATT研究の流れを多国間主義（Multilateralism）とEmbedded Liberalismというフレーズを軸に紹介することで，われわれの問題意識を鮮明にしておこう。

（2） 欧米のGATT研究の一系譜：多国間主義論とEmbedded Liberalism

戦後貿易システムの特徴は，自由・多角・無差別主義というフレーズで語られることが常であるが，我が国においてとくに世界経済論や貿易論そして経済史の専門家たちが，「多角主義（Multilateralism）」，われわれのいう多国間主義について，その内容を正確に規定した上で使用しているとは言い難い。戦後貿易システムの起源を1930年代のアメリカ貿易政策（互恵通商協定締結運動）の中に求める論者はその典型であるといえよう。アメリカが自国の高関税率を引下げる方向に転じた事実（もちろん，その引下げ方式にはさまざまなトリックが施されていることはすでに指摘した）だけに注目して，どうして2国間主義を基調とした1930年代アメリカ貿易政策を戦後貿易システムの原型と規定することができるのであろうか。

それに対してわれわれは戦後貿易システムの特徴のひとつを多国間主義（Multilateralism）の形成に置いた。第2次大戦前の世界貿易と戦後のそれを画するのは，貿易をルール化し，それを多国間で適用する制度の有無にある。このような多国間主義（それが多国間協定の形をとろうが，国際機関に結実しようが）がどのように構想され，如何なるルールがそれにビルトインされたのか。われわれの研究はそれを歴史的，実証的に明らかにする途上にある。

ところで国際関係論の分野から，GATTを含めた第2次大戦後の国際制度の分析を試みた政治学者のラギー（Ruggie, J. G.）は1990年代初めに，多国間主義を次のように定義した。「多国間主義とは一般化された行動原則に基づいて3カ国以上の関係を調整する制度上の形態（institutional form）のこと」（Ruggie,

1993, p. 11) であり，第 2 次大戦前には基本的には存在しなかったと (Ibid., p. 24)。彼は，戦後の多国間主義の形態を貿易だけに限定せず，安全保障面についても検討しているが，とくに戦後貿易におけるその行動原則について，単に無差別で自由な貿易原則を一般化した19世紀型のレッセフェールではなく，国内安定（つまり完全雇用の維持）の必要性から国家介入を，言い換えれば自由・無差別主義からの逸脱と制限を認めるものであると述べた (Ruggie, 1982, p. 393)。ラギーはここで Embedded Liberalism（エンベデッド・リベラリズム）という概念を用いて戦後の多国間主義の特徴について説明したのである。次に彼のいう Embedded Liberalism の内容についてさらに説明を加えることにしよう。

ヴィクトリア時代すなわち19世紀において，国際的な均衡（通貨の対外価値の安定）が国内の安定（雇用の維持や物価安定）より優先される政策がとられ，この下で自由貿易が進展した。しかし，国内政治の民主化の進展と大恐慌の勃発は，国際的な関係を無視して国内の安定を追求する政策を各国に採用させることになった。そしてこうした政策が究極的に国際経済関係の決定的破壊（戦争）に繋がった。以上の経験から第 2 次大戦後，先進資本主義諸国には「崇高な社会契約 (grand social bargain)」なる考えが生まれた。それは「社会が，1930年代のアウタルキーほどでないにしても，場合によっては厳しく管理されることもあり得る自由市場を認めるだけでなく，その自由市場が必然的に生み出す社会的調整コストを受け入れ，シェアすることに合意する」というものであった (Ruggie, 2003, pp. 93-94)。これがいわゆる Embedded Liberalism のエッセンスである。こうして彼は「経済的自由化が社会に埋め込まれた (economic liberalization was embedded in social community)」(Ibid., p. 94) と述べている。

さらにラギーは，多国間主義と Embedded Liberalism との関連について，Embedded Liberalism を実現，維持するための戦後の制度的再建は，多国間主義に基づいて行われたが，その多国間主義の具体的内容は，その制度の再建に当たる各国間の交渉の中身に依拠することになったと述べている (Ruggie, 1982, p. 393)。この Embedded Liberalism の維持に大きな役割を演じた多国間主義の制度的形態が IMF であり，GATT であった。そして彼はこの多国間主義の制度的形態が圧倒的なアメリカの権力と実行力によって打ち立てられたと述べている (Ibid., p. 397)。

GATT に対するラギーの評価を同じ方法論に基づいてアメリカの利害をさらに強調したのが，ゴールドスティン（Goldstein, J.）である。彼女によれば，GATT の構築は，あくまでもアメリカの権力によって行われ，アメリカの構想した多国間主義的な世界貿易体制を創出することを目的としていたものであって，他国（イギリスを含めて）にアメリカが協力を求めるために譲許した結果の産物ではない（Goldstein, 1993, pp. 222-223）。もっとも，GATT ルールには自由貿易を実施する規定だけではなく，各国政府に国内介入政策を許す例外規定を設けていた。つまり GATT は Embedded Liberalism を目指す体制であったと（*Ibid*., p. 225）。そしてその例として彼女は農産物に関する規定や緊急輸入制限規定などを挙げ，それらがアメリカの利害によって挿入されたものであるとしている。このようにゴールドスティンが戦後貿易体制の特徴を多国間主義とそれに基づくルール化に求める点は正鵠を得たものであり，また Embedded Liberalism という概念を用いてそのシステムの本質を把握する点も基本的に賛成である。しかし，彼女が GATT の構想からその具体化までアメリカの影響力を絶対化し，その分析に終始するとき，われわれはその手法に違和感を覚えざるを得ないのである。

　こうした研究動向に関して，戦中から戦後にかけての GATT システムの構築過程を綿密に実証分析した欧米の研究者の中にはわれわれと同様にその形成がアメリカによる圧倒的な権力のもとで，かつアメリカによる独創的な発想によって行われたとする主張に疑問を呈しているグループがいる。

　とくに第 2 回貿易雇用準備会議（ジュネーブ交渉）に至る過程について，アメリカの影響力を相対化する作業は欧米の研究者の間でも続けられている。例えば，アイケンベリー（Ikenberry, G. J.）は，国際通貨システムの構築の面からみて米英のエキスパートによる対立ではなく合意，つまり戦時中に米英の経済プランナーのコミュニティ内で生じた「新思考」が戦後の経済秩序の形成に役立ったとし（Ikenberry, 1993, p. 75），したがって，「そのシステムの実体はアメリカとともにイギリスによって形作られたものであり，単なる権力という理由によっては予期できない方法で形成された」（*Ibid*., p. 61）と述べている。アイケンベリーの論文のタイトルは「ケインズ主義的な新思考」となっており，米英両国の（通貨分野の）プランナーが共有していた考えがケインズ主義であったことがわかる。また彼は別の箇所においてそうした共有の考えあるいは合意に達した思考について，

「英米の通貨エキスパートが有するEmbedded Liberal Ideas」(*Ibid.*, p.78)と述べている。一方,バーンハン(Burnham, P.)は,とくに1945年米英金融協定(われわれのいうところの米英金融・通商協定)に焦点を当て,アメリカが圧倒的な経済力を持っていたにもかかわらず,その力を協定に反映させることに失敗した。つまりアメリカは,イギリスによる協定の義務としてのポンド交換性回復の不履行に対して,適切な手段を講じることなく黙認し,ヘゲモンとしての役割を果たさなかった。こうした状況の下で,イギリスはアメリカのもとに「下った(capitulation)」(Burnham, 1992, p.243)と捉えるのではなく,スターリング地域やシティの力を背景にしてアメリカの影響力を限定化することに成功したと説明したのである。

　通商分野に限定しても,ミラー(Miller, J. N.)は一連の論文においては,戦中からGATT創設に至る過程を詳細に跡付け,われわれと同様にGATT構築に対するイギリスの積極的関与とアメリカの権力の相対化について実証している(Miller, 2000, 2003a, 2003b)。さらにGATT第1回関税譲許交渉(ジュネーブ会議の関税交渉面)を分析した数少ない文献であるトイ(Toye, R.)やジラー(Zeiler, T. W.)は,ともに関税の引下げおよび特恵関税(とくに英帝国)の縮小・撤廃がアメリカの意図した通りにまったく進まなかったことを明らかにしている(Toye, 2003, Zeiler, 1997)。いずれにせよ,こうした一連の欧米のGATT研究を踏まえたうえで,われわれは「GATT型多国間主義」という名称をあてることで,戦後の貿易システム形成を跡付け,GATTの本質に迫ることにしたい。第6章から第9章は,戦後貿易システム形成の最終局面を明確にすることに向けられる。

第2節　ジュネーブ会議に向けて

(1) ロンドン会議での合意

　ここで再び戦後貿易制度の成立過程の中にジュネーブ会議を位置付けておこう。第3章の前掲表3-1に示したように,その設計プロセスは紆余曲折を経て,1946年5月下旬に米英間で合意に達した。中核国グループによる2回の準備委員会会議を開催した上で本会議つまり国際貿易雇用会議を招集し,ITO憲章の承認に

導くというものであった。そして第2回目の準備委員会会議つまりジュネーブ会議は，中核国グループ間での関税引下げ交渉を伴った。いわゆるファースト・トラックとこれまでわれわれが称してきたものである。すでに第1節の(1)項で触れたように，ロンドン会議（ニューヨーク起草委員会会議を含めて）においてジュネーブ会議ではファースト・トラックの交渉に重点を置くことが合意されていた。それだけではない。ロンドン会議報告書，正式には『第1回国連貿易雇用会議準備委員会報告書』（ECOSOC, 1946b）は，付属文書10「多国間通商協定交渉——準備委員会のメンバーの間で関税と貿易に関する一般協定という手段を通じてITO憲章の諸規定を実施するための手続き」（*Ibid.*, pp. 48-52）において関税交渉の具体的手順を次のように規定していたのである。

　それによれば，関税交渉は4つの段階を経て行われる。第1段階において，各メンバーは関税譲許を獲得したいと考えるメンバーに対して，関税譲許要求リストを提出する（1946年12月31日までに提出することが望ましい）。第2段階として，譲許要求リストを受け取ったメンバーはそのリストを検討し，ジュネーブ交渉開始時に譲許可能なリストを提出する。第3段階は，ジュネーブ会議における具体的交渉となる。それは2国間を基調とし，場合によっては3，4カ国間の交渉に発展する。第4段階は，各交渉段階で準備委員会が全体的視野からの検討を行い，最終段階で交渉の全体像を各国に提示する（*Ibid.*, p. 50）。こうして各国が2国間交渉の枠を超えて多国間協定としてジュネーブ交渉を評価できる体制が整えられるのである。

　このように見てくれば，関税交渉の面からは，すでにロンドン会議の終了時点でジュネーブ関税交渉の幕は切って落とされていたといえるであろう。中核国諸国は多くの場合12月31日には間に合わなかったが，主要な中核国間ではジュネーブ会議開始までに譲許要求リストを互いに交換した。つまり関税交渉の第1段階はすでに基本的にジュネーブ会議開催前に終わっていたのである。

　次にロンドン会議終了からジュネーブ会議開始までの間に，イギリスが関税譲許交渉に向けて具体的にどのような基本的方針を打ち立てたのか，について検討することにする。

（2） イギリスの動向：イギリスの関税および特恵政策と英連邦会議の招集

①関税・特恵政策に関する商務大臣クリップスの見解と対外経済政策委員会（OEP）の開催

　ロンドン会議からジュネーブ会議までの3カ月余りの短期間にイギリス政府は関税譲許および特恵の縮小・撤廃交渉に関してかなり周到な準備を行っている。それは第1段階として，商務省が中心となって方針の作成に取り組み，それについてアトリー首相を長とする内閣の委員会（対外経済政策委員会〔Committee on Overseas Economic Policy： OEP. 以下，OEP で統一〕）で検討，決定するとともに，第2段階として，その方針を英連邦諸国に伝え，英帝国としての団結を保持する目的から自治領諸国をロンドンに招集するというものであった。本項ではまず第1段階について検討することにしよう。

　商務大臣クリップス（Cripps, S.）は，ジュネーブ会議に向けてイギリスの方針について自らの見解を示した文書を作成し，OEP に提出した。この文書は1947年1月13日付の「要求と譲許に関する一般政策」と称する OEP 文書となり（Prime Minister's Private Office, 1947f1），1947年1月16日に開催された第1回目の OEP 会議で検討され，アトリー首相を始めとする閣僚たちによる承認（Prime Minister's Private Office, 1947f2）を経て，ジュネーブ会議に向けてのイギリスの関税および特恵政策の基本路線となった（Prime Minister's Private Office, 1947f3, p. 1）。こうしたクリップスの見解は，「イギリスの関税と特恵問題に対するアメリカの要求」と題する覚書（Ibid., pp 1-4）によって補強され，この覚書もアトリー首相を議長とした3月14日開催の第3回 OEP 会議によって承認された（Prime Minister's Private Office, 1947f4）。従って，ここでクリップスの上記2つの文書と覚書の内容を検討しておくことはジュネーブ会議に向けてのイギリス貿易政策の基本方針を確認するという意味で重要な作業であると考える。

　まずジュネーブ会議に対するイギリスの目標について，一般的な言葉をもって簡単に要約することは不可能である（Prime Minister's Private Office, 1947f1, p. 1）と彼は述べる。しかしその例外はアメリカであると主張する。つまりジュネーブ会議の「主な目的は法外なアメリカ関税を引下げることにある」（Ibid., p. 2）。具体的にクリップスは，イギリスの関心品目すべてについて互恵通商協定法のもとで認められている最大限の関税引下げ幅50％までの引下げを要求すべきであると

表 6-1　イギリスのアメリカに対する関税譲許要求リスト——第1回関税引下げ交渉（ジュネーブ会議）に向けて

1．一般関税率の引下げ	462
1-a　50％引下げ	449
1-b　対キューバ関税率までの引下げ	11
1-c　付加税の撤廃	2
2．一般関税率の固定化（無税を含む）	17
3．譲許総数〔1＋2〕	479

(注)　第2欄の一般関税の固定化には加工税の固定化を含む。
(出所)　Cabinet, 1947d8, Cabinet, 1947d10より作成。

し，さらに新たな通商法案の提出によって50％を超える引下げをアメリカ議会に諮ることが可能となる場合には，いくつかの品目について50％以上の引下げを求める権限を保持すべきであると主張している（*Ibid.*, p.2）。

　こうしたクリップスの見解がイギリスのアメリカに対する関税譲許要求リストに具現化したといえる。表 6-1 より，イギリスがアメリカに求めた関税譲許要求品目は479品目であり，このうち実に94％に相当する449品目が50％の関税引下げを求められていることがみてとれる。イギリスのアメリカに対する要求が，選択的ベースであるにせよ，アメリカ関税率の半減化であったことが理解できよう。付言すれば，表 6-1 の 1-b 欄に示されているように，11品目についてキューバに供与している特恵関税率の水準まで一般関税率を引下げることを要求している。これは対キューバ特恵関税の撤廃を意味するものである。それに加えて，イギリスはアメリカがキューバで享受している特恵関税の撤廃をその要求に入れた（Prime Minister's Private Office, 1947f3, p.1）。この行動は，後述するように英帝国特恵関税制度の撤廃を要求するアメリカに対するイギリスの抵抗の表れであると考えられる。かくしてイギリスのアメリカに対する要求は，イギリスの関心品目についてアメリカの現行関税率の半減化とキューバとの特恵関税システムの破壊であったと捉えることができる。

　それでは，逆にイギリスはアメリカからの要求をどの程度叶えるつもりであったのか。この問題はアメリカの具体的要求に関する分析を行った上で検討しなければならないが，それについては(3)項で詳述することにし，以下ではイギリスの

基本路線を述べることに止めよう。まず，英帝国特恵関税制度に対するアプローチである。クリップスの覚書は次のように述べている。「アメリカが50％までの関税引下げに限定しているときに，われわれが一般的ルールとして特恵関税の撤廃を期待されるのは当を得ない」(*Ibid*., p. 2. 傍点は筆者)。ところで彼のいうわれわれという言葉は，イギリスを含む英連邦諸国全体を指すと考えられるが，英連邦諸国の基本路線は，特恵関税幅の縮小に関してはアメリカから満足な譲許を獲得できたことを条件として行うにしても，撤廃に関しては基本的に実施しないというものであった(*Ibid*., p. 2)。こうした方針は『国際通商同盟案』の発表を嚆矢とする対米戦時貿易交渉以来，イギリスが堅持してきたものであった(山本和人，1999，第7章～9章および本書の第2章の第2節(1)項②を参照のこと)。しかし，この考えが英連邦諸国間の統一見解となっていたわけではない。したがってイギリスはジュネーブ会議直前，ロンドンに英連邦諸国の代表を招集し，3月11日から3週間以上にわたって見解の統一を図るために英連邦会議を開催することになる。この会議については本項②で分析しよう。なお，特恵関税幅の縮小は，基本的に最恵国関税率を引下げることを通じて行うべきであるとクリップスは勧告している(Prime Minister's Private Office, 1947f3, p. 2)が，この方式は「自動化規定(Automatic Rule)」と呼ばれ，米英金融・通商協定において合意され，ITO憲章ロンドン草案の第24条1項(b)に明記されていた(ロンドン草案の内容については〔ECOSOC, 1946b, pp. 27-41を参照〕)。

　さらにイギリスは自国の関税率引下げについても消極的であった。クリップスは次のような論法を用いて，イギリスの関税率が第2次大戦を通じてすでに実質的には低下していると主張したのである。

　イギリスがオタワ協定で域外諸国からの輸入品(ほとんどが食料)に課した関税は従量税に基づいていた(もちろん，英連邦諸国からの輸入は無税)。クリップスによれば，戦争による物価上昇の結果，それら品目にかかる関税率は，従価税率に換算し直せば，戦前の15～20％から，4～8ないし9％に低下していた。従ってこれはすでにイギリスが譲許を行っていることを意味し，従ってそれを維持することが得策である。そして今後物価が下落する場合に，従価税率への転換を申し出るべきである(Prime Minister's Private Office, 1947f1, p. 7)。(3)

　以上の分析から明らかなように，イギリスはジュネーブ会議関税交渉の最大の

目標を対米交渉に置き,アメリカに大幅な関税引下げを要求するとともに,英帝国特恵関税制度の絶対保持（撤廃拒否）を目指したのである。そして対米交渉に向けて,英連邦諸国の結束を固めるためにジュネーブ会議直前,英連邦諸国をロンドンに招集した。われわれの次の分析はこの英連邦会議に向けられる。

②英連邦会議（1947年3月11日～4月3日）の招集——ジュネーブ会議関税交渉に対する自治領諸国とインドの見解

クリップス商務大臣の覚書によると重要な国際会議が開催される前に必ずイギリスは英連邦諸国の代表者を過去数年間にわたって何回も招集してきたという（Cabinet, 1947b1）。第3章で分析したように,ロンドン会議直前にもイギリスは英連邦会議を開き,ITO憲章アメリカ草案に対する英連邦諸国の見解を調整し,ロンドン会議を有利に導こうとした。今回の会議も同じように考えられる。

前述したように,ジュネーブ会議は,その優先事項を関税の引下げおよび特恵関税幅の縮小・撤廃に関する交渉に置いていた。これを受けて英連邦会議はこの問題だけに集中し,ITO憲章やGATTの規定に関する討論は次回に延期することにしたのである（Cabinet, 1947b1i, p.1）。そしてとくにアメリカによる英連邦諸国の関税や特恵関税に対する要求にうまく対処するために英連邦の団結を求めたのである（Foreign Office, 1947e2）。本項では対外経済政策委員会（OEP）や貿易交渉委員会（TNC）に配布された文書「英連邦諸国間の協議：イギリス代表団による報告書」（Cabinet, 1947b1i）を軸に,またマッケンジーの研究（McKenzie, 2002）を参照しながら,会議の内容とその帰結を明らかにしておこう。

この英連邦会議には,自治領諸国やインドの他にニューファンドランド,セイロン,ビルマそして南ローデシアの植民地がそれぞれの代表を派遣した（その他の植民地についてはイギリスがその代表を務めた）。後者の3地域はジュネーブ関税交渉に参加し,GATTの原締約国を構成することになる。この会議で特徴的なことは,参加各国が受け取った関税譲許要求リスト（後述するようにそのリストはアメリカからのものであった）に対するオファーを作成するに当たって,要求リストを受け取った国を議長国（植民地の場合はイギリスが議長国を務める）とする「カントリー委員会（Country Committee）」が組織されたことにある（イギリス,自治領〔4カ国〕,インド,ニューファンドランド,上記の植民地3地域そしてその他の植民地を合わせると計11のカントリー委員会が形成されたことになる）。こうしてそ

第6章 第2回貿易雇用準備会議（ジュネーブ会議）への途

表6-2 アメリカによるイギリス・英連邦諸国に対する関税譲許要求リスト——第1回関税引下げ交渉（ジュネーブ会議）に向けて

表6-2-a イギリス

1．特恵関税の撤廃	61
2．特恵関税幅の縮小	90
3．一般関税率の引下げ	122
4．一般関税率固定化（無税を含む）	121
5．譲許総計〔3＋4＋＊〕	250

（注）1．＊7品目については後に通知するとなっている。
2．一般関税率（最恵国税率）固定化の場合でも29品目について特恵関税の撤廃がEliminate preferenceと明記されている。
3．2欄の特恵関税幅の縮小については，現行の特恵関税率が原資料に表示されていないので，特恵関税撤廃が明記されている一般関税率引下げ対象品目32以外のすべての引下げ対象品目90を特恵関税幅縮小品目とした。したがってすべての引下げ品目について特恵関税が適用されていることを前提としている。
（出所）Cabinet, 1946d1より作成。

表6-2-b オーストラリア

1．特恵関税の撤廃	116
2．特恵関税幅の縮小	5
3．一般関税率の引下げ	74
4．一般関税率固定化（無税を含む）	66
5．譲許総数〔3＋4＋＊〕	160

（注）1．＊20品目についてはまだ具体的要求がない（no request）状態である。
2．特恵関税の撤廃に分類した116品目のうち68品目については特恵関税の撤廃がEliminateという言葉で明記されている。68品目の内訳は，一般関税率固定化品目（51），現行の特恵関税率の水準までは下げられない一般関税率引下げ品目（15），その他（2）である。48品目については一般関税率を現行の英帝国特恵関税率の水準まで引下げることを示しているだけである。しかし，一般関税率（最恵国税）の引下げを通じて特恵関税の縮小・撤廃を行うとする原則（自動化規定）に従えば，この48品目についても特恵は撤廃されることになる。したがって1欄の特恵関税の撤廃に分類している。ただし，これはオーストリラアが当該品目の現行特恵関税率を引き下げない限りにおいてである。
（出所）Cabinet, 1947d1より作成。

れぞれの英連邦に寄せられた関税譲許要求リストを，その要求を受け取った国を中心にして英連邦全体で協議するという形が整えられたのである。つまり，こうしてどれくらいの譲許が英連邦貿易全体への効果に鑑みて可能なのか（Foreign Office, 1947e2）をジュネーブ会議に先立って英連邦内で調整することができるようになった。まさにイギリスの思惑はここにあったと考えられる。しかし，会議は必ずしもイギリスの意図したとおりには進まなかったことが「報告書」（Cabinet, 1947b1i）より明らかとなる。

ところでこの会議が開催されるときには，英連邦各国は，その他の諸国がまだほとんどリストを提出していない中で，アメリカからは関税譲許要求リストを受け取っていた。報告書に拠れば，「アメリカの要求は包括的で……多くの場合特恵関税の撤廃に向けられていた」（*Ibid.*, p.2）。従って英連邦諸国にとってこの要求にどのように応えるかが，会議の重要な課題となったのである（なお，英連邦諸国に対するアメリカの要求リストは，後に詳細に検討するが，とりあえず，**表6-2-a**

表 6-2-c　ニュージーランド

1．特恵関税の撤廃	40
2．特恵関税幅の縮小	24
3．一般関税率の引下げ	56
4．一般関税率固定化（無税を含む）	28
5．譲許総計〔3＋4＋＊〕	97

（注）1．＊13品目に関してはまだ具体的要求がない（no request）状態であるか，要求欄が空欄になっている。
　　　2．特恵関税の撤廃に分類した40品目のうち35品目については特恵関税の撤廃がEliminateという言葉で明記されている。35品目の内訳は，一般関税率固定化品目（27），現行の特恵関税率の水準までは下げられない一般関税引下げ品目（5），その他（3）である。一方，5品目については一般関税率を現行の英帝国特恵関税率の水準まで引下げることが示されているだけである。しかし，一般関税率（最恵国関税率）の引下げを通じて特恵関税の縮小・撤廃を行うとする原則（自動化規定）に従えば，この5品目についても特恵は撤廃されることになる。ただし，これはニュージーランドが当該品目の現行特恵関税率を引下げない限りにおいてである。
（出所）Cabinet, 1947d2より作成。

表 6-2-d　南アフリカ

1．特恵関税の撤廃	30
2．特恵関税幅の縮小	0
3．一般関税率の引下げ	22
4．一般関税率固定化（無税を含む）	58
5．許総数〔3＋4＋＊〕	92

（注）1．＊12品目についてはまだ具体的要求がない（no request）状態であるか，従量税率から従価税率へ評価基準が変更されている。
　　　2．特恵関税の撤廃に分類した30品目のうち23品目については特恵関税の撤廃がEliminateという言葉で明記されている。23品目の内訳は，一般関税率固定化品目（21），現行の特恵関税率の水準までは下げられない一般関税引下げ品目（2）である。一方，7品目については一般関税率を現行の英帝国特恵関税率の水準まで引下げることが示されているだけである。しかし，一般関税率（最恵国関税率）の引下げを通じて特恵関税の縮小・撤廃を行うとする原則（自動化規定）に従えば，この7品目についても特恵は撤廃されることになる。ただし，これは南アフリカが当該品目の現行特恵関税率を引下げない限りにおいてである。
　　　3．一般関税率の引下げに該当する22品目のうち13品目については現行の特恵関税率を下回る一般税率が要求されており，これらについては，特恵関税の撤廃，縮小のいずれにも分類しなかった。
（出所）Cabinet, 1947d3より作成。

～表 6-2-i を参照されたし）。

　特恵関税幅の撤廃（縮小）方式については，すでにイギリスは，アメリカが主張していた特恵関税率を固定したまま最恵国（一般）関税率の引下げを通じて行うという「自動化規定（Automatic Rule)」を『国際貿易雇用会議による考察に関する提案』（1945年12月）において承認していた。しかし自治領諸国に関しては，ロンドン会議において自動化原則をあくまで暫定的に合意していたに過ぎなかった（Ibid., p.4）。ロンドン会議において，自治領諸国は，保護関税の引下げと特恵関税の引下げは別々に行うべき問題であり，その方が広範な引下げを実施できるという見解を取っていたのである（Cabinet, 1946b2i, p.10）。とくにインドは極端で，特恵関税率を引き上げることによって特恵幅を縮小し，もってアメリカの要求に応えることができるという立場を示していた（Ibid., p.10）。

　英連邦会議において，イギリスは自治領の主張に歩み寄った感がある。その理由は，第1に，アメリカの主張するように特恵関税率を固定させることは，後述

第6章 第2回貿易雇用準備会議（ジュネーブ会議）への途

表 6-2-e　カナダ

1．特恵関税の撤廃	181
2．特恵関税幅の縮小	113
3．一般関税率の引下げ	330
4．一般関税率固定化（無税を含む）	203
5．譲許総計〔3＋4＋＊〕	542

（注）1．＊9品目については，要求税率が記載されていない。
　　　2．特恵関税の撤廃に分類した181品目のうち26品目については特恵関税の撤廃が Eliminate preference と明記されている。26品目の内訳は，一般関税率固定化品目（3），現行の特恵関税率の水準まで下げられない一般関税率引下げ品目（16），要求税率が明記されていない品目（7）である。一方，155品目については一般関税率を現行の英帝国特恵関税率の水準まで引下げることを示しているだけである。しかし，一般関税率（最恵国関税率）の引下げを通じて特恵関税の縮小・撤廃を行うとする原則（自動化規定）に従えば，この155品目についても特恵は撤廃されることになる。ただし，これはカナダが当該155品目の現行特恵関税率を引下げない限りにおいてである。
　　　3．一般関税率の引下げに該当する330品目のうち38品目については現行の特恵関税率を下回る一般関税率が要求されている。これらについては，特恵関税の撤廃，縮小のいずれにも分類しなかった。
（出所）Cabinet, 1947d9 より作成。

表 6-2-f　インド

1．特恵関税の撤廃	N.A
2．特恵関税幅の縮小	N.A
3．一般関税率の引下げ	56
4．一般関税率固定化（無税を含む）	13
5．譲許総数〔3＋4〕	69

（注）インドに関する関税譲許要求リストには，インドの現行関税率とその引下げ要求率しか記載されていない。
（出所）Cabinet, 1947d4 より作成。

表 6-2-g　セイロン

1．特恵関税の撤廃	23
2．特恵関税幅の縮小	1
3．一般関税率の引下げ	19
4．一般関税率固定化（無税を含む）	12
5．譲許総計〔3＋4〕	31

（注）特恵関税の撤廃に分類した23品目のうち8品目については特恵関税の撤廃が Eliminate という言葉で明記されている。8品目の内訳は，一般関税率固定化品目（7），現行の特恵関税率の水準までは下げられない一般関税率引下げ品目（1）である。一方，15品目については一般関税率を現行の英帝国特恵関税率の水準まで引下げることを示しているだけである。しかし，一般関税率（最恵国関税率）の引下げを通じて特恵関税の縮小・撤廃を行うとする原則（自動化規定）に従えば，この15品目についても特恵は撤廃されることになる。ただし，これはセイロンが当該品目の現行特恵関税率を引下げない限りにおいてである。
（出所）Cabinet, 1947d5 より作成。

表 6-2-h　ビルマ

1．特恵関税の撤廃	12
2．特恵関税幅の縮小	13
3．一般関税率の引下げ	22
4．一般関税率固定化（無税を含む）	12
5．譲許総計〔3＋4＋＊〕	38

（注）1．＊2品目については要求税率が空欄であり，1品目については現行税率が空欄となっている。またもう1品目は表記方式が不明確である。
　　　2．ビルマの特恵関税は対イギリス，対インドそして対その他のイギリス植民地の3つのレートに分類される。
　　　3．特恵関税の撤廃要求が明記されているのは8品目あり，対イギリス3，対インド5となっている。また4品目については一般関税率を3つの特恵レートのうち，最低のレートまで引下げることが要求されている。この場合，自動化規定に従えば，すべての特恵は撤廃されることになる。他方，一般関税率の引下げ品目22のうち，特恵幅が縮小する品目は13あり，3つの特恵関税レートの中で高い2つのレートのいずれか一方に一般関税率を引下げるケースがほとんどである。
（出所）Cabinet, 1947d6 より作成。

179

表6-2-i　南ローデシア

1．特恵関税の撤廃	25
2．特恵関税幅の縮小	0
3．一般関税率の引下げ	12
4．一般関税率固定化（無税を含む）	15
5．譲許総計〔3＋4〕	27

(注) 1．南ローデシアの特恵関税は，対イギリスおよび植民地と対自治領の2つのレートが設定されている。
　　 2．21品目について2つの特恵レートの撤廃がEliminateという言葉で明記されている。21品目の内訳は一般関税率固定化品目 (13)，現行の特恵関税率の水準まで下げられない一般関税引下げ品目 (8) である。他方，4品目については，2つのレートのうち低いほうの特恵関税レートに一般関税率を引下げることが示されている。この場合，自動化規定によって特恵は撤廃されることになる。
(出所)　Cabinet, 1947d7より作成。

するように特恵関税率の高いオーストラリアのような自治領に対するイギリスの輸出拡大を封じる可能性があること，第2に，イギリスが英連邦諸国に与えている特恵関税率はそのほとんどが0％であり，かつまた域外諸国に対する当該品目に対する最恵国関税率が相対的に低いという状況の下で，特恵関税幅縮小のためにその最恵国関税率を引下げることにイギリスの関連産業が危機感を示したという事情があった (Cabinet, 1947b1i, p. 7)。結局，英連邦各国は硬直的な自動化原則に固執することなく，アメリカの要求に対してそれぞれ是々非々で対応することが決定された (Ibid., p. 4)。

英帝国特恵関税の撤廃（縮小）を求めるアメリカに対して英連邦としてどう対応するのか。前述したように，イギリスの立場は縮小した形であってもそれを堅持することであった。つまりジュネーブ交渉の後，英連邦間の取決めに基づいて英連邦諸国は特恵関税幅固定化 (bind) の義務を負うのである。その取決めとは1932年オタワでの英連邦会議での取決め，つまりオタワ協定に基づいていた[5] (U. K. Government, Cmd. 4174, 1932)。こうした取決めに対してカナダはその立場を次のように述べている。「アメリカにとって，特恵関税幅固定化 (bound margins) の存在は雄牛にとっての赤い垂れ幕のようなもので，それが協定に残る限り，アメリカは特恵システムの存続に反対し続けるであろう。特恵関税幅固定化義務が廃止され，1932年のオタワ協定以前の英加通商関係に戻れば，特恵制度への反対は現在よりずっと弱くなるであろう」(Cabinet, 1947c1, p. 1)。つまり，カナダが目指したのは「厳格な約束 (rigid commitment)」に基づくものではなく，オタワ協定以前のような「自発的で柔軟な特恵システム (flexible system of voluntary preference)」への転換であった (Cabinet, 1947c2, p. 1)。こうした考えをカナダがとったのは，特恵制度が，ホーレィ・スムート関税や輸入数量制限などと同様に，1930年代に世界貿易を正常なルートから逸脱させた政策のひとつであると理解し

第6章　第2回貿易雇用準備会議（ジュネーブ会議）への途

たからに他ならない（Cabinet, 1947c1, p. 1）。明らかにカナダは英帝国特恵関税制度からの漸次的離脱を目指していたといえよう。すでにこうした動きは1930年代末から見られたが（山本和人，1999，第3章参照），この段階では30年代の経験に立ち，貿易自由化の利点を意識しての動きである点に注目すべきであろう。事実カナダは，ジュネーブ交渉中に，特恵関税に関してイギリスと法的拘束力を持たない紳士協定（Gentlemen's Agreement）の締結を模索するにいたるのである。

　イギリスにとってもうひとつ大きな問題はオーストラリアとの関係であった。後に検討するようにアメリカのオーストラリアに対する要求（**表 6-2-b** 参照）は，とりわけ特恵関税の撤廃要求比率が高かった。オーストラリアもこの要求に応じてかなり品目について特恵関税幅の縮小を準備していた（Cabinet, 1947b1i, p. 7）。このことはイギリスにとってオーストラリア市場において平等な条件でアメリカ製品と競争しなければならないことを意味する。アメリカがなぜとりわけオーストラリアに特恵関税の撤廃を求めたかといえば，それはオーストラリアの関税率の高さにあった。オーストラリアは工業化戦略の一環として保護関税政策を展開していたのである。しかし，特恵関税率の撤廃，具体的には最恵国関税率を特恵関税率の水準にまで下げるという自動化規定を通じても，なお，オーストラリアの関税率は高水準にあった。イギリスとしてはこうした高水準の特恵関税率をオーストラリアが引下げない限り，高関税率のもとで，しかもアメリカの財とオーストラリア市場で対等な条件で競争を余儀なくされる。イギリスは，オーストラリア産品にほとんど無税輸入を保証しているイギリスとの非対称性を指摘し，オーストラリアに譲歩を迫ったが，オーストラリアは応じなかったという（Cabinet, 1947b1）。

　インドもオーストラリアと同じように高関税国であり，イギリスに対してかなりの特恵幅を保証しているが，政治的状況を鑑みれば，特恵関税撤廃の方向に動くことを阻止するのは困難であるとの分析を報告書は行っている（Cabinet, 1947b1i, p. 8）。

　以上，イギリスによる英連邦会議に関する報告書の内容を検討した結果，イギリスは，一方ではアメリカの貿易政策に引き付けられていくカナダ，他方では途上国として自覚に目覚め，国内産業の保護政策に傾いていくオーストラリアやインドに対して，かなりの警戒感を抱いていたことが理解できる。

この英連邦会議を分析した唯一の研究がマッケンジーのそれ（McKenzie, 2002, pp. 174-182）である。彼女の会議に対する分析は，貿易関係からみてイギリスと自治領の関係が崩壊していく一過程と捉えることにあった。すでに自治領諸国は，まさに打ち立てられようとしている戦後貿易システムの枠組みにおいて対英輸出の拡大に期待を抱いておらず（*Ibid.*, p. 179），この前提にたって，カナダのように英帝国特恵関税制度を見直し，アメリカとの関係を強化する動きを示す国もあれば，ニュージーランド，南アフリカ，わけてもオーストラリアにように，工業化のためにイギリスからの要求（イギリス製品に対する特恵関税率の引下げ）を回避・抑制するとともに，イギリス市場における特恵的扱いの継続（つまりは特恵関税率ゼロの存続）を主張する国もあった。こうした状況で，イギリスは「アメリカの要求，英帝国の権利そしてわれわれ（イギリス）の国内産業の利益の間に敷かれた細い道を歩くことを決定した」（*Ibid.*, pp. 176-177：カッコ内は筆者）とマッケンジーが述べている通り，互いに矛盾する要求をどのように調整するかがイギリスの課題であった。英連邦会議はこの問題を具体的に解決するものではなく，総体的にみて，マッケンジーは，失敗であったと述べている（*Ibid.*, p. 182）。
　しかし，温度差はあるものの，ジュネーブ会議（GATTの第1回関税引下げ交渉）おいて特恵関税制度を存続させる点では英連邦間で合意はできていたのである（*Ibid.*, p. 181）。

（3）　アメリカの動向：トルーマン大統領による大統領令の発動と関税引下げおよび特恵関税幅の縮小・撤廃要求

　①保護主義者からの圧力と大統領令の発動
　それでは，アメリカに目を転じて，ジュネーブ会議に向けてどのような取組みがなされたのかを概観しておくことにしよう。この問題についてはいくつか研究が蓄積されているが，直近のものはジラーのそれであろう（Zeiler, 1999）。彼は，ジュネーブ会議の開催が「共和党の巻返し（The Republicans Strike Back）」の中で行われたこと，つまり1946年11月の選挙で議会において両院で多数派となった共和党の存在を無視して，ジュネーブ会議に望むことは不可能であり，トルーマン政権は共和党との妥協のもとでジュネーブ関税交渉を進めなければならなかった事実を明確にしている（*Ibid.*, pp. 75-88）。同様の指摘はアーロンソンの研究に

も見られる (Aaronson, 1996, pp. 69-72)。そもそも共和党は民主党の進める貿易自由化政策に懐疑的であり，とくに「孤立主義的右派 (Isolationist Right)」は互恵通商協定法の廃案を目論んでいた。ジュネーブ会議に向けて中核国18ヵ国に与える予定のアメリカの関税譲許品目リストが公開されると，互恵通商協定法に対する非難は高まり，関税委員会 (Tariff Commission) がジュネーブでの計画について完全な報告書を提出するまで，ジュネーブ関税交渉を停止すべきだとする法案が共和党の下院議員から提出されるに至った (Leddy & Norwood, 1963, p. 126)。これに対して，穏健派の上院議員であるバンデンバーグ (Vandenberg, A.)，ミリキン (Millikin, E. D.) そしてタフト (Taft, R.) は，極端な孤立主義の復活を危惧しつつも，アメリカによるこのままでの関税引下げの実施は国内産業を傷つけることになると考えた。そこで彼らは，互恵通商協定法の1948年6月までの満期継続を保証すること，換言すればGATT，ITO交渉継続の代償として，国内産業を保護する条項を互恵通商協定法に挿入する提案を1947年2月7日に行った。バンデンバーグとミリキンが主導したのでバンデンバーグ・ミリキン提案と呼ぼう。

バンデンバーグ・ミリキン提案の骨子は，(a)世界貿易会議の延期もしくは放棄に反対する (b)関税委員会 (Tariff Commission) が関税譲許の限界税率，つまり当該産業がその譲許によって損害を受けない関税率を設定し，大統領に勧告する (c)すべての通商協定に，国内産業がその協定による関税譲許によって損害を受けた場合にその譲許を撤廃または修正できる免責条項を挿入する (d)関税委員会は(c)に関する公聴会を開催し，報告書を発行する (e)アメリカに対して関税譲許やその恩恵の供与を拒む諸国に対して，最恵国待遇の撤回を行う，というものであった (Foreign Office, 1947e1)。

見られるとおり，バンデンバーグ・ミリキン提案はITO憲章に関する協議や関税引下げ交渉の継続の代償として，限界関税率と免責条項の設定，それにその手続きを強化する上での関税委員会の役割を明確化したことである。提案が関税委員会の役割を強調したのは，同委員会が議会に近い超党派で，政権の影響力から独立した機関であったことによる (Leddy & Norwood, 1963, p. 126)。保護を求めるアメリカ産業の声を関税委員会が代弁し，免責条項の発動を容易にすることが意図されていたといえよう。すでに免責条項自体は1942年のメキシコとの協定において挿入されていたが，発動の手続きが不明確であったために，機能してい

ないと看做されていたのである (*Ibid.*, pp. 125-126 ; Zeiler, 1999, pp. 81-82)。[6]

この主張を受け，トルーマン大統領は「互恵通商協定計画の管理」と題する大統領令9832 (Executive Order 9832) (*DSB*, March 9, 1947, pp. 436-437) を1947年2月25日に発動した。大統領令は3部から成り，第Ⅰ部で免責条項発動に際しての関税委員会の役割強化について規定している。第Ⅱ部では，通商協定締結に当たって関税委員会を含めて関連各省の長官から構成される「通商協定に関する省間委員会 (Interdepartmental Committee on Trade Agreements)」を正式機関として設立し，省間委員会はアメリカの輸入譲許品目や協定相手国からの譲許獲得品目に関して各部門からの分析や情報に基づいて，大統領に通商協定締結に向けての適切な勧告を行うこととなった。そして第Ⅲ部においては，省間委員会が，対米差別を行う国への譲許の撤回について大統領に提言する権利を持つことが規定されている (*Ibid.*, pp. 436-437)。

この大統領令の意義は，限界関税率の設定を除き，ほぼバンデンバーク・ミリケン提案の免責条項を踏襲したものであり，さらに通商協定締結の手続きを省間委員会の設立を通じて強化したものであったといえる。共和党の反対にこのような形で妥協し，トルーマン政権はジュネーブ会議の参加と関税引下げ交渉を可能にした。この妥協を保護主義への後退と見るのかどうかについては見解の分かれるところであるが，[7]それは兎も角，トルーマン政権は，当面のところ，共和党の妨害を受けることなく，ジュネーブ交渉に臨む条件を整えることに成功したのである。それではアメリカはジュネーブ関税交渉に向けて，具体的にどのような要求を行っていたのであろうか。イギリス国立公文書館 (TNA) の史料を通じてアメリカの英連邦諸国に対する要求リストの内容とその特徴を読み解くことにしよう。

②イギリスおよび英連邦諸国に対する関税・特恵関税譲許要求リストとその内容

アメリカがイギリスと英連邦諸国に提出した関税譲許要求リストについては，「貿易交渉委員会 (Trade Negotiations Committee : TNC)」の下部組織「関税に関する作業グループ (Working Party on Tariffs)」に関連する史料の中に所収されている (レファレンス・ナンバーはT.N.(T)(46)とT.N.(T)(47)である)。それらのリストは，1946年12月から1947年3月にかけて「関税に関する作業グループ」

第6章　第2回貿易雇用準備会議（ジュネーブ会議）への途

によって纏められたものであり，ジュネーブ会議参加のイギリスおよび自治領諸国，そして最終的にジュネーブ関税交渉に参加することになるビルマ，セイロン，南ローデシアに対するアメリカによる関税譲許要求および英帝国特恵関税の縮小・撤廃の具体的要求が品目別に列挙され，また譲許要求関税レートについても詳細に提示されている。こうした要求リストは非常に詳細かつ大部であるが，他方で不明確な箇所（分類不可能な部分）がいくつかあり，すべてを正確に整理することは不可能であったが，各国ごとにひとつの表として簡潔に纏めあげたものが表6-2-a～表6-2-iである（イギリスのアメリカに対する関税譲許要求リストについては表6-1として表示してある）。

　これらの表からアメリカがイギリスおよび英連邦諸国に対して何を求めていたのかを読み取ることにしよう。まず，表6-2-aより，イギリスに対してアメリカは250品目の譲許を要求しているが，このうち特恵関税撤廃を明記した品目が61品目，特恵関税幅縮小を受けると考えられる品目が90品目となっている。250品目のうちその他121品目は現行の関税率固定化か無税輸入の保証を受ける品目である（なお注にも記したように現行関税率の固定化を受ける品目についても29品目は特恵撤廃と明記されており，アメリカは自らが主張した「自動化原則」に対する例外を要求したと思われる。こうした「自動化規定」からの逸脱は，いずれの自治領および植民地に対する要求においても見られる〔表6-2-bから表6-2-iの注を参照のこと〕）。

　「アメリカの要求に関する調査」と題する貿易交渉委員会（TNC）の史料に従えば，この250品目は，1938年の貿易統計に依拠すれば，イギリスの対米輸入総額1億1800万ポンドのうち8310万ポンド，実に約70％をカバーするものである（Board of Trade, 1947a1, p.1および後掲表7-2を参照）。さらにこのうち一般関税率（最恵国関税率）が引下げられる品目（表6-2-aより122品目）の輸入額は3840万ポンド（対米輸入総額の32.5％），特恵関税の撤廃が明記されている品目（61品目）の輸入額は1200万ポンド（対米輸入総額の約10.2％）にそれぞれ相当する。いずれにせよ，特恵関税率の縮小や撤廃を受ける品目は，対米輸入額のかなりの部分を占めるものとなる（*Ibid.*, p.1および表7-2）。これを1938年英米通商協定においてイギリスがアメリカに対して譲許した実績と比較すれば，その要求の規模がいっそう明らかとなる。クレイダー（Kreider, C.）の研究によれば，イギリスが英米通商協定で，1937年の貿易額をベースにして，アメリカに対して行った一般関税

185

率引下げ（撤廃を含む）品目の輸入額はアメリカからの輸入総額の10.6％をカバーするに過ぎないのである（Kreider, 1943, p. 47；山本和人，1999，78ページの表3-19参照）。

　以上のことから，すでに述べたようにクリップス商務大臣が閣議において特恵関税撤廃の阻止を明言していたが，特恵関税の撤廃はもとより特恵関税幅縮小の規模についても，アメリカの要求はイギリスの想定を遙かに超えるものであったことがわかる。それでは英連邦諸国に対するアメリカの要求はどうであったのか。

　表6-2-bから表6-2-iに示したように，英連邦諸国（8ヵ国）に対してもアメリカは一般関税率の引下げで総計591品目，特恵関税の撤廃についても総計427品目（特恵関税の撤廃が明示されなかったインドを除く）そして特恵関税幅の縮小について総計156品目（インドについて縮小幅は明示されていないので除く）を要求している。1930年代には，カナダを除いて，通商面からアメリカに対して固い殻を閉ざし続けてきた英帝国ブロックをこじ開ける具体的要求をアメリカは初めて行う機会を持つことができたといえる。この要求の大きさがどの程度のものであるのかについて，イギリス商務省は試算を行っている。以下ではその試算に基づいてアメリカの要求についてさらに詳しく検討することにしよう。

　表6-3-aは，貿易交渉委員会（TNC）が作成した「アメリカによるイギリスに対する関税譲許オファーと英連邦諸国によるアメリカに対する関税譲許オファーに関連した4つの文書」と題する報告書のなかから，文書D「英連邦諸国においてイギリスが譲許した特恵関税の影響に関する概算」（Board of Trade, 1947a2）に基づくものであり，**表6-3-b**は筆者がそれを加工したものである。また**表6-3-c**は商務大臣クリップスによる覚書「関税と特恵に関するアメリカの要求」（Prime Minister Private Office, 1947f5）に添付された付表Aに基づくものである。

　まず表6-3-aと表6-3-bを考察することにしよう。自治領5ヵ国に占めるアメリカからの輸入は戦前（1938年）において，6億5391万ドル，イギリスからのそれは7億4270億ドル，率にして前者が28.3％，後者が32.1％と，ほぼ拮抗するものであったことがわかる。しかし，アメリカからの輸入を専ら引き付けているのはカナダであり，アメリカからの自治領の総輸入額6億5391万ドルのほぼ70％に相当する4億5242万ドルがカナダの輸入であることがわかる。従って表6-3-bより，カナダの輸入に占めるアメリカの比率は62.7％と非常に高い値となってい

第6章　第2回貿易雇用準備会議（ジュネーブ会議）への途

表 6-3-a　アメリカと英連邦諸国（5カ国）との貿易およびアメリカの譲許要求リストに基づく特恵関税への影響度

（単位：100万ドル）

	すべての輸入			アメリカによる特恵関税幅縮小および撤廃要求がカバーする輸入額		
	(1)総額	(2)対英	(3)対米	(4)総額	(5)対英	(6)対米
カナダ	721.62	127.06	452.42	265.97	57.97	170.18
オーストラリア	391.36	158.47	57.43	64.53	27.00	20.63
ニュージーランド	217.07	103.88	26.95	73.01	40.67	10.73
南アフリカ	423.36	182.28	80.85	40.43	18.52	13.48
インド	560.07	171.01	36.26	29.79	11.47	9.51
5カ国の輸入総額	2,313.48	742.70	653.91	473.73	155.63	224.53

（注）　ニュージーランド，南アフリカについては1938年度（暦年），オーストラリアについては1938年7月～1939年6月の1年間，インドについては1938年4月～1939年3月の1年間，カナダについては，(1)は1938年度（暦年），(1)以外は1938年4月～1939年3月の1年間。
（出所）　Board of Trade, 1947a2の Paper D, "Rough estimate of the effects in respect of preferences to be relinquished by the United Kingdom in other parts of the Commonwealth"に所収。

表 6-3-b　英連邦諸国（5カ国）の英米からの輸入比率およびアメリカの英帝国特恵関税譲許要求リスト品目のカバーする輸入額が対米輸入総額（5カ国）に占める比率

	5カ国の輸入に占める英米の比率(%)			(4)アメリカの特恵関税幅縮小・撤廃要求によってカバーされる対米輸入額(6)〔表6-3-a〕が対米輸入総額(3)〔表6-3-a〕に占める比率〔(6)／(3)〕%
	(1)総額	(2)対英	(3)対米	
カナダ	100.0	17.6	62.7	37.6
オーストラリア	100.0	40.5	14.7	35.9
ニュージーランド	100.0	47.9	12.4	39.8
南アフリカ	100.0	43.1	19.1	16.7
インド	100.0	30.5	6.5	26.2
5カ国の輸入総額	100.0	32.1	28.3	34.3

（出所）　表6-3-a より作成。

る。すでにわれわれが指摘したように，1930年代時点でカナダは貿易面から見ても英帝国ブロックを離れつつあったと考えるべきであり，1938年英米通商協定は，単に英米両国間の協定ではなく，英帝国ブロックからのカナダの離脱プロセスを，イギリスがカナダの一部の財に対する特恵の縮小や撤廃を行う形で，他方カナダがアメリカと米加通商協定を締結する形で，認める取決めであったと捉えるべきである（山本和人，1999，第3章）。

表6-3-c　英連邦4カ国（カナダ，ニュージーランド，オーストラリア，南アフリカ）に対するアメリカの特恵関税幅縮小・撤廃要求品目がカバーする貿易額

(単位：100万ポンド)

	(1)当該品目の総輸入額	(2)当該品目のアメリカからの輸入額	(3)当該品目のイギリスからの輸入額	(4) 4カ国の対米輸入総額	(5) (2)/(4)(%)
1．アメリカの要求額 (a) 撤廃	55.8	22.4	21.9	124.6	18.0%
(b) 縮小	33.1	19.9	7.0		16.0%
総計	88.9	42.3	28.9		34.0%

(注) 1938年の貿易額をベースにしている。ただし(4)欄は，筆者がBoard of Trade, Cmd. 6140より引用した数値であり，オーストラリアについては1938年7月～1939年6月の1年間，カナダについては1938年4月～1939年3月の1年間の貿易額を表している。
(出所) Prime Minister's Private Office, 1947f5のANNEX AおよびBoard of Trade, Cmd. 6140, 1939より作成。

　それに対して，カナダ以外の自治領の輸入に占めるアメリカからのそれはそれぞれ10%台に過ぎず，インドに至っては6.5%と非常に低い値であること，逆にイギリスからの輸入比率は低いインドでも30.5%，4カ国全体のイギリスからの輸入比率は40%近くに達することが計算より導き出せる（表6-3-b）。すなわち，こうした事実は英帝国ブロックの存在を貿易関係の側面から垣間見せるものである。実際，イギリスはオタワ体制成立後，これら諸国に対する特恵関税システムを堅持し，逆にこれら諸国もイギリスに対して同様のシステムを維持してきたのである。しかし，ジュネーブ会議はこうした関係に風穴を開けるチャンスをアメリカに与えることになった。再び，表6-3-a，表6-3-bあわせて表6-3-cを検討ことにしよう。
　表6-3-aから，アメリカによる特恵関税の縮小・撤廃の影響を受ける英連邦諸国のアメリカからの輸入総額は2億2453万ドルに相当すること，同じく表6-3-cより，4230万ポンドに相当することが見てとれる。これをアメリカからの輸入総額に占める比率で見れば，それぞれ34.3%（表6-3-b），34.0%（表6-3-c）である。出所の異なる史料からほぼ同じ値が導き出せる。付言すれば，表6-3-cは，特恵関税の撤廃と縮小の影響を分けて表示している。とくに特恵関税の撤廃の影響を受けるアメリカからの輸入額は2240万ポンド，輸入総額に占める比率は18.0%である。ところで，こうした特恵関税幅の縮小と撤廃の程度をどう捉える

のかが問題である。確かに，アメリカからの輸入総額の3分の1程度を特恵関税の縮小・撤廃の対象品目がカバーするという事実から，アメリカはどちらかといえば，一見したところ，控えめな要求をしたと見えるかもしれない。

しかし，これは，イギリスも認めているように，統計の取り方に問題がある。「英帝国特恵関税制度に対するアメリカの挑戦」と題する貿易交渉委員会（TNC）関連文書は，作成中の統計が，現時点で試みることのできる最高のものであるとした上で，「限定的価値しか持たないこと，したがって当該品目の重要性について相対的な傾向を示す以上のものではない」(Board of Trade, 1947a3, 3rd paragraph) と指摘している。その理由として文書は，すべての数値が1938年を基準にしているが，1948年の貿易パターンは1938年のそれと異なっていることが考えられる。第2点目として，もっと重要なことは，問題となっている貿易額の数値は関税率の変更に伴って生じる貿易の変化を表していない。つまり，貿易額が大きい品目でも，小さな譲許しか行われなければ，貿易額の変化はそれほどでもない。逆に貿易額が小さな品目に対して，大きな譲許が行われれば，貿易額の変化は大きくなる可能性があると述べている (*Ibid.*)。イギリスが行っている統計処理は，1938年の貿易を基準とした静態的な分析であり，特恵の縮小や撤廃によってどのように貿易が変化するのかを示すものではない。実際の傾向として，「自動化規定（Automatic Rule）」によって最恵国関税率が引下げられ，特恵幅が撤廃・縮小される結果，アメリカからの当該品目の輸入が増大し，アメリカからの総輸入に占めるその比率も拡大するであろうし，同種のイギリスの品目からのアメリカ品目への転換（つまり一種の貿易転換効果）が生じることが考えられる。以上のことから，協定発効後の当該品目のアメリカからの輸入総額に占める比率は表6-3-b（34.3%）や表6-3-c（34.0%）を上回ることになるのは確かであろう。さらに当該品目の輸入全体が増大する結果，英連邦全体のアメリカからの輸入も増えるであろう。

もうひとつ指摘しておかなければならない点は，主要供給国方式と自動化規定についてである。アメリカの英連邦諸国に対する関税引下げ・特恵関税撤廃要求が限定的とならざるを得なかったのは，アメリカ自身が主張した主要供給国方式と，米英金融・通商協定でイギリスがアメリカから勝ち取った特恵関税幅縮小方式（つまり即時撤廃ではなく，漸次的縮小方式。結果的には「自動化原則」に帰結）

によっている。主要供給国方式は，第5章の第1節(2)項①で述べたように，ロンドン会議でかなり修正を受けたとはいえ，ジュネーブ交渉での関税譲許の基本原則を形作るものであった。すなわちこの方式に基づけば，ある品目について第1位の供給国（輸出国）が関税譲許を要求する権利を得るのである。従って，アメリカにとって貿易額が少ない英連邦諸国（カナダを除く）に対して関税譲許を要求できる主要供給国であるケースは限定的であったと考えられる。表6-3-aの(6)欄はそれを物語っている。アメリカが第1位の輸入相手国であるカナダに対する特恵関税幅縮小・撤廃要求品目の輸入額は1億7018万ドルと英連邦全体の2億2453億ドルの約76％を占める。カナダに対してアメリカは主要供給国である品目が多数あったと考えられる。他方，カナダに較べて貿易額が極端に少ないオーストラリア，ニュージーランド，南アフリカ，インドに対してアメリカが主要供給国である品目は少なかったのである。この事実は表6-2-aから表6-2-iでも確認できる。すなわち，カナダに対する譲許要求品目542品目は，対英譲許要求品目250品目の2倍以上，オーストラリアに対する譲許要求品目160品目の約3.4倍に達し，イギリスを含む英連邦諸国に対するアメリカの譲許要求総計（1306品目：表6-2-aから表6-2-iの5欄の譲許総数の合計）に占めるカナダのそれは実に41.5％を占める。それに比べてイギリスに対する譲許要求リスト品目の比率は19.1％に過ぎないのである。以上のことからもアメリカのカナダに対する譲許要求がその他の英連邦に対するそれを大きく上回っていることが見てとれるのである。

　こうしてアメリカ自らが主張した主要供給国方式は，皮肉にもアメリカが目的としてきた英帝国特恵関税制度の破壊を制限することになってしまった。しかも1945年米英金融・通商協定における特恵関税幅の漸次的縮小・撤廃に関する合意はその即時撤廃を不可能にしたのである。かくしてジュネーブ関税交渉1回限りでは英帝国特恵関税体制の完全撤廃は困難となった。

　従ってアメリカにとってこのような制約のもと，英帝国特恵関税制度をできるだけ骨抜きにすることがその目的となったと考えられる。事実，1947年4月2日，前述した「通商協定に関する省間委員会」の議長であるブラウン（Brown, W. G.）はトルーマン大統領に対して，ジュネーブ会議でアメリカが中核国に譲許を要求する品目とアメリカがオファーする品目のカバーする総額を示した上で，委員会が「非常に多くのケースにおいて（in a very large number of case）」，アメリ

第6章　第2回貿易雇用準備会議（ジュネーブ会議）への途

カの輸出を差別している特恵関税幅の縮小や撤廃を要求している事実を示し，ジュネーブ会議関税交渉への参加の承認を求めたのである（FRUS, 1947, I, pp. 191-192）。大統領は「関税交渉の準備は首尾よく完了した」と述べ，省間委員会の案を承認し，ジュネーブ会議の成功に向けて最大限の支持を行うことを表明したのである（Ibid., p. 915）。

興味深いのは，アメリカが，英帝国特恵関税制度について，ポンドの交換性問題や差別問題（バルク・バイング・システムなど対米差別的な貿易の数量規制の問題）に比べて，重要性を持っていないと考えていたことである。ジュネーブ会議のアメリカ代表団長になるクレイトン国務次官自身がそのような発言を行っている。彼は交換性問題の重要度を10，差別問題を3とすると特恵の問題は0か1に過ぎないとイギリス代表に伝えているのである（Prime Minister's Private Office, 1947 f5, p. 8）。彼の発言の意図は，前者2つのシステムによって英連邦・スターリング地域の存続が保証されているのだから，価格メカニズムが作用しない現時点で，英帝国特恵関税制度をアメリカの要求通りに修正したとしても，イギリスにとってそれほど大きな影響は出るものではないということをイギリス側に伝える意図があったと思われる。しかし，こうしたアメリカの主張は次章で明らかにするようにイギリスの受け入れるところとはならなかったのである。

一方，イギリスはこうしたアメリカの要求をどのように捉えたのであろうか。アメリカが英連邦諸国に提出した譲許要求リストについて，前述した英連邦会議の報告書の中で「それらは包括的であり，多くの場合，英帝国特恵関税の撤廃に向けられている」（Cabinet, 1947b1i, p. 2）と捉えている。同じような指摘は英連邦会議の開催中に書かれた外務省文書の中にもみられる。文書は，域外諸国の中でアメリカの要求が最も広範にわたり，かつ重要性を持ち，英帝国特恵関税の撤廃に関連しているとし，アメリカからの要求に対して議論を集中すべきであると述べている（Foreign Office, 1947e2）。またイギリスのもつ特恵に限定しても，「アメリカはオタワ会議で自治領に保証された多くの特恵関税の撤廃と縮小を求めている」（Cabinet, 1946d2, p. 1）とし，さらに「アメリカが専ら特恵関税の撤廃と特恵関税幅の縮小に関心を持っているのは明らかである」（Cabinet, 1947d11, p. 1）と分析している。要するにイギリスはアメリカの要求について英帝国特恵関税制度を骨抜きにすることにあると位置付けたのである。イギリスはジュネーブ

191

関税交渉に対するアメリカの意図を正確に理解していたといえよう。

かくして，英帝国特恵関税制度の現状維持を英連邦諸国（カナダを除く）とともにその基本的スタンスとするイギリスと，制約条件の中で英帝国特恵関税の最大限の骨抜きを目指すアメリカのスタンスの決定的相違は，これから開催されるジュネーブ会議の困難さを予想させるものであった。事実，約3カ月で終了することが予定されていたジュネーブ関税会議は難航を極め，途中，決裂の瀬戸際まで追い込まれることになる。そして結局のところ7カ月の歳月を要して妥結することになった。その具体的過程と妥結の内容とは如何なるものか。それに関しては次章で詳細に分析することにする。

注

(1) 日本国際政治学会は2003年に「多国間主義の検証」と題する特集を組んだ（日本国際政治学会編，2003）。とくに序章「多国間主義の検証」（竹田いさみ稿）において，ラギーの研究を始点とする多国間主義論の成果を要約するとともに，それをさらに地域主義との関係で発展させる視角が打ち出されている（同書，1～10ページ）。

(2) 「GATT/WTO を通じた多国間貿易主義の60周年」（WTO, 2007, p. iii）を記念してWTO が刊行した『2007年版世界貿易報告書』は，60年に及ぶ「国際貿易協力（International Trade Cooperation）」の必然性とその実態を解明するために，経済学，国際関係論そして法学の手法を用いて，理論的なアプローチを試みている（Ibid., pp. 50-98）。そこでは，国際関係論の一大潮流としてラギーを中心とする構成主義者（Constructivist）の見解が紹介されている。そして彼らは国際制度に社会問題（具体的には完全雇用の維持）の視角を取り入れることによって，新鮮で印象的なパースペクティブを切り開くことになったと評価されている（Ibid., p. 65）。

我が国において，世界経済論の立場から世界経済の歴史的変遷と現代グローバリゼーションの持つ意味を Embedded Liberalism の成立とその解体を軸に分析したのが鳴瀬成洋氏である。ただし，氏は多角主義（多国間主義）を「無差別主義原則に基づく自由化」（鳴瀬成洋，2001，68ページ）と規定しており，ラギーによる概念化とは異なる。筆者も，多国間主義について，ラギーによる概念化，つまり，本文に示したように3カ国以上の国が参加する制度上の形態と捉えるべきであり，GATT の場合，それら諸国の行動原則を規定したルールが，Embedded Liberalism に基づくものであったと考えている。

Embedded Liberalism に基づいてルール化された GATT を「ケインズ主義的通商システム」という言葉で表現したのが萩原伸次郎氏（同氏，2003，第2章）である。国内の安定（完全雇用）と自由貿易による世界貿易の拡大政策がミックスされたもの

第6章 第2回貿易雇用準備会議（ジュネーブ会議）への途

であった点を萩原氏は強調されているからである。もっとも氏は，そうしたシステムが具体的にどのような過程を通じて形成されたのかという分析を詳細になされているわけではない。

　一方，国際関係論の立場からは，古城佳子氏が，戦後国際経済体制（IMF・GATT 体制）の成立と変容を Embedded Liberalism（氏の表現では「埋め込まれた自由主義」または「制限された自由主義」）を軸に分析され，1970年代以降，その体制が，国際通貨の側からは変動相場制への移行とその結果としての政策協調によって，また国際貿易の側からはウルグァイ・ラウンドを通じたWTOの成立によって，国内政策に対する各国の自立性（国家の自立性）が制限される方向に動いていることを指摘されている（古城佳子，1995）。氏のこの論文が1990年代央に執筆されたという時代的制約からか，グローバリゼーションという用語は一度も用いられていないが，氏の見解はわれわれの問題意識と共通するものである。なお，1998年の論文において，氏は「経済のグローバル化（globalization）」という言葉を使用し，この現象が国際関係に及ぼす影響を軸に国際政治経済学の動向を整理されている。そしてその中でラギーの Embedded Liberalism（氏の訳では「制限された自由主義」〔古城佳子，1998，（下），64ページ〕）が前記の論文と同じ形で紹介されている（同氏，1998，（下），63～64ページ）。

(3)　クリップスとまったく同じ内容の発言を，すでに，1946年12月19日に開催された貿易交渉委員会（Trade Negotiations Committee: TNC）の関税に関する作業グループの第3回会議において，商務省のホームズ（Holmes, S. L.）が行っている（Cabinet, 1946d2, p. 1）。従ってクリップスはこのホームズの発言をもとにしていたと考えられる。

(4)　ロンドン会議の公式会議および非公式の討論で，自動化原則に関して，アメリカは特恵関税率の引下げを排除しない旨を明らかにしたとイギリスの報告書は述べている（Cabinet, 1947b2i, p. 11）。もっとも，ITO 憲章ロンドン草案（ニューヨーク起草委員会会議における完成草案）では，第24条「関税の引下げと特恵の撤廃」において，「最恵国関税率の引下げに関する交渉結果は，すべて自動的に特恵関税幅の縮小や撤廃に作用する」（ECOSOC, 1947d, p. 18：傍点は筆者）と規定されているに過ぎない。この表現は『国際貿易雇用会議による考察に関する提案』の第III章「通商政策一般」のセクション B.「関税と特恵」におけるそれとまったく同じであり，自動化原則について米英金融・通商協定からロンドン会議（ニューヨーク起草委員会会議）に至るまで公式的には進展がなかったことを示している。自動化原則の内容が豊富化されるのは，ジュネーブ会議においてであり，これについては後述することにする。

(5)　イギリスはオタワ協定の要約と各自治領と結んだ協定の詳細に関するコマンド・ペーパーを発行した（U. K. Government, Cmd. 4174, 1932）。その中で，英連邦諸国は「将来，相互に供与することを決定した互恵的特恵に抵触するような協定を結んではならない」（*Ibid*., p. 11）という声明が発せられた。これは，オタワ協定で決められ

た特恵幅を勝手に縮小したり，撤廃したりすることができないことを意味する。事実，相手国の同意がなければ，協定の条件を変更できないことがイギリスと各自治領との協定すべてにおいてほぼ同じ表現を用いて謳われている。例えば，イギリス－カナダ協定の第23条では，「イギリス政府とカナダ政府の判断で，協定の変更が必要となった状況が生じた場合，その条文を変更する提案について両国間で協議しなければならない」(*Ibid.*, p. 23)と規定されている。つまり，特恵幅固定化(bound margin)の義務である。もっともコマンド・ペーパーには特恵幅固定化の義務という表現は使用されていない。

(6) ITO憲章の作成過程において，免責条項はアメリカが2回目に作成した1944年10月の「貿易政策に関する多国間協定案の条文草案」のセクションB.「関税と特恵」の第17条「緊急輸入制限に関する規定」として挿入されていた(山本和人，1999，294〜295ページ)。以後，この条項はITO憲章の各草案に引き継がれ，最終的にITO憲章の第Ⅳ章「通商政策」の第40条「特定品目の輸入に対する緊急措置」となり，同じタイトル名でGATTの第19条として具現したのである。

(7) 共和党右派の中は，大統領令を自由貿易派への妥協と考えるものがいたし，逆に自由貿易陣営からは，大統領令に対して，戦後の回復と平和を破壊するとの批判が寄せられたという(Zeiler, 1999, p. 82)。また海外からはロンドン・エコノミスト誌が貿易自由化への推進力を弱めると批判し，イングランド銀行もアメリカがアメリカ経済のラディカルな調整方式を放棄したと論じたという(*Ibid.*, p. 82)。当時のこのような見解に対して，後の視点から，ジラーはこの取引が行われなければ，すべてのアメリカの計画が挫折していたと論じ(*Ibid.*, p. 82)，また同じくレディとノーウッドも，国際経済分野におけるアメリカのリーダーシップが大きく損なわれていたであろうと述べている(Leddy & Norwood, 1963, p. 128)。

参考文献
［イギリス国立公文書館（The National Archives: TNA）関係］
Board of Trade (1947), "International Trade Negotiations: Reports on the Geneva Tariff Negotiations: Miscellaneous Papers on Preference Matters, 1947," reference No. BT64/2346：

 Board of Trade (1947a1), "Short Survey of U. S. A. Requests," reference No. T.N.(P)(47)32, 10th April in reference No. BT64/2346.

 Board of Trade (1947a2), "Four Papers which relate to the United States offers to the United Kingdom and offers by other parts of the Commonwealth to the U. S. A.," reference No. T.N.(P)(47)61, 15th May in reference No. BT64/2346.

 Board of Trade (1947a3), "U. S. A. challenge to Imperial Preferences under the U. K. Tariff," undated. (資料の整理状況から1947年3月〜4月に作成されたと思われる)

第6章 第2回貿易雇用準備会議(ジュネーブ会議)への途

Cabinet (1947), "Overseas Economic Policy Committee," reference No. CAB134/541:
Cabinet (1947b1), "British Commonwealth Discussions, London 1947: Note by the President of the Board of Trade," 22nd April, reference No. O.E.P.(47)16 in reference No. CAB134/541. The following item in this Document:
Cabinet (1947b1i), "British Commonwealth Talks: Report by United Kingdom Delegation," 14th April in reference No. O.E.P.(47)16.(この報告書は、reference No. T.N.(47)30として、reference No. CAB134/713や Board of Trade, "1945 Discussions in Washington between U. K., British Dominions and U. S. A. regarding Future Trade Policy," reference No. BT60/87/2にも所収されている)
Cabinet (1946b2), "Preparatory Committee on Trade and Employment, First Session," reference No. O.E.P.(46)10, 23rd December in reference No. CAB134/541. The following item in this Document:
Cabinet (1946b2i), "Preparatory Committee on Trade and Employment: Report on the First Session held at Church House, Westminster, from 15th October to 26 th November, 1946," in reference No. O.E.P.(46)10.
Cabinet (1947), "Trade Negotiations Committee: T.N.(47) Series," reference No. CAB134/713:
Cabinet (1947c1), "United Kingdom-Canada Trade Agreement 1937: Note by Secretaries," 3rd March, reference No. T.N.(47)14 in reference No. CAB134/713.
Cabinet (1947c2), "United Kingdom-Canada Trade Agreement 1937: Note by Secretaries," 13th March, reference No. T.N.(47)23 in reference No. CAB134/713.
Cabinet (1946-1947), "Trade Negotiations Committee: Working Party on Tariffs," reference No. CAB134/716:
Cabinet (1946d1), "Requests from the United States for Tariff Concessions by the United Kingdom: Note by the Joint Secretaries," reference No. T.N.(T)(46)15, 21st December in reference No. CAB134/716.
Cabinet (1946d2), "Minutes of a Meeting of the Working Party held in Board of Trade, I. C. House, on Thursday, 19th December, 1946," reference No. T.N. (T)(46) 3rd Meeting, 27th December in reference No. 134/716.
Cabinet (1947d1), "Requests by the United States for Tariff Concessions from Australia: Note by the Joint Secretaries," reference No. T.N.(T)(47)15, 20th February in reference No. CAB134/716.
Cabinet (1947d2), "Preliminary Requests from the United States for Tariff Conces-

195

sions from New Zealand: Note by the Joint Secretaries," reference No. T.N. (T)(47)4, 8th February in reference No. CAB134/716.

Cabinet (1947d3), "Requests from the United States for Tariff Concessions by the Union of South Africa: Note by the Joint Secretaries," reference No. T.N.(T)(47)3, 30th January in reference No. CAB134/716.

Cabinet (1947d4), "Requests from the United States for Tariff Concessions by India: Note by the Joint Secretaries," reference No. T.N.(T)(47)5, 17th February in reference No. CAB134/716.

Cabinet (1947d5), "Requests by the United States for Tariff Concessions from Ceylon: Note by the Joint Secretaries," reference No. T.N.(T)(47)21, 8th March in reference No. CAB134/716.

Cabinet (1947d6), "Requests made by the United States for Tariff Concessions from Burma: Note by the Joint Secretaries," reference No. T.N.(T)(47)25, 12th March in reference No. CAB134/716.

Cabinet (1947d7), "Preliminary Requests from the United States for Tariff Concessions from South Rhodesia: Note by the Joint Secretaries," reference No. T.N.(T)(47)29, 24th March in reference No. CAB134/716.

Cabinet (1947d8), "Requests by the United Kingdom for Tariff Concessions from the United States: Note by the Joint Secretaries," reference No. T.N.(T)(47)33, 31st March in reference No. CAB134/716.

Cabinet (1947d9), "Requests by the United States for Tariff Concessions from Canada: Note by the Joint Secretaries," reference No. T.N.(T)(47)36, 8th April in reference No. CAB134/716.

Cabinet (1947d10), "Requests by the United Kingdom for Tariff Concessions from the United States, Previous Reference: T.N.(T)(47)33: Note by the Joint Secretaries," reference No. T.N.(T)(47)44, 21st April in reference No. CAB134/716.

Cabinet (1947d11), "Minutes of a Meeting of the Working Party held in Board of Trade, I. C. House, on Wednesday, 8th January, 1947," reference No. T.N.(T)(47) 1st Meeting, 24th January in reference No. CAB134/716.

Foreign Office (1947), "Setting-up of International Trade Organization: Tariff Negotiation at Geneva: World Conference at Havana," reference No. 62280 to 62328 :

Foreign Office (1947e1), Telegram from Washington to Foreign Office No. 805, "Agreement between Administration and Republican Leaders on trade agreement," 7th February, reference No. FO371/62283/UE831.

Foreign Office (1947e2), Minute from Marten, F. W. to Markins, R., "Points from

第6章　第2回貿易雇用準備会議（ジュネーブ会議）への途

the Commonwealth Trade Talks," 19th March, reference No. No. FO371/62288/UE1992.
Prime Minister's Private Office (1947), "International Trade Organization (Tariff Negotiations) in Geneva: Proposal to eliminate Preference in Commonwealth Trade as a Concession to U. S. A. Discussions on a Draft Charter 1947," reference No. PREM8/490：
Prime Minister's Private Office (1947f1), "International Trade Organization Tariff Negotiations: General Policy on Requests and Concessions: Memorandum by the President of the Board of Trade," reference No. O.E.P.(47)3, 13th January in reference No. PREM8/490.
Prime Minister's Private Office (1947f2), "Extract of O.E.P.(47) 1st Meeting held on 16th January, 1947," 16th January in reference No. PREM8/490.
Prime Minister's Private Office (1947f3), "United States Requests on the United Kingdom Tariff and the Preference Issue: Note by the President of the Board of Trade," reference No. O.E.P.(47)12, 11th March in reference No. PREM8/490.
Prime Minister's Private Office (1947f4), "Extract of O.E.P.(47) 3rd Meeting held on 14th March, 1947," 14th March in reference No. PREM8/490.
Prime Minister's Private Office (1947f5), "Trade Negotiations in Geneva: U. S. Requests on Tariffs and Preferences: Memorandum by the President of the Board of Trade," reference No. C.P.(47)245, 27th August in reference No. PREM8/490.

[Command Papers]
U. K. Government (1932), "Imperial Economic Conference at Ottawa 1932: Summary of Proceedings and Copies of Trade Agreements," Cmd.4174, HMSO.
Board of Trade (1939), "Statistical Abstract for the British Empire: for each of ten years 1929 to 1938," Cmd.6140, HMSO.

[GATT・ITO関連文書]（http://www.wto.org/english/docs_e/gattdocs_e.htm より ダウンロード）
United Nations Economic and Social Council (ECOSOC) (1946a), "Heads of Delegations: Seventh Meeting held on Thursday, 21 November 1946," 27 November, reference No. E/PC/T/DEL/17.
ECOSOC (1946b), "Report of the First Session of the Preparatory Committee of the United Nations Conference on Trade and Employment," reference No. E/PC/T/33.
ECOSOC (1947a), "Revision of Secretariat Paper on Plan of Work of the Second Session of the Preparatory Committee of the International Conference on Trade

and Employment," 17 February, reference No. E/PC/T/C.6/88/Rev.1.

ECOSOC (1947b), "Statement by the Delegation of the United States," 8 February, reference No. E/PC/T/C.6/53.

ECOSOC (1947c), "Drafting Committee of the Preparatory Committee of the United Nations Conference on Trade and Employment-Summary Record of the Twenty-Seventh Meeting-Held on 20 February 1947," 20 February, reference No. E/PC/T/C.6/96.

ECOSOC (1947d), "Report of the Drafting Committee of the Preparatory Committee of the United Nations Conference on Trade and Employment, 20 January to 25 February 1947," 5 March, reference No. E/PC/T/34.

[アメリカ国務省関連]

Executive Order 9832, "Administration of the Reciprocal Trade-Agreements Program," in *Department of State Bulletin*, March 9, 1947.（文中ではDSBで統一）

Foreign Relations of United States（文中ではFRUSで統一）

[欧文文献]

Aaronson, S. A. (1996), *Trade and the American Dream: A Social History of Postwar Trade Policy*, The University Press of Kentucky.

Burnham, P. (1992), "Re-evaluating the Washington Loan Agreement: a revisionist view of the limits of postwar American power," *Review of International Studies*, Vol. 18.

Goldstein, J. (1993), "Creating the GATT Rules: Politics, Institutions, and American Policy," in Ruggie, J. G. (ed.), *Multilateralism Matters: The Theory and Praxis of an Institutional Form*, Colombia University Press.

Ikenberry, G. J. (1993), "Creating Yesterday's New World Order: Keynesian 'New Thinking' and the Anglo-American Postwar Settlement," in Goldstein, J. and Keohane, R. O. (eds.), *Ideas and Foreign Policy: Beliefs, Institutions, and Political Change,* Cornell University Press.

Kreider, C. (1943), *The Anglo-American Trade Agreement: A Study of British and American Commercial Policies, 1934-1939*, Princeton University Press.

Leddy, J. M. & Norwood, J. L. (1963), "The Escape Clause and Peril Points Under the Trade Agreements Program," in Kelly, W. B, Jr. (ed.), *Studies in United States Commercial Policy*, Chapel Hill: University of North Carolina Press.

McKenzie, F. (2002), *Redefining the Bonds of Commonwealth, 1939-1948: The Politics of Preference*, Palgrave Macmillan.

Miller, J. N. (2000), "Origins of the GATT: British Resistance to American Multilateralism," Working Paper No. 318 of Jerome Levy Economics Institute at Bard College.

Miller, J. N. (2003a), "Four Myth: The World Trading System," *The Bard Journal of Global Affairs*, Vol. 3.
Miller, J. N. (2003b), " Wartime Origins of Multilateralism, 1939-1945: The Impact of Anglo-American Trade Policy Negotiations," unpublished Ph.D. dissertation, University of Cambridge.
Ruggie, J. G. (1982), "International regimes, transactions, and change: embedded liberalism in the postwar economic order," *International Organization*, Vol. 36, No. 2.
Ruggie, J. G. (1993), "Multilateralism: The Anatomy of an Institution," in Ruggie, J. G. (ed.), *Multilateralism Matters: The Theory and Praxis of an Institutional Form*, Colombia University Press.
Ruggie, J. G. (2003), "Taking Embedded Liberalism Global: the Corporate Connection," in Held, D. and Koenig-Archibugi, M. (eds.), *Taming Globalization: Frontiers of Governance*, Polity Press.
Toye, R. (2003), "The Attlee Government, the Imperial Preference System and the Creation of the Gatt," *The English Historical Review*, cxviii. 478.
World Trade Organization (2007), *World Trade Report 2007—Six decades of multilateral trade cooperation: What have we learnt?*, WTO Publication.
Zeiler, T. W. (1997), "GATT Fifty Years Ago: U. S. Trade Policy and Imperial Tariff Preferences," *Business and Economic History*, Vol. 26, No. 2.
Zeiler, T. W. (1999), *Free Trade Free World: The Advent of GATT*, Chapel Hill and London: The University of North Carolina Press.

[邦文文献]
萩原伸次郎（2003）『通商産業政策』日本経済評論社。
池間　誠（2008）「還暦を迎えた GATT/WTO」『世界経済評論』2月号。
古城佳子（1995）「戦後国際経済体制の変容と『埋め込まれた自由主義』」『外交時報』1321。
古城佳子（1998）「国際政治経済学の動向（上・下）――『経済のグローバル化』と国家，国家間協調の分析視角」『国際問題』456，457号。
鳴瀬成洋（2001）「Embedded Liberalism の解体と再編――グローバリズム・マルティラテラリズム・リージョナリズム」『（神奈川大学）商経論叢』第37巻第2号。
竹田いさみ（2003）「多国間主義の検証」日本国際政治学会編『国際政治』133号。
山本和人（1999）『戦後世界貿易秩序の形成――英米の協調と角逐』ミネルヴァ書房。

第7章
ジュネーブ関税引下げ交渉
——GATT の第1回関税譲許交渉の分析——

　第6章において指摘したように，ジュネーブ関税引下げ交渉（GATT の第1回ラウンド）に関する詳細な分析は，欧米においても1990年代になって漸く緒に就いた感がある。ジラー（Zeiler, 1997, 1999）やアーロンソン（Aaronson, 1996）の研究に始まり，今世紀に入ると，トイ（Toye, 2003），ミラー（Miller, 2000, 2003a, 2003b），マッケンジー（McKenzie, 2002）などが加わり，直近ではアーウィン・マブロイディス・サイクスによる『GATT の起源』（Irwin, Mavroidis & Sykes, 2008）が刊行されるに及んで，交渉の具体的内容を体系的に摑めるようになった。それまでわれわれは GATT 自身が公表した統計資料に従って，ジュネーブ交渉においてほんの7カ月の間に23の締約国が123の協定を締結するという「驚くべき偉業」が達成され，約4万5000品目，額にして世界貿易のおよそ半分に相当する品目の関税が引下げまたは固定化されたという結論（Interim Commission for the International Trade Organization, 1949, p. 11）を越えて，ジュネーブ関税引下げ交渉の中身について掘り下げて分析することはなかった。しかし，交渉は難航を極め，幾度も決裂の危機に瀕した。事実，イギリス政府はジュネーブ関税交渉決裂を予想し，その場合に備えて，プレスリリース用の声明文を用意していたほどである（イギリス国立公文書館〔TNA〕は，「英米間の関税交渉が決裂した場合に用いるプレスリリース用の草稿」と題する史料集〔reference No. BT11/3774〕を保管している。われわれは以下でこの史料集に収められた文書類について説明することになろう）。

　本章においては，最近の欧米の先行研究の成果を踏まえつつ，英米の公文書類や GATT・ITO 関連文書を駆使し，それらを互いに照らし合わせて，我が国で全く顧みられることのなかったジュネーブ関税引下げ交渉の具体的内容を忠実に示すことにしたい。こうした作業は，これまでわれわれが続けてきた戦後貿易体

制成立史研究の一環であり，関税交渉の結果から，戦後貿易システムの性格を浮かび上がらせることができると考える。

第1節　第2回貿易雇用準備会議（ジュネーブ会議）における関税引下げ交渉の位置付け

（1）　ジュネーブ関税引下げ交渉に関する本書のアプローチ

　ジュネーブ交渉が行われた1947年4～10月は，マーシャル援助の発表やポンド交換性回復とその失敗などの世界経済を揺るがす大きな問題が発生した時期であった（巻末の年表を参照）。当然，上述のように欧米はもちろんのこととして，従来の我が国の研究もこれらの問題に集中し，戦後貿易システムの形成，とくにジュネーブ関税交渉すなわちGATT第1回関税譲許交渉ラウンドに対する関心は希薄であったといえる。もちろん，前者と後者の問題は相互関連を持っており，前者の分析で事足りるというものではない。またこれから行う後者の分析も，前者のそれを無視して成り立つものではない。本章では前者に関する研究蓄積を利用しながら，GATT第1回関税引下げ交渉の本質に迫ろうとするものである。

　ジュネーブ関税交渉に参加した諸国は，中核国グループ（ソ連を除く）15カ国にレバノン（シリアを加える），チリそしてノルウェーの4カ国を加えた貿易雇用準備委員会の構成メンバー，それに新たに独立を達成，またはその過程にあったビルマ，セイロン，パキスタン，さらに南ローデシアを加えた23カ国である。これら諸国の貿易総額を100%として，各国の占める割合を示したのが**表7-1**である。最大の貿易国がイギリス次いでアメリカであり，両国で全体の半分以上を占めることがわかる。また英連邦諸国（イギリスを含めて）は10カ国を数え，貿易額では44.1%と交渉参加国の貿易総額の半分近くを占める。なおイギリスを除く英連邦諸国の貿易比率は18.2%である。このように見れば，交渉成立の鍵は米英間にかかっていること，またイギリスを除く英連邦諸国とアメリカの関係も同様に非常に重要であることが理解できる。以上の簡単な考察からジュネーブ関税交渉の構図が見えてくる。すなわちジュネーブ関税交渉はこの三者，つまりアメリカとイギリス，アメリカと英連邦諸国（イギリスを除く）間の交渉が会議の行方に大きな影響を与えたのである。事実，交渉において中心的役割を果たしたアメリカ国務省は，ジュネーブ関税交渉の記録を外交関係史料集（*Foreign Relations*

表7-1 GATT締約国の貿易総額に占める各国の割合

国　名	%
オーストラリア	3.2
ベルギー・オランダ・ルクセンブルク経済同盟	11.0
ブラジル	2.8
ビルマ	0.7
カナダ	7.2
セイロン	0.6
チリ	0.6
中国	2.7
キューバ	0.9
チェコスロバキア	1.4
フランス	9.5
インドとパキスタン	3.3
ニュージーランド	1.2
ノルウェー	1.5
南ローデシア	0.3
シリア・レバノン関税同盟	0.1
南アフリカ	1.7
イギリス	25.9
アメリカ	25.4
合　計	100

（注）　上記の値は，1938年と最近12カ月の数値の平均に基づいている。最近12カ月の定義は行われていないが，資料の発行時を考えると1946年～1947年前半と考えられる。
（出所）　United Nations Economic and Social Council (ECOSOC), 1947b, p.72のANNEX Gによる。

of the United States, 1947, Vol. I, pp. 909-1025：以下，*FRUS*）に残しているが，そのほとんどがイギリスおよび英連邦諸国との交渉を収録したものとなっている。アメリカにとってジュネーブ関税交渉成否の鍵はイギリスを中心とする英連邦諸国との交渉の如何にあったことの証左であろう。

　ところでイギリス国立公文書館（TNA）は7カ月にわたるアメリカとの関税交渉に関する膨大な史料を蓄積している。それは各省，部門に分散して保管されているが，最も多くの史料を体系的に保有しているのは商務省である。商務省はアメリカとの遣り取りを7カ月にわたって時系列的に記録した文書を保管している。その保存状態は必ずしもよくないが，4分冊からなり，合計427の文書（その中身は，ロンドンとジュネーブ間の電報類，統計類，アメリカ政府文書の写し，アメ

リカや英連邦諸国との会議録あるいは交信文書など）に分類され，ページ数にすれば，約1200ページに上る大部のものである（reference. No. BT11/3645；BT11/3646, BT11/3647；BT11/3648）。合わせて商務省は，ジュネーブ交渉を主に特恵関税問題を中心とした視点から収集した史料を保有している。それは貿易交渉委員会（Trade Negotiations Committee：TNC）の管轄史料として，同委員会の特恵関税関連文書に分類されている。(1) ページ総数500ページにも及ぶ（reference No. BT64/2346）。この他にも，商務省はアメリカと英連邦諸国（イギリスを除く）との交渉に関する文書約300ページ分を蒐集している（reference No. BT11/3650）。(2)

以上のようにジュネーブ会議の関税交渉（主に対米関係）に限定しても，商務省だけで2000ページに及ぶ史料が存在するのである（ここでは詳細は省略せざるを得ないが，同省所収のすべての分野にわたるジュネーブ交渉に関連する史料は，筆者が直接目を通したものに限定しても42冊に及ぶ。もっともこれらは商務省保有のジュネーブ関係史料の一部に過ぎない。同省は reference No. BT11シリーズを中心に膨大なジュネーブ会議関連史料を蓄積している。この資料の量からして，イギリス貿易政策に占めるジュネーブ会議の重要性が見て取れるのである）。さらに，その他の部門（外務省〔FO〕，内閣府〔CAB〕，アトリー首相関連記録〔PREM4〕，植民地局〔CO〕，自治領局〔DO〕）も商務省ほど体系的にではないが，こうした史料を保有している(3)（重複して保有されている史料はかなり存在するが）。

われわれは以上のイギリス国立公文書館（TNA）所収の第1次史料を駆使してジュネーブ関税交渉の本質に迫ろうとするものである。もちろん，こうしたイギリスの史料に依拠しつつも，WTOが公開しているGATT関連文書のジュネーブ関税交渉文書類（reference No. E/PC/Tシリーズ），アメリカ国務省外交史料集（*FRUS*, Vol. I, 1947）やトルーマン大統領関連文書にも注目する。WTOが公開したGATT関連文書だけでも膨大なものであるが，その中から米英間そしてアメリカと英連邦諸国間関連の史料に注目し，また以上に比べればその量は少ないとはいえ，アメリカの公文書に目を通すことによって，ジュネーブ関税交渉をイギリスの視角に捕らわれることなく，分析しようとするものである。

（2） ジュネーブ会議：関税引下げ交渉の枠組み作りとタイムスケジュール

　ジュネーブ関税交渉についてその手続き方法を詳細に明記したのはロンドン会議においてであった。ロンドン会議報告書（正式名称『第1回国連貿易雇用会議準備委員会報告書』〔ECOSOC, 1946a〕）は，付録文書10の「多国間通商協定交渉——準備委員会のメンバーの間で関税と貿易に関する一般協定という手段を通じてITO憲章の規定を実施するための手続き」(*Ibid*., pp. 48-51) において関税交渉の手続きについて述べている。すでにわれわれは，第6章の第2節(1)項で付録文書10の内容について簡単な分析を試みている。そこでは4つの段階に分けて関税交渉を行うことが規定されていた。すでにジュネーブ会議開催までにはアメリカはすべての中核国（正確には貿易雇用準備委員会の構成メンバー）に対して要求リストを提出し，フランスも同様であった。他方，イギリスとカナダは自治領諸国以外の中核国に対して要求リストを提出し終わっていた。しかし上記の主要国を除いて，その他の中核国は必ずしも要求リストのすべてを提出していたわけではなかった。しかし，交渉を大きく左右する米英間や米—自治領間での要求リストの交換はすでにジュネーブ会議までに終わっていたのである（ECOSOC, 1947c, pp. 7-14, ANNEX B）。

　従ってジュネーブ関税交渉では，要求リスト未提出の中核国はその作業をできるだけ早く行うことを要請され，その上で第2段階であるオファーリストの交換日が具体的に設定された。この調整役を演じたのが「関税交渉に関する作業部会 (Working Group on Tariff Negotiation)」であった。そもそも上述したロンドン会議報告書の付録文書10のセクションF. のパラグラフ2において，ジュネーブ会議開催と同時に，関税交渉を整然と行うために「関税運営委員会 (Tariff Steering Committee)」の設立が勧告されており，続けてニューヨーク会議の文書においても，ジュネーブ会議関税交渉に当たって，「関税交渉の作業に集中し，その作業をガイドするために，迅速に関税運営委員会を設立すべきこと」(ECOSOC, 1947a, p. 5) が述べられていた。

　実際，ジュネーブ交渉に当たって，ロンドン会議やニューヨーク会議で構想されていた「関税運営委員会」は，上述の「関税交渉に関する作業部会」という形で具現した。作業部会は，ジュネーブ会議を総括する役目を負った2つの委員会（コミッションAとB）の下に作られた多くの下部委員会のうちのひとつで，アメ

リカ、イギリス、フランス、オランダ、カナダの5ヵ国で構成され、その目的は[4]「できるだけ早く多くの関税交渉を開始できるよう調整すること」(ECOSOC, 1947c, p.1) と述べられている (作業部会については，第8章の第1節(1)項で詳述)。

ところで作業部会は4月22日の文書で，関税交渉のスケジュール（オファーリストの交換）表を発表している。それによれば，16ヵ国（ベルギー・オランダ・ルクセンブルクをひとつの関税地域として，またレバノン・シリアも同様に扱う）間で120の2国間関税交渉を5月末までに開催するというスケジュールを立てたのである。具体的には，24の交渉を4月末までに，48の交渉を5月前半に，そして24のそれを5月末までに終了することが計画された (Ibid., pp. 3-10, ANNEX A)。もっとも，残りの24ケースにおいて，関税交渉は組み込まれなかった。その理由として，文書は当該2国間の貿易がほとんど行われていないケース，それら諸国がすでに特恵協定を締結しており，要求リストやオファーリストを交換する意志がないケースを挙げている (Ibid., p.1：傍点は筆者)。後者は英連邦地域に当てはまる。事実，イギリスについていえば，カナダ，オーストラリア，ニュージーランドとの交渉日は設定されていない (Ibid., pp. 3-10, ANNEX A：イギリス植民地であり，GATTに参加することになるセイロン，南ローデシア，ビルマについてはこの段階では表には記載されていない)。また同文書の付表Bから，イギリスと自治領・インドは，ジュネーブ会議が始まっても未だ要求リストを交換していなかったこと，また交換する日にちも決定していないことが読み取れる (Ibid., pp. 7-14, ANNEX B：もっとも南アフリカだけはイギリスに対して要求リストを提出していた)。

以上の事実は，イギリスを中心とする英連邦諸国が帝国内部での関税引下げに消極的であったこと，正確にいえば，英帝国特恵関税制度の現状維持を望んでいたことの現われであったと捉えることができる。事実，以下で明らかにするように，ジュネーブ関税交渉は，アメリカの世界経済再建構想に公然と異議を唱えるイギリス，そして英連邦諸国の思惑の相違から対立の場と化すのである。

第2節　米英の関税引下げおよび特恵関税幅縮小・撤廃交渉の実際

（1）　交渉の初期局面（1947年6月まで）：デッドロックの原因

①米・英・英連邦諸国のオファーに関する統計分析

第7章 ジュネーブ関税引下げ交渉

　前節で述べたように交渉に参加した諸国の貿易額から見ても，ジュネーブ交渉は，アメリカ，イギリスそして英連邦諸国間の交渉の成否にかかっていたといえる。特にわれわれは米英交渉を軸に1947年10月までを3つの時期に区分してその進展を跡付けることにする。第1段階は1947年6月までである。この間，ジュネーブにおいてオファーリストの交換がなされ，関連部門のエキスパートたちの間で予備交渉が行われた段階である。イギリスについていえば商務省の担当者たちが交渉の先頭に立った。従って米英両国の政権の中枢部が直接交渉に携わることはほとんどなかった段階といえよう。一方，アメリカと自治領諸国（オーストラリア，ニュージーランド，南アフリカ）との交渉はアメリカの羊毛関税への対応を巡って紛糾した。第2段階は7月から8月の交渉をカバーする。米英の通商政策担当のトップ（アメリカは国務次官クレイトン〔Clayton, W. L.〕，イギリスは商務大臣クリップス〔Cripps, S.〕）間の直接交渉に発展する。またイギリスについていえば，ジュネーブ関税交渉は，イギリス貿易政策の要をなすものとして，商務省を超え，アトリー内閣の重要決定事項となり，閣議で審議されることになる。他方，アメリカと自治領との交渉は，アメリカ議会における新羊毛法案の可決，それに対する大統領拒否権の発動に規定されて，めまぐるしい変転を示す。そして第3段階においては，決裂の危機に瀕した交渉から最終的妥協がなされる，まさに最後の9月から10月中旬までの約2カ月間の英米両国政府の駆引きが明らかにされる。

　さて，第6章の第2節(2)項でも明らかにしたように，イギリスはジュネーブ関税交渉開始以前にアトリー首相を議長とした対外経済政策委員会（Overseas Economic Policy Committee：OEP）においてジュネーブ会議における対米関税交渉の目的を明確にしていた。その基本路線は，アメリカの高関税率を引下げさせることと英帝国特恵関税制度の絶対保持（個々の特恵関税幅の縮小は認めるが，それらの撤廃は阻止すること）であった。また，ジュネーブ会議直前に開かれた英連邦会議において，自治領およびインドも温度差はあるものの，英帝国特恵関税制度の存続を承認していた。こうした基本方針が対米交渉にどのような形で反映されたのであろうか。

　まず，イギリスに対するアメリカの要求リストの内容とそれに対するイギリスのオファーリストの内容に焦点を当て，米英関税譲許交渉の具体的分析に踏み出すことにする。貿易交渉委員会（TNC）は，ジュネーブ交渉が始まった4月10

表7-2 イギリスに対するアメリカの関税引下げ要求リストとイギリスのオファーリストの比較

(単位:1万ポンド)

1938年度の対米輸入総額		A. 要求総額 (B+C)[1]	B. 最恵国関税率の固定化	C. 最恵国関税率の引下げ	D. 特恵関税の撤廃
11,800	①アメリカの譲許要求リストの内容	8,310	4,410	3,840	1,200
	②イギリスのオファーリストの内容(アメリカの譲許要求リストの無修正承認分)				
	A. オファー総額	B. 最恵国関税率の固定化	C. 最恵国関税率の引下げ	D. 特恵関税の撤廃
	3,640	3,490	150	0
	③イギリスのオファーリストの内容(アメリカの譲許要求リストの修正承認分)				
	A. オファー総額	B. 最恵国関税率の固定化	C. 最恵国関税率の引下げ	D. 特恵関税の撤廃
	4,920	4,060[2]	860[3]	0

(注)
1) ①欄のA.要求総額がB.最恵国関税率の固定化とC.最恵国関税率の引下げの合計に一致しないのは、60万ポンドに相当するフィルミ製品、映画用フィルム、軟膏・シップ剤、薬品類についてアメリカの具体的要求内容がまだ確定していないため、BおよびCから除外されていることによる。

2) 4060万ポンドから②欄のB の3490万ポンドを差し引いた570万ポンドはアメリカが最恵国関税率の引下げにおいて、イギリスがアメリカに譲許した関税率を更新したものであるとことが指摘されている(Board of Trade, 1947a1, p. 2)。なお、3490万ポンドは、すでに1938年英米通商協定において、イギリスがアメリカに譲許したものであるので、従って正確には新たな譲許といえるものではない。

3) 860万ポンドから②欄のC の150万ポンドを差し引いた710万ポンドはアメリカが最恵国関税率の引下げを要求していた品目で、その要求引下げ率より小さい率がオファーされた品目の輸入額を表す。

(出所)Board of Trade, 1947a1 より作成。

日にジュネーブにおいてイギリス代表団が作成した「アメリカの要求に関する短観」と題する短い文書を記録している（Board of Trade, 1947a1）。文書は1938年度のイギリスの輸入統計に基づき，関税引下げの効果を予想したものであり，この点において非常に限界があると断った上で，アメリカの要求に対するイギリスのオファーの程度は示すことができると述べている（*Ibid.*, p.2）。**表7-2**はこの小論で使用されている統計数値を用いて，筆者が作成したものである。①欄ではアメリカの要求リスト品目がカバーするイギリスの輸入総額とその中身，すなわち最恵国関税率の固定化，最恵国関税率の引下げを要求されている品目がカバーする輸入額が示されている。最恵国関税率の固定化は，自動化規定（詳細については，第6章の第2節(2)項①を参照）に従えば，特恵関税幅の現状維持を意味し，また最恵国関税率の引下げは特恵関税幅の縮小か撤廃を意味する。しかし，アメリカの要求が厳格にこの自動化規定に従ったわけではなく，最恵国関税率が固定化された場合でも，特恵関税の撤廃が明記されるケースがあった（前掲表6-2-a参照のこと）。いずれにせよ，アメリカは，1938年度のイギリスの対米輸入総額1億1800万ポンドの約70％に相当する8310万ポンド分の譲許（特恵関税幅の維持，縮小そして撤廃）を求めたことがわかる。それに対して②欄から，イギリスの示したオファー総額（アメリカの要求を無条件で受入れた品目の輸入額）は総輸入額の31％に相当する3640万ポンドであり，要求リストの半分以下に過ぎなかった。しかも最恵国関税率の固定化，言い換えれば特恵関税幅の現状維持要求に対しては，比較的満たされているものの，最恵国関税率の引下げをアメリカの要求そのままで認めた分は150万ポンド相当，つまり①欄に示したアメリカの最恵国関税率の引下げ要求分3840万ポンドの3.9％に過ぎず，特恵関税の撤廃に至っては完全に拒否したことが読み取れる。表の③欄からアメリカの要求を一部認める形でオファーした内容を示せば，オファー総額は4920万ポンドとなり，アメリカの要求額の約59％に相当するが，その内容をみれば特恵関税幅の固定化を主な特徴とするものであることがみてとれる。注意すべきは，表7-2の注2に示したように，イギリスが提示した最恵国関税率の固定化のうち，②欄のBの3490万ポンド相当分はすでに1938年英米通商協定においてイギリスがアメリカに約束していた関税率を更新したものにすぎず，実際イギリスが新たに関税固定化をオファーした分は注2にも記したように570ポンドにすぎなかった（後述する注(15)の計算方式で

表 7-3　アメリカの関税譲許要求リストと英連

	A.英連邦諸国(5ヵ国)の輸入総額,対英輸入額,対米輸入額			アメリカの関税譲許要求リストの内容 B.特恵幅の撤廃または縮小によって影響を受ける輸入額(C+D+E)		
	(A-1)輸入総額	(A-2)対英	(A-3)対米	(B-1)総額	(B-2)対英	(B-3)対米
カナダ	721.62	127.06	452.42	265.97	57.97	170.18
オーストラリア	391.36	158.47	57.43	64.53	27.00	20.63
ニュージーランド	217.07	103.88	26.95	73.01	40.67	10.73
南アフリカ	423.36	182.28	80.85	40.43	18.52	13.48
インド	560.07	171.01	36.26	29.79	11.47	9.51
上記5ヵ国の輸入総額	2,313.48	742.70	653.91	473.73	155.63	224.53
カナダを除く上記4ヵ国の輸入総額	1,591.86	615.64	201.49	207.76	97.66	54.35

(注)　1．ニュージーランド，南アフリカついては1938年度（暦年），オーストラリアについては1938年7月年度(暦年)，それ以外は1938年4月～1939年3月の1年間。
　　　2．オーストラリア，ニュージーランド，南アフリカ，インドについてB欄の数値は，C, D, E欄のこの理由は，C, D, E欄に示されたオファー品目がイギリスにとって重要だと考えられる品目に限カ国の輸入総額も，C, D, E欄に示された5カ国の数値の合計と一致しない。
(出所)　Board of Trade, 1947a5iiiより引用，作成。

は，1938年協定の更新分を除外し，ジュネーブ交渉でイギリスがオファーした関税率固定化分について550万ポンドという数値を導き出している）。また最恵国関税率の引下げについても引下げ率が縮小された分を含み，特恵の撤廃は行われず，イギリスのオファーリストはアメリカの要求をほとんど叶えるものではなかったといえる。

このような譲許しか示さなかった理由として，イギリスは，4月14日の声明で，戦前（1938/39年）よりポンドがドルにして下落した結果，輸入品の価格が上昇し，従量税が同じでも従価税率に換算すれば関税は引下げられ，少なくともすでに15％程度特恵幅が縮小していること，第2に，戦中の物価および労働コストの上昇によって，従価税率に換算した場合，すでに自動的に関税は引下げられていること（Board of Trade, 1947a2. 第6章の第2節(2)項①も参照）を挙げて，イギリスのオファーを正当化しているのである（Board of Trade, 1947a2）。

一方，イギリスを除く英連邦諸国に対するアメリカの要求に対してどのようなオファーが示されたのであろうか。5月15日にジュネーブのイギリス代表団はア

第7章 ジュネーブ関税引下げ交渉

邦(5カ国)のオファーリストの比較

(単位:100万ドル)

アメリカの関税譲許要求リストに対する英連邦諸国のオファーリストの内容									
C.特恵の撤廃によって影響を受ける輸入額			D.特恵幅縮小によって影響を受ける輸入額			E.オファーなし		
(C-1)総額	(C-2)対英	(C-3)対米	(D-1)総額	(D-2)対英	(D-3)対米	(E-1)総額	(E-2)対英	(E-3)対米
[20.56]	[6.82]	[11.72]	[15.99]	[8.98]	[6.60]	[14.44]	[6.98]	[5.03]
3.91	0.15	3.34	40.72	16.81	11.81	19.91	10.00	5.48
0.03	―	0.03	43.68	23.57	6.52	29.31	17.10	4.19
3.01	0.28	2.52	15.39	9.58	3.30	22.02	8.68	7.66
0.29	0.15	0.11	1.46	0.40	0.66	28.02	10.94	8.72
27.80	7.40	17.72	117.24	59.34	28.89	113.70	53.72	31.09
7.24	0.58	6.00	101.25	50.36	22.29	99.26	46.74	26.05

~1939年6月の1年間,インドについては1938年4月~1939年3月の1年間,カナダについては,A欄は1938
数値の合計とほぼ一致するが,カナダに関して,B欄の数値はC,D,E欄の数値の合計と全く一致していない。
定されたこと,航空機関連の品目すべてが関税分類の複雑さから削除されたことによる。したがって,B欄の5

メリカに対する自治領諸国4カ国とインドのオファーを基礎にして,それらを数値化し,ひとつに纏めた表と,それについて説明を加えた文書を作成している(Board of Trade, 1947a5ii ; Board of Trade, 1947a5iii)。イギリスのジュネーブ交渉団長であるヘルモア(Helmore, J.)商務省書記官はアメリカ代表のクレイトンに対する書簡の中で,「異なった諸国のオファーについて,本当に比較可能な数値を導き出すことは非常に困難であるが,本書簡に添付した表は概して正確であると確信している」(Board of Trade, 1947a5i, p.2)と述べている。表7-3として示したのが,ヘルモアが述べた英連邦5カ国のオファーの内容である。表は1938年と1939年の5カ国の輸入統計を用いて,オファーの程度を明らかにしている。合わせてA欄に5カ国それぞれの輸入額(輸入総額,対英輸入額,対米輸入額)と合計の輸入総額,B欄に5カ国に対するアメリカの要求リスト品目の総額が記載されている。ヘルモアが述べているように,オファーされた関税品目を統計的に処理する場合,各国の関税統計が細かな品目(sub-item)の区分まで行っていな

い場合があり，どうしても誤差が生じる（Board of Trade, 1947a5ii）。カナダについては，このような理由から航空機関連の品目が除外されたし，またイギリスにとって重要なオファー品目だけがC, D, E欄に記載された（Ibid.）。なぜそうされたのかは説明がなされていない。従ってカナダに関して，C, D, E欄の合計がB欄の数値から大きくかけ離れることになっている（その他の諸国のオファーはすべてをカバーするものであり，C, D, E欄の合計とB欄の数値はほぼ一致している）。従って，表7-3には最後の列にカナダを除く4カ国の輸入総額を記すことにした。このような制限を持つものの，オファーの一般的傾向は導き出せる。

　表7-3から浮かび上がってくる事実は，アメリカの要求に対して，各国がほとんど特恵関税の撤廃を拒否していることである。その中で最大の撤廃の譲許を示しているのはカナダであり，その中身はほとんどが無煙炭に関するものであると述べられている（Ibid.）。もっとも上述したようにカナダについてはオファー品目すべてが計上されているわけではないが。カナダを除く4カ国で見れば，アメリカの要求は，対米輸入に関して見れば，特恵関税の撤廃について（B-3）欄の総額5435万ドルのうち，（C-3）欄の600万ドルと11.0％に過ぎず，特恵関税幅縮小については（D-3）欄の2229ドルと41.0％が認められたが，オファー拒否については（E-3）欄の2605万ドルと約半分近くの47.9％を占めている。なお，上記の結果は，後掲表7-4のそれとも符合する。すなわち，表7-4の2欄に示した英連邦（4カ国）による最初の対米オファーは，1欄の(2)で示したアメリカの要求4230万ポンド（アメリカからの輸入額で見て）に対して，特恵撤廃については450万ポンドと10.6％，縮小については1720万ポンドと40.7％，オファーの拒否については2060万ポンドと48.7％を占める。出所の異なる2つの表からほぼ同じ数値が導き出せるのである。

　またこうした傾向は前掲表7-2で示したイギリスの対米オファーと2つの点で似た傾向を示している。表7-2から明らかなように，アメリカの対英要求総額8310万ポンド（①欄のA）のうちイギリスが修正承認した総額4920万ポンド（③欄のA）は，59.2％であり，40.8％に相当するアメリカのオファーをイギリスは完全に拒否したことになる。またイギリスは特恵関税撤廃要求を拒絶した。統計の取り方で，最恵国関税の固定化について表7-2は譲許と捉えているが，表7-3はそれを除外しているという差はあるものの，特恵の撤廃を基本的に拒否してい

図 7-1 アメリカに対する中核国グループの関税引下げ要求とアメリカのオファーの内容

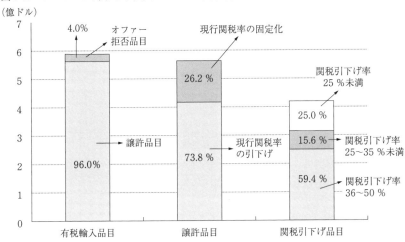

（注）　図は1945年1月1日現在の関税率を基準にしている。数値は1939年の貿易統計に基づく。
（出所）　Board of Trade, 1947a3, Chart 4を基礎に，FRUS 1947, I, p. 912の数値を利用し，修正した。

ること，オファー拒否の比率が高い点では，後に考察するアメリカの対英およびその他，中核国に対するオファーの内容と決定的に異なるのである。

　以上，表7-2，表7-3を検討した結果，アメリカの要求に対して，イギリスを中心としたジュネーブ会議参加の英連邦諸国は英帝国特恵関税制度の現状保持を目的にしていたことが理解できるのである。これは第6章で述べたイギリス政府の方針さらに英連邦会議のそれを反映する結果となっている。もっとも，カナダについてはアメリカに対する特恵の撤廃や譲許額の大きさなどから英帝国特恵関税制度の保持には最も消極的であったことが表より見て取れるが，これは英連邦会議におけるカナダの態度と符合するものといえよう（第6章の第2節(2)項②を参照）。

　それでは，イギリスや英連邦諸国の要求に対してアメリカは如何なるオファーを提示したのであろうか。アメリカの代表団長クレイトンはイギリス代表団長のヘルモアに対して，5月1日にアメリカの関税譲許オファーを示した8つの図表を送付した（Board of Trade, 1947a3）。添え書きには，極秘資料であるがゆえにヘルモアだけが個人的に使用するよう要請している（*Ibid.*）。ちなみに図表は16部印刷され，そのうちの一部がヘルモアに手渡されたのである。残りの15部はそ

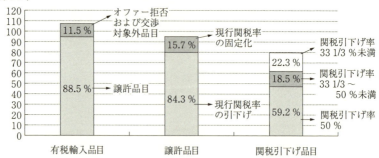

図7-2 アメリカに対するイギリスの関税引下げ要求とアメリカのオファーの内容
（100万ドル）

（注） 1945年1月1日現在の関税率を基礎にしている。数値は1939年の貿易統計に基づく。有税輸入品目のうちオファー拒否を受けた品目の輸入額は131万5000ドル，有税輸入品目に占める比率は1.2％である。
（出所） Board of Trade, 1947a4およびU. S. Department of Commerce, 1944, p. 533より作成。

の他の中核国諸国に送付されたと考えられる。図7-1は添付された図のうちの中核国諸国に対する有税輸入品目の譲許を示したChart 4に依拠している。なお，注(5)にも述べたようにFRUSはアメリカのオファーについてその概略を示した表を掲載している（FRUS, 1947, I, p. 912）。この表はヘルモア宛の図の全体像を示したものである。以下の説明ではこの表の数値も合わせて利用することにする。

図7-1の左の棒線グラフは中核国グループからの有税輸入品目の輸入総額約5億8800万ドル（1939年の貿易統計に基づく）のうち，アメリカがオファーを拒否したのは4％相当に過ぎず，ほぼ何らかの譲許を行ったことを示している。譲許額は5億6400万ドルに達する。真ん中の棒線グラフが示すように譲許の内容とは現行関税率（1945年1月水準）の固定化か，引下げである。現行関税の引下げは4億1600万ドル，譲許のうち73.8％が関税の引下げという形をとったのである。そして右のグラフは関税引下げ率を3つのカテゴリーに分けて示しているが，2億4700万ドル，率にして59.4％に相当する額について1945年1月現在の関税率の36〜50％の引下げがオファーされているのである。つまりアメリカは有税品目に関する譲許品目5億6400万ドルのうち，約44％について36％以上の現行関税率引下げをオファーしたといえる。

図7-2はとくにイギリスに対するオファーについて分析したものである。左の棒線グラフは，イギリスからの有税輸入品目の輸入総額1億735万ドル（1939年

の貿易統計に基づく)のうち,アメリカがオファーを拒否したのが131万ドル相当で1.2%に過ぎず(図7-2の注を参照のこと),交渉対象外品目を含めて11.5%であること,残りの9503万ドル相当,率にして88.5%について何らかの譲許を行ったことを示している。真ん中の棒線グラフが示すように譲許の内容とは現行関税率(1945年1月水準)の固定化または引下げである。現行関税の引下げは8011万ドル,つまり譲許のうち84.3%が関税の引下げという形をとったのである。そして右のグラフは関税引下げ率を3つのカテゴリーに分けて示している。アメリカは4740万ドル,率にして59.2%に相当する額について1945年1月現在の関税率の50%の引下げをオファーしているのである。換言すればアメリカは互恵通商協定法に規定された最大限の引下げを提示したのである。さらに33 1/3%から50%未満の引下げ分,1486万ドル,率にして18.5%を加えれば,有税品目に関する譲許品目9503万ドルのうち,約65.5%について3分の1以上の現行関税率の引下げをアメリカはオファーしたといえる。

　つまり,図7-1,図7-2から,その統計処理の方法が多少異なるものの,ジュネーブ会議の関税交渉参加国に対するアメリカの関税引下げ方針の一般傾向を読み取ることができる。アメリカは,イギリスや英連邦諸国に比べて,自国市場の開放を積極的に行おうとしたのである。そしてその方針に基づきその他諸国にもそれを求めたことは,これまでの本項での分析や第6章で示したイギリスおよび英連邦諸国に対する関税譲許要求リストの内容から明らかであろう。ただしこれは一般傾向であって,アメリカ関税引下げは製造品に対して大幅であったが,第1次産品に対してはそれ程ではなかった(Board of Trade, 1947b5 ; Board of Trade, 1947f1i)。後に明らかにするように,オーストラリアを中心とする南半球の自治領諸国との関係でこうしたアメリカ関税政策の特質がジュネーブ交渉を暗礁に乗り上げさせる一因となるのである。

　それでは,以上の統計分析を踏まえ実際の交渉がどのような過程を辿ったかについて,アメリカとイギリス,アメリカと英連邦諸国の2つの関係を軸に考察することにしよう。

　②米英交渉の実態――世界経済再建方法の相違
　ジュネーブで米英の交渉チームは,6月中旬までに少なくとも17回の2国間交渉を重ねていたことがイギリス側の記録から明らかとなる(reference No. BT11/

3645の Index)。イギリス交渉チームの一員は 6 月13日付の覚書において,特恵関税撤廃の問題が未解決であることを述べた上で,「実際,英米の関税チームの交渉は終了した。残りのゲームはハイレベルの段階で演じられなければならない」(Board of Trade, 1947a6) と記している。この証言は,交渉が始まって 2 カ月間,米英間の溝が埋まらなかったことの証左といえよう。この間,イギリスはアメリカが示したオファーを検討し,いろいろな問題はあるにしても,基本的に満足いくオファーであるとの判断を下していた。「イギリスに対するアメリカのオファーに関する評価」と題する 4 月30日付の文書は次のように述べている。「全体として,アメリカのオファーは満足いくものと特徴付けてよい。貿易雇用準備委員会でアメリカ代表団は,交渉の出発点で控えめなオファーを示すより,寛大な方向でオファーを行うように交渉相手諸国に主張していた。いくつかの留保点はあるものの,アメリカは自らが主張した線に沿ってオファーを提出したといえる」(Board of Trade, 1947a7)。またイギリス代表団長のヘルモアはアメリカ団長のクレイトンに対して 5 月14日の書簡で次のように述べている。「アメリカは関税譲許に関して大きなオファーを行っている……。こうした譲許によってイギリスは直接に利益を期待できるだけでなく,譲許の結果として一般的に巨額の追加的なドルが世界に蓄積されることによっても,利益を得ることができるであろう」(Board of Trade, 1947a5i, p. 1)。しかしヘルモアはこうした譲許をアメリカが実際に行う条件について理解していた。曰く「イギリスの特恵関税の大幅な縮小が行われる場合にのみ,アメリカの世論はこうした譲許を実行に移すことに同意するであろう」(*Ibid.*, p. 1)。つまり,互恵主義こそがアメリカ貿易政策の基本路線であることを彼も認識していたのである。

　一方,アメリカはイギリスのオファーに対してどのような反応を示したのであろうか。ジュネーブでの米英交渉の状況をアメリカ代表団のひとりが記録している (*FRUS*, 1947, Ⅰ, pp. 929-932)。この交渉はイギリス側の史料と照らし合わせれば 5 月 7 日に行われた第 4 回目の米英会議であることが判る。ちなみにイギリスもこの会議の内容をアメリカほど詳しくはないが記録している (Board of Trade, 1947a9)。会議の冒頭,クレイトンはヘルモアに対して,アメリカのオファーに比べてイギリスのオファーに失望していると伝えた。クレイトンは,双方のオファーを詳細に比較し,イギリスのオファーがアメリカのそれに比べて譲許品目の

カバーする輸入額，そして譲許の程度（関税引下げ率）がともに小さいことを指摘した。彼が特に注目したのは，特恵撤廃に関するイギリスのオファーであり，イギリスが特恵撤廃をオファーしたのはたった1品目だけであり，失望を禁じ得ないと指摘した（*FRUS*, 1947, Ⅰ, p. 929）。その後，オファーの程度と性格を巡ってクレイトンとヘルモアの論争は続けられたが，論争を終えるに当たって，クレイトンは再びイギリスのオファーは期待外れで，特恵撤廃に関する約束の実行を果たしていると言い難いと締め括ったのである（*Ibid*., p. 932）。

　ところでイギリス側も米英のオファーの間に大きな隔たりがあることを十分認識していた。したがって，こうした隔たり，つまりイギリスのオファーの少なさを正当化する論理をアメリカに提示する必要があった。これは最終的には戦後世界経済に関する米英の再建方式の相違に行きつく問題であるが，まずはイギリス側の説明について整理することにしよう。

　そこで再び上述のクレイトンとヘルモアの論争に立ち入り，ヘルモアが述べた理由を挙げることにしよう。第1に，譲許の程度（関税引下げ率）が小さいのはアメリカの関税率に比べてイギリスのそれが低いからであり，低関税の固定化は高関税の引下げと同様に譲許と捉えるべきである。第2に，特恵関税の縮小・撤廃について，イギリスの特恵関税だけでなく，英連邦諸国でイギリスが享受している特恵関税の縮小も含めるべきである。英連邦諸国における特恵関税の縮小は，それによってイギリスが犠牲を受けるであるから，イギリスのオファーと看做すことができる（*Ibid*., pp. 929-930）。第2の問題についてイギリス側の史料に適切な表現を見出すことができる。曰く「アメリカに対するイギリスのオファーについて，われわれは，そのオファーがアメリカに対するイギリス関税の直接的オファーと英帝国でイギリスが享受している特恵の縮小という形態での間接的オファーから成り立っていることを強調しなければならない」(Board of Trade, 1947a8：傍点は筆者)。つまり，アメリカへの譲許はイギリス一国としてではなく，英連邦全体の問題として捉えること，換言すれば，2国間で譲許を厳格にバランスさせるのではなく，英連邦全体としてアメリカに対する譲許をバランスさせるという考え方である。しかし，前項で検討したように英連邦諸国の対米オファーをみても，英連邦諸国はアメリカの要求リストのほぼ半分を拒否し，特恵関税の撤廃もほとんどオファーしていない状況にあった（前掲表7-3および後掲表7-4参照）。

英連邦全体をとっても，アメリカの満足するオファーは示されていなかったのである（なお，この英連邦全体を含める計算方式は，イギリスの譲許の大きさをアメリカに納得させるために，ジュネーブ交渉の最終局面において，クリップス商務大臣自身の覚書の中で用いられているし，交渉の決裂に備えて準備したプレスリリース用の文書でも使用されている。詳しくは後述(3)項②を参照のこと）。従って，イギリスは新たな論法を用いて，自らのオファーの少なさを擁護しなければならなくなる。なお，ヘルモアの第2の論点は，英連邦諸国がイギリスにおいて享受している特恵の縮小によって英連邦諸国が被るコストを何らかの方法で補塡しなければならないという問題に発展する（Board of Trade, 1947a9）。この問題は次の③で考察するアメリカの羊毛に関する貿易障壁問題へと繋がっていく。

　さて，イギリスの用いた新たな論法とは何か。それは不均衡なオファーの正当性をアメリカに承認させることであった。前述した5月14日付のクレイトン宛の書簡の中で，ヘルモアは次のように述べている。「世界貿易の拡大は，重要であるけれども，それが協定の唯一の目的ではない。もし計画のすべてを成功させたいなら，国際貿易の量とともに国際貿易を均衡させることが最重要課題である。われわれの見解では，すべての譲許がそれに等しい見返りの譲許で埋め合わされなければならないというこれまでの互恵通商協定計画の精神で交渉が行われるなら，満足な結果は達成されないであろう。そうではなく，①どれくらいアメリカは効果的な関税引下げをオファーできるのか？　②その見返りとしてどれほど少なく（どれほど多くではなく）受け取るべきなのか？　という考えを指針とすべきであろう」（Board of Trade, 1947a5i, p. 2：傍点は筆者）。要するにアメリカに互恵主義の放棄を要求しているのである。

　それに対してすぐさま5月16日にクレイトンはヘルモアへ抗議の手紙を書き送っている。「現在の交渉においてこうしたアプローチを主張することは，控えめにいっても，驚きである。基本的な不公正さを措くとしても，それは過去数年間に及ぶ討論で米英両国が到達した見解の一致から大きく逸脱しており，そしてあなたもすぐに認識することになると思うが，我が国の交渉者たちが互恵通商協定法を犯さなければならないことを意味する。それゆえこれはアメリカには受入れがたい。この主張が貴国の見解を代表するものでないことをあなたに断言してもらいたい」（FRUS, 1947, I, p. 946；Board of Trade, 1947a10）。クレイトンが強調し

たのは，1945年12月の米英金融・通商協定の一環として発表された『国際貿易雇用会議による考察に関する提案』の第Ⅲ章「通商政策一般」のセクションB.「関税と特恵」で述べられた関税の大幅引下げと特恵の撤廃に関する「相互に利益的な取決め（the mutually advantageous arrangements）」という約束（第2章の注(17)を参照）にヘルモアの主張が抵触している点にあった。

当時，イギリス商務省海外貿易部長官で1947年10月にクリップスに代わって商務大臣に任命されることになるハロルド・ウィルソン（Wilson, H.）は，5月21日に，アメリカ代表団のウィルコクス（Wilcox, C.）に宛てて次のような書簡を送っている。「もちろん最終的結論は相互に利益的な取決めの達成を問題にしているのである。そうした取決めの結果，現在の比率のままで貴国の輸出が貴国の輸入を上回ったままなら，それはわれわれや世界全体にとっても同様に貴国の利益にもならない。その結果は，（イギリスを含む）世界のほとんどを永久にドル不足のままにし，貿易国家として貴国の財を市場に供給することを不可能にさせ，われわれの最近数年間のあらゆる努力や貿易雇用準備委員会の現在の討論を裏切る結果となるであろう」（FRUS, 1947, I, p. 947）。したがってウィルソンはヘルモアの提案をアメリカが検討すべきであると勧告するのである。ドル不足が進行する中で，つまりアメリカだけが貿易黒字を蓄積するという異常な世界的不均衡の中にあって，相互の市場を互いに開放することは，その不均衡をさらに拡大させることに繋がる。アメリカが一方的に自国市場を開放してこの不均衡を是正することが先決であるとウィルソンは主張するのである。

もっとも，この段階でイギリスは数量制限を実施し，またその適用がGATTの下で認められるようになるのであるから，特恵関税を縮小・撤廃そして関税を引下げてもその効果は，数量制限の壁に阻まれて，遮断されてしまう（もちろん，為替の側面からポンド交換性の停止下にあることも考慮すべきである）。それに関して，ジュネーブ会議に参加し，後にGATTとITO憲章を初めて包括的に分析したブラウン（Brown, W. A., Jr.）は，アメリカにとって，ジュネーブ交渉は，一方で数量制限を許す様々な例外規定とともに，「関税および特恵関税に関する公平な交渉原則（the principle of equal tariff and preference bargains）」を受入れることであると主張した（FRUS, 1947, I, p. 938）。アメリカとしては，数量制限の撤廃後の世界に備えて，自由・無差別貿易が機能する前提を事前に作り出してお

きたかったのである。しかし，イギリスは，不均衡な世界経済のもと，「不平等な関税および特恵関税交渉（an unequal tariff and preference bargain）」に固執した（*Ibid.*, p. 938）。アメリカの輸入拡大こそが，世界経済の不均衡問題を早期に解消させる手立てであり，従ってアメリカは大幅な輸入拡大を実施し，ドル不足解消に尽力しなければならない。健全な世界経済への早期復帰が最大の目標であり，英帝国特恵関税の撤廃問題はそれまでは不問に付すというものであった。

要するに米英両国のジュネーブ交渉に対するスタンスの相違は，できるだけ早く世界経済を自由貿易システムへ向かわせようとするアメリカと，それへの復帰をアメリカの負担のもとに行わせるとともに，できうる限り，英帝国特恵関税制度を維持できる世界を残そうとするイギリスの対立であったといえよう。過去何年間にもわたる両国の確執がこの段階に至っても続いてことをわれわれは銘記すべきであろう。

③アメリカ―英連邦諸国の交渉――羊毛問題の浮上

ジュネーブ関税交渉を困難な状況に陥れていたのは，米英間の見解の相違だけではなかった。アメリカと自治領諸国，とりわけオーストラリアを中心とする南半球の自治領のニュージーランド，南アフリカとの交渉も困難を極めた。その最大の原因はアメリカがオーストラリアに提示した羊毛に関するオファーであった[7]。すでに前著で分析した1941年の補足通商協定の交渉が進んでいた際，アメリカはオーストラリアに対して羊毛に対する関税を50％引下げる約束をしていた（*FRUS*, 1947, I, p. 918 ; Foreign Office, 1947i1, p. 1：補足通商協定については山本和人，1999の第6章を参照のこと）。したがってオーストラリアはジュネーブ交渉でアメリカが羊毛関税の引下げをオファーするものと考えていた。しかし，アメリカがオーストラリアに示したオファーは現行の関税率の固定化に過ぎなかった。

まずは，オーストラリアにとって羊毛貿易の持つ意味が非常に重要であることを統計的に示す必要があろう。1930年代においてオーストラリアの総輸出額に羊毛の輸出額が占める比率は各年とも30％台半ばから50％台を占め，オーストラリア最大の輸出品目であった（Board of Trade, Cmd. 6140, pp. 79-80より算出）。ニュージーランドや南アフリカもオーストラリアほどではないが，羊毛を中心とする輸出構造を示している（*Ibid.*, p 80, p. 93）。それに加えて戦争によりイギリスを含むヨーロッパやアジアとの貿易が途絶えたため，オーストラリアを中心とする南

半球の羊毛生産国には過剰なストックが蓄積されていた。と同時に戦争を境にして，アメリカの戦時需要に支えられて羊毛の輸出がアメリカに向かい始めた。そして戦後も，「不安定なイギリス（frail British）」よりアメリカ市場をオーストラリアは当てにした（Zeiler, 1999, pp. 94-95）。

　他方，なぜアメリカは全体的に寛大なオファーを示しつつも，羊毛に対しては現行の関税率の固定化に拘ったのであろうか。それは，第1に，アメリカ政府が羊毛を戦略上重要資材と位置付け，戦中に大量の羊毛を調達，政府の貯蔵庫に備蓄していたこと，第2に，その調達先が国内から海外の羊毛（オーストラリアを中心とする南半球の自治領）[8]にシフトしたことが挙げられる。備蓄量の拡大が，羊毛の調達先の国外シフトの中で生じていたといえる（Hussain, 1993, p. 24）。そして第3に，アメリカの羊毛産業に生じた構造変化，すなわち，安価な海外産の羊毛に押される中，[9]羊毛の生産より利益の上がるラム肉の生産のほうに中小の羊毛業者が転じ，羊毛業者の数と羊の頭数が減少しつつあった（*Ibid*., p. 25）。つまり，アメリカの国内羊毛業者は戦中の需要の拡大にもかかわらず，その恩恵に浴していなかったといえる。

　こうした中，国内の羊毛業者を救済するため，商品金融公社（Commodity Credit Corporation：以下 CCC で統一）は1943年4月以降，一定の支持価格（外国産の羊毛価格〔関税込〕を上回る価格）で国内の羊毛を買い支えていたのである。そして，CCC は外国産羊毛と競争できる価格で，すなわち，支持価格を8～10％下回る価格で保有する羊毛を市場に売却していた。[10]しかし，この方式は1947年4月に撤廃されることになっていた。従って，ジュネーブ会議と平行して，羊毛産業をこれまで通り，保護するのかどうかという選択がトルーマン政権につきつけられていた。議会で新たな羊毛法案が審議される中で，とりあえず，安価な外国産羊毛に対して現行関税（1重量ポンドにつき34セント）を継続することでジュネーブ会議にアメリカは臨んだのである。

　ところで羊毛の支持価格にみられる補助金政策はニューディール期の農業政策の一環として捉えることができる。ニューディール以来，主要農産物（小麦，綿花など）に対して CCC は支持価格での大規模な買付けを行っていた。こうしたアメリカ農業政策の展開がアメリカ貿易政策のダブルスタンダード問題として具現した。すなわち，それは貿易自由化対象から農産物を外すという基本方針であ

る。すでに大戦中（1944年以降）の対英交渉からアメリカは農産物に対する輸入数量制限や輸出補助金の支払いを正当化する条項を自らの貿易案に挿入していた（山本和人，1999，第9章参照）。それは，西田氏の研究に従えば，「自由市場原理の実質的放棄」を決定付けたニューディール期の農業政策に起源を求めることができる（西田勝喜，2002，第3章）。そして羊毛についても同じ脈絡で考察することができよう。前述したように，アメリカが一般的に寛大なオファーを示しつつも，第1次産品に対するオファーが限定的であったのもこうした理由による。

　さて，話を再びジュネーブ交渉に戻そう。アメリカ議会で新たな羊毛法案が審議される中（後に詳述するように，法案には輸入羊毛に対して50％の輸入賦課金〔Import Fee〕や輸入数量制限を導入することが盛り込まれていた〔Truman, 1947〕），オーストラリアはアメリカに対する不満を露わにした。オーストラリア代表団長のクームズ（Coombs, H.）は4月26日にイギリス代表団長のヘルモア宛てに次のような手紙を送っている。「アメリカ関税に対する譲許要求に関して，アメリカがオーストラリアに行ったオファーは，羊毛に関する関税引下げ要求について満足いくものではない。このことはアメリカとの通商協定の基盤が存在しているのかどうか考慮すべき疑問を投げかけている」とし，アメリカに対するオーストラリアのオファーを再検討しなければならないと結んでいる（Board of Trade, 1947 a11, pp. 1-2）。さらにオーストラリアはアメリカの羊毛オファーについて話し合うため，英連邦諸国の代表団長による会議の開催を提案した。そしてその会議は2回開催され，南半球の自治領諸国3カ国とカナダ，インドそしてイギリスが参加した（Foreign Office, 1947i2, p. 1 ; Foreign Office, 1947i3）。この会議においてオーストラリアは羊毛に対する新たなオファーがなされない限り，アメリカは如何なる成果も期待できないと主張し，その他諸国の賛同を得た。しかし，会議の中断を辞さずとするオーストラリアの提案に対しては，南アフリカの賛成を得ただけであり，その他諸国は反対した。もっとも，アメリカに対して緊密に協力し合うことは確認されたのである。

　このような英連邦諸国の共同行動に応じて，オーストラリアはアメリカに対するオファーのすべてを撤回，南アフリカは修正を施した薄いオファーリストを提出し，さらに協定の基盤が存在しないことを示した抗議の書簡を送付した。そして両国は，アメリカへの譲許を撤回・修正するとともに，その他の英連邦諸国に

対して両国が享受している特恵の縮小・撤廃のウェーバー（権利放棄）の取消しを求めた。このことは，他の英連邦諸国についても特恵関税変更に関する合意が連邦内で必要となるのであるから，事実上，英連邦全体の特恵関税幅の縮小・撤廃が不可能となることを意味した（*FRUS*, 1947, I, p. 923-924）。つまり，アメリカの意図はここでも頓挫したのである。4月の交渉開始以来，英連邦諸国との交渉は長引き，膠着状態にあるとアメリカのジュネーブ交渉団は現状分析を行い，戦時貿易討論以来，米英貿易交渉の陣頭に立ってきたホーキンズ（Hawkins, H.）は，状況証拠から，「イギリスが会議を成功させないようにするためにかなりの努力を払っているという結論を導き出している」（*Ibid*., pp. 920-921）とまで言い切っている。アメリカは，イギリス，英連邦諸国との交渉に失敗し，ジュネーブ関税交渉は空中分解の危機に瀕していたのである。

（2） 交渉の中期局面（1947年7～8月）：妥協点の模索
①アメリカの修正要求リストの提出とイギリスの反応

このような閉塞状況の中で，イギリスの史料によれば，ジュネーブでの交渉は7月17日に英米間で再開の手続きが取られた（Board of Trade, 1947b1）。再度，アメリカはイギリスや英連邦諸国に対して要求リストを提出する。今回は，アメリカはイギリスを含む英連邦諸国の頑なな姿勢に押されて，その要求リストの内容をかなり控えめにしている（自治領4ヵ国，インド，ビルマ，セイロン，南ローデシア，直轄植民地に対する各要求リストの具体的内容については，Board of Trade, 1947b2を参照。各要求リストには「アメリカが特恵撤廃要求の原案を撤回し，オファーされた特恵幅を受入れることになる品目」という文書が添付されている。一方，イギリスに対する要求リストについてはBoard of Trade, 1947b3を参照。イギリスに対する要求リストにも同じ文書が添えられている）。

ここで特に問題となったのはイギリスが英連邦諸国で享受している特恵関税に関してであった。イギリスは自治領4ヵ国に対するアメリカの修正要求の内容を1938年の貿易統計をもとに作成している。**表7-4**がそれである。なお，インドについては，英印両国の関税交渉をさらに進めないことが双方の利益となる点で合意したので表から除外したとヘルモアは説明した（Board of Trade, 1947b4, p.1）。表には合わせてアメリカの最初の要求額とそれに対するイギリスのオファーも提

表7-4 英連邦4カ国（カナダ，ニュージーランド，オーストラリア，南アフリカ）においてイギリスが享受している特恵に対するアメリカの要求と英連邦4カ国のオファーの比較

(単位：100万ポンド)

	(1)当該品目の総輸入額	(2)当該品目のアメリカからの輸入額	(3)当該品目のイギリスからの輸入額
1．最初のアメリカの要求			
(a)撤廃	55.8	22.4	21.9
(b)縮小	33.1	19.9	7.0
総計	88.9	42.3	28.9
2．1に対する英連邦4カ国のオファー			
(a)撤廃	6.9	4.5	1.6
(b)縮小	44.7	17.2	16.3
(c)オファーなし	37.3	20.6	11.0
総計	88.9	42.3	28.9
3．アメリカの修正要求			
(a)撤廃〔2欄(a)に追加〕	6.0	2.5	2.3
(b)縮小〔2欄(b)に追加〕	21.5	5.6	11.2
総額	27.5	8.1	13.5
4．3に対する英連邦4カ国のオファー案			
(a)撤廃	2.9	1.2	1.4
(b)縮小	0.0	0.0	0.0
(c)オファーなし	24.6	6.9	12.1
総計	27.5	8.1	13.5

（注）　1938年の英連邦4カ国の貿易額をベースにしている。
（出所）　Prime Minister's Private Office, 1947j1, ANNEX A より抜粋，作成。

示されている（アメリカの最初の要求額については表7-3のB欄も参照のこと。アメリカの関税譲許要求リストの内容で示されたドル表示の数値を£1＝＄4.6で換算すると，表7-3のB欄と表7-4に示された1. 最初のアメリカの要求とは，多少の誤差はあるが，傾向的に一致する）。表7-4から，すでに述べたように英連邦のオファーは，特恵の撤廃を基本的に拒否するものであったことが読み取れる。こうした英連邦のオファーに対してアメリカは3欄に示した修正要求を行ったのである。アメリカの修正要求リストは，最初のリストに比べて，特恵の撤廃から縮小へと要求の重心を移していることが読み取れる。そして撤廃を求められる品目の中には，即時撤廃ではなく，何年かに及ぶ「漸進的撤廃（progressive elimination）」を適用され

るものもあった（Board of Trade, 1947b8, p. 2）。明らかにアメリカはその要求内容を緩和させていることが理解できる。

ところでアメリカ（クレイトン，駐英大使，ウィルコクス）はこのような要求をイギリスに突き付けるに当たって，クリップス商務大臣を始めとする商務省の高官たちとロンドンで8月20日に会合を持っている。会議の冒頭，クレイトンは交渉の成否は英帝国特恵関税制度をどれだけ破壊できたかをアメリカ世論が判断することにかかっていると述べた。それに対してクリップス商務大臣は，特恵の大幅な撤廃を期待することは全く不可能で，現在の状況下で政治的見解および世論がそれに強く反対していることを明らかにし，政治的立場を全く異なる人々も特恵の事実上の放棄はイギリスの利益に全く反していると感じており，イギリスと英連邦諸国のいっそう緊密な経済的結び付きの必要性を実感していると切り返した（Board of Trade, 1947b9, p. 2）。続けて彼は，イギリスの計算に基づけば，すでに両国のオファーが均衡していること，もしアメリカが不均衡だと感じるなら，自由に自らのオファーを引っ込めることができると主張したのである（*Ibid.*, pp 2-3）。会議の最後にアメリカの修正要求案を注意深く研究するという約束が交わされたが，アメリカの要求はほとんど通らないであろうとの印象をアメリカ側に与えることになった（*Ibid.*, p. 3）。事実，イギリスが特恵を縮小する意思を持っていないので，アメリカ政府はジュネーブでの多国間交渉を止めるべきであるとするクレイトンの勧告がイギリス外務省に伝えられている（Foreign Office, 1947i4）。

以上のようにアメリカの再要求に対してイギリスは更なるオファーが困難であることをアメリカに伝える一方で，国内ではアメリカの要求にどのように応えるかについて商務省案が作成され，政権のハイレベルでの討論が行われた。クリップス商務大臣が作成した商務省案の原案には(a)案から(d)案の4つの選択肢が描かれていた。(a)案は，会議決裂が確実視される中で現在のイギリスの立場を死守する。(b)案は，代償を求めず，アメリカに多少のオファーを追加する。(c)案は，重要な追加的譲許を見返りにして，アメリカの要求を部分的に満たす。(d)案は，アメリカが現在要求している条件を満たす（Board of Trade, 1947b6, p. 5）。クリップスは，(a)と(d)は取るべき選択肢でないと主張した。その理由について，彼は，(a)案についてはジュネーブ交渉失敗が引き起こすところの政治的諸結果のため，

(d)案については，1945年米英金融・通商協定の場合がそうであったように，不十分な援助を代償にして，重要なものをアメリカに売り渡してしまうことになるため（Ibid., p. 6），と説明した。従って(b)案か，(c)案かの選択が残されることになる。(b)案でいうところの多少のオファーとは各英連邦諸国において，1，2の特恵の撤廃そして1，2の大幅な特恵幅縮小を意味するものであるが，イギリスは代償として何かを要求すべきであろうし，またアメリカに対してこうした限定的なオファーでは交渉継続を説得できない可能性が高いとクリップスは分析する。

こうして結果的に(c)案がイギリスのとるべきスタンスということになる。そして対米交渉の最終段階はこの(c)案を軸に展開されることになるのである。それでは(c)案の具体的内容とは如何なるものか。次にその分析を行うことにするが，(c)案の採用は，ジュネーブで交渉に当たっているイギリス代表，それに英連邦諸国の代表に伝えられた（Board of Trade, 1947b10 ; Board of Trade, 1947b4）。後者に対しては，イギリス本国で行われたハイレベルでの討論の結果，導き出された結論であることが述べられ，参加したすべての英連邦諸国の代表はイギリスの方針に賛成を表明した（Board of Trade, 1947b4, pp. 1-2）。そしてクリップスはアトリー首相宛に，英連邦諸国がイギリスの方針に合意したこと，それに基づいてさらにアメリカに対する具体的提案の検討を行うために，英連邦会議の開催が予定されていることを伝える書簡を送っている（Prime Minister's Private Office, 1947j2）。

それでは，(c)案の具体的検討に入ることにしよう。まずクリップスのいうところのイギリスがアメリカから見返りとして求める「重要な追加的譲許の内容」から検討することにしよう。商務省原案において，クリップスはイギリスの対米主要輸出品に対するアメリカの関税引下げによって多くの利益を獲得できるとは考えていなかった（Board of Trade, 1947b6, p. 7）。その理由について彼は述べていないが，すでにイギリスの関税引下げ要求が相当叶えられていたことやイギリスの対米輸出が価格メカニズムの作用しにくい構造に転化していたことによると考えられる（山本和人，1999，55ページ）。そこでクリップスが要求したのが，(1)合成ゴムの優遇使用を規定したアメリカ国内法の修正，(2)油採取用種子に対するアメリカ国内加工税の修正，(3)新規の錫精錬業者（tin smelter）への補助金の見直し，(4)税関の管理に関するITO憲章草案の規定の履行，であった（Board of

Trade, 1947b6, p. 7)。さらにこの原案は修正され，(3)が削除されている（Board of Trade, 1947b7, p. 6 ; Prime Minister's Private Office, 1947j1, p. 4)。

　見られるように，イギリスがアメリカに求める追加的な重要な譲許とは，関税引下げではなく，アメリカのもつ非関税障壁の修正である。そしてその修正には，関税引下げではないので，互恵通商協定法の管轄外であり，議会の承認を必要とした。そもそもジュネーブ交渉自体が関税引下げ交渉であり，非関税障壁問題についての協議の場ではなかった。イギリスもその点を重々認識していた（Board of Trade, 1947b7, p. 6 ; Prime Minister's Private Office, 1947j1, p. 4)。イギリスがアメリカからの譲許獲得にとって一層困難と思われる手段を選択したのは，合成ゴムの使用規制や油採取用種子に対する加工税の修正によって，イギリス植民地が産する天然ゴムや油採取用種子の輸出拡大を目論んでいたからに他ならない。これら2品目はイギリス植民地最大のドル獲得品目であり，ドル不足に呻吟するイギリス経済にとって救世主といえるものであった。クリップスの覚書では，付録G（ANNEX G）として，具体的に天然ゴムと油採取用種子（ここでは植物油という表現が用いられている）の輸出拡大のために，前者については合成ゴムと天然ゴムの「混合規制（mixing regulations)」による合成ゴムの使用比率を33 1/3％から20％に引下げるよう法律改正を要求すること，後者に対しては，植物油にかかる加工税を廃止するとともに，フィリピンに対するココナツ油の特恵関税を撤廃することが提案されている（Board of Trade, 1947b7 ; Prime Minister's Private Office, 1947j1の ANNEX G)。要するにイギリスにとって「重要な追加的譲許」とはアメリカ関税の引下げより，関税交渉の枠外であった非関税障壁に対して譲許を求めることであったといえよう。そしてジュネーブ貿易自由化交渉の最終局面は，ドル不足という緊急かつ死活問題の解決を視野に入れる形で展開していくことになるのである。

　では，イギリスはアメリカに対してどれほどの譲許を示したのであろうか。前述したように(c)案ではアメリカの要求を部分的に満たすとされていたが，それについてクリップスは具体的に前掲表7-4の4欄に示した数値で表したのである。すなわち，1938年の貿易額を基準にしてすでにイギリスがオファーした額に加えて290万ポンドに相当する英連邦4カ国の特恵関税を撤廃するというものであった（正確には294万ポンドである。その内訳はカナダについて4品目で42万3000ポンド

相当, オーストラリアについて6品目で79万5000ポンド相当, ニュージーランドについて5品目で109万1000ポンド相当, 南アフリカについて5品目で63万1000ポンド相当である〔Board of Trade, 1947b7 ; Prime Minister's Private Office, 1947j1の ANNEX B より〕)。3欄に示したアメリカの撤廃要求額600万ポンドの半分にも満たない額であること, さらにアメリカが要求した特恵関税幅縮小についてはすべて拒否していることが見て取れる。アメリカの要求を部分的に満たすという内容はほとんど拒絶するという意味であったといえよう。これは到底アメリカが受入れることのできる条件ではなかったことは一目瞭然であろう。アメリカの具体的反応については次項において述べることにする。

こうしてアメリカの修正要求に対するイギリスおよび英連邦諸国の基本的スタンスが決定された。1947年9月以降, イギリスの提出したオファーを巡って, GATT関税交渉妥結ぎりぎりまで, 2カ月間, アメリカとの激しい遣り取りが続くのである。

②羊毛法案に対する大統領拒否権の発動と羊毛関税の引下げ

すでに述べたように, アメリカは国務省主導でジュネーブ会議を開催し, 自由貿易体制構築を準備していたが, 他方, 国内では, 羊毛産業を保護するためにいくつかの羊毛法案が審議されつつあった。その中のひとつであるオマフォニィ案(オマフォニィ〔O'Mahoney, J. C.〕上院議員が提出したのでこう呼ばれている)は, 基本的に価格支持の継続を主張する内容であり, トルーマン大統領も1946年3月に, オマフォニィ案への支持を表明していた(Truman, 1946)。しかし, その後, ジュネーブ会議の開催とほぼ同時に, 共和党主導で第80回議会が開催され, 価格支持政策の継続とともに, 新たな貿易障壁を導入することによって, 国内羊毛業者を保護, そして価格支持のコストを財務省から消費者へ転嫁することを旨とする, いわゆるS.814法案(原案を提出したロバートソン〔Robertson, E. V.〕上院議員の名をとってロバートソン法案ともいう)が上下両院で審議され, 47年6月に可決されるに至った(この間の経緯については, Hussain, 1993, Chapter 3を参照のこと)。この法案の最大の特徴は, 1935年農業調整法のセクション22に従って, 価格支持制度が危機に陥った場合, 大統領に輸入賦課金導入の権限を与えたことにあった(Ibid., p. 33)。具体的には50%の賦課金を課すというものであった。

そもそもジュネーブ関税交渉で南半球の自治領にアメリカが示した羊毛に対す

る譲許は，現関税の据置きであったが，すでに述べたように自治領諸国はこのオファーに対してでさえ大きな不満を持ち，ジュネーブ会議からの離脱を示唆していた。さらに現行関税に加えて50%の輸入賦課金の導入をロバートソン法案が正当化したことは，自治領諸国の関税交渉からの離脱を決定付けるものとなった。法案が上下両院を通過した後，6月20日にオーストラリアの経済再建大臣はウィルコクス宛てに次のような書簡を送っている（なお，この書簡は直ちにワシントンにいるクレイトンに送られた〔FRUS, 1947, I, p. 956〕。イギリスもこの書簡を入手し，至急便〔Most Immediate〕としてイギリス外務省に打電している〔Foreign Office, 1947i5〕)。その内容とは，第1に，アメリカ政府は，その法案が成立すれば，将来の国際貿易に関心を持つ諸国がその立場を再検討する必要性に迫られることを認識すべきであること。第2に，オーストラリア政府にとって，法案の規定はITO憲章草案と矛盾し，従って国際貿易政策を実行に移すアメリカ政府の能力に疑念を感じざるを得ないこと。その結果として，第3に，ジュネーブ会議延期の必要性を認識すべきこと（FRUS, 1947, I, p. 956 ; Foreign Office, 1947i5）であった。

　ジラーによれば，イギリス政府はジュネーブ会議が始まって間もなく羊毛問題がジュネーブ会議のアキレス腱になるであろうと予想していたが（Zeiler, 1999, p. 98)，まさしくそれが現実となった。ロバートソン法案を廃案にし，さらに何らかの譲許を，オーストラリアを始めとする南半球の自治領に提示しなければ，ジュネーブ関税交渉は決裂することが必至となった。

　そこでまずトルーマン大統領は国務省の協力のもと，S.814法案に対して拒否権発動に打って出たのである。6月26日のことであった。彼は次のように述べた。「私は『1947年羊毛法』と銘打たれたS.814法案を承認せず，直ちに差し戻す」（Truman, 1947）と。その理由として，「アメリカ政府が，経済平和に向けて世界を復興に導く努力を行い，貿易障壁の削減やITO憲章案の起草のために，ジュネーブでの国連会議で主導権を発揮しているまさにそのときに，羊毛の輸入に追加的な障壁を設ける法律を制定することは，戦略的に誤りである。それは世界におけるアメリカのリーダーシップに一撃を加えるものとなろう。それはアメリカとその他諸国を，悲惨な諸結果を齎すことになった第1次大戦後と同じ経済的孤立主義への道に陥らせる最初のステップだと世界から解釈されるであろう。私は

こうした行動を容認することができない」(*Ibid.*)。

　こうしてトルーマン大統領は，ロバートソン法案の輸入賦課金の導入規定の削除を求め，議会に法案を差し戻したのである（価格支持政策に関する規定については容認した。なお，輸入賦課金規定を削除した S.1498法案「羊毛およびその他の諸目的のための支援法案」が8月5日に大統領によって承認された）。しかし，現関税の固定化を単に約束しただけでは，もともとのアメリカのオファーと同じであり，オーストラリアを始めとする南半球の自治領を納得させることは不可能であった。フサインの研究によれば，この間，ジュネーブにおいてオーストラリアをはじめとする南半球の自治領3国は，何度もクレイトンに会い，直接，大統領に羊毛関税の引下げを求めるように要請していた（Hussain, 1993, p. 67）。そしてクレイトンも自治領3国をもはやジュネーブに引き止めることができないことを切に訴えた電報を国務長官宛に送っている（*FRUS*, 1947, I, p. 972）。そこでついにトルーマン大統領は現関税率1重量ポンド当たり34セントの関税を引下げる権限をクレイトンに与え，自治領諸国との交渉の仕切り直しを図ったのである（*Ibid.*, p. 973）。それは輸入賦課金規定を削除した羊毛法案に大統領が署名する直前の8月2日のことであった。こうしてジュネーブ交渉決裂の危機は一応回避された。羊毛問題に関するアメリカサイドでの方針の統一は，本項①で考察した7月に再開された米英交渉が本格的に動き出す8月中頃に踵を接しているといえよう。

　しかし，ここで問題となるのが羊毛関税引下げ幅であった。すでに触れたように，アメリカはオーストラリアに対し大戦中の補足通商協定の交渉において羊毛関税の50％引下げを約束していた。ところが8月7日にジュネーブのオーストラリア代表に伝えられた引下げ率は半分の25％に留まったのである。つまり，1重量ポンド当たり34セントから25.5セントへの引下げであった。オーストラリア代表の反応は「極めて落胆的（most disappointed）」であり，これから何をすべきか判断できず，本国の指示を仰いでいる状態であるとイギリスは外務省に伝えている（Board of Trade, 1947b11）。事実，オーストラリアはこの譲許に対する不満を，オーストラリアと競合するフルーツの缶詰やレーズンに対する対米譲許（具体的には特恵関税幅の縮小）の修正や撤回をイギリスに要請することで，アメリカにぶつけたのである（Board of Trade, 1947b12 ; Board of Trade, 1947e1）。また，このことがアメリカに対するオーストラリア自身の関税や特恵引下げオファーに

も影響を与えたことは，その後の交渉結果をみれば明らかであろう。⁽¹⁴⁾

　以上，ジュネーブ関税会議の初期から中期局面に関する考察から明らかになったように，交渉は常に決裂の危機を孕みながら，断続的に続けられていたのである。それでは，米英間そして米―英連邦諸国間のどうしても埋めることのできない積年の対立をどのような形で修復し，GATT第1回関税交渉を妥結にこぎつけたのであろうか。われわれの分析は，ジュネーブ関税交渉の最終局面に立ち入り，妥結の具体的な形とその意義を明確にすることに向けられる。

（3）　交渉の最終局面（1947年9～10月）：交渉の決裂から修復へ

　①ウィルコクス声明――アメリカの再提案の内容

　さて，(2)項の①で分析したアメリカの修正要求リストに対するイギリスのオファーは，アトリー首相に報告されるとともに，英連邦諸国との会議を経た後，9月9日にアメリカに提示された（Board of Trade, 1947c2, p. 1）。アメリカはそれを詳細に検討した結果，ウィルコクス（Wilcox, C.）が9月15日に声明文を発表することになる（声明文については FRUS, 1947, I, pp. 983-993 ; Board of Trade, 1947c1, pp. 1-7）。彼の名はすでに本書で引用しているが，ここで改めて紹介しておくことにする。ウィルコクスは，国務省国際貿易局局長（Director of State Department's Office of International Trade）を務め，GATT，ITO憲章の作成とその交渉でアメリカ側の中心的な人物であった。ロンドン，ジュネーブ，ハバナ会議にアメリカ代表団の一員として参加し，とくにハバナ会議ではアメリカ代表団の次席代表となった。そしてそれらの経験をもとに古典的名著『世界貿易憲章』（Wilcox, 1949）を著したのである。さて，9月15日の彼の声明文はジュネーブ会議に参加している英連邦諸国の代表団にも配布された。われわれはこの声明文をウィルコクス声明と呼ぶことにする。ウィルコクス声明は声明文にしては大部のものであるが，以下簡潔にその内容について説明を加えることにしたい。

　ウィルコクス声明の結論は，イギリスのオファーに対する拒否とイギリスと英連邦諸国に対する新たな譲許の要求にあった。しかし，それだけにとどまるものではなかった。イギリスのオファーを拒否する根拠を，戦中からの米英交渉の中に位置付けるとともに，交渉継続が戦後世界貿易システムを完成させるためにも絶対に必要であること，ジュネーブ会議の帰趨はイギリスと英連邦諸国が一層

の譲許を行うか否かにかかっていることを訴える内容となっていた。ウィルコクスの最大の不満は，次の点にあった。「5年間にわたる徹底的な討論と明確な合意」，すなわち，関税の大幅引下げと特恵の撤廃に向けて「互恵的で相互に利益的な交渉（reciprocal and mutually advantageous negotiations）」に入るとする約束にもかかわらず，イギリス側は，特恵の縮小と撤廃，とくに特恵の撤廃に応じていない（*FRUS*, 1947, I, p. 989 ; Board of Trade, 1947c1, p. 5）。現在，アメリカに提示されているオファーについてみれば，自治領諸国とイギリスに対するアメリカからの戦前の輸入額を基礎にすれば，特恵の撤廃を享受するアメリカからの輸入額は7％を占めるにすぎず，またその他の英連邦諸国について見れば，特恵の撤廃を受ける輸入額は1％以下という有様である（*FRUS*, 1947, I, p. 984 ; Board of Trade, 1947c1, p. 1）。アメリカの示した譲許（関税の大幅引下げのみならず，戦中，戦後を通じた巨額の贈与やローンの供与，さらには戦後過渡期における数量制限や無差別主義原則からの逸脱の容認）にもかかわらず，イギリス側のオファーはあまりにも少ない。とりわけ，自治領諸国や植民地の譲許は，アメリカの示したそれに比べて，不満足である。このままではイギリスがこれまでの約束を履行したことにはならず，「ジュネーブ会議の結果は失敗が予想される」（*FRUS*, 1947, I, p. 989 ; Board of Trade, 1947c1, p. 5）。

そこでウィルコクスがイギリス側に要求したのが，イギリスが英連邦で享受している特恵関税について，3年間据え置いた後，10年間かけて段階ごとに撤廃するという案であった（*FRUS*, 1947, I, p. 991 ; Board of Trade, 1947c1, p. 6）。ウィルコクスの呼ぶところの「漸進的行動アプローチ（approach of gradual action）」は，ジュネーブ交渉決裂を回避する最後の提案として，イギリスに提示されることになるのである。

ウィルコクス声明を巡ってクレイトンは駐英大使，ブラウン（Brown, W. G.），ホーキンズを伴い，クリップス商務大臣やベヴィン（Bevin, E.）外務大臣，そしてウィルソン（Wilson, H.），ヘルモアなど商務省の重鎮たちと，9月19日と21日に2回の会議を行っている。クレイトンは特恵撤廃に関するイギリス側の姿勢を批判し，特恵に関する「漸進的行動アプローチ」を受入れるように迫ったのである（Board of Trade, 1947c2 ; Board of Trade, 1947c3）。そして「漸進的行動アプローチ」の内容が詳細にされた。それは自治領4カ国（オーストラリア，ニュージ

ーランド,カナダ,南アフリカ)の特恵関税について,戦前レベルの貿易額に基づいて,アメリカが特恵関税の影響を受けている品目の輸入総額の3分の1に相当する特恵関税を3年間据え置いた後,10年かけて段階ごとに撤廃するという案であった(Prime Minister's Private Office, 1947j3i)。とくに第2回目の会議で,クレイトンは,もしイギリスがこれを拒否するなら,1945年米英金融・通商協定(正確には『国際貿易雇用会議による考察に関する提案』)でのイギリスの言質,つまり特恵の撤廃に向けての行動をとるとする約束を反故にしたことになると述べた。そしてその結果としてマーシャル援助からイギリスを除外することが十分考えられると伝えたのである(Board of Trade, 1947c3)。

②交渉決裂の危機——クリップスの覚書とイギリス閣議決定の内容

さてこのような中,ウィルコクス声明を呑むのか。イギリス側でも最終調整が行われていた。その結果,クリップスは覚書「ジュネーブにおける関税交渉」(Prime Minister's Private Office, 1947j3)を作成し,アトリー内閣は9月25日にそれに基づいてウィルコクス声明への態度を決定することになる(Cabinet, 1947g, pp. 25-26)。以下ではクリップスの覚書と閣議決定について分析することにする。

クリップスの覚書は,上述のクレイトンとクリップスを中心とする2回の米英会談に言及した。会議でアメリカが,戦中からの公約である特恵関税の撤廃に向けてイギリスが努力を怠っていると批判したのに対して,すでにイギリスは十分な譲許を提示していると反論している。その根拠として用いたのが次のようなイギリスの計算方法であった。それは,イギリス自身の関税引下げと固定化に,自治領4カ国の特恵関税幅縮小および撤廃によってイギリスの輸出が受ける損失に相当する額を加えて,アメリカのイギリスに対する関税譲許と比較するという方式であった。この計算方式に従えば,イギリスはアメリカの対英譲許を上回るそれをアメリカに対してオファーしていることになる。すでにヘルモアがこの計算方式について5月7日のアメリカとの会談で主張していたことについては指摘した(第2節(1)項②参照)。この方式によれば,アメリカのいう「相互に利益的な取決め」を十二分に満たしているのである。従ってイギリスはアメリカとの約束を反故にしているのではない。しかも,アメリカの関税引下げによって,英連邦とその他諸国間の貿易状況が改善されるという保障はない。貿易改善によって齎される利益はあくまでも推測の域を脱していないものである(Prime Minister's Private Office, 1947j3, p. 3)。クリップスは以上の根拠から「私はこの問題でアメリカの要求に応じるために，イギリスがこれ以上進むべきであると勧告する気にはなれない」(*Ibid*., p. 2) と主張するのである。またイギリスの拒絶が引き起こすところのマーシャル援助からのイギリスの除外について，その場合の影響は非常に深刻であるが，イギリスを含めなければ，マーシャル援助計画は崩壊する可能性が高いと述べている (*Ibid*., p. 4)。結論として，クリップスは，アメリカの要求を拒否する権限を彼に与えること，ベヴィン外務大臣に対して駐米大使に必要な指令を送る権限を付与することを閣僚たちに求めたのである (*Ibid*., p. 5)。

9月25日に開かれた閣議では，アトリー首相が議長を務め，クリップス商務大臣，ベヴィン外務大臣等が参加した。閣議は，クリップスの勧告を承認し，次の点について合意が成立した。①アメリカの要求を拒否する権限をクリップスに与え，その旨を述べた書簡をクレイトン国務次官に手渡すこと（クリップスの書簡の内容については〔Prime Minister's Private Office, 1947j3ii〕を参照のこと)。②マーシャル（Marshall, G. C.）国務長官がイギリスの見解と交渉決裂の意味を十分理解できるように，駐米イギリス大使に必要な指令を送る権限を外務大臣に与えること。③上記の決定理由を自治領政府に伝えること。④商務大臣と外務大臣は，交渉決裂の場合，適切な声明を発するよう準備すること (Cabinet, 1947g, p. 26)。

こうしてイギリス政府が，交渉決裂の際の文書の準備をしてまで，アメリカの最終要求を拒否する決定を行ったことは，英帝国特恵関税制度の死守をこの段階においてもイギリス貿易政策の最優先課題と位置付けていたことの証左であるとともに，もし，交渉妥結を目指すなら，むしろアメリカが何らかの歩み寄りを示さなければならなくなったことを意味する。アメリカの圧倒的な経済力によるパクス・アメリカーナの創出過程とは，貿易システムの面に限定すれば，従来の世界経済論の教科書が指摘するほど単純ではなかったといえよう。

③交渉妥結に向けて――ブラウン・ヘルモア提案を巡って

もっとも，クリップスの書簡がそのままの形でアメリカに伝えられたのではない。その間の経緯については，ベヴィン外相のワシントン宛の2つの電報から明らかとなる (Foreign Office, 1947i6 ; Foreign Office, 1947i7)。

クレイトンは，クリップスの書簡を携えてマーシャル長官と相談のため，ワシントンに向かったが，その直後に駐英アメリカ大使がベヴィン外相を訊ねてきて，

もしイギリス政府の決定がクリップスの書簡を通してダイレクトにマーシャル国務長官をはじめとするアメリカ政府首脳に伝えられれば，イギリスが交渉を「きっぱりと拒絶 (flat repudiation)」したと受け取られることになり，交渉決裂は決定的となると指摘した。そこで駐英アメリカ大使は，書簡の表現を和らげ，交渉継続が可能になるようその修正をイギリスに要請したのである。この求めに対して，イギリスは自らがすでに行った譲許はアメリカのそれとバランスしており，それから逸脱することは不可能であるとの基本姿勢は貫いたものの，ジュネーブ会議でアメリカ代表が新たな提案を行うことは否定されるものではないと付け加えた文書を作成し，アメリカに手渡した。そしてクレイトンの書簡はこうした追加文書とともに，アメリカ本国に伝えられることになったのである (Foreign Office, 1947i6, pp. 1-2)。

一方，この書簡の他に，駐米イギリス大使が直接，マーシャル国務長官に会い，広範な視野に基づいて会議の決裂を回避する方法を検討することを要請する電報がベヴィン外相からワシントンに発せられた (Foreign Office, 1947i7)。これとの関連で，ヘルモアは，ジュネーブのイギリス交渉団に向けて，イギリスが交渉の延期を率先して提案すべきではないとする電報を送っている (Board of Trade, 1947d2)。まさにイギリスはジュネーブ会議不成立の責任をアメリカに負わせようとしたと捉えることができる。その一方でイギリスは決裂に際して発表する声明文の草稿（短文の声明の第1草稿）を10月1日にジュネーブのイギリス代表団に伝えている (Board of Trade, 1947d3)。こうした形でジュネーブ関税交渉は首の皮一枚で繋がった状態であったといえよう。

これを契機に米英の最後の駆引きが展開されることになる。交渉はまずジュネーブにおいて，アメリカ代表団のメンバーであるブラウン (Brown, W. G.) とイギリス代表団長ヘルモアの間の「非公式レベル (personal basis)」で再開された (Foreign Office, 1947i8, p. 1)。なお，ブラウンはアメリカのジュネーブ交渉団でナンバー3に位置付けられる人物であった (FRUS, 1947, Ⅰ, p. 996)。交渉の期限は差し迫っていた。この段階で，アメリカとオーストラリア間の折衝もほぼ決着が付き，ジュネーブ関税交渉の行方は米英交渉にかかっていた。フランス，ベネルクス3国そしてカナダの代表も危機に瀕した米英交渉とGATT文書完成の時期について懸念していた (Board of Trade, 1947d4, p. 1)。もし，米英間の調整が長

引けば，各国による GATT 承認の時期も遅れ，ハバナ会議開催も危うくなるからであった。

ブラウンの証言によれば，彼とアメリカ団長であるクレイトンとの間には英帝国特恵関税の扱いについて見解の相違があったという。クレイトンがあくまでその撤廃に固執したのに対して，実際の交渉に当っていたブラウンは撤廃に拘っていては交渉を進めることができないと考えていた（Truman Library, 1973, [27]）。彼は，ジュネーブ交渉でそれまでに積み上げられた関税引下げ交渉の結果を重視し，必ずしも特恵関税の撤廃に拘泥しないという態度をとったのである。しかしそれではアメリカの議会は納得しないので，何らかの譲許をイギリス側から引き出す必要があった。それについてヘルモアは，外務省宛の書簡に次のように述べている。「ブラウンが考えているのは，特恵に関するわれわれのオファーについていくつかの比較的無害な改良を加えることであり，それによって彼は統計を粉飾でき，議会を誤魔化す機会を得ることになろう」（Board of Trade, 1947d4, p. 2：傍点は筆者）。

それではブラウンとヘルモアが到達した妥協点とはどのようなものなのか。いわゆるブラウン・ヘルモア提案の具体的内容について述べることにしよう（その要約については内閣に提出された商務大臣による覚書〔Prime Minister's Private Office, 1947j4〕を参照のこと）。それはこれまで両国が行った関税譲許（9月9日まで）を了承する。具体的には，イギリスの対米譲許については，イギリス関税の引下げと固定化（ほぼ表7-2の③欄に相当，ただし，440万ポンドに相当する特恵関税の撤廃が追加された〔Board of Trade, 1947c4, p. 2〕），自治領4カ国の特恵関税の縮小と撤廃（ほぼ表7-4の2欄と4欄の合計に相当），アメリカの対英譲許については図7-2に相当（ただし，関税引下げ率は変更されている可能性あり）するものであった。

つまり，これはウィルコクス声明の撤回をブラウンが承認したこと，換言すれば，クレイトンがジュネーブ関税交渉の最大の目的としていた英帝国特恵関税の撤廃という基本路線を放棄したことを意味する。

そのうえで米英は次の譲許を互いに実施する。イギリスについては，第1に，1938年米英通商協定でイギリスがアメリカに譲許した植民地の特恵関税品目について，2年間の猶予の後，さらに25％分特恵関税幅を縮小，第2に，南ローデシ

アとの協議に基づき，イギリスはタバコに関する特恵関税幅を縮小，第3に，イギリスがインドで享受している自動車に対する特恵の段階的撤廃，第4に，イギリスがカナダで享受している2品目（ブリキ，綿製の衣服）に対する特恵の撤廃。一方，アメリカについては，合成ゴムの使用比率を25％以下にするゴムの混合規制を実施することであった（Board of Trade, 1947d5, pp. 2-3 ; Foreign Office, 1947i8, pp. 1-2 ; Foreign Office, 1947i9, p. 3）。

　イギリスにとって最も重要な譲許は植民地特恵の25％縮小であろう。事実，イギリスは，植民地の特恵幅縮小案に拘った。そして10月9日に開かれた閣議においてアトリー内閣は，ブラウン・ヘルモア提案を，植民地の特恵幅縮小を拒否するという条件付きで，承認することにしたのである（Cabinet, 1947h, pp. 44-45）。

　しかし，アメリカは植民地特恵縮小を拒否するイギリスの姿勢に納得しなかった。ブラウンはクレイトンやアメリカ政権を納得させることができる提案をイギリスが拒絶したことに痛く失望した（Foreign Office, 1947i10）。そして植民地特恵が縮小されないなら，アメリカもゴムの混合規制案を撤回すると伝えてきた（Foreign Office, 1947i11）。さらにマーシャル国務長官がイギリス駐米大使に10月15日付で覚書を送り，イギリスがジュネーブ交渉に対する何らかの結論（決裂か妥結かの判断を含めて）を出すまでアメリカは静観する構えであることを伝えたのである（FRUS, 1947, Ⅰ, p. 1018）。おりしも，アメリカとイギリス以外の英連邦諸国との交渉はほぼ決着がつき（Foreign Office, 1947i10），またジュネーブ会議で参加国間の関税交渉の調整役を演じていた「関税交渉に関する作業部会」はジュネーブ関税交渉終了の日程について検討していた（Foreign Office, 1947i9, p. 1）。こうした状況下で，ブラウンは「責任はイギリス側にある」（Ibid., p. 1 ; Board of Trade, 1947d6）とし，イギリスの態度次第でジュネーブ交渉の成否が決まることをヘルモアに伝えたのである。

　そこでジュネーブにいたヘルモアは植民地特恵の縮小によってイギリスが受ける損失がたいしたものではないことを示す次のような試算を行い，イギリス外務省や商務省に送ったのである。その試算によれば，縮小対象品目はイギリスの植民地に対する総輸出額の8％をカバーするにすぎず，関税収入の損失額は20万ポンドで，それは植民地の関税収入の2％以下にすぎない（Foreign Office, 1947i9, p. 3）。しかも2年間の猶予が与えられるのであるから，その間に歳入減少に対す

る対策を講じることができるというものであった (Ibid., p.3)。こうした試算から，植民地特恵の縮小は，ウィルコクス声明の自治領諸国に対する特恵撤廃を目指す「漸進的行動アプローチ」に比べ，大きく後退していることは明らかとなる。しかも，ドル不足に呻吟するイギリスにとって天然ゴムの輸出拡大がパックで提案されているのであるから，寧ろ，アメリカによる譲許と位置付けることができよう。さらに，ヘルモアはこの提案をイギリス内閣が受入れないなら，ジュネーブ関税交渉のみならず，マーシャル援助や，まだ使用されていない米英金融・通商協定の4億ドルの行方にも悪影響を与えることになるであろうと述べた (Ibid., pp.3-4)。

イギリスの対応は早かった。ワシントンで直接アメリカ国務省との折衝に当っていたイギリス外務省は，ヘルモアの試算が正しいと判断し，植民地特恵の縮小案の受入れを切に希望する旨をイギリス本国に伝えた (Board of Trade, 1947d7)。そして10月16日には閣僚たちがブラウン・ヘルモア提案の受入れを決定したことがジュネーブに報告された (Board of Trade, 1947d8, p.1)。こうして7カ月近く続いたジュネーブ関税交渉は米英の合意でもって事実上の幕を降ろすことになった。ジュネーブ関税交渉において，アメリカは，最も重要な目的である英帝国特恵関税制度の骨抜きに失敗したのである。アメリカの交渉当事者たちも，イギリスから獲得した譲許がイギリスに提供した譲許に対して不十分であることは熟知していた。ある高官は，アメリカがイギリスと合意に達した以上，この事実を記録に残さない方が賢明であると提言している。関税委員会の議長レイダー (Ryder, O. B.) も，もしそうした覚書が入手可能になれば，反対派に利用される可能性があると述べている (International Conference on Trade and Employment [1-a])。アメリカ国務省は，正確な情報を隠蔽してまでなぜこのような協定を結ばなければならなかったのであろうか？

前章でも述べたように，欧米の研究において，ジュネーブ交渉を分析した数少ない研究者であるトイやジラーも，ジュネーブ関税交渉において，アメリカはオタワ体制をほとんど崩すことができなかったと結論付けている (Toye, 2003; Zeiler, 1997)。とくにジラーは，圧倒的なパワーを持つアメリカを旧約聖書の巨人戦士ゴリアテ (Goliath) に，イギリスを，ゴリアテを倒した少年ダビデになぞらえて，アメリカのヘゲモニーに疑問を呈している (Zeiler, 1997, p.939)。われ

われの分析からも，ジュネーブ関税交渉において，アメリカが第2次大戦中から戦後貿易システムの構築に際して最優先の課題として掲げてきた無差別主義体制の構築に失敗したこと，換言すれば，アメリカが差別主義の権化と見なす英帝国特恵関税制度をほとんど解体できなかったことが瞭然となった。ただし，トイやジラーの主張するようにそれを直ちにアメリカのヘゲモニーの限界と捉えるべきかどうかについてはさらなる考察が必要だと考える。次章では，彼らの評価を超えてジュネーブ関税交渉に関するわれわれの見解を示すことにしたい。

　他方，イギリスが英帝国特恵関税制度の解体の阻止に成功したことは事実としても，すでに1945年12月の『国際貿易雇用会議による考察に関する提案』において特恵関税幅の拡大や新たな特恵の設定は禁止されていたのであり，ジュネーブ会議においても，本章で考察したように，イギリスは特恵関税幅の縮小についてはある程度受入れざるを得なかったのである。こうしたオタワ体制の修正についてイギリスをはじめとする英連邦諸国はどのように対応したのであろうか。そもそも，オタワ協定においては，英連邦諸国間（具体的にはイギリスとその他の英連邦諸国）の相互の合意がなければ，一方的に特恵関税を変更できないことが規定されていたのであった。特恵幅固定化の義務である（第6章の第2節(2)項②参照）。このオタワ協定の規定を巡って英連邦内部で論争が展開されることになる。この点についてもわれわれは検討しなければならない。しかしこの問題については，本書の目的から多少逸脱することになるので，別稿での考察に譲ることとし，こうしたジュネーブ関税交渉の結果を導いた理由を含めて，戦後世界貿易システム構築の最終局面に関する分析を第8章において行うことにしたい。

注
(1) 貿易交渉委員会については，第3章の第2節(1)項を参照のこと。ジュネーブ交渉の特恵問題関連文書のレファレンス・ナンバーはT.N.(P)である。T.N.は貿易交渉委員会を表し，PはPreferenceの頭文字と考えられる。
(2) 商務省は，ジュネーブ会議を1945年米英金融・通商協定から続く米，英そして自治領間の通商関係の一環として捉え，この視角に基づいて1945年から1947年まで，つまりジュネーブ会議までをカバーする3地域間の通商問題（主に特恵関税）に関する文書類をタイトル名，"1945 Discussions in Washington between U.K., British Dominions and U.S.A. regarding Future Trade Policy"のもとで6分冊に分けて整理してい

るが，とくにジュネーブ会議における3地域間の貿易交渉については，reference No. BT60/87/2；BT60/87/3；BT60/88/1；BT60/88/2に所収されている。

(3)　外務省は，英米交渉関係文書のみならず，アメリカの政府文書や同国の経済，政治動向に関する文書を中心にした1946年12月から1947年12月までをカバーした約12000ページに及ぶ文書を49冊に分け，"Setting up of International Trade Organization: Tariff Negotiation at Geneva: World Conference at Havana"というタイトル名で保管している（reference No. FO371/62280 to FO371/62328）。また内閣府は，貿易交渉委員会（TNC）や対外経済政策委員会（Committee on Overseas Economic Policy: OEP）がジュネーブ交渉に際して作成した資料や文書そして会議記録を蒐集している（reference No. CAB134/713；CAB134/716；CAB134/541）。一方，アトリー首相関連記録は，ジュネーブ交渉に関するイギリス政府トップの意思決定を中心にした文書を，"International Trade Organization (Tariff Negotiations) in Geneva: Proposal to eliminate Preference in Commonwealth Trade as a Concession to U.S.A. Discussions on a Draft Charter 1947"というタイトル名で残している（reference No. PREM/8/490）。この他，植民地局や自治領局も会議に関する史料を保有しているが，それらのほとんどは上述した商務省や内閣府保有の文書と重なり合うものである。

(4)　2つのコミッションの主な目的はITO憲章ジュネーブ草案を作り上げることにあった。コミッションAは，憲章の第II章「雇用と経済活動」，第III章「経済開発」，第IV章「通商政策」について検討し，コミッションBは，第I章「目標と目的」，第V章「制限的商慣行」，第VI章「政府間商品協定」，第VII章「国際貿易機構」の作成に責任を負った（ECOSOC, 1947d, p. 6）。そして2つのコミッションの下には，それぞれの章の条文を検討し，作成する作業に当たる多くの下部委員会が組織された。総計31の下部委員会の存在が認められる（Ibid., p. 73）。また関税交渉に関する作業部会は，関税交渉のアレンジだけでなく，各下部委員会が作成した条文を整え，GATT草案を作り上げることもその任務としていた（Irwin, Mavroidis & Sykes, 2008, p. 291）。この点については，第8章で詳しく論じる。第8章で明らかにするように，関税交渉に関する作業部会の5カ国は，ベルギー，ルクセンブルク，オーストラリアを加えてキー・カントリーズと呼ばれ，GATT成立に向けて大きな役割を演じることになる。
　　なお，各下部委員会は数カ国から10カ国の代表で構成されていたが，すべての委員会には必ずアメリカとイギリスの代表が参加していた（Ibid., pp. 289-290）。こうしたことからも，米英両国がジュネーブ会議を主導していたことが理解できよう。

(5)　図7-1の左の棒線グラフのタイトルである有税輸入品目とは，正確に表現すれば，中核国グループの要求品目がカバーする有税輸入総額であり，図7-1で述べられている有税輸入品目は正確な表現ではない。もし有税輸入品目とするならば，交渉対象外の品目の額を含めるべきである。しかし，交渉外の品目はほとんどなかったことが次の統計から明らかとなる。すなわち1939年のアメリカの中核国グループからの総輸

入額は14億4900万ドル，そのうち各国の要求品目のカバーする輸入総額は14億700万ドルであり，要求品目の輸入が輸入総額に占める比率は97％に達することが解る。つまり中核国グループの要求品目のカバーする輸入額はアメリカの輸入総額におおよそ匹敵するものであった（数値については，*FRUS*, 1947, I, p. 912）。なお，中核国グループの要求リストには，無税輸入の継続保証要求を含み，その額は8億4300万ドルであった（*Ibid*., p. 912）。

図7-1の中核国グループは貿易雇用準備委員会を構成する17ヵ国としているが（*Ibid*.），その具体的国名は明らかにされていない。貿易雇用準備委員会構成国は会議への参加を拒否したソ連を含めて19ヵ国であることから（表3-1の③欄，④欄を参照のこと），17ヵ国はアメリカ以外の構成国（ソ連を除く）であったと推測できる。

(6) ブラウンは初めて体系的にGATTやITO憲章について纏めた大部の研究書を1950年に著わした（Brown, 1950）。その意味で戦後貿易システムに関する先駆的研究であるといえよう。しかし，本書が刊行された1950年はITO憲章がまだ批准を控えた段階であり，戦後の貿易システムの帰趨が流動的であり，かつ各国の機密文書類も公開されておらず，その分析には限界があったといえる。GATTやITOの成立過程の分析が主に1946年以降，とくにロンドン会議以降に限定されていること，またそれ以上にGATTとITO憲章の条文の解釈に向けられていることも本書の特徴であろう。

(7) ジュネーブ交渉における羊毛に関するアメリカと自治領諸国の確執については，管見する限り，我が国においては全く研究の蓄積がないが，欧米においては，マッケンジー（McKenzie, 2002, Chapter 7）やジラー（Zeiler, 1999, Chapter 6～7）の分析がある。またさらに包括的にアメリカ貿易政策のなかに羊毛問題を位置付けた研究としてHussain, 1993を挙げることができる。われわれの分析はこれら先行研究を参考にしつつも，第1次史料に当たることを通じて，忠実にジュネーブ交渉におけるイギリス，自治領，そしてアメリカの駆引きを跡付けることにしたい。

(8) 1936年から1940年の年平均国内生産量は4億2526万3000重量ポンド，輸入量は2億5595万1000重量ポンドであった。1941～1945年の年平均国内生産量は4億2852万5000重量ポンド，輸入量は8億5806万5000重量ポンドとなった（U.S. Department of Commerce, 1944, p. 726）。すなわち国内生産量がほぼ横ばいなのに対して，輸入量は約3.4倍に膨れ上がった。

(9) ジラーは，イギリスを中心とする英帝国共同羊毛機構（Empire Joint Wool Organization）が羊毛不足の深刻化する戦時のアメリカ市場においてアメリカの生産者価格を下回る価格で自治領産羊毛を販売できるように価格操作を行っていたと述べている（Zeiler, 1999, p. 95）。

(10) CCCは原毛（wool in the grease）を1重量ポンドにつき，約42セントで購入した（Hussain, 1993, pp. 25-26）。統計によれば1945年の原毛の市場価格は39セントであったから，3セント分がCCCの負担となっていたのである。フサイン（Hussain, A.

I.）によれば，1946年7月以降，さらに英帝国共同羊毛機構は羊毛価格の引下げを断行した。それに従って市場価格は，1946年に31ドルに低下した（数値はU. S. Department of Commerce, 1949, p. 726より引用）。価格支持制度を続けることは，CCCの財源を大きく圧迫することになるのは必然であった。

(11)　「関税と特恵に関するアメリカの要求」と題する文書は，クリップスの覚書を中心として，その主張を補完するための8つの文書と統計から成っている（Board of Trade, 1947b7）。まず原案（Board of Trade, 1947b6）が作成され，それが改訂された(Board of Trade, 1947b7)。なお，改訂版は，内閣に提出され，内閣の覚書としてアトリー首相関連文書に登録されている（Prime Minister's Private Office, 1947j1）。

(12)　もちろん，非関税障壁の代表格である輸入数量制限についてGATTは重要視している。しかし，その他の非関税障壁問題については，交渉の対象外であった。本文に述べたクリップス提案の(4)税関制度の改革も非関税障壁問題に分類されるが，クリップスの提案では具体的な改善策については述べられていない。彼の覚書の付録H（ANNEX H）は，税関制度の改革についてはGATTの規定では要求できず，ITO憲章の批准によって可能となるとしている（Board of Trade, 1947b7 ; Prime Minister's Private Office, 1947j1）。本章ではこの問題の具体的検討については立ち入らないことにする。

(13)　1936年から1940年の5年間平均においてアメリカの生ゴム輸入額は2億631万ドル，植物油の輸入額は1億1836万ドルであった。そしてこの2品目の輸入だけで同期におけるアメリカの総輸入額の13.3％に相当した（U.S. Department of Commerce, 1949, p. 863, p. 866より算出）。また天然ゴムの輸入先はその3分の2がイギリス植民地からであった（Board of Trade, 1947b7 ; Prime Minister's Private Office, 1947j1のANNEX Gより算出）。一方，植物油（油採取用種子）には，ココナツ油，パーム油が含まれ，東南アジアのイギリス植民地の主要輸出品であった。この2つの品目にアメリカは1934年以降，加工税を課していた。加工税を含む物品税と1930年代アメリカ貿易政策との関係については拙稿（山本和人，1985，976～980ページ）を参照されたし。

(14)　「特恵関税に対するアメリカの攻撃」と題する貿易交渉委員会（Trade Negotiations Committee : TNC）の報告書（Board of Trade, 1947d1）は，9月22日にジュネーブにおいて，英連邦諸国間の会議が開催されたことを述べた上で，この会議の後，英帝国特恵関税に対するアメリカの要求について分析した3つの統計資料と，9月19日付のクレイトンのクリップス宛書簡（次項で分析する「漸進的行動アプローチ」に関して）のコピーを英連邦諸国に送付したとしている。なお，これらの資料と書簡は，本報告書に付録I～IVとして添付されている。その中の付録IIIは，オーストラリアの対米主要輸出品（羊毛，牛肉，バター，ラム肉）に対するアメリカの過去3つの関税法のもとでの関税率とジュネーブでのオファー関税率を比較した「オーストラリアの対米主要輸出品に対するアメリカ関税率の変遷」と題する以下のような表を掲載して

いる。そして表はオーストラリア代表団長のクームズが作成したものであると述べられている。ジュネーブでのオファー関税率がホーレィ・スムート関税法のもとでのそれに比べて、低下しているものの、1921年関税法より高いことが見て取れる。農産物に対するアメリカの関税引下げは、決してオーストラリアにとって満足できるものではなかったことが理解できよう。表の注には、「われわれはオタワ体制を守るのに手間取ったが、われわれ自らを防衛させた罪悪は決して清算(または除去)されようとしているわけではない」とのアメリカの関税政策に対する批判のコメントが付け加えられている。

オーストラリアはこのようなアメリカの譲許に対応して、ほとんど特恵関税を撤廃しなかった。特恵関税の影響を受けているアメリカからの輸入総額に対して撤廃の恩恵を受けるアメリカからの輸入額の割合(1939年の貿易統計に基づく)は、オーストラリアが4％と最も低い数値となっている(イギリスは6％、カナダは9％、南アフリカは13％、ニュージーランドは19％)(Board of Trade, 1947d1, ANNEX IIのTable Iより)。

オーストラリアの対米主要輸出品に対するアメリカ関税率の変遷

	1913年関税法	1921年関税法	1930年(ホーレィ・スムート)関税法	1947年のオファー関税率
羊 毛	無税	15セント	34セント	25.5セント
牛 肉	無税	2セント	6セント	4.5セント
バター	2.5セント	6セント	14セント	7セント(ただし4500万重量ポンドまでの関税割当)
ラム肉	無税	2セント	7セント	3.5セント

(注) すべて1重量ポンド当たりの従量税率
(出所) Board of Trade, 1947d1, ANNEX IIIによる。

(15) 1938年の統計を基礎にして、イギリスの譲許は、関税引下げ分590万ポンド、固定化分550万ポンドの合計1140万ポンド、それに自治領諸国でイギリスが特恵関税幅の縮小や撤廃によって受ける損失分(縮小による1580万ポンド、撤廃による270万ポンド)1850万ポンドを合計して、2990万ポンドとなる。他方、アメリカの対英譲許は、1939年の統計を基礎にして、関税引下げ分1680万ポンド、固定化分が130万ポンドの合計1810万ポンドとなる(Board of Trade, 1947d1)。英米2国間に限れば、アメリカの譲許の方が大きく、とくに関税の引下げ額はイギリスのそれの約3倍に及んでいる。しかし、自治領の特恵関税幅縮小と撤廃によって影響を受ける額を加えれば、イギリスの譲許はアメリカのそれの1.6倍以上となる。さらにイギリスは、自らの譲許の大きさを正当化するのに、低関税国(イギリス)の関税率固定化は高関税国(アメリカ)の関税引下げに相当するという論法を用いた。そして10％以下の関税(従価税率)の固定化を関税の引下げに分類して統計を作成している。この方式に従えば、上

述のイギリスの関税引下げは590万ポンドではなく，1080万ポンドとなる（Board of Trade, 1947c4, p. 1）。

　なお，上述のイギリスの譲許した関税率の固定化分550万ポンドは，前掲表7-2に示した4060万ポンドと大きな開きがある。その理由は，表7-2の注2に述べたように，また本章，209〜210ページで指摘したように，1938年英米通商協定でイギリスがアメリカに譲許した関税率の更新分を表7-2では関税固定化オファー分に算入しているからである（表7-2では3490万ポンドとなっているが，クリップスの覚書が依拠した計算方法では，3860万ポンドとなっている〔Board of Trade, 1947c4, p. 1〕）。そしてジュネーブ会議で新たになされた関税固定化オファーは表7-2の注2では570万ポンドであり，クリップスの覚書の数値（550万ポンド）とほぼ一致する。いずれにせよ，イギリスは自らの譲許がアメリカのそれに匹敵あるいは上回ることを示す指標の作成に苦心したことが窺える。

(16)　イギリスは，交渉決裂時のプレスリリースのために2つの文書を用意していた（Board of Trade, 1947f1i ; Board of Trade, 1947f1ii）。ひとつは短文の声明，もうひとつは長文の声明であった。この2つの文書は，前者が後者を要約している関係にあり，その骨子は全く同じである。その内容を示せば次の通りである。イギリスは自国の関税の引下げと固定化，また自治領諸国におけるイギリスの輸出品目に対する特恵幅の撤廃や縮小を通じて，アメリカがイギリスにオファーした額を上回る譲許を行っている（この計算方法は第2節(1)項②と注(15)に示した方法と全く同じである。イギリスが最初のアメリカの要求を拒絶し，特恵関税の撤廃をほとんど拒否した点については全く言及していない）。つまり英米が約束した「相互に利益的な取決め」をイギリスは十分に満たしている。然るにアメリカは，イギリスの譲許の少なさを問題視し，ウィルコクス提案に見られるような更なる譲許（段階的な特恵関税の撤廃）を要求するに至っている。イギリスはこれを認めるわけにはいかない。従って現時点で協定締結の見通しは存在せず，全体的なポジションが明確になるまで交渉を延期すべきであるとイギリス政府は判断する。

　2つの文書は何回か修正を加えられた上で最終草稿ができあがった。しかし，実際はこの声明は発せられることはなかった。もっとも，ウィルコクス声明が撤回された後でも，商務省はこれらの文書をジュネーブのイギリス代表団やその他の部局に参考資料として保存しておくことを求めている（Board of Trade, 1947f1 ; Board of Trade, 1947f2）。

(17)　上記の2品目に対する特恵関税の撤廃は，実際はイギリスの当該産業を傷つけるものではないと閣議に提出されたクリップスの文書は分析している。その理由として，文書は，特恵撤廃の対象になる綿製品以外の綿類をイギリスはカナダに大量に輸出する構造を有していること，ブリキについても，ストリップミルの新たな建造によって，カナダはブリキを自給できる体制が整い，輸入需要の起こる可能性がほとんどないことを挙げている（Prime Minister's Private Office, 1947j4, p. 3）。つまり，この2品

目はアメリカの目を欺く「体裁作り品目（Window Dressing Item)」(*Ibid*., p. 3)である。「体裁作り品目」という言葉をイギリスはアメリカからの要求に対してたびたび使用している。
(18)　他方，1938年米英通商協定によってイギリスがアメリカに譲許した植民地特恵の縮小対象品目の数は236品目であるが，1936年の貿易統計に基づけば，その影響を受ける額は443万9000ドルで，植民地のアメリカからの輸入総額4877万ドルの9.1％に過ぎない（山本和人，1999，表3-16 より）。

参考文献
[イギリス国立公文書館（The National Archives: TNA）関係]
Board of Trade (1947), "International Trade Negotiations, Geneva, 1947: Delegation Papers relating to USA/UK Negotiations," in 4 volumes: Volume 1, reference No. BT11/3645 ; Volume 2, reference No. BT11/3646; Volume 3, reference No. BT11/3647; Volume 4, reference No. BT11/3468 :

　Board of Trade (1947a1), "Short Survey of U.S.A. Requests," in Volume 1, reference No. T.N.(P)(47)32, 10th April.

　Board of Trade (1947a2), "United Kingdom Offers in respect of U. S. A. Requests for Concessions of the United Kingdom Tariff," in Volume 1, 14th April.

　Board of Trade (1947a3), "Volume of Imports into the United States Affected by Proposed Concessions," which is a series of Charts enclosed to Letter form Mr. Clayton to Mr. Helmore, in Volume 1, 1st May.

　Board of Trade (1947a4), "Analysis of U. S. offers to U. K," in Volume 1, undated.

　Board of Trade (1947a5), "Copies of Papers which relate to the United States Offers to the United Kingdom and Offers by other parts of Commonwealth to the U.S.A.," in Volume 1, reference No. T.N.(P)(47)61, 15th May. The following 3 items in this Document :

　Board of Trade (1947a5i), Letter from Mr. Helmore to Mr. Clayton of 14th May, in Volume 1, included in reference No. T.N.(P)(47)61, 15th May.

　Board of Trade (1947a5ii), "Note on concessions offered to the U.S.A. by the Dominions and India affecting preferential margins enjoyed by the United Kingdom," in Volume 1, included in reference No. T.N.(P)(47)61, 15th May.

　Board of Trade (1947a5iii), "Rough estimate of the effect of offers in respect of preferences to be relinquished by the United Kingdom in other parts of the Commonwealth," in Volume 1, included in reference No. T.N.(P)(47)61, 15th May.

　Board of Trade (1947a6), "Minute of Mr. Summerscale," in Volume 1, 13th June.

　Board of Trade (1947a7), "Appreciation of U. S. Offers to the U. K.," in Volume

1, 30th April.

Board of Trade (1947a8), "Various papers assessing the comparative values of U. K. and U. S. offers," in Volume 1, undated.

Board of Trade (1947a9), "U. K. -U. S. Negotiation: 4th Meeting with the U. S. team, May 7th, 1947," in Volume 1, 7th May.

Board of Trade (1947a10), "Reply from Mr. Clayton to Mr. Helmore protesting against one paragraph," in Volume 1, 16th May.

Board of Trade (1947a11), Letter from Dr. Coombs to Mr. Helmore dated 26th April, in Volume 1, included in reference No. T.N.(P)(47)45, 30th April.

Board of Trade (1947b1), "Minute by U. K. Delegation meeting on 17th July about resumption of tariff negotiations," in Volume 2, 17th July.

Board of Trade (1947b2), "Lists of items on which U. S. withdrew or pressed requests for reduction or elimination of preferences in Dominions," in Volume 2, reference No. T.N.(P)(SPECIAL)(47)77, 26th August.

Board of Trade (1947b3), "Revised U. S. requests with respect to preferences enjoyed in the U. K.," in Volume 2, reference No. T.N.(P)(SPECIAL)(47)79, 27th August.

Board of Trade (1947b4), "Draft Minute of the 23rd meeting of the General Subjects Committee held in Palais des Nations, Geneva, on 28th August," in Volume 2, reference No. T.N.(P)(GSC)47 23rd Meeting, 28th August.

Board of Trade (1947b5), Telegram No. 1414 from U. K. Delegation to the Preparatory Committee on Trade and Employment, Geneva, to Foreign Office, in Volume 2, 30th August.

Board of Trade (1947b6), "U. S. Requests on Tariffs and Preferences," in Volume 2, reference No. T.N.(P)(SPECIAL)(47)78, 26th August.

Board of Trade (1947b7), "U. S. Requests on Tariffs and Preferences," in Volume 2, reference No. T.N.(P)(SPECIAL)(47)78 Revised, 28th August.

Board of Trade (1947b8), "Draft Minute of the 22nd meeting of the General Subjects Committee held in Palais des Nations, Geneva, on 21st August," in Volume 2, reference No. T.N.(P)(GSC)47 22nd Meeting, 25th August.

Board of Trade (1947b9), Telegram No. 1504 F. O. from Foreign Office to U. K. Delegation to the Preparatory Committee on Trade and Employment, Geneva, Volume 2, 21st August.

Board of Trade (1947b10), "Minutes of the 112th Meeting of the United Kingdom Delegation held on 28th August, 1947, at the Palais des Nations, Geneva," in Volume 2, reference No. T.N.(P)(47)112th Meeting, 28th August.

Board of Trade (1947b11), Telegram No. 1239 F. O. from U. K. Delegation to the

第7章 ジュネーブ関税引下げ交渉

Preparatory Committee on Trade and Employment, Geneva, to the Foreign Office, in Volume 2, 7th August.

Board of Trade (1947b12), "Minutes of U. K. Delegation meeting held in Geneva, on 26th August, 1947," in Volume 2, undated.

Board of Trade (1947c1), "Statement made by Mr. Clair Wilcox to Representatives of the British Commonwealth on September 15, 1947," in Volume 3, reference No. T.N.(P)(SPECIAL)(47)89, 15th September.

Board of Trade (1947c2), "Trade Negotiations with U.S.A.: Note of Meeting between Mr. Clayton and the Board of Trade on 19th September, 1947," in Volume 3, reference No. T.N.(P)(SPECIAL)(47)93, 24th September.

Board of Trade (1947c3), "Note by the President of the Board of Trade on meeting with Mr. Clayton, American Ambassador and Foreign Secretary on 21st September, 1947", in Volume 3. 22nd September.

Board of Trade (1947c4), "U. K. Offers to the United States: Note by Mr. Cohen," in Volume 3, reference No. T.N.(P)300(Revise I), 17th September.

Board of Trade (1947d1), "U. S. Attack on Preferences: Note by the Secretariat," in Volume 4, reference No. T.N.(P)(SPECIAL)(47)92, 22nd September.

Board of Trade (1947d2), Telegram No. 645 ASKEW from the Board of Trade to the U. K. Delegation, Geneva, in Volume 4, 29th September.

Board of Trade (1947d3), Telegram No. 647 ASKEW from the Board of Trade to the U. K. Delegation, Geneva, in Volume 4, 1st October.

Board of Trade (1947d4), Telegram No. 1684 F. O. from U. K. Delegation to the Preparatory Committee on Trade and Employment, Geneva, to the Foreign Office, in Volume 4, 2nd October.

Board of Trade (1947d5), "U. K. Tariff Group: Note of the 22nd Meeting of the U. K. Tariff Group on Wednesday, 2nd October, 1947," reference No. T.N.(P) (47) Tariff 22nd Meeting, in Volume 4, 4th October.

Board of Trade (1947d6), Telegram No. 1850 F. O. from Foreign Office to U. K. Delegation to the Preparatory Committee on Trade and Employment, Geneva, in Volume 4, 13th October.

Board of Trade (1947d7), Telegram No. 1852 F. O. from Foreign Office to U. K. Delegation to the Preparatory Committee on Trade and Employment, Geneva, in Volume 4, 13th October.

Board of Trade (1947d8), "Minutes of the 153rd Meeting of the United Kingdom Delegation held on 16th October 1947, at the Palais des Nations, Geneva," reference No. T.N.(P)(47)153rd Meeting, in Volume 4, undated.

Board of Trade (1947), "International Trade Negotiations: Reports on the Geneva

Tariff Negotiations: Miscellaneous Papers on Preference Matters, 1947," reference No. BT64/2346 :

Board of Trade (1947e1), Telegram from Dedman, J. J. (Leader of Australian Trade Delegation) to Helmore, J. R. C.(U. K. Trade Delegation), 20th August in reference No. BT64/2346.

Board of Trade (1947), "Drafts of Press release for use in the event of a breakdown in tariff negotiations between the U.K. and U.S.A.," reference No. BT11/3774 :

Board of Trade (1947f1), Telegram from H. W. Morris (the Board of Trade) to N. Pritchard (the Commonwealth Relations Office), 22nd October in reference No. BT11/3774. The following 2 items in this Document :

Board of Trade (1947f1i), "Short Statement" attached to Telegram from H. W. Morris (the Board of Trade) to N. Pritchard (the Commonwealth Relations Office), 22nd October in reference No. BT11/3774.

Board of Trade (1947f1ii), "Long Statement" attached to Telegram from H. W. Morris (the Board of Trade) to N. Pritchard (the Commonwealth Relations Office), 22nd October in reference No. BT11/3774.

Board of Trade (1947f2), Telegram from H. W. Morris (the Board of Trade) to J. P. Summerscale (the United Kingdom Delegation, Geneva), 22nd October in reference No. BT11/3774.

Board of Trade (1947), "International Trade Negotiations, Geneva, 1947, U.S.A./Commonwealth : Delegation Working Papers on U. S. Requests on Preferences in the Dominions and Colonies," reference No. BT11/3650.

Board of Trade (1947), "1945 Discussions in Washington between U. K., British Dominions and U.S.A. regarding Future Trade Policy," in 4 volumes: Volume 1, reference No. BT60/87/2; Volume 2, reference No. BT60/87/3; Volume 3, reference No. BT60/88/1; Volume 4, reference No. BT60/88/2.

Cabinet (1947g) "Trade Negotiations: United States Requests on Preferences," reference No. C.M.(47)77th Conclusions, 25th September in Cabinet Minutes, reference No. CAB128/10.

Cabinet (1947h) "Trade Negotiations: United States Requests on Preferences," reference No. C.M.(47)79th Conclusions, 9th October in Cabinet Minutes, reference No. CAB128/10.

Cabinet (1947), "Trade Negotiations Committee: T.N.(47) Series," reference No. CAB134/713.

Cabinet (1947), "Trade Negotiations Committee: Working Party on Tariffs," reference No. CAB134/716.

Cabinet (1947), "Overseas Economic Policy Committee," reference No. CAB134/541.

Foreign Office (1947), "Setting up of International Trade Organization: Tariff Negotiation at Geneva: World Conference at Havana," reference No. FO371/ 62280 to FO371/62328:

Foreign Office (1947i1), Letter from Mr. Martin, U. K.Delegation, Geneva to Mr. Stevens, titled "Wool," registered on 6th May, reference No. FO371/62296/UE3482.

Foreign Office (1947i2), "Copy of Telegram from Geneva (U. K. Delegation) to Foreign Office," No. 160, 26th April, reference No. FO371/62295/UE3461. [This item is in "Overseas Economic Policy: Geneva Tariff Discussions: Memorandum by the President of the Board of Trade, 1st May, 1947," reference No. O.E.P.(47)15].

Foreign Office (1947i3), Telegram No. 214 from Geneva (U. K. Delegation) to Foreign Office, 1st May, reference No. FO371/62294/UE3347.

Foreign Office (1947i4) Telegram No. 4657 from Washington to Foreign Office, 23rd August, reference No. FO371/62313/UE7773.

Foreign Office (1947i5), Telegram No. 757 from Geneva (U. K. Delegation) to Foreign Office, 21st June, reference No. FO371/62301/UE4915.

Foreign Office 1947i6), Telegram No. 9916 from Foreign Office to Washington, 26th September, reference No. FO371/62318/UE9040.

Foreign Office (1947i7), Telegram No. 9917 from Foreign Office to Washington, 26th September, reference No. FO371/62318/UE9040.

Foreign Office (1947i8), Telegram No. 10389 from Foreign Office to Washington, 10th October, reference No. FO371/62321/UE9571.

Foreign Office (1947i9), Telegram No. 1742 from U. K. Delegation, Geneva to Foreign Office, 12th October, reference No. FO371/62321/UE9565.

Foreign Office (1947i10), Telegram No. 1739 from U. K. Delegation, Geneva to Foreign Office, 11th October, reference No. FO371/62321/UE9564.

Foreign Office (1947i11), Telegram No. 1744 from U. K. Delegation, Geneva to Foreign Office, 13th October, reference No. FO371/62321/UE9570.

Prime Minister's Private Office (1947), "International Trade Organization (Tariff Negotiations) in Geneva: Proposal to eliminate Preference in Commonwealth Trade as a Concession to U. S. A. Discussions on a Draft Charter 1947," reference No. PREM8/490:

Prime Minister's Private Office (1947j1) "Trade Negotiations in Geneva: U. S. Requests on Tariffs and Preferences: Memorandum by the President of the Board of Trade," reference No. C.P.(47)245, 27th August in reference No. PREM8/490.

Prime Minister's Private Office (1947j2), "Minute from Cripps, S. to Prime Minister," 4th September in reference No. PREM8/490.

Prime Minister's Private Office (1947j3), "Tariff Negotiations at Geneva: Memorandum by the President of the Board of Trade," reference No. C.P.(47)266, 24th September in reference No. PREM8/490. The following 2 items in this Document：

Prime Minister's Private Office (1947j3i), ANNEX A "Delegation of the United Sates of America: Memorandum for Sir Stafford Cripps," 20th September, annexed to reference No. C.P.(47)266, 24th September in reference No. PREM8/490.

Prime Minister's Private Office (1947j3ii), ANNEX C "Proposed Letter to Mr. Clayton," undated, annexed to reference No. C.P.(47)266, 24th September in reference No. PREM8/490.

Prime Minister's Private Office (1947j4), "Trade Negotiations in Geneva: Tariff Discussions with the U. S. A.: Memorandum by the President of the Board of Trade," reference No. C.P.(47)278, 6th October in reference No. PREM8/490.

[アメリカ国立公文書館 (the United States National Archives: NARA) 関係]

[1] International Conference on Trade and Employment (1947-48: Havana, Cuba). 11/17/1947: following File in this Creator.

[1-a] "Trade: Tariff Negotiations," National Archives Identifier Number 2201739. The Document titled: "Reservation by Tariff Commission as to Inadequacy of Concessions obtained by United States in Geneva Negotiations, October 17. 1947" in National Archives Identifier Number 2201739.

（以上の史料は The National Archives website: http://www.archives.gov/ の The National Archives Catalog [http://www.archives.gov/research/catalog] にて検索し、NARA から入手したものである：史料の分類ナンバーは Online Public Access [OPA] の方式に従っている）。

[アメリカ国務省関連文書]

Foreign Relations of United States. （文中では FRUS で統一した）

[GATT・ITO 関連文書] （http://www.wto.org/english/docs_e/gattdocs_e.htm よりダウンロード）

United Nations Economic and Social Council (ECOSOC) (1946a), "Report of the First Session of the Preparatory Committee of the United Nations Conference on Trade and Employment," reference No. E/PC/T/33.

ECOSOC (1947a), "Revision of Secretariat Paper on Plan of Work of the Second Session of the Preparatory Committee of the International Conference on Trade and Employment," 17 February, reference No. E/PC/T/C.6/88/Rev.1.

ECOSOC (1947b), "Report of the Tariff Negotiations Working Party: General Agreement on Tariffs and Trade," 24 July, reference No. E/PC/T/135.

ECOSOC (1947c), "Report by Ad Hoc Working Party on Tariff Negotiations," 22 April, reference No. E/PC/T/47/Rev. 3.

ECOSOC (1947d), "Report of the Second Session of the Preparatory Committee of the United Nations Conference on Trade and Employment," 10 September, reference No. E/PC/T/186.

[トルーマン大統領およびトルーマン政権関連文書] (http://www.trumanlibrary.org よりダウンロード)

Truman, H. S. (1946), Letter to Senator O'Mahoney Transmitting a Proposed Wool Price Support Program, March 12, 1946, reference No. 57 in Public Papers of the Presidents: Harry S. Truman: 1945-1953.

Truman, H. S. (1947), "Veto of the Wool Act, June 26, 1947," reference No. 128 in Public Papers of the Presidents: Harry S. Truman: 1945-1953.

Truman Library (1973), Oral History Interview with Winthrop G. Brown.

[欧文文献]

Aaronson, S. A. (1996), *Trade and the American Dream: A Social History of Postwar Trade Policy*, The University Press of Kentucky.

Brown, W. A., Jr. (1950), *The United States and the Restoration of World Trade: An Analysis and Appraisal of the ITO Charter and the General Agreement on Tariffs and Trade*, Brookings Institution.

Hussain, A. I. (1993), *Politics of Compensation: Truman, the Wool Bill of 1947,and the Shaping of Postwar U. S. Trade Policy*, Garand Publishing, INC.

Interim Commission for the International Trade Organization (1949), *The Attack on Trade Barriers: A Progress Report on the Operation of the General Agreement on Tariffs and Trade, January 1948 to August 1949*, Geneva.

Irwin, D. A., Mavroidis, P. C. & Sykes, A. O. (2008), *The Genesis of the GATT*, Cambridge University Press.

McKenzie, F. (2002), *Redefining the Bonds of Commonwealth, 1939-1948: The Politics of Preference*, Palgrave Macmillan.

Miller, J. N. (2000), "Origins of the GATT: British Resistance to American Multilateralism," Working Paper No. 318 of Jerome Levy Economics Institute at Bard College.

Miller, J. N. (2003a), "Four Myth: The World Trading System," *The Bard Journal of Global Affairs*, Vol. 3.

Miller, J. N. (2003b), " Wartime Origins of Multilateralism, 1939-1945: The Impact of Anglo-American Trade Policy Negotiations," unpublished Ph.D. dissertation,

University of Cambridge.
Toye, R. (2003), "The Attlee Government, the Imperial Preference System and the Creation of the Gatt," *The English Historical Review*, cxviii. 478.
Wilcox, C. (1949), *A Charter for World Trade*, Macmillan.
Zeiler, T. W. (1997), "GATT Fifty Years Ago: U. S. Trade Policy and Imperial Tariff Preferences," *Business and Economic History*, Vol. 26, No. 2.
Zeiler, T. W. (1999), *Free Trade Free World: The Advent of GATT*, Chapel Hill and London: The University of North Carolina Press.

[統計類]
U. S. Department of Commerce (1944), *Statistical Abstract of the United States 1943*, United States Government Printing Office.
U. S. Department of Commerce (1949), *Statistical Abstract of the United States 1949*, United States Government Printing Office.
Board of Trade (1939), "Statistical Abstract for the British Empire: for each of ten years 1929 to 1938," Cmd. 6140, HMSO.

[邦文文献]
西田勝喜（2002）『GATT／WTO体制研究序説――アメリカ資本主義の論理と対外展開』文眞堂。
山本和人（1985）「1930年代のアメリカ貿易政策(1)――非関税障壁問題を中心として」『福岡大学商学論叢』第29巻第4号。
山本和人（1999）『戦後世界貿易秩序の形成――英米の協調と角逐』ミネルヴァ書房。

第8章
GATT 文書類の作成とその発効手続きを巡って
―― 第2回貿易雇用準備会議（ジュネーブ会議）の意義 ――

　GATT に関する構想がどのようにして生まれ，紆余曲折を経て，決着に至るのか。われわれが前著以来追い続けてきたこのテーマは，ジュネーブ会議におけるGATT 文書類（GATT オリジナル文書）の完成とそれらを実行に移す手続きに関する考察をもってクライマックスを迎える。本章における最大の課題は，その後の世界貿易を律することになるルールの詳細と GATT 文書類に対する特異な合意形成を明確にすることにある。GATT が暫定的取決めにならざるを得なかったこと，そして多国間通商協定として何らかの形で GATT を実施に移すために取られた様々な手段は，国民国家の枠を超えた共通の通商ルールを作り出すことが如何に困難を伴うものであるかを示すものである。そしてまたそこから，GATT 実施に向けての合意形成の在り方は，以下で明らかにするように，戦後世界経済の構図を如実に反映していることにも注目すべきであろう。

第1節　ジュネーブ会議における GATT 条文作成の第1プロセス
―― 関税交渉に関する作業部会の形成と GATT 第3草稿 ――

（1）　GATT 構想の具体化と関税交渉に関する作業部会

　ここで GATT の構想からジュネーブ会議までの経緯について，これまでに明らかになった点について，再度整理しておくことにしたい。なお，**表 8-1** はGATT 文書（GATT オリジナル文書）完成までの変遷を纏めたものである。
　そもそも，直接的には，GATT 構想は，大戦末期の1945年6月に，アメリカが一括関税引下げ方式を断念し，選択的な2国間関税引下げ方式の採用を決定したところから開始された。多国間交渉の場において2国間同士で関税引下げを実施するという決定は，イギリスやカナダからアメリカの関税引下げの程度を曖昧にすること，また多くの2国間交渉を同時に行わなければならないことから交渉

表 8-1 第 2 次大戦終結直前から ITO 憲章調印（ハバナ会議）に至るアメリカによる世界貿易システム構築の道筋——GATT 条文の作成過程を中心として

第 1 段階 イギリスとの協議とその内容

A．アメリカによる『国際貿易機構設立に関する提案』（原則声明案）（1945年6月）と「ツー・トラック・アプローチ」のイギリスへの提示
B．米英金融・通商協定の一環として，ツー・トラック・アプローチに関する合意（1945年10月）と『国際貿易雇用会議による考察に関する提案』の発表（1945年12月）。ツー・トラック・アプローチの内容は，米英金融・通商協定締結後，全ての中核国に伝達される
C．1946年2月プラン⇒1．関税交渉とそのルールを纏めた付属文書（Protocol）の作成に関する提案　2．中核国グループを中心とする貿易雇用準備委員会の設立を国連で決議
D．アメリカ，「国連国際貿易機構憲章の草稿」（ITO 憲章アメリカ草案の原案）を1946年7月に完成させ，イギリスに提示。付属文書（Protocol）に代えて GATT という言葉を初めて公式に使用

（注）　中核国グループとは，アメリカ，イギリスの他に，フランス，オランダ，ベルギー，ルクセンブルク，チェコスロバキア，中国，インド，オーストラリア，ニュージーランド，カナダ，ブラジル，キューバ，南アフリカ，ソ連（ソ連は参加を拒否）の16カ国のことで，アメリカが米英金融・通商協定締結直後に指名。さらに国連の場においてレバノン，ノルウェー，チリの3カ国が加えられ，貿易雇用準備委員会が設立された。なお，ソ連を除くこの18カ国が GATT の原締約国を構成することになる。

↓

第 2 段階　中核国グループ（貿易雇用準備委員会諸国）間の会議

E．第1回貿易雇用準備会議の開催：「国連国際貿易機構憲章」【ITO 憲章ロンドン草案】と GATT 第1草稿（1946年11月）
F．貿易雇用準備起草委員会会議（ニューヨーク会議）の開催：ITO 憲章ロンドン草案の補足・修正と GATT 第2草稿（1947年2月）
G．第2回貿易雇用準備会議の開催：「国際貿易機構憲章」【ITO 憲章ジュネーブ草案】（1947年9月），「関税交渉に関する作業部会」の形成と GATT 第3草稿（1947年7月），「関税協定委員会」の設立と GATT 第3草稿を巡る論争（8月～9月），GATT 第4草稿（9月），GATT 本文および GATT 関連文書（GATT オリジナル文書）の完成（1947年10月）

↓

第 3 段階　中核国グループ23カ国による GATT の認証とキー・カントリーズによる GATT の暫定適用

H．中核国グループ，「ファイナル・アクト」の調印による GATT 本文および「暫定適用に関する議定書」の認証（1947年10月30日）
I．キー・カントリーズによる「暫定適用に関する議定書」の調印（1947年11月15日まで）とそれによる GATT の暫定適用の施行（1948年1月1日）

（注）　キー・カントリーズとは，そもそも暫定適用条項を作成した「関税交渉に関する作業グループ」構成国であるアメリカ，イギリス，カナダ，オランダ，フランスの5カ国であったが，最終的にオーストラリア，ベルギー，ルクセンブルクが加わり，8カ国となった。

↓

第 4 段階　国連加盟諸国53カ国（共産圏を除く）による ITO 憲章の協議と調印

J．国連貿易雇用会議の開催：「国際貿易機構憲章」【ハバナ憲章】（1948年3月）の調印

第8章　GATT 文書類の作成とその発効手続きを巡って

を徒に引延ばすこととなり，結果的に貿易システムの形成を危険に曝すとの痛烈な批判を浴びた。この批判に答えるべく，カナダの助言に基づいて編み出されたのが，関税およびその他の貿易障壁の削減交渉を主要国間だけで実施し，他方でITO 憲章の作成をそれと別個に行うというツー・トラック・アプローチの採用であった（アメリカは当時，主要国間で関税引下げを先行させるこの方式を「選択的，中核的，多国間アプローチ（Selective nuclear-multilateral approach）」と称した）。
　ところでアメリカはまずツー・トラック・アプローチ方式について1945年12月の英米金融・通商協定でイギリスから合意を取り付けた。さらに1946年2月には，アメリカは関税交渉に際してのルール（ITO 憲章から抜粋）と交渉の結果としての各国の関税譲許表を纏めた付属文書（プロトコル：Protocol）の作成を提起し，国連において中核国グループを中心とする貿易雇用準備委員会の構成国が決定された（貿易雇用準備委員会の構成メンバーについては，表8-1の（注）を参照のこと）。われわれが呼ぶところの1946年2月プランにおいて，GATT のブループリントとその原締約国が姿を現したのである（表8-1のC欄参照）。
　さて当初，プロトコルと呼ばれた関税引下げを中心とする規定は，1946年7月にアメリカが作成した「国連国際貿易機構憲章の草稿」においてGATT という正式名称が与えられた。アメリカはこの草稿の完成案である『国連国際貿易機構憲章草案』（ITO 憲章アメリカ草案）を第1回貿易雇用準備会議（ロンドン会議）に持ち込み，貿易雇用準備委員会（中核国グループ）構成国の議論のたたき台とした。GATT の条項に如何なる規定を挿入するかが大きな問題となった。その結果，ロンドン会議では，われわれが呼ぶところの GATT 第1草稿が作成されたが，会議の結果を纏めた公式文書である『第1回国連貿易雇用会議準備委員会報告書』において，GATT 第1草稿は「関税と貿易に関する一般協定の暫定的で不完全な草案のアウトライン」と表現され，関税引下げ交渉と関税譲許表の作成を行うこと，さらに GATT が ITO 憲章の成立まで暫定的な国際機関の役割を演じるとの規定を明記したものの，ITO 憲章のどの条項を具体的に GATT に含めるかについては後に掲載するという表現に落ち着いた（ECOSOC, 1946a, pp. 51-52；第5章の第1節(2)項②を参照のこと）。
　GATT にどのような条項を挿入するかに関する議論は，ロンドン会議を補足する目的で1947年1月から2月に開催されたニューヨーク会議で行われた。アメ

リカがあくまで通商に関する規定にGATTを限定しようとしたのに対し，イギリスを中心とする西欧諸国は雇用条項の挿入を要求，オーストラリアを中心とする途上国は経済開発条項の追加を主張した。こうして，アメリカの思惑に反して，ITO憲章ロンドン草案には発展途上国の経済開発を促す条項が追加され，また雇用に関する条項も追加，結果としてGATTの内容は各国の利害を反映する形で拡大・深化された。こうして出来上がったのがGATT第2草稿であった（ECOSOC, 1947a, pp. 65-80；第5章の第2節(2)項を参照のこと）。

　第2草稿の第1の特徴は，繰り返すが，通商協定の範囲を超え，雇用条項が付け加えられ，また経済開発条項も追加されたことにある。第2の特徴として，ITO憲章との関係がダイレクトに提示されたことである。後述するようにジュネーブ会議において，GATT条文の本体から切り離されることになる付属文書が，GATTの1条項（第27条「付属文書」）を構成していた。第27条には，ITO憲章ロンドン草案の第Ⅰ章の第1条「一般目的」がそのままの形で明記され，ITOが設立されるまで，ITO憲章の第Ⅲ章から第Ⅶ章（すなわち，「雇用・有効需要・経済活動」，「経済開発」，「通商政策一般」，「制限的商慣行」，「政府間商品協定」）に関する「すべての原則と規定」を遵守する義務を締約国は負うこととされた。こうしてGATT第2草稿は，当初，アメリカが考えていた通商協定の枠を超えて，ITO憲章のカバーする問題（いわゆる広義の貿易政策）を含む形に塗り替えられていったのである。以上，すでにこれまで分析したGATT構想の起源からジュネーブ会議開催までを要約した。それを示せば表8-1のAからFのようになろう。

　ここで注意を払うべきはジュネーブ会議（本研究が対象外としているハバナ会議を加えても差し支えないであろう）まで，GATTの中心である第Ⅱ部は，ITO憲章の作成過程で編み出された点である。ITO憲章ロンドン草案を彫琢することが第1の目的であり，従ってITO憲章の条文の検討に多くの時間が割かれたのである。これまでの考察（ジュネーブ会議開催まで）から明らかなように，GATT条文作成に当たっての最大の問題は，ITO憲章からどの条文を抜粋し，GATTに挿入するかという選択のそれであった。さらにいえば，ITO憲章との関係を具体的にどのようにするのかであった。それは基本的にジュネーブ会議においても同じであったといえる。しかし，この作業が決して簡単なものでなかっ

第8章　GATT文書類の作成とその発効手続きを巡って

たことは，以下，本章で明らかにされよう。さらに，ジュネーブ交渉の第2の，そして最大の目的は，第7章で分析したように，実際の関税引下げ交渉にあった。史上初の多国間貿易交渉を如何に成功裏に決着させるか。こうした関税引下げ交渉に優先権を与える方針はニューヨーク起草委員会会議の決定事項であった（第6章の第1節(1)項を参照）。ジュネーブ会議の主要目標は，関税引下げ交渉とITO憲章ロンドン草案の彫琢にあったことをここで再度確認しておく必要がある。

　もっとも，ガードナーがいうように，GATTは決して「やっつけ仕事」(Gardner, 1980, p. xxv：邦訳，22ページ）ではないことを強調しておかなければならない。GATTに関する構想は，これまで考察してきたように，1945年6月以降，2年間かけて練られたものであった。事実，ジュネーブ会議においても相当の時間と労力がGATT文書類の作成・検討・承認に割かれたのである。結果的にGATTがITO憲章に代わって戦後の国際貿易のルールを提供する「国際機関」としての役割を担わざるを得なくなり，それゆえにGATTは国際機関たるに十分な体裁を整えていなかったことは事実である。しかし，GATT自体には，各国が受入れ可能な最大公約数の条件が挿入され，念入りに作成された史上初の多国間通商協定であったといえる。本章で明らかにするように，多国間通商協定GATTを如何なる形であれ，成立させることは至難の技であった。各国の見解は容易に統一できず，その成立に向けて，多くの例外処置とトリックが鏤められたのである。ツー・トラック・アプローチによって各国の貿易政策（広義の貿易政策を含めて）を統一ルールのもとに置くという構想を，現実に具体化する作業が如何に困難な交渉を伴うものであったかについては，以下で明らかにされよう。問題の核心は，ツー・トラック・アプローチに代表される複雑なアプローチを踏まなければ，成立させることが不可能な多国間通商体制の構築プロセス，換言すれば，各国の貿易政策（この場合，広義の貿易政策）を厳格な統一ルールのもとに置くという構想自体にあった。

　さて，ジュネーブ会議でGATT条文の作成に当たったのは，ジュネーブ交渉の前半は「関税交渉に関する作業部会（Working Party on Tariff Negotiationsまたは Tariff Negotiations Working Party）」であった。以下で示す通り，作業部会を構成した諸国はキー・カントリーズと呼ばれるようになる。作業部会の活動内容についてはすでに第7章の第1節(2)項において述べたように，実際の2国間の

図 8-1　GATT 関連文書の変遷——GATT 第 1 草稿以降

第1草稿（1946年11月） 1. 本体（Ⅰ部, 7条構成）	1. 前文において ITO 憲章の一環として GATT 条文の作成を行うことを明記 2. 本文において ITO 憲章からの抜粋（関税の引下げと特恵の撤廃、国営貿易以外は明記せず）と ITO 成立までの暫定的国際機関の設置について規定
第2草稿（1947年2月） 1. 本体（Ⅰ部, 27条構成）	1. 前文において ITO 憲章の一環として GATT 条文の作成を行うことを明記（第1草稿と同じ） 2. 本文には、ITO 憲章の通商政策一般からの抜粋を中心とし、雇用政策、経済開発からの規定も明記し、ITO 成立まで暫定貿易委員会が GATT 運営の役目を遂行し、ITO 成立をもってその機能を ITO に委譲する 3. 第27条「付属文書」において、ITO 憲章施行まで、ITO 憲章のすべての原則と規定の遵守を GATT 調印国は約束することを明記
第3草稿（1947年7月24日） 1. 本体（Ⅲ部, 32条構成） 2. 調印に関する議定書	1. 前文において GATT と ITO 憲章の関係に関する記述が削除される。自由・無差別主義に基づく貿易が世界の生活水準の向上と完全雇用を齎すと宣言する 2. 本文は3部構成をとり、第Ⅱ部の条文については主に ITO 憲章の通商政策一般から抜粋するが、国内法が優先する。第Ⅲ部に第32条「暫定適用」を挿入 3. 第2草稿で述べられた暫定貿易委員会に代えて締約国の委員会という言葉を使用。第Ⅲ部第23条「締約国の共同行動」において、締約国の委員会が、ITO 成立まで GATT 運営の役目を負い、ITO 成立をもって、その機能を ITO に委譲することを規定 4. 第Ⅱ部の条項は、ITO が憲章成立し、3分の2の締約国が同意した場合、ITO 憲章の当該条項によって置き換えられる。第Ⅰ部の修正については、すべての締約国が同意した場合、行われる 5. 第2草稿の第27条で述べられた ITO 憲章成立まで ITO 憲章のすべての原則と規定を遵守する義務は、ITO 憲章の諸原則について権限の最大限度まで（to the fullest extent of their authority）遵守するという表現に変えられ、第27条は「調印に関する議定書」として本体から分離されるとともに、ITO 憲章が施行されない場合、GATT を補完する必要性についても規定される 6. GATT はジュネーブ会議終了とともに調印されることを想定
第4草稿（1947年9月13日） 1. 本体（Ⅲ部, 34条構成） 2. 調印に関する議定書 3. 暫定適用に関する議定書 4. GATT に対する議定書 5. ファイナル・アクト	1. 前文は第3草稿の内容を継承 2. 本文は第3草稿の3部構成を継承。条文は第Ⅱ部に2つの条項が追加され、全体で32条から34条になる（完成案と同じ条文数となる） 3. 第Ⅲ部第25条「締約国の共同行動」において、委員会（Committee）に代えて締約国団（Contracting Parties）という用語を使用。締約国団は、ITO 成立まで GATT 運営の役目を負い、ITO 成立によってその機能を ITO に委譲する（第

（注）　GATT 第3草稿は、ジュネーブ ITO 憲章草案（ECOSOC, 1947e）に従って、8月30日付で修正案が提出さは記載しなかった。
（出所）　ECOSOC, 1946a, pp. 51-52, ECOSOC, 1947a, pp. 65-80, ECOSOC, 1947d, ECOSOC, 1947l, 1947m,

第8章　GATT 文書類の作成とその発効手続きを巡って

の GATT 関連文書の構造変化と ITO 憲章との関連

3 草稿と趣旨は同じ）。委員会という言葉はすべて削除
4. 第 2 草稿の第 Ⅲ 部第 32 条「暫定適用」は，本体から分離され，「暫定適用に関する議定書」となる
5. 第 Ⅱ 部の条項は，ITO 憲章が成立した場合，ITO 憲章の当該条項によって置き換えられる。第 Ⅰ 部の修正については，すべての締約国が同意した場合，行われる
6. 「調印に関する議定書」において，ITO 成立まで，締約国は，その<u>行政権の及ぶ最大限度まで</u> (to the fullest extent of their executive authority)，ITO 憲章の一般原則を遵守するという表現に変更
7. 「ファイナル・アクト」を通じて，GATT 本体と議定書類（第 4 草稿 1 ～ 4）の<u>認証 (authentication)</u> を行う
8. 第 26 条「調印，効力発生および登録」において GATT を 1948 年 6 月末日までに調印することを明記（キー・カントリーズは「暫定適用に関する議定書」への調印の前またはそれと同時に，GATT 本体〔「調印に関する議定書」を通じて〕への調印を求められる）

完成案（1947 年 10 月 4 日）
1. 本体（Ⅲ 部，34 条構成）
2. ファイナル・アクト
3. 暫定適用に関する議定書

1. 前文は第 4 草稿の内容を継承
2. 本文の構成，条文の数は第 4 草稿と同じ
3. 第 Ⅲ 部第 25 条「締約国の共同行動」において，締約国団について，ITO 成立までをカバーする役割についての記述が削除され，ITO との関係が曖昧にされる
4. ITO に関する記述は，第 Ⅲ 部第 29 条「本協定 (GATT) と ITO 憲章との関係」（カッコ内は筆者）に限定される。第 29 条には，第 4 草稿の「調印に関する議定書」の内容の一部である，ITO 成立までの締約国の約束，つまり，その<u>行政権の及ぶ最大限度まで，ITO 憲章の一般原則を遵守する</u>ことについて述べられる。さらに，第 Ⅱ 部の条項および第 Ⅰ 部第 1 条が，ITO 憲章成立によって，原則的に ITO 憲章の当該条項に置き換えられることなど。また ITO 憲章が効力を発しない場合や効力を失った場合に関する記述が追加。<u>ITO という表現は第 29 条においてのみ使用される</u>
5. 第 4 草稿「調印に関する議定書」が削除され，その一部が第 29 条に移行された結果，GATT 本体に対する調印に関する記述が消え，「暫定適用に関する議定書」と「ファイナル・アクト」を通じて GATT 本体を認証 (authentication) するという関係が出来上がる
6. 「調印に関する議定書」の削除とともに，GATT 第 26 条のタイトルが「受諾，効力発生および登録」へ変更される。GATT を 1948 年 6 月末日までに調印するという規定は削除される。これによって，<u>GATT への調印という言葉が GATT 関連文書から消滅</u>。GATT の認証，その暫定適用から，調印という行為を飛び越え，各締約国よる GATT の受諾，そして全締約国の貿易額の 85％以上を占める締約国が GATT を受諾したことをもって，GATT は効力を発するという関係が成立。<u>GATT は，調印の期日が設定されず，従って受諾の期限も無期限となった</u>

れている（ECOSOC, 1947v）が，訂正個所は GATT 本体に限定され，条文の数，議定書類も変化がないので本図に 1947n, 1947o より作成。

259

関税引下げ交渉を調整すること，そして GATT 草案を作り上げることにあった。2つの役割を担ったのが関税交渉に関する作業部会であったが，当初の活動は関税引下げ交渉の調整役であったことが GATT 関連文書の記録内容から明らかとなってくる。その理由として，第1に，第7章で分析したように実際の関税引下げ交渉が困難を極めたこと，第2に，GATT 条文はすでにニューヨーク会議のGATT 第2草案でその基本が明確にされていたことに加えて，ジュネーブ会議で ITO 憲章草案の完成を待たなければ，GATT 条文（とくに第II部）の中身も確定できないことにあったと考えられる。GATT 条文の本格的な検討は，関税交渉に関する作業部会が作成した1947年7月24日付のGATT 第3草稿（図8-1参照）が，後述する「関税協定委員会（Tariff Agreement Committee）：TAC」に提示されたことをもって開始される。

もっとも，関税交渉に関する作業部会を構成するアメリカ，イギリス，カナダ，フランスそしてオランダの間で実際どのような議論が行われたかについて，管見する限り，その詳細について述べた文献は存在しない。われわれがいえることは，1947年の7月に公表される GATT 第3草稿が，中核国グループの中でもとりわけ世界経済に大きな影響力を与える以上の先進工業諸国5カ国（キー・カントリーズ）によって作成されたこと，しかもその委員長を務めたのはアメリカがもっとも信頼を寄せていた国，カナダの高官ウィルグレス（Wilgress, L. D.）であったことであろう。ウィルグレスは ITO，GATT 交渉においてカナダの代表団長を務め，ITO 憲章の起草に大きく貢献し（Hart, 1998, p. 39），その後も1948年から1950年代の GATT 交渉において重要な役を演じた。「GATT 設計者の一人」としてカナダの辞典（Canadian Encyclopedia）には紹介されている。

GATT 第3草稿の発表までに，われわれが窺い知ることのできる GATT 条文作成を巡る関税交渉に関する作業部会の活動は，次の2つの文書から確認できる。まず第1は，1947年5月29日，つまりジュネーブ交渉が始まって1カ月半位以上たった時点で国連の経済社会理事会（ECOSOC）に提出された「関税交渉に関する作業部会」に対する次のような要請，直ちに GATT 草案に関する研究に着手することを求めた勧告書であった（ECOSOC, 1947b, p. 2）。このことから5月末まで関税交渉に関する作業部会は，GATT 草案の作成に手をつけず，専ら関税交渉の調整に専念していたことが判明する。次に GATT 関連の記述は，同じ

くECOSOCに提出された6月18日付の文書に見られる。文書は，GATT施行を円滑に行うために，中核国グループに次のような質問を投げかけている。第1に，GATTを施行するために各国政府はどのような国内手続きを取らなければならないか？　第2に，その手続きは計画されているGATTの一般規定や関税譲許表の受入れにとって特別なものか？　さらに合意に必要な手続きをとるのに最短の日数をどれくらいと考えるか？　以上の3つの質問に6月25日までに回答するよう求めたものであった（ECOSOC, 1947c）。とくに第2の質問は，各国の国内法とGATT規定の関係を問うたものと思われる。

さて，われわれがGATT第3草稿と呼ぶところのGATT草案は，7月24日付の関税交渉に関する作業部会の報告書において公表された。わずか2カ月足らずの間に，GATT第2草稿の構造を大幅に変更した第3草稿が完成することになった。そして第3草稿は，「最初の包括的草案」（Irwin, Mavroidis & Sykes, 2008, p.291）と呼ばれているように，GATT完成案（GATTオリジナル文書）に近い形態をとっていた。われわれは第2草稿と第3草稿の相違点を明確にし，短期間にこうした変更がなされた理由を分析する必要があろう。

（2）　GATT第3草稿の解剖：第2草稿との比較において

①広義の貿易協定から狭義の貿易協定へ

1-1　GATT前文の書換え

第3草稿は，第2草稿と比較して，2つの大きな特徴を有している。まず本項では第1の特徴について述べることにしよう。われわれはこれまでの一連の分析において，ITO憲章を広義の貿易政策のルール化，それに対してGATTを狭義の貿易政策のルール化と規定してきた（山本和人, 1999, 297ページ）。ITO憲章が，通商政策，第1次産品問題，制限的商慣行，雇用問題，経済開発に関する包括的ルール（後者二者はロンドン草案で挿入）を提供しようとしていたのに対し，GATTが関税およびその他の貿易障壁の削減とそれに関するルールに限定されていたからである(1)。

しかし，前述したように，こうしたITO憲章とGATTとの関係は，当初のアメリカの意図通りには進まなかった。そもそも，イギリスはGATTという名称自体に異議を唱え，雇用に関する条項の挿入を要求し，オーストラリアを始め

とする途上諸国は経済開発条項を盛り込むことを主張し，結果的に GATT 第 2 草稿は，アメリカの意図に反して，通商協定の範囲を超えるものとなったのであった。換言すれば，狭義の貿易協定とはいえない性格を持つようになった。

第 3 草稿がどのような方針で作成されたかについて，関税交渉に関する作業部会は次のように報告している。「GATT に通常の通商協定の形態を与えることが最善であると考え，通商協定では普通見られないいくつかの規定を削除した」(ECOSOC, 1947d, p 2：傍点は筆者)。これにはアメリカの影響力が作用したと考えられる。ハート (Hart, M.) によれば，ジュネーブ会議後，GATT 第 2 草稿があまりにも多くの「機構のような諸規定 (organization-like provisions)」を含んでいるとの批判を議会から浴びて，ジュネーブのアメリカ代表団は GATT が通商協定の体裁を整えるよう変更することを主張したのである (Hart, 1998, p. 42)。

それにともなってまず，GATT の前文が書き換えられた。GATT 第 2 草稿と第 3 草稿の前文をそれぞれ示せば次のようになろう。

【GATT 第 2 草稿の前文】

「オーストラリア，ベルギー，ブラジル，カナダ，チリ，中国，キューバ，チェコ，フランス，インド，レバノン，ルクセンブルク，オランダ，ニュージーランド，ノルウェー，南アフリカ，ソ連，イギリス，アメリカの各政府は，国連経済社会理事会によって国際貿易雇用会議の用意を行う準備委員会のメンバーに任命されている。この役割を遂行すべく，上記の各国政府は ITO 憲章草案を国際貿易雇用会議のために作成し，提示している。そのテキストは国連経済社会理事会の準備委員会の報告書に掲載されている。

上記の各政府は，現段階で利用できる ITO 憲章草案の規定を準備委員会の間で有効に活用することを通じて，そして会議開催前に公平な条件ですべての諸国に一般化できる具体的な行動を遂行することを通じて，上述の会議の諸目的の達成を期待し，次のことに合意した」(ECOSOC, 1947a, p. 65)。

【GATT 第 3 草稿の前文】

「オーストラリア，ベルギー，ルクセンブルク，ブラジル，カナダ，チリ，中国，キューバ，チェコ，フランス，インド，レバノン，オランダ，ニュージーランド，ノルウェー，パキスタン，シリア，南アフリカ，イギリスおよび北アイルランド，アメリカの各国政府は，貿易経済分野での努力関係が，生活水

準の向上，完全雇用および実質所得と有効需要の大幅かつ着実な増大の確保，世界の諸資源の完全なる利用の増加，財の生産と交換の拡大の観点から行われるべきことを認識した。

　そして各国政府は，関税およびその他の貿易障壁の実質的引下げ，国際貿易における差別的な扱いの撤廃を目指す互恵的で相互に利益的な取決めに入ることで，以上の諸目標に貢献することを切望し，各国の代表団を通じて，次のことに合意した」（ECOSOC, 1947d, p. 14）。

　第2草稿では，GATT が，ITO 憲章草案の一部を利用することを明確にし，国際貿易雇用会議開催前に，ITO 憲章の目的達成のために，なすべき行動であることを明言している。こうして，GATT 本文の前文において ITO 憲章との関連をダイレクトに規定することを通じて，GATT は単なる通商協定の域を脱するものとなっているのである。

　こうした第2草稿と比較し，第3草稿は，ITO 憲章との関連について一切触れていないことが見てとれよう。第2草案で言及されていた ITO 憲章との関係を述べた記述が削除されたのである。さらに，貿易障壁の引下げと無差別な貿易を行うことによって，各国の生活水準の上昇，完全雇用の確保が齎されるという理解に立っていること，換言すれば，より自由で無差別な貿易が各国の効率的な諸資源の利用，実質所得の上昇，完全雇用を齎すという考えが前面に押し出されていることも読み取れよう。そして第3草稿の前文は，結果的に GATT 完成文書のそれとまったく同じ内容となった（なお，この時点では，ビルマ，セイロン，南ローデシアは締約国に入っていない）。

　こうした理解は，ITO 憲章草案（ロンドンおよびジュネーブ草案）で示されたそれとどのような関係に立っているのであろうか。すでにわれわれは ITO 憲章の作成に当たって，その目的をどのような形で纏めるのか，ロンドン会議では決着がつかず，ITO 憲章ロンドン草案は，第Ⅰ章「目的」が空白のまま差し置かれた経緯について第5章の第2節で指摘した。こうした不完全なロンドン草案を完成させるべく開催されたニューヨーク会議の結果，ITO 憲章の目的がひとまず示されることになった。その内容について簡単な説明を行ったが，さらに踏み込んで検討しておくことにしたい（ITO 憲章ロンドン草案の第Ⅰ章，第1条「一般目

的」の全訳については第5章の注(14)を参照のこと)。

　ロンドン草案は，世界平和の実現を究極目標とし，その実現に向けてのITO憲章の目的を，次の5つに纏めている。第1に，3つの国内および国際行動をとること（3つの行動については，以下で説明），第2に，すべての加盟国が平等な条件で市場，財および生産ファシリティにアクセスできるようにすること，第3に，発展途上国の経済開発への支援，第4に，貿易，雇用そして経済開発の問題に対処するために加盟国間での協議と協力の必要性，第5に，相互に利益的な原則に則って貿易と経済の発展に取り組む必要性，である。5つの目的は，平等主義，国際協調，互恵主義（相互主義）について述べているのであり，世界貿易の内容について具体的な言及がないことに注目すべきであろう。これはITO憲章が，われわれの呼ぶところの広義の貿易政策について規定したものであったからである。

　GATTに通じる狭義の貿易政策については，第1の目的，すなわち3つの国内および国際行動のうちの2つ目の行動のうちのひとつとして「関税およびその他の貿易障壁の削減，そして国際貿易におけるあらゆる差別待遇措置の撤廃」（ECOSOC, 1947a, p.3：第5章の注(14)）として言及されているに過ぎない。その他にも2つの目の行動には，財の生産，交換そして消費の拡大，有効需要と実質所得の着実な上昇，世界の経済諸資源の開発が明記されている。ちなみに1つ目の行動とは，生活水準の向上，完全雇用そして経済および社会の進歩と発展を目指す行動，3つ目の行動とは，貿易の激しい変動を回避し，バランスのとれた世界経済の拡大を目指す行動である（*Ibid*., p.3：第5章の注(14)）。

　見られるとおり，ITO憲章ロンドン草案の目的が5点列挙されているが，理路整然と述べられているわけではない。その中で，自由で無差別な貿易体制については，第1の目的（3つの中）のひとつとして言及されているにすぎないことに注目しておく必要があろう。

　こうしたITO憲章ロンドン草案に比べ，ITO憲章ジュネーブ草案はどのような特徴を持つのであろうか。ロンドン草案の第Ⅰ章の第1条「一般目的」は，ジュネーブ草案では，第1章の第1条「目標と目的」というタイトルに変更されている。ジュネーブ草案では，まず，究極目標が世界の平和であること，次にITO憲章の守備範囲である貿易と雇用の分野での一般目標が示される。一般目

標とは生活水準の向上，完全雇用，経済および社会の進歩と発展を達成するための国内および国際間で行動である。そしてこの一般目標を実現するために6つの具体的目的が挙げられるのである。つまり，ジュネーブ草案の第Ⅰ章，第1条は，世界平和という崇高な究極目標を掲げ，その達成に向けて各国が貿易と雇用の分野で生活水準の向上と完全雇用，経済発展について互いに協力するという一般目標を示し，さらにその目標達成のための具体的目的を提示するという3層の構造を持っている。ロンドン草案に比べて，論理的に整理されたものとなっていることが理解できよう。

ところで6つの目的のうち，第1目的は，実質所得と有効需要の大幅かつ着実な増大，財の生産，消費，交換の拡大とそれによるバランスのとれた世界経済の拡大，第2目的は，発展途上国の経済開発への支援，第3目的は，すべての加盟国が平等な条件で市場，財および生産ファシリティにアクセスできるようにすること，第4目的は，関税およびその他の貿易障壁の削減と国際貿易におけるあらゆる差別待遇措置の撤廃，第5目的は，相互に利益的な原則に則って貿易と経済の発展に取り組む必要性，第6目的は，雇用，経済開発，貿易政策，商慣行そして第1次産品の問題に対処するために加盟国間での協議と協力の必要性，である。ロンドン草案では，第1の目的としてひと括りにされていた3つの行動が，ひとつは一般目標（生活水準の向上，完全雇用，経済及び社会の進歩と発展）となり，残りの2つが6つの具体的目標の中の，第1目的，第4目的となっていること，そして，この2つの目的が以下で述べるように，GATTの前文の骨格を形作るものとなるのである。

以上をまとめて示せば，**表8-2**のようになろう。なおITO憲章の最終案（ハバナ憲章）においても，ジュネーブ草案の第Ⅰ章の第1条は，実質的変更を施されなかったことを付け加えておこう（ハバナ憲章の条文については，Interim Commission for the International Trade Organization, 1948a ; Wilcox, 1949, pp. 227-327）。

さてここでGATT第3草稿の前文（本章，262~263ページ）とITO憲章ジュネーブ草案の第Ⅰ章（表8-2）を比較検討してみよう。表8-2の下線を施した部分で，GATTの前文が構成していることが理解できる。GATTの前文はITO憲章の第Ⅰ章，第1条「目標と目的」から抜粋した文書であるといえる。それでは，GATTの前文はどのようにITO憲章の第1条を要約，編成し直したのであ

表 8-2　ITO憲章ジュネーブ草案 第Ⅰ章の第1条「目標と目的」の構図

究極目標	国連の決議に基づく世界平和と各国の友好関係の促進
一般目標	<u>貿易と雇用の分野</u>において，<u>生活水準の向上と完全雇用</u>，経済および社会の進歩と発展を達成するため，各国間で協力すること
具体的目的（策）	1．実質所得と有効需要の大幅かつ着実な増大，<u>財の生産</u>，消費，<u>交換の拡大</u>とそれによるバランスのとれた世界経済の拡大
	2．発展途上国の経済開発への支援
	3．すべての加盟国が，平等な条件で，市場，財および生産ファシリティにアクセスできるようにすること
	4．<u>関税およびその他の貿易障壁の削減と国際貿易におけるあらゆる差別待遇措置の撤廃</u>
	5．<u>相互</u>に利益的な原則に則って貿易と経済の発展の機会を拡大させるとともに，世界貿易を破壊し，雇用を縮小させ，経済の進歩を阻止するような政策を回避する必要性
	6．雇用，経済開発，貿易政策，商慣行そして第1次産品の問題に対処するために加盟国間での協議と協力の必要性

（注）　下線を施した部分はGATTの前文に用いられた語句，文書である。
（出所）　ECOSOC, 1947j, p.9およびInterim Commission for the International Trade Organization, 1948a, p.1より作成。

ろうか。GATTの前文には用いられなかったITO憲章の語句や文書に注目すれば，GATT第3草稿の目指すものが浮き彫りにできる。

　まず，ITO憲章の究極目標の内容が削除されているが，この点については以下の考察で明白となろう。最も重要なのは，一般目標から，雇用という言葉が削除されていることである。したがって雇用分野での各国間の協力にGATTは直接関与するものでないことが明らかにされている。

　また「経済および社会の進歩と発展」という一句も削除されている。これとの関連で「バランスのとれた世界経済の拡大」という文言も外されている。ITO憲章においてこれらの語句が使用された背景は何であったのかを検討しておく必要があろう。我が国においてITO憲章に関する研究の嚆矢ともいえる『国際貿易憲章の研究』（東京商科大学国際関係研究会編，1948）の第1章は，ITO憲章ジュネーブ草案の第Ⅰ章を分析し，表8-2に示した6つの目的を3原則として提示し，そのひとつに「均衡発展の原則」を挙げている。雇用の維持（完全雇用）と経済開発に関する原則がジュネーブ草案の大きな特徴をなしていると認識しているのである（同書，21～22ページ。なお，その他の2原則は「自由通商の原則」，「機会均

等の原則」である)。しかし,均衡発展の原則は,GATT前文から排除された。雇用分野で各国間の協力を謳った一般目標がカットされ,上述した「経済および社会の進歩と発展」,「バランスのとれた世界経済の拡大」という言葉が削除,そして何よりも途上国への経済支援を明記した第2目的が取り除かれた。こうしてGATT第3草稿の前文で述べられた目的は,第2草稿のそれと比較して,ITO憲章ジュネーブ草案の具体的目的のひとつを表すものに限定された。すなわちGATTの具体的目的は「関税およびその他の貿易障壁の実質的引下げ,国際貿易における差別的な扱いの撤廃を目指す互恵的で相互に利益的な取決めに入ること」(ECOSOC, 1947d, p. 14;本章,263ページ) とされたのである。つまり,ジュネーブITO憲章草案の第4目的のすべてを中心とし,第5目的の一部「相互に利益的な原則」が「互恵的で相互に利益的な取決め」という表現に修正を加えられて,作成されたのである。そして表8-2に示したITO憲章の一般目標の下線部と第1目的の下線部がGATT締約国の目指す目標となった。すなわち,より自由で無差別な貿易体制を互恵主義,相互主義に基づいて達成し,それを通じて,一般目標である生活水準の上昇,完全雇用,実質所得と有効需要の大幅かつ着実な増大,世界の諸資源の完全なる利用,財の生産と交換の拡大が齎されることになる。GATT第3草稿の起草に際して,その前文をどのように改めたかについて関税交渉に関する作業部会は次のように説明している。

「前文はGATTの調印国の主要目的を述べるために再起草された。ITO憲章草案や来る国連の貿易雇用会議に関する言及は議定書(プロトコル)に移行されている。このようにして,GATTのテキストは通常の通商協定の形態にさらに一致するようになっている」(ECOSOC, 1947d, p. 4)。

1-2 調印に関する議定書の作成──第2草稿第27条「付属文書(プロトコル)」のGATT本体からの削除

ここで「議定書」について説明しておく必要があろう。第3草稿では正式名称は「調印に関する議定書(Protocol of Signature)」と呼ばれ,GATT条文の本体から切り離された。そもそも第5章の第2節で分析したように,GATT第2草稿には付属文書と題する第27条が存在した。イギリスの主張に基づいて,挿入された条項であるが,ITO憲章ロンドン草案の第Ⅰ章の第1条「一般目的」がそのままの形で書き込まれるとともに,ITO憲章施行まで,その各章の諸原則と

諸規定を遵守し，有効にすることが謳われていた（第5章の第2節(2)項①）。ITO 憲章ロンドン草案，第Ⅰ章の第1条の具体的内容については第5章の注⒁を参照のこと）。第3草稿では，上述のように前文が修正され，さらにITO憲章とGATTの関係に直接言及した第27条を削除，新たに次のような「調印に関する議定書」が作成された。

> 【調印に関する議定書】
> 「オーストラリア，ベルギー，ルクセンブルク，ブラジル，カナダ，チリ，中国，キューバ，チェコ，フランス，インド，レバノン，オランダ，ニュージーランド，ノルウェー，パキスタン，シリア，南アフリカ，イギリスおよび北アイルランド，アメリカの各国政府は，本日，それぞれの代表団を通じて正式にGATTに調印した。そして国連貿易雇用会議がITO憲章を採択し，それによってITOが創設されれば，GATTの前文に盛られた諸目的を最も達成できるという見解に達した。上記の政府は，準備委員会のメンバーとして，国連の経済社会理事会を通じて国連貿易雇用会議にITO憲章草案を提示する。また上記の政府はITO憲章の施行まで，その権限の最大限度まで，ITO憲章の諸原則を遵守することを約束する。なお，1948年11月1日にITO憲章が施行されない場合，再度会合を開き，GATTを補足する方法について検討する」（ECOSOC, 1947d, pp. 64-65）。

上記の原文から明らかなように，調印に関する議定書には，GATTの調印について，そしてITO憲章施行までのITO憲章の諸原則の遵守について謳われている。もっとも，GATTの調印をいつどこで行うかについては明記されていない。しかし，以下で明らかにするように関税交渉に関する作業部会は，ジュネーブ会議終了時に行うことを想定していた。次にITO憲章の諸原則の遵守という表現は，第2草稿より簡素化されているが，ほぼ第2草稿のそれを踏襲しているといってよい。調印に関する議定書は，GATTの調印と調印からITO憲章施行までの締約国の負うべき義務について述べたものと捉えることができよう。

これまで述べてきたことを整理すれば，図8-2-a, bのようになろう。図8-2-aは，GATT第2草稿とITO憲章ロンドン草案の関係を表示している。2つの

第8章　GATT文書類の作成とその発効手続きを巡って

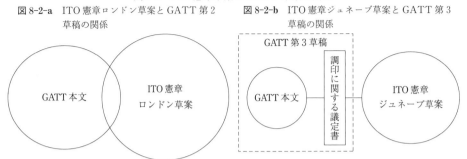

図8-2　ITO憲章草案とGATT草案の関係

（注）　GATT条文の多く（第Ⅱ部）は，ITO憲章草案（図8-2-aではニューヨーク会議で修正されたロンドン草案の第Ⅴ章「通商政策一般」の条文，図8-2-bでは，ジュネーブ草案の第Ⅳ章「通商政策」）の条文を抜粋したものである。従ってGATTはITO憲章の範疇に包摂されることになる。しかし，GATT条文とITO憲章の条文の内容は，必ずしも一致するとは限らない。ITOへの加盟を望むすべての国が貿易雇用会議（ハバナ会議）に参加し，ITO憲章ジュネーブ草案がそれら諸国の意見を反映して修正されれば，ジュネーブ草案で成立を企図されていたGATT条文と齟齬をきたすからである。本文で示すように，こうした齟齬（つまりダブルスタンダード）が生じた場合どのように対処するのかについて，中核国間で大きな論議が巻き起こるのである。事実，GATTオリジナル文書の一部は，ハバナ会議で最終合意されたITO憲章の条文と入れ替えられた。その経緯については第9章で論じる。こうした事実を踏まえ，図8-2では，GATT本文とITO憲章の通商関連の条文を分離する形で図式化した。

円の重なり合う部分は，ITO憲章とGATTの目的が全く同じ形で示されていることを表している。つまり，ITO憲章の第Ⅰ章の第1条と，GATTの前文および第27条とが共通項となっている。これによってGATT第2草稿は通商政策だけを扱う狭義の貿易協定ではなく，広義の貿易協定に近いことが理解できよう（もちろん，GATT条文には第16条「国内雇用の維持」が含まれている）。それに対して図8-2-bは，GATT条文（本文）から，ITO憲章との直接的関係を示す重要な文言が，調印に関する議定書に移されたことを表している。GATT本文とITO憲章とは調印に関する議定書を介して結び付くという関係である。これによって，ITO憲章から独立して，GATT本文は通商協定としての意味を持つことになった。雇用条項も削除された。またGATTをITO憲章成立までの繋ぎ（暫定的な国際機関）と看做すことできる根拠として，GATT第1草稿では「暫定的国際機関（Provisional International Agency）」が，そして第2草稿ではさらに具体的な形で「暫定貿易委員会（Interim Trade Commission）」という語句が使用されていたが，GATT第3草稿では，「締約国（contracting parties）の委員会」に変更され，第4草稿では「締約国団（Contracting Parties）」なる言葉が生み出された。さらにGATT完成案では，締約国団は締約国との区別を明確にす

るために大文字で CONTRACTING PARTIES と表記されるようになった。また第4草案まで述べられていた締約国団と ITO との関係についても一切触れられなくなった(2)(前掲図 8-1 を参照。また第5章の注(13)も見よ)。

　従ってこの変更は非常に大きな意味を持つと考える。後に ITO 憲章が日の目を見ず，GATT が世界貿易の関係を律するルールを提供する役目を担うようになったとき，GATT 本文は ITO 憲章から独立しているために，そのルールを大きく変更する必要性がない。しかも，調印に関する議定書には ITO 憲章が成立しない場合，GATT を補足する必要性について述べられている（本章，268ページ）。GATT は，ITO 憲章なしで，独り立ちできる構造を持つようになったのである。換言すれば，調印に関する議定書によって，GATT は ITO 憲章から独立した多国間通商協定としての一歩を踏み出す前提を獲得することになった。われわれのいうところの通商政策のルールだけを規定した狭義の貿易協定としての GATT は，第3草稿においてその基本形態が確立したといえる。次に第3草稿の特徴についてさらに踏み込んで検討しよう。

　②Ⅰ部構成からⅢ部構成への変更の理由と意義——暫定適用条項（第32条）挿入の必要性

　GATT 第2草稿と第3草稿の違いを際立たせるもうひとつの特徴は，第2草稿が第Ⅰ部27条構成であるのに対して，表 8-3 が示すように，第3草稿は，第Ⅰ部（第1条，第2条），第Ⅱ部（第3条〜21条），第Ⅲ部（第22条〜32条）から成っている点であろう。1994年まで戦後世界貿易のルールを提供した GATT 条文の基本構造が第3草稿において出来上がったのである。

　そして GATT 3部構成，さらに第Ⅱ部に関して国内法の優先（いわゆる祖父権）について説明した第32条，いわゆる暫定適用（Provisional Application）条項は，GATT を特徴付ける非常に重要な条項であるので次頁にその全文を第3草稿から忠実に再現することにしよう。

第XXXII条

暫 定 適 用

1. ＿＿＿＿＿＿，ベルギー本国，ルクセンブルク，＿＿＿＿＿＿，カナダ，＿＿＿＿＿＿，フランス本国，オランダ本国，イギリスおよび北アイルランド本国，＿＿＿＿＿＿，アメリカの各政府は，1947年11月1日以降，暫定的に次のものを適用することになろう。
   (a) 第Ⅰ部と第Ⅲ部
   (b) 既存の法律と矛盾しない限りにおいて本協定の第Ⅱ部。その他の調印国および上記政府の植民地・属領に関しては，1947年11月1日以後できるだけ早く同様の行動をとるべきである。
2. 本協定の最終的施行まで，締約国は国連の事務総長への書面による60日前の通知で，本協定の全部または一部について，暫定適用を撤回できる。
   以上の証拠として，各代表団は，その全権委任状を示し，それが正当かつ適切であると認められた場合，この協定に調印し，捺印する。
   英語とフランス語で二つの書類が，1947年＿＿＿月＿＿＿日にジュネーブで作成され，それらは正文とされる。
このためになんらかの法的手続きが加えられなければならない＿＿＿＿＿＿＿＿＿＿＿＿＿
(ECOSOC, 1947d, pp. 63-64)

　見られる通り，条文は未完であるが，その骨格はGATT完成案（後述するようにGATT第32条「暫定適用」条項は，議定書として独立する）のそれと同じである。第32条の概略を示せば次のようになろう。ベルギー，ルクセンブルク，カナダ，フランス，オランダ，イギリス，アメリカ，つまり「関税交渉に関する作業部会」の構成国（加えてベルギーとルクセンブルク，なおオーストラリアはこれより遅れて暫定適用条項を承認：後に述べるキー・カントリーズ）は，(a) GATT第Ⅰ部と第Ⅲ部について，(b)第Ⅱ部については現行の法令と合致する最大限度において，1947年11月1日以降，暫定的に適用することを約束する。そしてその他の政府（ジュネーブ関税交渉に参加した上記政府以外の中核国グループ）もできるだけ早く同様の行動をとることを約束する（ECOSOC, 1947c, p. 63）。上述のように，第3草稿の第32条は，GATTを特徴付ける，国内法の優先を規定したいわゆる「祖父権（Grandfather rights）」を中心として，GATTを暫定的に適用することを認

表 8-3 GATT 本体に関する第 3 草稿、第 4 草稿、完成（オリジナル）案の比較

	GATT 第 3 草稿		GATT 第 4 草稿		GATT 完成（オリジナル）案
	前文		前文		前文
I 部	第 1 条 一般的最恵国待遇	I 部	第 1 条 一般的最恵国待遇	I 部	第 1 条 一般的最恵国待遇
	第 2 条 譲許表		第 2 条 譲許表		第 2 条 譲許表
	第 3 条 内国の課税および規制に関する内国民待遇		第 3 条 内国の課税および規制に関する内国民待遇		第 3 条 内国の課税および規制に関する内国民待遇
	第 4 条 通行の自由		第 4 条 映画フィルムに関する特別規定		第 4 条 映画フィルムに関する特別規定
	第 5 条 反ダンピングおよび相殺関税		第 5 条 通行の自由		第 5 条 通行の自由
	第 6 条 関税上の評価		第 6 条 反ダンピングおよび相殺関税		第 6 条 反ダンピングおよび相殺関税
	第 7 条 輸出入に関する手続き		第 7 条 関税上の評価		第 7 条 関税上の評価
	第 8 条 原産地表示		第 8 条 輸出入に関する手続き		第 8 条 輸出入に関する手続き
II 部	第 9 条 貿易規制の公表と施行一規制に関する事前の通知	II 部	第 9 条 原産地表示	II 部	第 9 条 原産地表示
	第 10 条 数量制限の一般的廃止		第 10 条 貿易規制の公表と施行		第 10 条 貿易規制の公表と施行
	第 11 条 国際収支擁護のための制限		第 11 条 数量制限の一般的廃止		第 11 条 数量制限の一般的廃止
	第 12 条 数量制限の無差別適用		第 12 条 国際収支擁護のための制限		第 12 条 国際収支擁護のための制限
	第 13 条 無差別待遇の原則の例外		第 13 条 数量制限の無差別適用		第 13 条 数量制限の無差別適用
	第 14 条 為替取決め		第 14 条 無差別待遇の原則の例外		第 14 条 無差別待遇の原則の例外
	第 15 条 補助金		第 15 条 為替取決め		第 15 条 為替取決め
	第 16 条 国営貿易企業に関する無差別待遇		第 16 条 補助金		第 16 条 補助金
	第 17 条 経済開発に関する調整		第 17 条 国営貿易企業に関する無差別待遇		第 17 条 国営貿易企業に関する無差別待遇

第8章 GATT文書類の作成とその発効手続きを巡って

第18条 特定品目の輸入に対する緊急措置	第18条 経済開発に関する調整	第18条 経済開発に関する調整
第19条 一般的例外	第19条 特定品目の輸入に対する緊急措置	第19条 特定品目の輸入に対する緊急措置
第20条 協議	第20条 一般的例外	第20条 一般的例外
第21条 無効化または侵害	第21条 安全保障のための例外	第21条 安全保障のための例外
第22条 適用地域・国境貿易-関税同盟	第22条 協議	第22条 協議
第23条 締約国の共同行動	第23条 無効化または侵害	第23条 無効化または侵害
第24条 効力発生	第24条 適用地域・国境貿易-関税同盟	第24条 適用地域・国境貿易-関税同盟
第25条 利益の停止または撤回	第25条 締約国の共同行動	第25条 締約国の共同行動
第26条 譲許表の修正	第26条 調印、効力発生および登録	第26条 受諾、効力発生および登録
第27条 改正	第27条 利益の停止または撤回	第27条 譲許の停止または撤回
第28条 脱退	第28条 譲許表の修正	第28条 譲許表の修正
第29条 以前の国際義務に対する立場	第29条 停止と代替	第29条 本協定とITO憲章との関係
第30条 締約国の地位	第30条 改正	第30条 改正
第31条 加入	第31条 脱退	第31条 脱退
第32条 暫定適用	第32条 締約国の地位	第32条 締約国国
	第33条 加入	第33条 加入
	第34条 付録	第34条 付録

Ⅲ部（左列：第23条～第32条／中列：第24条～第34条／右列：第24条～第34条）

(出所) ECOSOC, 1947d, 1947l, 1947m より作成。

めたものである。従来の研究は、この祖父権条項をGATTの柔軟性（柔構造）と捉え、GATTが戦後貿易の枠組みを長きにわたって支えることができた理由のひとつに挙げている（鳴瀬成洋氏は、GATT原則自体が非現実的な世界認識に立っていたことを根拠にして、GATT存続の理由を明らかにされている）。[3]

しかし、なぜ、暫定適用条項を導入せざるを得なかったのか、また、なぜ、祖父権条項を挿入せざるを得なかったのか、それに加えてGATTへの調印（具体的には暫定適用に関する議定書への調印）がジュネーブ関税交渉に参加した中核国グループ全体（23ヵ国）ではなく、上記の8ヵ国（いわゆるキー・カントリーズ）に限定されたのか、については、我が国において必ずしも明確な説明がなされているとは思えない。[4]われわれはベールに包まれた多国間通商協定GATT誕生の経緯に関する最終局面をジュネーブ会議後半に焦点を当て、おもにECOSOC関連の原史料を読み解く作業を通じて明らかにしたい。

すでにわれわれは、関税交渉に関する作業部会が、中核国グループに対して、GATT施行に当たっての問題点を巡る質問状（ECOSOC, 1947c）を1947年6月18日付で送付したことに言及した。その質問状に対する各国政府の解答から、関税交渉に関する作業部会の報告書が導き出した結論は、「GATTの調印からおよそ6ヵ月間はその施行が不可能なこと」（ECOSOC, 1947d, p.8）であった。つまり、各国はそれぞれの国内手続きを踏む必要から、GATTの施行が遅れるということであり、それはその間、ジュネーブ関税交渉の結果を実施できないことを意味する。報告書は、ジュネーブ交渉から生じる利益を世界に対して早期に証明して見せることが望ましい（*Ibid.*, p.8）と述べ、第32条挿入の正当性を説明している。

ここでわれわれは6ヵ月間のブランクの持つ意味をさらに深く検討しなければならないであろう。

第7章で分析したジュネーブ関税引下げ交渉において、アメリカがイギリスに対して譲歩した形で交渉を決着させたのは、アメリカの互恵通商協定法更新の期限が差し迫っていたという切羽詰まった状況にあったことを考慮に入れなければならない。アメリカ政権にとって、互恵通商協定法の期限が切れる1948年6月までに、GATTを何らかの形で成立させるとともに、それに基づいた関税譲許交渉の結果を実施に移しておかなければ、議会の情勢如何で、大戦中から努力を傾注し、最終段階に来ていた貿易システム構築が水泡に帰す可能性があった。暫定

第8章　GATT文書類の作成とその発効手続きを巡って

適用条項，祖父権そしてキー・カントリーズによるGATT調印に向けての積極的主導はこうした脈絡で考えることができよう。しかし，各国は，こうした第3草稿をもってしても，GATTの即時施行に難色を示したのである。さらにGATTは書き換えられなければならなかった。次節でわれわれはそのプロセスに焦点を当てることにしよう。

第2節　GATT条文作成の第2プロセス
――関税協定委員会の形成からGATT関連文書の完成と認証に向けて

（1）　関税協定委員会の形成とGATT第3草稿の評価を巡って

①関税協定委員会の形成

　5ヵ国の代表からなる関税交渉に関する作業部会が7月に完成させたGATT第3草稿は，各国代表団長からなる委員長会議（Chairman's Committee）に提示された。委員長会議において，GATT第3草稿の詳細な検討を目的として，すべてのジュネーブ会議参加国による「関税協定委員会（Tariff Agreement Committee）：TAC」の設立が決定された（ECOSOC, 1947k, p. 11）。議長には，関税交渉に関する作業部会と同様に，カナダのウィルグレスが就いた。ウィルグレスは，第1回目の会議の冒頭で，GATT第3草稿の第Ⅰ部と第Ⅲ部に注目し，ITO憲章草案からの抜粋に依拠した第Ⅱ部についてはその後の会議に任せるという方針を説明した（ECOSOC, 1947h, E/PC/T/TAC/SR/1, p. 1；ECOSOC, 1947i, E/PC/T/TAC/PV/1, p. 3）。したがって，関税協定委員会は，8月5日の最初の会議を皮切りに，9月にかけて計28回の会合をもったが，委員会では，GATTの基本原則やGATT全体の構成それに発効に向けての手続きが最初に話し合われることになった。また会議の議事録から，ビルマ，セイロン，南ローデシア，パキスタン以外の19ヵ国の代表が発言を行っていることがわかる。ビルマ，セイロン，南ローデシアは当時イギリスの管轄下にあったが，ECOSOCの史料に従えば，1947年8月1日付の決議で，イギリスを通じて，貿易雇用会議への参加を認める招聘状をそれら諸国に送ることが決定された（ECOSOC, 1947j, p. 71）。こうしたことから，上記4ヵ国が委員会に出席していたかどうかは不明である。

　さて，以下で考察するように，GATT第3草稿は，各国の代表にすんなりと受け入れられたのでなかったことを強調しておく必要があろう。会議の記録は，

多国間通商協定を作り出す困難さを如実に示すものとなっている。GATT第3草稿は，さらなる修正を加えられることになるのである。本項では，GATT第3草稿が受けた変更について，各条項の細かなそれに焦点を当てるというより，GATTを成立に導くために，どのような仕掛けが施されたのかを中心に検討することにしたい。

上述したように関税協定委員会は，28回の会議を開いたが，そのうち最初の6回までは，GATTの構造上の問題点や発効に向けての手続き上の問題について，各国代表の見解が述べられている。われわれはまずこの6回の会議内容と，その会議の論点およびその結果を纏めた2つの報告書（ECOSOC, 1947f；ECOSOC, 1947g）に注目することにしたい。

② GATT第3草稿の修正

1947年8月15日付の関税協定委員会の研究報告書は，GATT第3草稿に関わる問題で，まず解決すべき「根本的な論点（fundamental issues）」について，7つの項目を列挙している（ECOSOC, 1947f）。報告書は，7つの項目について，GATTの各条文の修正に入る前に，ジュネーブ会議参加国の間で合意に達しておかなければならない問題であると述べている（Ibid., p.1）。7つの項目とは，1．経済社会理事会（ECOSOC）へ承認を得るためのGATT提出の可否　2．ジュネーブでGATT調印を行う重要性を巡って　3．GATTおよびITO憲章の調印と批准の暫定的タイムテーブル　4．GATTの暫定適用の実施について　5．GATT第II部の扱いについて　6．ITO憲章の施行がGATTに及ぼす影響　7．ITO憲章履行の義務をGATT文書に明記する必要性についてである（Ibid., pp.2-17）。関税協定委員会での討論は，以上の7項目に沿って進められた。そして7項目についての議論から，暫定的な結論が得られた。1947年9月1日付の関税協定委員会の研究報告書は，その結論について項目ごとに纏めている（ECOSOC, 1947g, pp.1-5）。GATT第4草稿の構成と手続きは，この2つの研究報告書に従って作成された。

われわれは本項において，研究報告書に述べられた7項目の中から，GATT成立の特異性とGATTの本質をよく表していると考える項目を中心に検討を加えたいと考える。それらは，第2項のジュネーブ会議でのGATT調印問題，第4項の暫定適用を巡る問題，第5項のGATT第II部の扱いについて，そして第

7項のITO憲章履行の義務をGATT文書に明記する必要性を巡る論争である。もっとも，以上の項目は，別個のものではなく，互いに関連性を有しており，総体的に把握することを通じて，GATT成立とその本質を理解できる。

　こうした認識に基づいて，以下では，まずはGATTの調印問題に焦点を当てることにしよう。

　2-1　ジュネーブでのGATT調印の必要性とその矛盾――ファイナル・アクトの考案

　そもそも，我が国におけるGATT運用に関する一般的理解は，それがITO憲章成立までをカバーする役割を担う暫定的な存在であったという点であろう。実際アーロンソンやハートがツー・トラック・アプローチと名付けたように，ファースト・トラックとしてのGATT（正確には多国間関税交渉）は，セカンド・トラックの国際貿易機構に吸収されるべきものであった（Aaronson, 1996, pp. 62-63 ; Hart, 1995, p. 36. 前掲図2-1を参照のこと）。しかし，ここでわれわれが提起したいのは，暫定的なる意味を，別の視点で捉えることである。一般的に指摘されるようにITO憲章成立までを扱う暫定協定としてではなく，われわれが本章で分析してきたように，GATT第3草稿に挿入された暫定適用条項は，決してITO憲章成立までをカバーすることを目的として導入されたのではなく，GATTを即時実施に移すためにとられた苦肉の策であったといえる。いわば，史上初の多国間通商協定を成功裏に導くために，アメリカを中心とする関税交渉に関する作業部会の5ヵ国が考案した方式であった。これはITO憲章と直接関係を有するものではない。あくまでGATTを即時何らかの形で実施に導くための手段であったと理解してよい。

　以上のようにわれわれは暫定的なる意味を2つの方向で捉える視角を持つ必要性があると考える。その際，われわれが強調したいのは，第1の視角つまり，GATTがITO憲章までをカバーするという暫定的な性格を，次第に希薄化させていく過程である。すでに分析したように，GATTは，その書き換えを経るに従って，ITO憲章との関連性を弱めていく。換言すれば，ITO憲章から独り立ちして存在できる多国間通商協定としての地位を固めていくのである。われわれはその過程を具体的に検討している途上にある。さてこのように，GATTの存在を捉えれば，ここで考察しなければならないのは，第2の視点，GATT第3

草稿に盛られた第32条「暫定適用」条項の存在であろう。すでに触れたが，GATT の暫定適用とは，関税交渉に関する作業部会5カ国を中心とするキー・カントリーズが先行して，とりあえず，GATT を受諾することなく，実施するというものであった（詳しい検討については次項で行う）。しかし，図8-1にも示したとおり，GATT 第3草稿には，「調印に関する議定書」（その邦訳については268ページ参照）が存在し，そこでは GATT の調印について謳われていたのである。もっとも，その調印をいつどこで行うかについては明記されていなかった。

しかし，関税協定委員会議長ウィルグレスの配布した上述の研究報告書には，第2項においてジュネーブ会議終了時に GATT を調印することの重要性について述べられていた（ECOSOC, 1947f, pp. 2-5）。つまり，ジュネーブ会議が終結次第，キー・カントリーズは暫定適用によって GATT を即時実施するとともに，すべての締約国は GATT に調印することによって，国内において GATT 受諾（批准）に向けての手続きを行うことを約束するというシナリオが描かれていたのである。ちなみにこのシナリオの詳細については，関税協定委員会の報告書の第3項「暫定的タイムテーブル」において，GATT の施行（効力発生）までの道筋が記されている。注(5)の表 A に示したように，まずジュネーブ会議において GATT に調印し，それから1948年4～6月に批准（受諾）し，施行に移すというタイムテーブルが準備されていたのである。暫定適用はとりあえずの措置であり，暫定適用と並行して調印手続きをとり，批准行為を経て正式に GATT を発足させる手順が想定されていたのである。こうした考えは，修正を加えられつつ，第4草稿にも受け継がれていくのである（修正されたタイムテーブルについては注(5)の表 B を参照のこと）。なお，GATT の施行と ITO 憲章の批准についての日程は明記されているが，GATT と ITO 憲章の相互の関係，すなわちツー・トラック・アプローチで示されたファースト・トラックのセカンド・トラックへの合流についての日程については何も示されていない点にも注目しておく必要があろう。

これに対してオーストラリア代表のクームズは，調印をジュネーブで行うことに反対した。オーストラリア代表団は，GATT は，オーストラリア政府の支持を受けておらず，従ってジュネーブにおいて GATT に調印できないと主張したのであった。この見解に対してブラジル，インド，ニュージーランドが同調した（ECOSOC, 1947i, E/PC/T/TAC/PV/4, p. 7）。こうした調印に対する反対論が出る

中で，ウィルグレス議長は，法律顧問との協議の上で，調印とは，当該政府がGATT テキストの「正統性（authenticity）」に合意するだけであって，正式に調印することを意味するものではないと回答した（ECOSOC, 1947f, pp. 4-5：傍点は筆者）。

　ファイナル・アクトの考えはこうした遣り取りの中から生まれたものである。それは，ジュネーブでの調印に躊躇する諸国（関税交渉に関する作業部会のメンバー以外）と調印にこぎ着けようとする国（アメリカ）の妥協の産物であったといえる。ファイナル・アクトの提案は，オーストラリアのクームズによって行われた。彼の説明によれば，ファイナル・アクトとは「実際行われたことを簡潔に記録し，認証されたテキストを添付した文書」に各国代表団が調印すること（ECOSOC, 1947i, E/PC/T/TAC/PV4, 1947 p. 12）である。

　ここで初めてGATT を「認証する（authenticate）」という用語が使用されるのである。それでは認証とはいったい何なのか？　前述した関税協定委員会の研究報告書（ECOSOC, 1947f）をベースに，関税協定委員会が検討した結果を述べた報告書は次のように述べている。「GATT テキストをジュネーブで認証（authentication）すること。実際行われたことを簡潔に報告し，GATT の完全テキストを添付したファイナル・アクトが存在すべきである。ファイナル・アクトは，公式文書であり，各国代表団がGATT テキストを認証することだけを目的としている。各国代表は，検討のためにGATT をそれぞれの政府に提出することになろう。いったんファイナル・アクトに調印すれば，規定や関税譲許表に関するそのテキストの修正は不可能となる」（ECOSOC, 1947g, p. 1）。この文書が示すとおり，認証とは，ジュネーブに集まった各国の代表団がGATT 文書を承認するという行為であり，政府が直接コミットするものではない。この点で認証という行為は調印以前の段階にあることを意味すると解することができよう。[6]

　ファイナル・アクトの挿入は，GATT に対して留保を申し出た中核国諸国が如何に多数いたかを示す証拠といえよう。そこでGATT の即時調印を目指すアメリカは，暫定適用条項に対する修正案を提出することになるのである。

　2-2　暫定適用条項から暫定適用に関する議定書へ——キー・カントリーズ先行論

　関税協定委員会においてGATT 第3草稿を提示された中核国諸国は，暫定適

用条項に注目した。口火を切ったのはオーストラリア代表のクームズであった。彼は，暫定適用条項の挿入を「巧妙な思いつき」と評価した（ECOSOC, 1947h, E/PC/TAC/SR/1, p. 1）。その上で，暫定的な施行にせよ，オーストラリアでは，議会での事前の協議なしに，実施できるかどうか疑わしいと述べた（Ibid., p. 2）。その他の代表（チェコ，ブラジル，ノルウェー，中国）も同様の意見を述べている（Ibid., pp. 2-5）。また関税交渉に関する作業部会のメンバーとしてアメリカとともにGATT第3草稿の作成に関わったイギリスですら，暫定的であっても，GATTを直ぐに発効させること（GATT第3草稿では11月1日となっていた）は不可能であり，ジュネーブでの調印はその発効について明確な約束を伴わない形で行うべきあると考えていた（International Conference on Trade and Employment: Havana [2-a], p. 3）。アメリカ団長のクレイトン国務次官は，イギリス外務省がこうした見解をとったのは，極端なドル不足に見舞われ，GATTの発効を明確に約束できる状況にないからであると説明している。そしてジュネーブにいたウィルコクス次席代表に対して，その他の諸国も同じような留保を行うであろうと述べている（Ibid., p. 3）。クレイトンが述べたとおり，オーストラリア代表のクームズも，ジュネーブでのGATT自体への調印の意思がないことを明確にしている（ECOSOC, 1947i, P/EC/T/TAC/PV/5, p. 33）。われわれは，こうしたイギリスを始めとする中核国諸国の考えが，最終的にGATT本体に対する調印ではなく，ファイナル・アクトと暫定適用に関する議定書への調印という新たな手続きを導くことになったと理解している。

　ところで，アメリカにとってGATTの発効が大幅に遅れることになるという危険性は，同時に行われていたジュネーブ関税交渉が各国，特にイギリスの抵抗によって決裂の淵まで追い込まれていたこととも大きな関連性を持っていた。アメリカの求める，より自由で無差別な貿易体制の設立に対して，中核国グループは明らかに消極的な反応を示していたといえる。こうした状況の中，すでに第7章で分析したように，アメリカはジュネーブ関税交渉においてイギリスに譲歩した形で交渉を決着させた。これをトイやジラーはイギリスの勝利と結論付け（Toye, 2003; Zeiler, 1997），アメリカのヘゲモニーに疑問を呈していた。しかし，われわれはこれをアメリカの世界経済戦略の一環として理解しなければならない。世界が東西冷戦という新たな段階に入る中，ヨーロッパ諸国が経済危機に呻吟す

第8章　GATT 文書類の作成とその発効手続きを巡って

る状態にあって，アメリカ（国務省）の貿易理念である自由・無差別貿易体制を即時受け入れることのできる諸国はなかったといえよう。アメリカはジュネーブ関税交渉においてほとんど英帝国特恵関税制度について無傷のままでの温存を許し，他方，西ヨーロッパ諸国に対しても，GATT 原則と一見矛盾する関税同盟の形成を促し，もって西ヨーロッパの復興を援助しようとしていた。こうしてアメリカの掲げる自由・無差別原則は，新たな時代の到来の中で，修正を余儀なくされ，西欧先進国が共有できる理念，それをラギー（Ruggie, J. G.）の言葉を借りていえば「エンベデッド・リベラリズム」へと変貌，修正されていくのである（エンベデッド・リベラリズムの概念については第 6 章の第 1 節(2)項を参照のこと）。

　アメリカは，兎も角も GATT 交渉を失敗に終わらせることはできなかった。世界情勢がそれを許さない状況にあったからである。どうしてもアメリカはジュネーブで GATT に調印し，間髪をいれず実行（その形はアメリカの構想していたものでないにしろ）に移さなければならなかった。アメリカ代表団のブラウン（Brown, W. G.）は，あくまでもジュネーブでの GATT 調印に固執した。既に述べたように，アメリカにとって1948年 6 月の互恵通商協定法の更新までには，GATT を形ある協定として施行に移すことが戦後の世界貿易体制の確立に向けて必要不可欠な作業であった。ブラウンは，できるだけ多くの国が GATT に調印し，その他の諸国も11月中にそれに追随すべきであると述べている（ECOSOC, 1947h, E/PC/T/TAC/SR/1, pp. 5-6）。

　ところで暫定適用とは正確に何を意味するものなのか？　その用語自体に各国代表団は戸惑った。関税協定委員会の研究報告書は，第32条「暫定適用」に関連して，前述した GATT に対する調印について，当該政府が GATT テキストの「認証（authentication）」に合意するだけであって，当該政府が正式に調印することを意味するものではないという理解を示した上で，暫定適用条項の第 1 パラグラフ（271ページ参照）に明記された諸国だけが，GATT の暫定適用を約束すると説明した（ECOSOC, 1947f, pp. 3-5）。それらの諸国とは，アメリカ，イギリス，フランス，オランダ，カナダ（以上は関税交渉に関する作業部会の構成国）を中心とし，ベルギーとルクセンブルクを加えた計 7 カ国であった。

　こうした中で，アメリカは，その他の中核国に先立って，一定の期日までに GATT を暫定的に施行する十分な貿易規模を誇るいくつかの諸国，「いわゆるキ

281

ー・カントリーズ (the so-called "key" countries)」を，任命すべきであると貿易雇用準備委員会に提案している (ECOSOC, 1947h, E/PC/T/TAC/SR/4, p.5)。いわゆるキー・カントリーズ先行論である。キー・カントリーズとは，第32条「暫定適用」条項の第1パラグラフに，国名が明記された7カ国（271ページ参照）と，後に暫定適用の承認をジュネーブ会議終了時点では免除されるという譲歩を獲得して暫定適用条項を追認したオーストラリアの8カ国であり，これら諸国は，後述する「暫定適用に関する議定書」に名前を記載されることになった。前述の関税協定委員会の議論の結果を纏めた報告書によれば，キー・カントリーズに対してGATTの暫定適用は1948年1月1日より施行され（これはイギリスの延期要請に応えたものである），その国名は，議定書に記載されるとしている (ECOSOC, 1947g, pp.1-2)。ちなみにこれら8カ国の貿易額の合計が，GATT締約国全体の貿易総額に占める比率は，82.2%に達している。またアメリカが25.4%，イギリスが25.9%と英米両国だけで50%以上を占める形となっている（第7章の表7-1参照）。米英の圧倒的な貿易比率の高さは，この両国がGATT施行の鍵を握る立場にあることを示すものである。この点については後述することにする。

　他方，残りの中核国諸国は，暫定適用は不可能であるとの解答を行い (ECOSOC, 1947f, pp.7-9)，またその態度を明らかにしない諸国もあった (ECOSOC, 1947g, p.3)。最低限の条件として，キー・カントリーズが暫定適用条項（後には議定書として独立）に合意しなければ，GATTは実施すべきではないと関税協定委員会（TAC）の報告書は述べている (*Ibid.*, p.2)。まさに，この条件は辛うじてクリアしたものの，アメリカの望むGATTの即時発効は，祖父権や暫定適用条項を加味しても，困難な状況にあったといえよう。

　そこでGATT発効のためにさらに手の込んだ手続きが施されたのである。それは2つの手段が用いられた。ひとつはすでに述べたファイナル・アクトの追加であった。これによってすべての締約国がジュネーブ会議でGATTテキストを認証する。第2に，第32条「暫定適用」条項をGATT本文から独立させ，議定書として作成し直した。いわゆる「暫定適用に関する議定書（Protocol of Provisional Application)」をGATT本体から切り離し，ジュネーブにて調印（承認）することが8月27日に開催された第5回関税協定委員会会議でアメリカのレディ (Leddy, J. M.) によって提案され (ECOSOC, 1947h, E/PC/T/TAC/SR/5, pp.6-7 :

第8章　GATT文書類の作成とその発効手続きを巡って

この段階で「調印に関する議定書」も存在），その原案（ECOSOC, 1947u, pp.3-4）が関税協定委員会に提出された。提案の意図は，「暫定適用に関する議定書」と「調印に関する議定書」への調印を組み合わせることによって，ジュネーブにおいてGATTの暫定的実施と本格的な実施を行う意思のある諸国を明確にすることにあった。当然，こうしたアメリカの目論見に対しては，GATTの調印とその暫定適用の関係の不明確さに疑問を呈する諸国が出てくるが，このことについては後に論じることにしよう。

　ジュネーブでのGATT本体への調印について中核国諸国が難色を示している状況にあって，まずキー・カントリーズが暫定適用に関する議定書と調印に関する議定書に調印することで，その他諸国を先導し，最終的にはGATTの施行へ至らしめるという道筋が立てられたと理解できる。

　ここで指摘しておかなければならない点は，GATTをジュネーブにて即時実施に移そうとするアメリカの思惑から，GATT関連文書が複雑な構成になってきたことであろう。すなわち，次項で検討するGATT第4草稿は，図8-1に示した通り，GATT本体以外に，ファイナル・アクト，調印に関する議定書，暫定適用に関する議定書それにGATTに対する議定書が添付され，ファイナル・アクト，議定書類そしてGATT本体との関連性は非常に難解なものとなった。GATT文書は再び書き換えられなければならなかった。

　さて，GATT第4草稿とGATT完成文書類の分析に入るまえに，われわれは，第5回関税委員会の後半と8月28日に開催された第6回関税協定委員会において論議の的となったGATTとりわけその第II部とITO憲章との関連について，検討する必要がある。というのも，GATTの本質に関する議論が中核国間で展開されていると考えるからである。

2-3　GATT第II部に対する疑問と批判を巡って——キー・カントリーズ vs.
　　　その他の中核国

　第5，6回の関税協定委員会において，多くの中核国が疑問としたのは，GATT第II部の存在であった。GATT第II部は，第3草稿において，GATT32条構成のうち，第3条〜21条をカバーし，GATTの中核部分であるとともに，そのすべてがITO憲章草案から抜粋されたものであった（第3草稿，第4草稿，完成案の比較については表8-3を参照のこと）。関税協定委員会は，暫定適

用に関する議定書とファイナル・アクトの作成について一応の合意が得られた後，GATT 第II部について各国はどのように対応すべきかの意見を述べた。というのも，上述したように GATT 第3草稿を受入れることのできる諸国は，関税交渉に関する作業部会に属する5カ国を中心とする少数の国に過ぎなかった。しかも，関税交渉に関する作業部会に属する諸国でも，フランスとイギリスは原則として第II部を受け入れたのであって，アメリカおよびカナダのように全面的に賛成したのではないことが委員会における証言より明らかとなる（ECOSOC, 1947i, E/PC/T/TAC/PV/6, p. 15)。つまり，GATT 第3草稿を積極的に進めたのはアメリカそしてカナダだけであり，賛成に回ったイギリス，フランスも消極的賛成であったのである。

ここで GATT 第3草稿に対する各国の反応を見ることにしよう。チェコ，オーストラリア，南アフリカ，ノルウェーの代表は，第5回会議において，GATT 第II部の削除を主張している。また第6回会議において，中国，インドの代表も第II部の削除に賛成した（ECOSOC, 1947i, E/PC/T/TAC/PV/6, p. 18, pp. 26-27)。ニュージーランド代表は，II部に挿入する条文について関税譲許を保護するに必要な最小限度に留めることを主張し（*Ibid.*, p. 17)，第II部に基本的に賛成しているベルギーそしてオランダもそのままの形で第II部を受入れることは困難であり，第II部にどのような条文を入れるか改めて注意深く研究する必要性について述べている（*Ibid.*, pp. 21-26)。

とりわけ，オーストラリア代表のクームズは，GATT の規定に満足してしまい ITO 憲章成立まで交渉を進める意欲を失う国が出てくることを懸念した。オーストラリアはこれまでの分析から明らかなように，とくに ITO 憲章の経済開発条項や雇用条項に強い関心をもっていた（第4章の第2節(2)項を参照のこと）。従って ITO 憲章の一部である通商政策だけが GATT 第II部という形で先に合意を見てしまうと ITO 憲章作成の推進力が削がれてしまうことを懸念したのである。彼は GATT 交渉において必要なことは，ITO 憲章の精神を遵守する約束を交わすことであると述べている（ECOSOC, 1947h, E/PC/T/TAC/SR/5, p. 10)。こうした批判がアメリカに向けられたものであることは容易に察しがつく。事実，アメリカ代表のブラウン（Brown, W. G.）は，ITO 憲章の作成に向けてのアメリカの奮闘と力のこもった説得を見れば，アメリカが意図的に ITO を消滅させよ

うとしているのではないことにすべての代表団は気づくであろうと反論している（ECOSOC, 1947i, E/PC/T/TAC/PV/6, p. 10）。しかし，アメリカ代表団の努力はどうであれ，結果的にはクームズの主張のほうが正しかったのである。彼はすでに第 2 回目の関税協定委員会で，GATT 条文が ITO 憲章の不成立を見越して作成されたものでないかと質問していたが（ECOSOC, 1947i, E/PC/T/TAC/PV/2, p. 22），後に彼の懸念は現実となってしまうのである。

　さらにアメリカは，中核国諸国が懸念していた GATT と ITO 憲章の通商政策に関する規定がダブルスタンダードとなる可能性についても，そのようなケースが生じないように規定が作られているとしながらも（第 3 草稿の第27条「改正」では，第 II 部について 3 分の 2 以上の締約国が賛成した場合，ITO 憲章が調印された日またはそれ以後に，憲章の諸規定が GATT の当該諸規定に取って代わるとしている〔ECOSOC, 1947d, p.61〕），その可能性が現実とならないことを望むと述べ，ダブルスタンダードについて否定しなかったのである（ECOSOC, 1947i, E/PC/T/TAC/PV/6, p. 31）。この点に関しては第 9 章で分析する。

　以上のように，GATT 第 II 部を巡る中核国の意見を集約して，議長のウィルグレスは次のように纏めている。「大多数は第 II 部の挿入に反対している。しかし，世界貿易に相当な割合を占める数ヵ国は，第 II 部にある程度の条文を入れることを非常に重要であると考えている。すでに数ヵ国の代表は第 II 部のいくつかの条文を削除できると主張している」（ECOSOC, 1947h, E/PC/T/TAC/SR/6, p. 4）。つまり，オーストラリアを除くキー・カントリーズが第 II 部の挿入に賛成し，その他の中核国は第 II 部の条文自体に反対という構図が見えてきたのである。しかも，以上の分析から，無条件での賛成はアメリカとカナダの 2 カ国に過ぎないことも明らかとなった。GATT 第 II 部の条文に賛成したのは少数の国に過ぎなかったのである。

　しかし，推進派であるカナダの議長のウィルグレスは，上記のような論評を加えつつも，議論を先に進め，第 II 部の各条文を検討し，どの条文を残し，または削除するか検討する方針を示した。これに対して，チリ代表は，こうした議事進行に次のような異議を唱えた。GATT を条文ごとに検討することは，すでに原則的に GATT を受け入れたことを前提としている。しかし，まだ議論はそこまで進展しておらず，様々な選択肢が示されている状態である。どの選択肢（第 II

部の削除，いくつかの条文の削除，締約国にとって受諾の強制とはならない文書の作成など）を選ぶのかをまず決定する必要があると（ECOSOC, 1947i, E/PC/T/TAC/PV/6, pp. 32-33)[9]。

（2） GATT 第4草稿から GATT 完成案（オリジナル文書）へ

①GATT 第4草稿を巡る論争――調印に関する議定書の削除

1-1　第4草稿における GATT 施行に向けての手続き

　GATT 第2草稿以降の GATT 関連文書作成プロセスを纏めたものが前掲図8-1である。図に示したように，第2草稿では GATT は本体だけであったが，その骨格が出来上がる第3草稿において，本体と調印に関する議定書に分化する。われわれはこの分化を ITO 憲章からの GATT の自立過程と捉えたのである。さらに第4草稿において GATT 文書は，本体，3つの議定書，ファイナル・アクトから構成されるようになる。そして最終的には，本体，ファイナル・アクト，暫定適用に関する議定書という形に落ち着くのである。図から明らかなように，第3草稿以降，GATT 関連文書は短期間のうちに2回の大きな修正を受けていることが分かる。本項では，このような変更が行われた経緯とその理由について検討する。

　繰り返すが，GATT 第3草稿に対する関税委員会での議論の帰結は，アメリカとカナダ，それ以外のキー・カントリーズ，その他の中核国諸国の見解の相違を埋めるために，GATT 文書にいくつかの工夫が施されたことであった。こうして第3草稿は修正され，新たに第4草稿として書き換えられた。第4草稿において GATT 承認に向けて新たな手続きが示されるのであるが，各国の思惑の違いから，GATT 文書は5つに膨れ上がり（図8-1参照），互いの関連性が不明確となった。そこで関税協定委員会は，ウィルグレス議長に対して，それらの関係を明確に説明した文書を用意するように求めたのである（ECOSOC, 1947r, p. 1)。この要求に対してウィルグレスは，その手順を示した文書を作成し（*Ibid.*, pp. 1-2)，5つの GATT 関連文書である GATT 本体，「ファイナル・アクト」，「暫定適用に関する議定書」，「調印に関する議定書」それに「GATT に対する議定書」の関係とその手続きを明らかにした。なお，これまで説明を差し控えてきた「GATT に対する議定書」とは，敗戦国（日本，ドイツそして朝鮮）の扱い，いう

第**8**章　GATT文書類の作成とその発効手続きを巡って

なればこれら占領地域をできるだけ早くGATTやITOに引き入れることを目的とした議定書であった（議定書の内容についてはECOSOC, 1947l, p. 82を参照）。この議定書がアメリカの提案によって挿入されたこと，そしてGATT完成案から削除されたことについては後のGATT第35条「特定締約国間における協定の不適用」いわゆる対日条項を考える上で何らかのヒントを与えてくれているように思える。しかし，本章においては「GATTに対する議定書」の分析については措くことにする（敗戦国の扱いについては第9章で論じる）。

　それでは，第4草稿におけるGATT関連文書の相互の関連をどのように理解すればよいのか？　ウィルグレスは次のように説明している。

　すべての締約国の団長（つまりジュネーブ交渉に参加した中核国グループを中心とする23カ国）はファイナル・アクトへの調印を通じてGATT本文とそれに付随する議定書（暫定適用に関する議定書を除く）について10月前半に認証（Authentication）。一方，キー・カントリーズは11月15日までに暫定適用に関する議定書に調印。それと同時またはそれ以前に，GATT本体と付随する議定書に調印することが暫定適用に関する議定書に調印した締約国（キー・カントリーズ）には求められる。GATTへの調印については，前述したように，調印に関する議定書で規定されてはいるものの，その調印の時期に関しては明記されていたわけではなかった。したがって，その日付を明確にすべきであると述べている。ウィルグレスの説明では，GATTとその付属議定書類に対する調印を1947年10月前半から1948年6月末日までに行う。さらに調印後の受諾については，受諾文書を（国連の事務総長に）寄託することによって，GATTは効力を発することになるが，受諾文書を寄託した締約国の対外貿易額の総計が一定以上に達したときにGATTは協定を受諾している締約国間で効力を発することになる（ECOSOC, 1947r, pp. 1-2）。このようにGATT施行に向けての手続きは，重複する時期があるとはいえ，次の順序で行われることになる。ファイナル・アクトへの調印──暫定適用に関する議定書への調印──→GATT本体および議定書書類への調印（調印の期間はファイナル・アクトの調印時から1948年6月末日まで）──→受諾国の対外貿易額が一定以上に達した段階でGATTは効力発生。こうしたGATT施行に向けての手順は，すでに示した9月1日付のそれ（注(5)の表B）と，時期的に遅れがみられること，GATT施行の時期を明確にしていない点は措くとして

も，ほぼ同じ手続きを踏んでいるといえる。

ウィルグレスは，GATT 施行の時期について，締約国の貿易総額が一定以上になった場合と記しているが，その数値は85％以上であった。この規定は第3草稿の第24条「効力発生」(ECOSOC, 1947d, p. 60)，第4草稿の第26条「調印，効力発生および登録」に示され (ECOSOC, 1947l, p. 56)，完成案の第26条「受諾，効力発生および登録」においても明記された (ECOSOC, 1947m, p. 59)。なぜ85％以上となったのかの理由は，管見する限り，見出すことはできなかった。アメリカ公文書館の未公刊史料によれば，アメリカ1国だけで GATT 締約国の総貿易に占める比率は25％以上に達するので，GATT 施行に対する事実上の拒否権を有していると述べている (Havana Round of the General Agreement on Tariffs and Trade, U. S. Delegation [3-a])。ちなみに1国だけで15％以上を占める諸国は米英2カ国しかない（各締約国の貿易比率については，第7章の表7-1を参照のこと）。このことから，米英両国が GATT 施行のカギを握っていた事実の一端を垣間見ることができる。

ところで，9月13日付けの ECOSOC 文書では，GATT への調印は1947年10月前半（ジュネーブ会議終了予定日）から1948年6月末日（互恵通商協定法更新の期限）の間に行われるとされていた (ECOSOC, 1947r, p. 1)。その原案は8月27日にアメリカによって提示され，調印の最終期限は貿易雇用会議（ハバナ会議）終了後1カ月以内とされていた (ECOSOC, 1947i, E/PC/T/TAC/PV/5, p. 39)。1947年8月末時点で，ハバナ会議は48年1月までに終了すると想定されていたので，GATT の調印は2月末となる (ECOSOC, 1947g, p. 3；注(5)の表 B も参照)。しかし，第4草稿発表時には1948年6月末日という互恵通商協定法の更新期限日までということになったのである。いずれにせよ，アメリカは，互恵通商協定法の期限が迫りくる中で，他の中核国に対して GATT への調印を促したといえる。GATT は調印そして受諾を通じて実際に施行することが予定されていたのであり，この意味からも ITO 憲章までの繋ぎという GATT の過渡的な性格を強調する一般的見解は一面的といえるであろう。

1-2 調印に関する議定書を巡る論争

しかし，ファイナル・アクトと調印はどのように異なるのか？ また調印に関する議定書に調印することは如何なる意味をもつことになるのか？ 第4草稿の

第8章 GATT文書類の作成とその発効手続きを巡って

構成を巡る論争はこの点に集中した。

オーストラリアのクームズは，GATT調印の必要性について次のような質問をウィルグレス議長に投げかけた。「われわれはジュネーブ会議をファイナル・アクトの調印をもって終了し，GATTテキストを認証する。私の理解では，暫定適用に関する議定書に調印し，認証されたGATTテキストに含まれるGATTの諸規定を暫定的に施行に移し，その後で，GATTを本格的に施行することになる。ところで，これ以上必要なものは何なのか，私には思い当たらない」(ECOSOC, 1947i, E/PC/T/TAC/PV/20, p. 3)。それに対してアメリカのレディは，「GATTの調印は如何なる国を拘束するものではないが，その調印はその国の議会に対してGATTを提出するというモラル上の義務を意味する。GATTの調印は最高の権限（the full powers）をもつことになろう」(*Ibid.*, p. 4) と述べている。

オーストラリア見解では，GATTへの調印とは，当該政府が責任を持ってGATTを議会に提出することを意味する。アメリカのいう「モラル上の義務」とは当該政府の責任行為である。従って，GATT条文の中に好ましくない条項が存在する以上，オーストラリアはGATTに調印できない。少なくとも，ITO憲章が最終的に決定を見るまで，暫定適用に留めるべきである（*Ibid.*, pp. 10-11）。要するに，この発言は，当面，ファイナル・アクトと暫定適用に関する議定書への調印を超えてオーストラリア政府が進む意思のないことを意味した。

それに対してアメリカ見解は，GATTへの調印とは，特定の時点において議会にGATTを提出することを各国政府に義務づけるものではないが，各政府は調印を全面的に支持，満足していることを意味する（*Ibid.*, p. 12）。暫定適用を行う政府，つまりキー・カントリーズは同時に調印を行うべきである。暫定協定に調印できて，GATT調印が不可能であるとは考えられない。もっとも，暫定協定に調印して，GATTへの調印を控えることは可能である。調印には，1948年6月までの猶予があるのだから，ITO憲章の中味が確定するまで待つこともできる。しかし，上述のようにキー・カントリーズにはGATTへの調印をジュネーブ会議終了時に行うことが要求される（事実，ウィルグレス議長の説明もその方向性を示唆していた）。

両国にとって以上のように調印に対する解釈は異なる。こうした解釈の相違は，アメリカが調印という行為を通じてできるだけ速やかにかつより確実にGATT

を施行の方向に導こうとしたのに対し，オーストラリアがジュネーブ会議の段階でGATTの正式承認を躊躇したことに求めることができよう。またこれまでの関税協定委員会の議論から，オーストラリア見解の方が多数派を形成していたと考えるのは当然であろう。こうした中，オーストラリアとアメリカの調印に関する議定書を巡る論争は決着がつかず，ウィルグレス議長はこの問題に関して特別委員会の形成を提言し，アメリカ，イギリス，フランス，ブラジル，ノルウェー，オーストラリアの6カ国をそのメンバーに指名したのである（Ibid., pp. 15-16)。

特別委員会の出した結論は，アメリカの意向に反するものであった。すなわち，GATTは受諾に向けての手続きを踏んでおり，またファイナル・アクトの調印によって認証を受けるので，GATT調印の必要性は存在しない（ECOSOC, 1947s, p. 1)。要するに調印に関する議定書の削除を勧告したのである。GATTは調印なしで，施行に向けての手続きがとられなければならなくなった。同じく重要なことは，議定書に述べられていたITO憲章成立までの憲章の諸原則遵守という義務が，タイトルを変更された第29条「本協定とITO憲章との関係」の第1パラグラフに移し替えられたのである。後者については項を改めて述べることにし，ここでは前者の決定に焦点を当てよう。

調印に関する議定書を削除するということは，第4草稿時に設定されていた調印の期限1948年6月末日が無期限に延期されるということである。GATT調印の期限が消え，それに従って施行の時期もいっそう曖昧となった。アメリカが主導し，キー・カントリーズ（とくに関税交渉に関する作業部会5カ国）が進めようとしたGATT施行に向けての手続きは，こうして否定されたのである。

このような特別委員会の出した決定に対して，アメリカ代表団のレディは，関税協定委員会の第22回会議において，GATTの調印に関する議定書が削除されたことは非常に不本意であると個人的な感想を漏らした（ECOSOC, 1947i, E/PC/T/TAC/PV/22, pp. 30-31：レディの発言はECOSOC, 1947tに再録されている)。しかし彼は，暫定適用を行おうとしている締約国の中にも，GATTへの調印を不可能であると考えている「国（some of the countries)」が存在する状況のもとでは，調印に関する議定書を削除することが賢明なやり方であるとアメリカが結論付けていると述べている（ECOSOC, 1947t, p. 1)。このようなレディの発言から，具体的な国名は不明であるが，キー・カントリーズのうちいくつかの諸国が

GATT の調印に反対していたことが見て取れるのである。キー・カントリーズはアメリカの主導する GATT に表面的には賛意を表明しつつも，必ずしもアメリカに従うものではなかったことが理解できる。こうしてアメリカの GATT 施行に受けての手続き計画は頓挫したのである。

　しからば，それに替わるべき具体的な手続きの手順をアメリカはどのように考えたのであろうか。レディの発言を追うことにしよう。GATT の施行は，ハバナ会議において，特に ITO 憲章の GATT 第 II 部との重複条文について最終的な調整が行われ，GATT 条文が ITO 憲章の関連条文に代替されるか，双方の修正という形で一致を見るまで，実施されない。言い換えれば，アメリカ政府はそれまで受諾を求めて議会への GATT の提出を見送るということをレディは述べている〔具体的には1948年の中頃まではそうした行動をとらない〔ECOSOC, 1947i, E/PC/T/TAC/PV/20, p. 12〕〕。GATT 条文（第 II 部）が ITO 憲章の当該条文と一致した段階で，アメリカは受諾に向けての手続きをとることになる。それまでは，暫定適用を援用することで，GATT を運用することになる。この手続きに従えば，どの締約国（暫定適用に合意した締約国）も GATT 規定を柔軟に適用できるのであり，従って祖父権条項に従って自由に GATT の各条文に留保（reservation）が可能となる。調印という行為に縛られることで，GATT への留保を決めていた締約国も，キー・カントリーズに倣って，GATT の暫定適用を援用し，GATT への参加を促すことになろう。

　しかし，ここで注意しておかなければならない点は，アメリカ政府はこの段階において，自ら GATT を受諾し，その施行を意図していたという点である。ITO 憲章とは切り離して，GATT の施行を展望していたのである。暫定協定 GATT は，ITO 憲章の調印後，正式に受諾される手筈になっていた。もっともその時期は，85％以上を占める締約国が受諾した場合という表現で，明確にされなかったのである。ジュネーブ会議の段階で GATT が ITO に包摂・吸収されることになるという具体的な表現は，管見する限り，見出すことはできなかった。早期の段階では，ツー・トラック・アプローチはそれを想定するものであったが，計画が現実味を帯びる中で，GATT 締約国が必ずしも ITO 憲章を調印・受諾するとは限らないし，ITO 憲章の調印についても不透明さが増していた。事実，われわれがすでに明らかにしたようにイギリスは，ジュネーブ会議と並行して，

秘密裏にITO憲章不成立を想定した対外経済政策を研究し始めていたし（第5章の第1節(2)項②，140ページ参照），アメリカのGATT条文作成とその施行に対する異常なる熱意から，オーストラリアはITO憲章へのアメリカの関心が失せているのではないかという懸念を表明していた（本章，第2節(1)項②，284〜285ページ参照）。こうした中，GATTとITO憲章の関係が希薄化していったといえよう。

さらにレディが，GATTの暫定適用について次のように述べていることにも注目すべきである。暫定適用に関する議定書への調印は，その政府に約束させることであり，それはGATTの受諾と同等である（ECOSOC, 1947i, E/PC/T/TAC/PV/22, p. 33）。アメリカは，GATTへの調印なしでも，当面は暫定適用に関する議定書への調印でもって事足りると考えていたのである。もちろん，アメリカ国務省はGATTの施行を進めようとし，自らも受諾のために議会への提出を模索しているのではあるが，この点については次項で述べることにしよう。

いずれにせよ，ジュネーブ会議終了時における少なくともキー・カントリーズの間でのGATTの調印は否定され，また調印自体も消え去り，アメリカは受諾行為を1948年中頃まで行わないと明言した。GATTの正式発効の時期はこうして延期されていったのである。繰り返すが，GATTへの調印行為が消滅したとはいえ，この段階でアメリカ政府はGATTを正式に発効させるつもりでいたのであり，決して暫定適用に留めようとしたのではない。またITO憲章成立までの繋ぎという存在にGATTを位置付ける姿勢は明らかに後退していたと見ることができる。いわゆるツー・トラック・アプローチの当初の目的であるファースト・トラックのセカンド・トラックへの合流という道筋は，セカンド・トラックの見通しが曖昧で確定しない中，ファースト・トラックの自立化の方向性が模索されていたと見ることができよう。

アメリカが，キー・カントリーズを巻き込んで，あくまでもジュネーブにおいてGATT調印に固執した理由は，互恵通商協定法更新の時期が迫っていたという切羽詰った状況を所与のものとして，関税引下げ交渉の結果にとどまらず多国間通商協定を形あるものとして作り上げることがその確固たる目的として存在していたからである。アメリカは各国とりわけキー・カントリーズ以外の諸国の反対にあってGATTの即時調印という合意を得ることには失敗した。しかし，第1に，ファイナル・アクトによって全締約国からGATT文書に対する認証を得

第**8**章　GATT 文書類の作成とその発効手続きを巡って

るとともに，第2に暫定適用という巧妙な手段を通じて，キー・カントリーズ間でのGATTの事実上の発効手続きには合意を得たのである。次に考察すべきは，GATT完成案（オリジナル文書）においてGATTとITO憲章との関係が如何に捉えられているかである。換言すれば，GATTの自立過程の最終局面を明らかにすることである。

②GATT オリジナル文書の完成

2-1　ファイナル・アクトへの加筆と第29条「本協定とITO憲章との関係」の挿入

まず，ファイナル・アクトの検討から始めることにしよう。ファイナル・アクトは，9月1日付けの最初の草案（ECOSOC, 1947p）が関税協定委員会に提出されて以来，委員会での議論をもとに何回か修正を受け，最終的な文書内容が確定した（ECOSOC, 1947o）。すでに述べたように，ファイナル・アクトの主眼は，GATT文書への認証をすべての締約国から取り付けることにあった。しかし，検討の過程で，GATTの認証を行うことによってITO憲章に対する留保の自由を侵害することがないよう，保障を求める諸国が現れた（ECOSOC, 1947q, p. 1）。彼らは，GATTのファイナル・アクト，暫定適用に関する議定書そして調印に関する議定書（この段階でまだ調印の議定書は存在）に調印した締約国が，ITO憲章に対する同意も求められることを危惧したと思われる。結果としてファイナル・アクトの最終草案には次のような一文が挿入されることになった。すなわち「上記の政府は，ファイナル・アクトまたは暫定適用に関する議定書への調印によって，如何なる点においても，国連貿易雇用会議におけるそれら政府の行動の自由を妨げられるものではない」（ECOSOC, 1947o, p. 2）。上記の政府とはジュネーブ関税交渉に参加した23カ国のことであるが，この文面から明らかなように，ファイナル・アクト（暫定適用に関する議定書を含めて）に調印した締約国は，ハバナ会議において，ITO憲章に対する行動の自由を保障されたのである。（ファイナル・アクトであれ，暫定適用に関する議定書であれ）GATTを認めた締約国は，ITO憲章を拒否できる権利を明確化されたといえる。これまでわれわれが主張してきたように，GATTとITO憲章の関係は，この一文の挿入によってさらに希薄化したといえよう。

さて，こうした視角からGATTとITO憲章の関係を考察している以上，

293

GATT完成案に挿入されることになった第29条「本協定（GATT）とITO憲章との関係」（カッコ内は筆者）の内容の検討を行わなければならないであろう。表8-3に示したとおり，第4草稿の第29条は「停止と代替」というタイトルであった。同条の内容は，ITO憲章が施行された場合，GATT第II部は，原則的にITO憲章の当該諸規定によって置き換えられることを謳ったものであった。この文言は，GATTの完成案の第29条に，いくつかの修正を加えられて引き継がれた。しかし，第29条はその名称を「本協定とITO憲章との関係」に変更された。その理由は，「調印に関する議定書」に述べられていた，ITO憲章施行までのGATT締約国の義務が，議定書の消滅によって，第29条の第1パラグラフに移行されたからである。この手続きは，前述した調印に関する議定書の削除を提言した特別委員会（アメリカ，イギリス，フランス，ブラジル，ノルウェー，オーストラリア）の勧告（ECOSOC, 1947s, pp. 1-2）に従ったものである。特別委員会は，「ITO憲章の諸原則を遵守するという約束をGATT自身の中の規定に含めるべきである。このようにして暫定適用に関する議定書に調印する諸国は自動的にITO憲章の諸原則の遵守を約束することになる」（*Ibid*., pp. 1-2）と述べている。すでにGATT第3草稿を分析した第1節の(2)項①において，この義務に関して説明した（267～268ページ参照）。その要点については図8-1にも示されている。GATT締約国は，ITO憲章が施行されるまで，その権限の最大限度まで，ITO憲章の諸原則を遵守することを約束するというものであった。こうしたGATTとITO憲章との関係を示す文言は，第29条に封じ込まれたことについても本章の注(2)において触れた。GATT完成文書類には，第29条以外にはITO憲章との関係について記述した箇所はない。われわれはこうした書換えの分析を通じて，GATTがITO憲章との関係を希薄化させていく過程を追ったのである。

それではITOとの関係について論じた第29条第1パラグラフを，こうしたわれわれの分析視角の中に，どのように位置付ければよいのであろうか？　たしかに第29条第1パラグラフにおけるITO憲章の諸原則遵守の義務を鑑みれば，GATTはITO憲章への橋渡しとしての役割，すなわち暫定的な役割を担うものと位置付けられていたといえよう。すでに分析したように，ITO憲章とGATTとの関連を希薄にし，GATTを純粋な多国間通商協定たらしめんがために，GATT第3草稿において，第2草稿の第27条「付属文書」は「調印に関する議

定書」として分離されたのである。しかし，ITO憲章の原則遵守という義務はGATT完成案の第29条パラグラフ1に再び挿入されることになった。これはGATTがITO憲章との関連を再び強めることである。多国間通商協定GATTは，ITO憲章までをカバーする義務について述べることで，ITO憲章との直接的関連とそれに向けての展望を示していることになる。これは，アメリカに関していえば，通商協定締結に関する大統領の権限を逸脱していることになる。しかし，その条文を詳細に見れば，その義務の内容に変化が生じていることが明らかとなる。われわれは，その変化について，「GATTの法的ステータス」と題する1947年9月27日付の国務省の法律アドバイザーが，GATT交渉に当っていたブラウン（Brown, W. G.）に書き送った覚書を拠り所に検討することで明らかにしよう。

　覚書の主旨は，ファイナル・アクトと暫定適用に関する議定書に調印し，施行するにあたっての大統領の権限に関する問題点であった（International Conference on Trade and Employment, Havana [2-d], p. 1）。法律アドバイザーの出した結論は，暫定適用によってGATTを運用する限り，GATT条文の内容は大統領の権限を逸脱するものではなく，法律上何ら問題はないというものであった（*Ibid.*, p. 1）。大統領権限を超えていると考えられるもののひとつに，ITO憲章の諸原則の遵守があった。しかし，GATT第29条第1パラグラフには（正確にいえば，すでに第4草稿の調印に関する議定書から），こうしたITO憲章への約束を曖昧にする方向で，「大きな修正（substantial modification）」が施されたことが指摘されている（*Ibid.*, p. 6）。

　われわれは，図8-1からそれを読み取ることができる。GATT第3草稿までは「その権限の最大限度まで（to the fullest extent of their authority）」という表現が使われていたが，GATT第4草稿そして完成案においては「その行政権の及ぶ最大限度まで（to the fullest extent of their executive authority）」という表現に変更されたのである。これは，大統領の権限の及ぶ最大限度でITO憲章の諸原則を遵守することを意味する。そもそもITO憲章は議会への提出が必要なのであるから，大統領の権限の範囲でITO憲章の諸原則を遵守するにはおのずと限界がある。この文言の挿入はITO憲章の諸原則の遵守の義務の形骸化を企図したものである。こうした書換えは，アメリカ国内の反対を躱すための行為であ

ったとはいえ，結果的に，GATT を ITO 憲章から独立した多国間通商協定として存立させることに繋がったといえよう。

以上の分析から第29条「本協定と ITO 憲章の関係」は，一見すると，GATT から ITO 憲章への道筋を提示しているようになっているが，実際は，条文には ITO 憲章の義務をうまく回避できるよう細工が施されていたのである。もっとも，ジュネーブ会議で認証された GATT 完成案の第29条には，まだ ITO 憲章に向かう道筋が，希薄化したとはいえ，示されていたことも指摘しておかなければならない。第1パラグラフには，ITO 憲章の採択を通じて GATT の前文に述べられた諸目的は最もよく達成できることを締約国は認識している（ECOSOC, 1947m, p. 62）という表現が見られるし，第2パラグラフのb項には「締約国はまた第25条（締約国の共同行動）における機能が ITO へ移譲されることに合意するであろう」(*Ibid*., p. 63：カッコ内は山本）と述べられていた。しかしこうした表現は，1948年9月に調印された議定書に基づいてすべて削除された。この改訂によって，締約国団と ITO との関連性はなくなり，GATT の前文の諸目的と ITO 憲章との関連も消滅した（GATT, 1948a, GATT/CP/1, p. 23）。現在われわれが邦訳版で入手できる文献において，GATT 第29条は，1948年9月の改正版であり，1947年オリジナル文書（つまり GATT 完成案）のそれとは異なっていることを指摘しておこう。(10)

GATT オリジナル文書とその手続きに関する合意はこうして終了した。次に GATT オリジナル文書の構造と多国間協定 GATT が暫定適用に留まった理由の一部を分析しておくことにしよう。

2-2　GATT オリジナル文書の構造と多国間通商協定 GATT の暫定的船出

紆余曲折を経て1947年10月30日に GATT 完成案は23カ国の間でファイナル・アクトを通じて認証され，暫定的に1948年1月1日よりキー・カントリーズ8カ国間で施行されることが決まった。われわれは，1947年10月30日にジュネーブにて23の締約国によって認証された GATT を GATT オリジナル文書と名付けることにする。というのも，その後，GATT 文書は，何回か修正・加筆され，最終的にWTOの一部に収録され，現在に至っているからである。その基本となったのが1947年の10月30日に認証された GATT オリジナル文書である。図8-3は，ジュネーブ会議終結時における GATT の認証と暫定適用について構図化し

第**8**章　GATT 文書類の作成とその発効手続きを巡って

図 8-3　ジュネーブ関税交渉と GATT 認証手続きの構図（1947年10月30日時点）

(注)　本文で述べたように，暫定適用に関する議定書への調印によって，キー・カントリーズ 8 カ国は，調印と受諾行為なしに，GATT 第 I，Ⅲ部は無条件に，第Ⅱ部は国内法と矛盾しない限りにおいて，施行することになる。従って図の GATT 条文と関税譲許交渉の結果を，キー・カントリーズ 8 カ国は，議定書の述べる範囲において施行することを意味する。

たものである。ジュネーブ会議に参加した23カ国は，GATT 条文，関税譲許交渉の結果，暫定適用に関する議定書に対して，ファイナル・アクトへの調印を通じて認証する。一方，キー・カントリーズ 8 カ国は，暫定適用に関する議定書への調印を通じて1948年 1 月 1 日より，GATT を暫定的に施行する。通常，世界経済の教科書いうところの GATT の発足または調印とは，GATT の認証と暫定適用に関する議定書への調印のことであり，正式調印または受諾・批准ではないことを改めて確認しておく必要があろう。

　それでは，なぜアメリカ政府が GATT を議会にかけ，受諾行為をとらなかったのかという疑問が湧いてくる。とくに GATT 第Ⅱ部についてアメリカの国内法に抵触する部分（例えば関税評価基準の問題）がある以上，アメリカ政府は，速やかに議会に対して GATT を提出し，GATT 受諾に向けて動く必要があった。しかしアメリカ政府はそれを行わなかったのである。その理由として，すでに述べたように ITO 憲章と GATT 条文の内容が一致するまでそうした行為をとらないことを各国に約束したことを措くとして，GATT の立法化を議会に要求することは，事実上 ITO 憲章の立法化を巡る戦いを引き起こすと政府が考えたからである。GATT 第Ⅱ部と ITO 憲章の第Ⅳ章「通商政策」は重複する部分が多いのであるから，必然的に ITO 憲章の是非を議会に問うことを意味すると1948年 2 月11日付の「GATT の施行」と題するアメリカの覚書は述べている（Havana Round of the General Agreement on Tariffs and Trade, U. S. Delegation [3-a]）。GATT の立法化に失敗することは，ITO 憲章の批准失敗を意味する。共和党が支配するねじれ議会において，GATT の提出は避けたほうがよいという

297

のがアメリカ政府の見解であった。GATTとITO憲章を同時に提出することが政府にとって戦術的に好ましいと覚書は述べている (*Ibid.*, pp.1-2) が，それは，議会の情勢が政府に有利になるまでGATTの提出を待つというものであった。アメリカ政権は問題を先送りにしたのである。しかし，アメリカ政府にはその機会が訪れなかった。結局，GATTは暫定協定のままで，WTOの成立まで存続することになる。かくして，多国間通商協定GATTは，多国間主義の限界を背負いつつも，半世紀近くにわたって，世界貿易のシステムを提供し続けたのである。

注
(1) われわれがGATT第3草稿から完成草稿までの変遷について，主に使用する第1次史料は，巻末に載せた参考文献の中にあるGATT・ITO関連文書類であるが，アメリカ国立公文書館（NARA）保有の文書は，膨大なジュネーブ会議のGATT関連史料を項目別，条文別に分類した索引表を掲載している（International Conference on Trade and Employment: Preparatory Committee [1-a]）。われわれは，関連するジュネーブ会議文書を探し出すのに，この索引表を利用した。
(2) GATT第1草稿の第1条では，ITO成立までは，「ITOに委任されることになる機能は，GATT調印国の政府が任命する代表からなる暫定的国際機関によって遂行される」（ECOSOC, 1946a, p.52）と述べられており，第2草稿では，さらに具体的に第22条において，暫定貿易委員会が，ITO成立まで，GATT本文と付属文書（第27条）の遂行のための権限を与えられるとし，ITO設立後は，その権限はITOに委譲され，委員会は解散するとされている（ECOSOC, 1947a, p.78）。他方，第3草稿では，第23条で，締約国の委員会という言葉を使用し，ITOの設立によって，締約国の委員会の機能がITOに移行することを明記している（ECOSOC, 1947d, pp.58-59）。そしてこの立場は第4草稿の第25条においても踏襲されている（ECOSOC, 1947l, pp.57-58）。すなわち，第4草稿までは，多国間通商協定としてのGATTの特徴が次第に前面に押し出されつつも，ITOに至る暫定国際機関としてのGATTの性格も明確に条文から読み取ることができるのである。ところが，GATT完成案になると，第25条では，締約国団とITOとの関係を述べた部分は削除された（ECOSOC, 1947m, pp.58-59）。後述するようにGATTとITOとの関係についての記述はすべて，第29条「本協定とITO憲章との関係」に押し込められていく。GATT本文とITO憲章との関係が次第に希薄化していくことが見て取れるのである（図8-1も参照のこと）。
(3) 鳴瀬氏は，GATTは非現実的な比較生産費原理をその原則としているがゆえに，現実の非対称的世界経済の構造に対応できず，その原則の破壊要因に対して，「防御

第**8**章 GATT文書類の作成とその発効手続きを巡って

手段を持って立ち向かうのではなく，破壊要因をさっさと自分の外へ放り出し続け……世界貿易における勢力圏を自ら狭めながら存続してきた」(鳴瀬成洋, 1989, 97ページ) と指摘されている。また成功を収めたとされる関税引下げ交渉にしても，GATT が提供したのは関税交渉の場であり，交渉の原則あるいは問題解決の原則を提供したのではない (同氏, 99ページ)。氏が同稿を執筆されたのは，貿易摩擦の激化によって GATT の存続が危ぶまれていた80年代末のことであり，氏の問題意識は，GATT 枠外で激増していた2国間協定を巡る評価であったと考えられる。

しかし，戦後世界貿易体制の成立過程に焦点を当てたわれわれの問題意識に鑑みても，氏の指摘は示唆に富む。すなわち，戦後過渡期において，何度も指摘してきたように，イギリスを始めとする西欧諸国は，戦後復興問題や雇用問題に神経を集中し，オーストラリアを中心とする当時の途上諸国も雇用および経済開発問題を中心に据えて，交渉に臨んでいた。こうした戦後過渡期の非対称的な世界経済において，GATT が純粋な通商協定 (いわゆる狭義の貿易協定) に限定され，しかもより自由で無差別な世界貿易体制の構築を目指すという目的が前面に押し出されれば，アメリカおよびカナダを除いて，GATT 規定を受け入れる中核国は存在しなかったであろう。事実，アメリカとて，厳格に GATT 第II部を受け入れることは不可能であった。従って GATT に，祖父権条項を設定し，暫定適用規定を挿入することによって，中核国グループの同意を得ること (もちろんそれは以下で説明するように互恵通商協定法更新の期限が差し迫っていたからである) が不可欠となったのである。この中で，ジュネーブ関税交渉は，崇高な GATT 原則 (抽象的な自由・無差別原則) の達成を目指して行われたというより，国益と国益の激しいぶつかり合い，氏の言葉を借りていえば，「押し付け合いの中で問題の解決が図られ……交渉参加者は誰も戦略的，便宜的となった」(同氏, 99ページ) のである。この戦略的，便宜的なる具体的内容については，ジュネーブ関税交渉を巡る米，英，英連邦諸国の7ヵ月に及ぶ駆け引きを分析した本書の第7章を参照のこと。

(4) 津久井茂充氏は，「暫定適用に関する議定書」(後述するように GATT 第32条の暫定適用条項は議定書として独立する) の作成理由を次のように述べておられる。「一般協定 (GATT) は，ITO 憲章の規定の一部を取り入れつつ，ITO 憲章の発効までの間，これに先立って1948年1月1日より実施することが想定されていたものであり，かつ ITO 憲章自体が1947年11月以降ハバナで開催される国連貿易雇用会議において修正されることが考えられていたために，各国が，国内法改正を自国の立法府に求めようとしなかったことは容易に想像がつくところである。他方，ガットの関税譲許の効果を侵害し得る各国における他の多くの貿易規則については，各国の現行法令に抵触しない最大限度の範囲において，関税譲許の効果を尊重するとの考え方に立って，この暫定的適用に関する議定書が策定されたものと考えられる」(津久井茂充, 1993, 810ページ：傍点は筆者)。氏の説明では，各国が GATT を ITO 憲章発効までの繋ぎと考えたために敢えて国内法の改正を行おうとはしなかった。しかしそれは推測の

域をでるものではないこと（傍点部分）を明記されている。つまり，氏が，暫定適用の理由を，GATT が ITO 成立までの間に合わせ的な存在であった点に置かれているのは，実証研究から導き出された結論ではないということである。確かに，GATT 条文の批准と ITO 憲章条文のそれを各国の議会に別々に求めることは，二重の手間であり，表面的にみれば，ITO 憲章の調印後，同時に実施すれば，問題は一度で処理できることになろう。しかし，とくにアメリカに関していえば，GATT を議会に提出しなかった理由は，後述するように，共和党の支配する状況下で，その批准を否決されることを政権が危惧したことにある。実際，以下で見るように，GATT は ITO 憲章とは別に，調印，批准そして効力発生に向けての独自の明確なプログラムが用意されていた。われわれは，これから明らかにするように，暫定適用条項作成の理由を，次の視角から分析すべきであると考えている。

　つまり，なぜ，来る貿易雇用会議（ハバナ会議）で ITO 憲章の最終案の策定が決定しているのに，それと重複する未完成の規定を多く入れてまで，予め GATT を成立させなければならなかったのか？　以下で考察するように，この問題は，この間の事情をよく理解していない中核国から，GATT と ITO 憲章（ハバナ憲章）との重複規定（ダブルスタンダード）が混乱を齎すとの批判を生むことになる。強調すべきは，暫定適用条項を挿入したのは単に ITO 憲章成立までの繋ぎという GATT の過渡的性格，言い換えれば GATT を仮初の取決めと見做したからではない。同条項を導入してまで，ジュネーブにて是が非でも GATT を成立させなければならない切羽詰まった理由がアメリカにあったこと，この点を明確にすることによって，戦後貿易システムの本質を理解できると考える。

　これから明らかにするように，GATT およびジュネーブ関税引下げ交渉の結果をできるだけ速やかに実施に移すことは，アメリカにとって戦後貿易システムの総仕上げに向けて必要不可欠な作業であったこと，この作業に失敗することは，システムの形成を大きく遅らせるか，または最悪の場合，システム自体の不成立に帰着する。アメリカとしてはどうしても GATT とジュネーブ関税交渉の結果を，即時，実施に移す必要があった。暫定適用の理由は，こうしたアメリカの思惑と，その他諸国（アメリカを含めて）が国内の手続き上の問題から GATT の規定をすぐさま実行に移すことができない（あるいはその裏には明らかに実施を望まない考えがあった）こと，敢て GATT の正式な調印と批准を強行すれば，議会で否決される可能性があったことによる。こうした視角から暫定適用の問題を分析する必要がある。

(5) 暫定適用による GATT の施行から批准を通じた正式施行についてのタイムテーブルは，GATT 第3草稿の検討開始時（**表 A**）と，その検討が第4草稿作成の最終局面を迎えた時点（**表 B**）では，いくつかの相違点はあるにせよ，ITO 憲章の批准前に，GATT の調印そして効力発生を終了することが予定されていたのである。こうしたタイムテーブルを見ても，GATT は，ITO 憲章がたとえ成立しなくとも，独り立ちできる多国間通商協定としての意味をもっていたことが理解できる。

第8章　GATT文書類の作成とその発効手続きを巡って

表A　GATTの調印・批准・効力発生そしてITO憲章の交渉から批准に向けて〔1947年8月15日付〕

1．GATTの調印（9月10～30日の交渉の結果を検討した後で）	1947年9月30日
2．GATTの完全テキストについて同時公表	1947年11月15日
3．貿易雇用会議（ハバナ会議）の開催	1947年11月21日
4．暫定適用を通じたGATTの効力発生	1947年11月15日
5．貿易雇用会議（ハバナ会議）の終了	1948年1月15日
6．批准を通じたGATTの効力発生	1948年4～6月
7．ITO憲章の批准	1948年8月

（出所）　ECOSOC, 1947f, p. 6.

表B　GATTの調印・批准・効力発生そしてITO憲章の交渉から批准に向けて〔1947年9月1日付〕

1．(a)　ジュネーブにおけるファイナル・アクトの調印	1947年9月30日
(b)　GATTおよびGATTの暫定適用に関する議定書を調印に向けて公開	1947年9月30日
2．暫定適用に関する議定書の調印終了	1947年11月10日
3．GATTの完全テキストをすべての関税譲許表を含めて公表（GATTはこの期日まえには議会に提出されない）	1947年11月17日
4．貿易雇用会議（ハバナ会議）の開催	1947年11月21日
5．暫定適用を通じたGATTの効力発生	1948年1月1日
6．貿易雇用会議（ハバナ会議）の終了	1948年1月15日
7．GATTの調印終了	1948年2月28日
8．批准を通じたGATTの効力発生	1948年4～6月
9．ITO憲章の批准	1948年8月頃

（出所）　ECOSOC, 1947g, p. 3.

(6)　ジャクソンによれば，1947年当時では，ファイナル・アクトはGATTを認証するだけの行為であったが，1967年のケネディ・ラウンドからは，ファイナル・アクト調印国の政府に対して，様々憲法上の手段を通じて，批准を模索する明確な義務を課すようになった（Jackson, 1969, p. 82）。

(7)　アメリカが，GATTまたはITO憲章草案の例外規定を用いてヨーロッパに関税同盟の形成を模索していたことは，第9章で論じるが，それに関する第1次史料についてはアメリカ国立公文書館（NARA）が保有している。International Conference on Trade and Employment: Havana [2-b] および International Conference on Trade and Employment: Havana [2-c] に収められている多くの資料，報告書から，アメリカが，GATT 第24条やITO 憲章草案（ジュネーブ草案の第42条）を使って，西欧に関税同盟の形成を模索していた事実を詳細に知ることができる。

(8) 最近の研究では，冷戦の激化につれて，アメリカ自身がむしろ積極的に無差別主義からの逸脱を模索していた事実が明らかにされている。チェイス（Chase, K.）は，アメリカがカナダとの自由貿易協定の締結を秘密裏に進めていたことを公文書に依拠しつつ，明らかにしたうえで，この協定を成立に導くため，GATT 第24条に，自由貿易地域の形成を容認する規定を挿入したのは他ならぬアメリカであったという事実に初めて光を当てている（Chase, 2006）。詳細については第9章で論じる。

(9) ヒュディクは，われわれが分析したキー・カントリーズとその他の中核国との対立について触れている。彼はその他の中核国を小国（smaller countries）という言葉で表し，それら諸国が多数派を形成したが，主要国（われわれの呼ぶところのキー・カントリーズ）が断固たる態度をとり，また議長の助けを得て，GATT のオリジナルデザインをどうにか守ることに成功したと述べている（Hudec, 1990, p. 56）。彼のいう議長とはウィルグレスのことである。他方，ハートも，アメリカが主導権を発揮し，イギリス，カナダ，フランスそしてベネルクス諸国がそれに協力し，その他の中核国の要求を阻止したと述べている（Hart, 1995, p. 54）。

(10) 内田宏・堀太郎，1959，716〜718ページ，および津久井茂充，1993，788〜789ページ参照。GATT 文書は1947年10月30日のそれが基本となっている。従ってわれわれはGATT オリジナル文書と名付けたのである。その後，GATT 文書は，何回かの修正と加筆を経て，最終的にWTO の一部に収録され，現在に至っている。我が国においてGATT 文書の完全邦訳は，上記の2つの文献でなされている。しかし双方とも，どの時点でのGATT 文書を邦訳したのかについて明記していないように思われる。オリジナル版との違いがどのようにして生じたのか，オリジナル版の分析を行った筆者にとって関心のある問題である。

なお，1947年10月30日に認証されたGATT 文書類は，上述したように，10月4日付のGATT の完成文書類（ECOSOC, 1947m, 1947n, 1947o）とほとんど変わらないが，正式文書は，国連文書（United Nations, 1947）およびイギリスのコマンド・ペーパー（U. K. Government, 1947, Cmd. 7258）として発行されている。

参考文献

[GATT・ITO 関連文書]（http://www.wto.org/english/docs_e/gattdocs_e.htm よりダウンロード）

United Nations Economic and Social Council (ECOSOC) (1946a), "Report of the First Session of the Preparatory Committee of the United Nations Conference on Trade and Employment," reference No. E/PC/T/33.

第**8**章　GATT文書類の作成とその発効手続きを巡って

ECOSOC (1947a), "Report of Drafting Committee of the Preparatory Committee of the United Nations Conference on Trade and Employment," 5 March, reference No. E/PC/T/34.
ECOSOC (1947b), "Joint Report of Charter Steering Committee and Tarff Negotiations Working Party," 29 May, reference No. E/PC/T/81.
ECOSOC (1947c), "Entry into Force of the General Agreement on Tariffs and Trade," 18 June, reference No. E/PC/T/100.
ECOSOC (1947d), "Report of the Tariff Negotiations Working Party: General Agreement on Tariffs and Trade," 24 July, reference No. E/PC/T/135.
ECOSOC (1947e), "Report of the Second Session of the Preparatory Committee of the United Nations Conference of Trade and Employment," 19 July, reference No. E/PC/T/180.
ECOSOC (1947f), "Tariff Agreement Committee," 15 August, reference No. E/PC/T/W/301.
ECOSOC (1947g), "Tariff Agreement Committee: Decisions reached in the Course of the Consideration of Document E/PC/T/W/301," 1 September, reference No. E/PC/T/W/313.
ECOSOC (1947h), 1st-18th Meetings of 5th, 6th, 11th, 20th, 27th, 28th, August and 1st, 2nd, 3rd, 4th, 5th, 6th, 8th, 9th, 10th, 11th, 12th, September of the Tariff Agreement Committee: Summary Record, reference No. E/PC/T/TAC/SR/1 to E/PC/T/TAC/SR/18. (E/PC/T/TAC/SR/17は存在せず)
ECOSOC (1947i), 1st-28th Meetings of 5th, 6th, 11th, 20th, 27th, 28th, August and 1st, 2nd, 3rd, 4th, 5th, 6th, 8th, 9th, 10th, 11th, 12th, 13th, 15th, 16th, 17th, 18th, 19th, 20th, 23rd, 24th, September of the Tariff Agreement Committee: Verbatim Record, reference No. E/PC/T/TAC/PV/1 to E/PC/T/TAC/PV/28.
ECOSOC (1947j), "Report of the Second Session of the Preparatory Committee of the United Nations Conference on Trade and Employment," 10 September, reference No. E/PC/T/186.
ECOSOC (1947k), "Chairman's Committee: Summary Record of the Thirteenth Meeting held on 1 August," 1 August, Reference No.E/PC/T/DEL/63.
ECOSOC (1947l), "Redraft of the Final Act, General Agreement on Tariffs and Trade and Protocols in the light of the discussions which have taken place in the Committee," 13 September, reference No. E/PC/T/196.
ECOSOC (1947m), "General Agreement on Tariffs and Trade," 4 October, reference No. E/PC/T/214/Add.1/Rev. 1.
ECOSOC (1947n), "Protocol of Provisional Application on the General Agreement on Tariffs and Trade," 4 October, reference No. E/PC/T/214/Add.2/Rev.1.

ECOSOC (1947o), "Final Act adopted at the Second Session of the Preparatory Committee of the United Nations Conference on Trade and Employment," 4 October, reference No. E/PC/T/214/Rev.1.

ECOSOC (1947p), "Draft Final Act," 1 September, reference No. E/PC/T/W/315.

ECOSOC (1947q), "Final Act," 4 September, reference No. E/PC/T/W/319.

ECOSOC (1947r), "Signature of the Final Act, Agreement and Protocols," 13 September, reference No. E/PC/T/W/333.

ECOSOC (1947s), "Report of the Ad hoc Sub-committee on the Tariff Agreement Committee on the Relation between the Protocol of Signature and the Protocol of Provisional Application," 16 September, reference No. E/PC/T/199.

ECOSOC (1947t), "Statement by the Delegate of the United States on Reservations to the General Agreement," 18 September, reference No. E/PC/T/207.

ECOSOC (1947u), "Detailed Amendments to the GATT submitted by the U. S. Delegation consequent upon its Proposal for a separate Protocol on Provisional Application of the Agreement," 2 September, reference No. E/PC/T/W/316.

ECOSOC (1947v), "(Draft) General Agreement on Tariffs and Trade," 30 August, reference No. E/PC/T/189.

Interim Commission for the International Trade Organization (1948a), "United Nations Conference on Trade and Employment: Final Act and Related Documents: Held at Havana, Cuba from November 21, 1947, to March 24, 1948," April 1948, reference No. E/CONF.2/FINAL ACT&RELATED DOCUME.

General Agreement on Tariffs and Trade (1948a), "Protocols, Signed at Geneva on 14th September, 1948, and Resolutions and Decisions of the CONTRACTING PARTIES at the First and Second Sessions, Havana, March 1948, and Geneva, August-September, 1948," reference No. GATT/CP/1, 21 Sepember.

[アメリカ国立公文書館 (the United States National Archives: NARA) 関係]

[1] International Conference on Trade and Employment (1947-48: Havana, Cuba). Preparatory Committee, 1947-1948: following File in this Creator.

　[1-a] "Index to Documents relating to GATT," National Archival Identifier Number 2289701.

[2] International Conference on Trade and Employment (1947-48: Havana, Cuba). 11/17/1947-3/24/1948: following 4 Files in this Creator.

　[2-a] "Trade: United Kingdom (Charter and Negotiations)," National Archives Identifier Number 2201741. The Document titled: Telegram No. NIACT 122 from Clayton to Wilcox, 30th July, 1947 in National Archives Identifier Number 2201741.

　[2-b] "Trade: Marshall Plan relationship," National Archives Identifier Number

第8章　GATT文書類の作成とその発効手続きを巡って

2195704.
[2-c] "Working Group: Working Group on the ITO—Memos and Documents," National Archives Identifier Number 2195776.
[2-d] "Trade: Miscellaneous—Geneva," National Archives Identifier Number 2201728. The Document titled: Memorandum from Mr. Rubin to Mr. Brown: Legal Status—General Agreement on Tariffs and Trade, September 27, 1947 in National Archives Identifier Number 2201728.
[3] Havana Round of the General Agreement on Tariffs and Trade. U.S. Delegation. 11/21/1947-3/1947: following File in this Creator.
[3-a] "Position Papers," National Archives Identifier Number 2529196, The Document titled: Proposed United States Position on other subjects which might be raised at the Meeting on the Initiative of other Delegations: C-III. Definitive entry into force of GATT, February 11, 1948 in National Archives Identifier Number 2529196.

(以上の史料は The National Archives website: http://www.archives.gov/の The National Archives Catalog〔http://www.archives.gov/research/catalog〕にて検索し、NARA から入手したものである：史料の分類ナンバーは Online Public Access〔OPA〕の方式に従っている)。

[Command Paper]
U. K. Government (1947), "Report on the the Geneva Tariff Negotiations: with Text of the Gneral Agreement on Tariffs and Trade and Supplementary Agreements with the U. S. A. and Canada," Cmd. 7258, HMSO.

[欧文文献]
Aaronson, S. A. (1996), *Trade and the American Dream: A Social History of Postwar Trade Policy,* The University Press of Kentucky.
Chase, K. (2006), "Multilateralism compromised: the mysterious origins of GATT Article XXIV," *World Trade Review,* Vol. 5, No. 1.
Gardner, R. N. (1980: new, expanded edition with revised introduction; the first in 1956), *Sterling-Dollar Diplomacy in Current Prospects of Our International Economic Order,* Columbia University Press.〔村野　孝・加瀬正一訳（1973）『国際通貨体制成立史——英米の抗争と協力』（上・下）東洋経済新報社〕
Hart, M. (1995: Edited and with an Introduction), *Also Present at the Creation: Dana Wilgress and the United Nations Conference on Trade and Employment at Havana,* Centre for Trade Policy and Law.
Hart, M. (1998), *Fifty Years of Canadian Trade Craft: Canada at the GATT 1947 -1997,* Centre for Trade Policy and Law.
Hudec, R. E. (1990: second edition), *The GATT Legal System and World Trade*

Diplomacy, Butterworth Legal Publishers.

Irwin, D. A., Mavroidis, P. C. & Sykes, A. O. (2008), *The Genesis of the GATT*, Cambridge University Press.

Jackson, J. H. (1969), *World Trade and the Law of GATT: A Legal Analysis of the General Agreement on Tariffs and Trade*, The Bobbs-Merrill Company, Inc.

Toye, R. (2003), "The Attlee Government, the Imperial Preference System and the Creation of the Gatt," *The English Historical Review*, cxviii. 478.

United Nations (1947), *General Agreement on Tariffs and Trade, Vol. 1.Final Act adopted at the Second Session of the Preparatory Committee of the United Nations Conference on Trade and Employment, General Clauses of the General Agreement on Tariffs and Trade*, United Nations Publications.

Wilcox, C. (1949), *A Charter for World Trade*, Macmillan.

Zeiler, T. W. (1997), "GATT Fifty Years Ago: U. S. Trade Policy and Imperial Tariff Preferences," *Business and Economic History*, Vol. 26, No. 2.

[邦文文献]

鳴瀬成洋 (1989)「背骨なき GATT」『(神奈川大学) 商経論叢』第25巻第1号。

東京商科大学国際関係研究会 (1948)『国際貿易憲章の研究』有斐閣。

津久井茂充 (1993)『ガットの全貌〈コメンタール・ガット〉』日本関税協会。

内田　宏・堀　太郎 (1959)『ガット——分析と展望』日本関税協会。

山本和人 (1999)『戦後世界貿易秩序の形成——英米の協調と角逐』ミネルヴァ書房。

第9章
GATT 第1回締約国団会議の開催とその意義
―― GATT オリジナル文書（1947年10月）の修正と加筆を巡って ――

1947年10月30日に，第2回貿易雇用準備会議（ジュネーブ会議）に参加した23カ国は，「ファイナル・アクト」（ECOSOC, 1947d）に署名し，またそのうちのキー・カントリーズ8カ国（アメリカ，イギリス，フランス，オランダ，カナダの先進工業国5カ国にベルギー，ルクセンブルク，オーストラリア）が GATT の「暫定適用に関する議定書」（ECOSOC, 1947c）に署名することによって，GATT 本体（ECOSOC, 1947b）への調印を迂回するという特異な形で GATT は1948年1月1日にスタートを切った（なお，キューバも1月1日までに「暫定適用に関する議定書」に調印し，上記8カ国に加わった）[1]。この間の詳細な経緯については，第8章で分析したが，10月30日に「認証（authentication）」された GATT（われわれの言うところの GATT オリジナル文書〔ファイナル・アクト，暫定適用に関する議定書，GATT 本体〕）のうち，GATT 本体については，その後，WTO 成立に至るまで，多くの加筆と修正が施されることになる。もっとも，こうした事実は，あまり知られていないのが現状であろう。唯一，注目されてきたのが，南北問題の高揚を受け，1965年2月に採択され，1966年より施行された GATT 第Ⅳ部（第36条から38条），いわゆる「発展途上国条項」であろう[2]。しかし，これ以外の加筆と修正については，我が国において，もっとも包括的に GATT 条文の訳文とその条文を解釈した2つの文献においてもその事実が小さく記載されているに過ぎない（内田宏・堀太郎，1959の「附録Ⅱ ガット議定書一覧表(1)」および津久見茂充，1993，161ページ）。

　GATT オリジナル文書の GATT 本体には，時期的にみて集中的に3回大きな加筆と修正が施されている。すなわち，その時期とは1948年，1955年そして1965年である。後者2者のうち，1965年の加筆・修正は上述したように，GATT 第Ⅳ部のそれであり，すでに多くの分析がなされているが[3]，1948年と

1955年については，管見する限り，全く考察の対象外とされてきた。もっとも，1955年のそれは，多くの変更が締約国団会議で承認されたものの，未発効のものがほとんどで，実際はGATT条文の変更とはならなかったのである。

われわれは第1回目の修正と加筆がなされた1948年に注目する必要があろう。それは，1947年10月に「暫定適用に関する議定書」を通じて施行されたGATTオリジナル文書に対して，GATT第1回締約国団会議と第2回締約国団会議で手が加えられ，WTO成立までの基本形態が出来上がったと考えるからである。本章では，とくに国連貿易雇用会議（ハバナ会議）の舞台裏で開催されたGATT第1回締約国団会議に焦点を当てることにしたい。本章の目的は，1947年10月のGATTオリジナル文書の暫定施行までを考察対象としていた前章までの範囲を超えて，GATTがその体裁を整える1948年のGATT第1回締約国団会議までを分析対象にし，もって，GATTオリジナル文書が，1995年のWTO成立まで世界貿易のルールを提供することになる構成・内容に最終的に書き換えられていく過程とその意味について分析することにある。

第1節　GATT第1回締約国団会議（1948年2～3月）の開催に向けて

(1)　ITO憲章への調印とその施行の不透明性

　GATTの基本は1947年10月30日に完成していたとしても，まだITO憲章はジュネーブ草案が出来上がっていただけであって，その草案は，1947年11月に開催される国連の国際貿易雇用会議（ハバナ会議）で，中核国グループ以外の国連加盟国に提示しなければならなかった。GATT本体の条文は，ITO憲章の条文と重複しており，ハバナ会議でITO憲章の当該条文が修正されることになれば，貿易ルールにダブルスタンダードが持ち込まれる恐れがあった。事実，GATT条文の作成過程で，このような危惧について中核国の間で議論されていた（285ページ参照）。その中でとくに貿易ルールを扱ったGATT第II部については，混乱を引き起こす可能性があるので，削除すべきであるとの意見が多数派を占めていた（283～286ページ参照）が，アメリカを中心とするキー・カントリーズ8カ国は，GATT第II部の規定の削除に反対し，多国間通商協定としてのGATTの独り立ちを進めたのである。しかしこのことは，上述のようにITO憲章施行の

際にGATTとの齟齬が生まれることを意味した。したがってGATTオリジナル文書（本体）の第29条「本協定とITO憲章との関係」の第2パラグラフ(a)には，「ITO憲章が施行される日に，本協定（GATT）の第1条と第II部は停止され，ITO憲章の当該諸規定と入替えられることになる」（ECOSOC, 1947b, p. 62：カッコ内は山本）と表現されたのである。もっとも，その変更に対して異議を申立て，締約国団との会議を要求する権利についても規定されていた（*Ibid.*, p. 63）。以上の形で，GATTの規定（おもに第II部）とITO憲章の当該規定の整合性を保とうとしたのである。

　しかし，ハバナ会議でITO憲章は参加53カ国によって認証（authentication）されたが，いつ施行されるか判らない状況にあった。ITO憲章自身は各国代表（GATT締約国を含めて）が認証するという形で，ファイナル・アクトへの調印をもって，承認されたが（これを一般的教科書ではITO憲章の調印と呼んでいる），批准されたわけではなかった（ファイナル・アクトの内容，ITO憲章の条文，調印国名については, Interim Commission for the International Trade Organization [ICITO], 1948a を参照のこと）。

　ところで，ハバナでアメリカの副代表としてITO憲章の交渉にあたっていた国務省の国際貿易政策局局長ウィルコクス（Wilcox, C.）は，ITO憲章施行の見通しについて極めて悲観的であったことが，彼の書簡から読み取ることができる。彼は同じように活動していた国務省通商政策局局長ブラウン（Brown, W. G.）に対して，過去3年間の活動について一つの書物を纏める計画を進めていることを打ち明けているが，その理由は，ITO憲章の推進に消極的な政権や議会に対して，その書物は説得のために用いられることになる。また議会がITO憲章を検討の俎上に載せることがない場合にしても，「このような試みは戦後の再建，国際経済関係そしてアメリカの外交史について，歴史上，非常に重要性をもつものとなる」と述べている。そしてそうした書物を纏めることができるものは，ホーキンズ（Hawkins, H.）を除いて自分しかいないと書き留めている（International Conference on Trade and Employment [4-c], p. 5）。まさにこの書物が1949年に出版された，後世に残る古典的名著「A Charter for World Trade」（Wilcox, 1949）なのである（なお，ウィルコクスが述べているホーキンズは，国務省の高官で第2次大戦初期の対英通商交渉を経て，ITO・GATT交渉に携わったアメリカ側の中心人物

である。ホーキンズの具体的な活動については，本書および山本和人〔1999〕の各章を参照のこと)。

またウィルコクスは，同じくブラウン宛ての別の書簡で，「アメリカ政権が今年中（1948年）に議会にITO憲章を提出することは，絶対不可能（absolutely impossible)」と述べている（International Conference on Trade and Employment [4-a], p.1：傍点は山本)。以上の彼の書簡は1948年2月にいずれも書かれたものであるが，すでにITO憲章が調印される前から，アメリカの国内情勢から，その施行が困難であることについて交渉当事者も重々認識していたことが理解できる。とくにウィルコクスは，ブラウン宛の手紙の書面から，ITO憲章がすぐにアメリカ議会の審議にかけられないことに不満を持っていた様子が見てとれる（Ibid., p.1)。それに対して，ブラウンからウィルコクス宛の手紙には，アメリカ国務省の面々が，互恵通商協定法の更新と欧州復興計画に携わっている事実が述べられたうえで，ITO憲章は，互恵通商協定法更新のために，断念されてはいないとの弁明がなされている（International Conference on Trade and Employment [4-b], p.1)。この書面を見る限り，アメリカ国務省の政策優先順位は，互恵通商協定法の更新と欧州復興計画の具体化であり，ITO憲章の審議はそれが終わってからという道筋が立てられていたようである。ITO憲章は，複雑性と斬新性をもち合わせているがゆえに，議会は簡単には憲章を理解することはできないであろうとブラウンは述べている（Ibid., p.2)。

ちなみに，1947年10月に認証されたGATTオリジナル文書の第29条は，GATT条文の中で唯一ITO憲章との関連について述べた条文であるが，その第4パラグラフには，1949年1月までにITO憲章が施行されていないか，もっと早い時期にITO憲章が施行されないことが判明したなら，締約国はGATTを修正，補足またはそのままで維持すべきかどうかについての会議を開くとされていた（ECOSOC, 1947b, p.63)。これは，ITO憲章施行の目途を当初は1948年中と考えていた証左であろう。しかし，後述する第1回締約国団会議で第29条第4パラグラフは，第3パラグラフに移行され，ITO憲章施行の期限が1949年9月30日まで延長された。こうして，ITO憲章施行の時期が引き伸ばされたにもかかわらず，上記のウィルコクスの認識に従えば，共和党主導の議会において1949年9月までにITO憲章がアメリカにおいて批准される見込みは厳しい状況にあっ

第9章　GATT第1回締約国団会議の開催とその意義

たといわざるを得ないであろう。アメリカはGATTをより完全なものとして，ITO憲章に代替させなければならないという認識をますます高めていたといえよう。

　そうした可能性がすでに当初から存在したからこそ，ジュネーブ会議において，その他中核国（とくにキー・カントリーズ以外の諸国）の反対を押し切ってまで，アメリカはキー・カントリーズの協力を得て，GATTの中核である第II部を残し，GATTを暫定協定として成立させる道を選んだといえるのである。

　しかし，この選択はGATT条文とITO憲章との条文の間に齟齬が生じることを意味した。つまり，ITO憲章ジュネーブ草案は，ハバナ会議で議論された結果，相当の修正がなされたわけであるから，GATTオリジナル文書との相違が生じていた。ITO憲章の施行の目途が立たない中，GATTオリジナル文書のルール（とくに第II部）を，ITO憲章施行まで適用することは，締約国にとってダブルスタンダードの長期的な継続を意味した。他方，世界の政治・経済情勢が，1947年から1948年にかけて大きな転換点を迎え，GATTオリジナル文書のルールでは対応しきれない部分が出てきたことも重要である。以下で述べるように，第1回締約国団会議では，GATTオリジナル文書の第29条パラグラフ2(a)で述べられたITO憲章施行時におけるGATT条文とITO憲章の入替えを，ITO憲章の施行前でも，どの程度行うべきかが議論されるのである。果たしてどの条項を入れ替えるのか，それは中核国間で意見の相違があった。締約国団会議はこれらの問題に如何に対処したのか。その詳細は以下で明らかにされよう。

　さらにGATTオリジナル文書は，協定なのであるから，組織としての体裁をうまく整えていなかった。アメリカは，冷戦の開始という新たな歴史的枠組みの中で，多国間通商協定GATTに，できるだけ多くの国を参画させ，世界貿易秩序を早急に構築する必要性に迫られていた。こうした事態は，既に述べたようにITO憲章成立の不確実性，それに冷戦の激化の中で喫緊の課題となる(5)。締約国団会議はこれらの問題に如何に対処したのか。そのためには，とりわけ第III部に述べられていたGATTの運営上のルールの修正が必要であった。果たしてGATTオリジナル文書のどの条文がその対象となったのか，そしてどのように変更されたのか，これらの問題の検討を通じて，GATTオリジナル文書が変更されていく過程を追うことにする。

(2) 協議事項の内容とアメリカ政府の方針

　GATT オリジナル文書の第25条「締約国団の共同行動」の第2パラグラフには，第1回目の締約国団会議を1948年3月1日以前に開催することが謳われていた（ECOSOC, 1947b, p. 58）。この規定に基づいて，キューバのハバナにて2月28日から3月24日の約1ヵ月間にわたって締約国団会議が開催された。おりしも1947年11月28日から開始されていた国連貿易雇用会議，いわゆるハバナ会議は最終局面を迎えていた。そして同会議はGATT第1回締約国団会議と同じ3月24日に終了する。第1回締約国団会議の開催されたときには，53ヵ国によるファイナル・アクトへの調印によって最終的に合意を見るITO憲章の条文は完成の域に達していたといえよう。このような中，GATT第1回締約国団会議は，キー・カントリーズを中心とするGATT締約国9ヵ国，締約国にはまだなっていないファイナル・アクト調印国14ヵ国をオブザーバーの資格で加える形で，開催されることになったのである(6) (GATT/1/1, pp. 5-6)。

　さて，第1回締約国団会議の協議事項については，1月28日に電報で，そして2月2日には確認の文書が，GATT締約国9ヵ国とファイナル・アクトに調印しただけでまだ締約国になっていない14ヵ国に配布されたことが，2月18日付のGATT事務局長の覚書に明記されている（GATT/1/1, p. 1)。11項目の協議事項が列挙されているが，議長の選出などの事務的な項目やジュネーブ会議で合意された各国の関税譲許表の誤りの修正，次回の締約国団会議の開催時期についてなど，GATT条文の解釈や変更とは直接関係ない問題も多く含まれていた（*Ibid*., p. 4）。しかし，第8項「GATTとITO憲章との関係（GATTオリジナル文書第29条）」，第9項「GATTの締約国ではない政府のGATT加入（GATTオリジナル文書第33条)」に関する協議は，結果的にGATTオリジナル文書の修正につながっていく。付言すれば，2月28日に開催された第1回目の締約国団の会議で，第8項には，さらにGATTオリジナル文書の条文とITO憲章の条文の入替え原則の特殊ケースが加えられた（GATT/1/SR. 1, pp. 2-3）。つまり，GATTオリジナル文書第29条には，第Ⅱ部と第1条については，原則的にITO憲章の施行時にITO憲章の当該規定と入れ替えることが規定されていたが，それ以前の入替えや第Ⅲ部の条文の入替えの必要性が認識されるようになり，上述の第8項は以上の問題を議論するために加筆されたのである。そしてこうして加筆された条

第9章　GATT第1回締約国団会議の開催とその意義

項が第8項の次に新9項として追加されることになった（したがって第1回締約国団会議での協議事項は全部で12項目となった）。

それでは新9項は具体的にどのような内容となっているのであろうか？　第1回締約国団の会議議事録には，新9項について次のように記載されている。

9．GATT第29条によってカバーされないGATT条文に関する修正と提案
　(a)第24条の修正：ITO憲章の当該規定によるGATT第24条の入替え
　(b) GATT第2条（譲許表）での約束を締約国が放棄する可能性
　(c)その他（*Ibid.*, p.3）。

新9項の追加によって第Ⅲ部の修正も可能となったわけであり，とりわけGATTオリジナル文書の第Ⅲ部第24条「適用地域-国境貿易-関税同盟」修正の道が開かれたといえる。この提案を行ったのは後述するようにイタリアとの関税同盟を模索していたフランスであったが（*Ibid.*, p.2），ドル不足の緩和そして欧州復興を支援するアメリカの思惑とも合致して，ITO憲章ハバナ草案の当該条項がとって代わることになる。この点については詳述する。さらに(b)のいうように，GATT第2条「譲許表」に関する約束の放棄を認めるということは，加入国間で最恵国待遇の適用除外を容認することになり，第35条の新設に繋がるものとなった。この点についても後述することにしよう。

それでは，具体的にどのような議論が展開されたのか。われわれは，WTO所収のGATT文書（第1回締約国団関連史料：レファレンスナンバー〔GATT/1/SR.1〜GATT/1/SR.14〕）とアメリカ国立公文書館（NARA）所収の史料を利用しながら分析することにしたい。とくにアメリカ公文書館は，第1回締約国団会議に関連する大部の文書（報告書類，国務省とアメリカ代表団間で遣り取りされた書簡・極秘電報，覚書，各種草案，起案類）を保有しており，その中には，アメリカ代表団長のエヴァンズ（Evans, J. W.）がマーシャル国務長官に送った第1回締約国団会議に関する機密報告書（Confidential Report）とそれを要約した公式報告書（Official Report）が存在する（Havana Round [1-b], [1-c]）。特に前者の機密報告書には，アメリカの立場が鮮明に描かれており，会議の全貌をアメリカの視点から読み取ることができる。

ところで，アメリカは，会議前に上述した締約国団会議議題11項目に対してアメリカ政府の方針書（Position Paper）を作成し，締約国団会議に臨んでいる（議

題と各方針書については，reference No. TAC D-4/48として，Havana Round ［2］に所収されている）。その方針書では，第1回締約国団会議の上述の11の協議項目に，3つの新たな項目を加えることを要求していた。それらのうち，重要なのは，占領地域（旧敵国）に対してGATT締約国との貿易に関して最恵国待遇を与えるという趣旨であった（なお，その他の2つの項目は，第1にファイナル・アクトには調印したものの，暫定適用に関する議定書には調印しておらず，したがってGATTの締約国の地位を獲得していない14カ国をオブザーバーとして締約国団会議に参加させること。第2に，太平洋にあるアメリカの委任統治地域からの輸入に対して関税および内国税を優遇すること）（Havana Round ［2-b］）。そしてアメリカはとくに占領地域への最恵国待遇付与について，2つの方針書，付属文書B-II「GATT締約国が提出し，国連加盟国も調印が許される，占領地域（旧敵国）との貿易について，相互に最恵国待遇を享受することを規定した議定書」（Havana Round ［2-b-1］）とB-II-a「占領地域に対する最恵国待遇」（Havana Round ［2-b-2］）を作成し，締約国団会議に臨もうしていたのである。

　アメリカが旧敵国（日本，朝鮮，ドイツ）を戦後貿易システムの中にできるだけ早く取り込もうとしていた事実について，すでにわれわれはGATT文書の作成過程の分析において簡単に触れていた。それは，GATT第4草稿にアメリカの提案によってこれらの旧敵国をGATTやITOに引き入れることを述べた議定書『GATTに対する議定書（Protocol to the General Agreement on Tariffs and Trade)』が添付された点であった（286~287ページ参照）。議定書の冒頭には「1947年〇月〇日にGATTに調印する政府は，ドイツ，日本そして朝鮮がGATTおよびITO憲章のすべての義務を，実行可能になり次第，受け入れるのが望ましいと考えている」（ECOSOC, 1947a, p. 82）と述べられていた。もっとも，この議定書はGATTオリジナル文書では削除された。その理由については，以下で，上述のアメリカの史料の分析を通じて明らかにする。

第2節　敗戦国の扱いと新規加入国問題

（1）　敗戦国を巡るアメリカとイギリス・フランスとの確執

　旧敵国の貿易システムへの参画を促すアメリカの姿勢はハバナ会議でも一貫し

ていた。すなわち，ハバナ会議において，アメリカは，占領地域に対して最恵国待遇そしてITO憲章のその他の便益を与えようとする提案を行っていた。しかしその提案は，イギリス，フランス，チェコスロバキア，ポーランド，中国からの激しい反対に遭遇していた。イギリス，フランスは時期尚早であるとして反対，チェコはITOに旧敵国を加盟させること自体に反対していたという。アメリカはITO憲章を占領地域に適用させるよう，執拗にイギリス，フランスを説得したが，両国はその要求を拒絶した。こうした事態をハバナからあるアメリカ高官がクレイトン（Clayton, W. L.）国務省経済事情担当次官とダグラス（Douglas：ファーストネームが書かれていないので確証はきないが，駐英大使Douglas, Lewisと考えられる）に宛てた極秘電報の写しをアメリカ国立公文書館は保有している（Havana Round [2-b-2]）。その高官は，アメリカがハバナ会議でできる最大限のことは，占領地域とITOの関係について，ITO憲章の施行後に決定するという約束を交わすことであろうと述べているが，その施行は1949年または50年にずれ込む可能性があると指摘している。

ITO憲章の施行が引き延ばされる中で，旧敵国を如何に迅速に戦後貿易システムに組み込むか，ハバナ会議がアメリカの思惑通りに進まない中，その打開策として彼はGATT締約国団会議を利用することを提案している。ITO憲章ではなく，GATT原則（最恵国待遇）を占領地域に適用できるように，英仏を説得できれば，ITO憲章の場合と同様の結果を得ることが可能となる。それは欧州復興計画を実行するうえで重要であり，ドイツをヨーロッパおよび世界経済に「再統合化（reintegration）」することに繋がるであろうと述べるのである（*Ibid.*, p. 2）。

果たしてその高官の目的はGATT第1回締約国団会議で達成できたのであろうか？　結果的に言って，アメリカ代表団は，英仏を中心とする諸国の反対にあい，この提案を会議に提出するのを思い止まったのである。上述のエヴァンズによる機密文書は次のように総括している。

「GATTの一付属文書において西部ドイツ（Western Germany），日本そして南部朝鮮（Southern Korea）に最恵国待遇を与えるという問題に関して，アメリカとその問題に関心を持つ諸国との非公式で予備的な討論から，アメリカの方針書（ポジションペーパー）が主張する方向で合意を得ることがほとんど不可能なことが示された。

すでにITO憲章に関する議論で，占領地域にITOの便益を拡大させる計画に対して，イギリス，フランス，チェコ，ポーランドそして中国から猛反対が巻き起こっていた。

アメリカの提案に非常に不利な状況下において，アメリカ政府の承認を得て，締約国団に対して，第1回締約国団会議でこの問題について行動するよう求めないことが決定された。その問題は第2回締約国団会議で提起され，ジュネーブで8月に開かれる会議の議題に乗せることを計画できると考える次第である」(Havana Round [1-b], p. 20)。

エヴァンズの文書によれば，第1回締約国団会議において，占領地域に最恵国待遇付与の約束を取り付けようとするアメリカの目論見は，締約国団会議以前の非公式会議において，他の締約国によって拒否され，アメリカは会議にこの問題を正式に提出しなかったことが読み取れる。したがって第1回締約国団会議の議事録を示したGATT・ITO関連文書（参考文献の②GATT第1回締約国団会議関連史料）には，この問題の記述が，管見する限り，一切見当たらないのである。しかし，エヴァンズの文書にも書かれているように，占領地域への最恵国待遇付与をできるだけ早く行いたいというアメリカの意図は，首尾一貫していたといえよう。事実この問題は第2回締約国団会議の主要テーマとなるのであるが，第1回締約国団会議が終了するや，アメリカは占領地域に対する最恵国待遇の適用を各国に説得する工作を本格化する。この点の詳細については今後の課題とする。

それはともかく，1947年のGATT条文作成の最終段階から続けられてきたアメリカの占領地域の世界システムへの再統合化計画は，第1回締約国団会議までは，イギリス，フランスを中心とする諸国によって阻止されていたのである。

（2） GATT加入に関する規定の修正・柔軟化：GATT第33条の改訂と第35条の追加

上述の第1回締約国団の協議事項，第9項「GATTの締約国ではない政府のGATT加入（GATTオリジナル文書第33条）」は，GATT加入の条件を明確に規定することを目的とするものであった。そもそもGATTオリジナル文書のGATT本体の第33条には，新規加入の条件について，極めて簡単に次のように述べられていた。加入を望む政府は，「その政府と締約国（the contracting

parties）との間で合意される条件に基づいて，本協定に加入することができる」(ECOSOC, 1947b, p. 65)。そしてこの一文は，締約国すべての承認がなければ加入
は認められないと解釈されていた。

　これに対して，アメリカは，方針書（ポジションペーパー）である付属文書A-IX-1「GATTの締約国でない政府のGATTへの加入について（第33条）」を作成し，その修正案を準備していた（Habana Round［2-a-2］）。その方針書は問題提起，勧告そして討論の3つの部分から構成された文書である。要約すれば，次のようになろう。第1に，問題提起として，ジュネーブ交渉に参加しなかった諸国のGATT加入をどのような条件で行うのが望ましいのか？　満場一致の条件を課しているGATT第33条を如何に修正すべきか？

　第2に，勧告として，アメリカ政府の立場が次のように述べられる。「ファイナル・アクトにまだ調印していない政府が，申請に際して，締約国の過半数の承認でもってGATTに加入できるよう，GATTを修正すべきである」（Ibid., p. 1傍点は山本）。方針書はこれを「シンプルマジョリティルール（simple majority rule）」と呼んでいる。GATT加入のハードルを非常に低く設定し直したというのがアメリカの勧告の要点であろう。「アメリカ政府の目的はGATTにできるだけ多くの国を加入させることにある。したがって締約国すべての同意を得ることなく，追加的加入を認める方向でGATTを修正することが望ましい」（Ibid., p. 1)。われわれはなぜアメリカがこうした基準を提示しようとしたのかは，占領地域に対するアメリカの方針と重ねれば，一目瞭然であると考える。占領地域以外に対しても，ソ連の影響力を遮断し，各国にアメリカを中心とする通商システムへの参画を促したのである。

　しかし，第3に，討論の結果として，次の懸念が示される。「GATTは，ITO憲章の草案が規定しているほど明確に関税交渉へ「参加し，遂行する（enter into and carry out)」という約束を行っていない」（Ibid., p. 1）。その結果として，まず，新規加入申請国が，既締約国が利害を有する品目について関税譲許を行わずして，GATT加入を果たすケースが生じる可能性，次に，加入申請国が，既締約国との関税交渉を主張できる権利が与えられていないために，こうした交渉に「参加し，遂行する」機会を拒否され，その結果として申請国が加入を断念する方向に傾くことも考えられる。こうしてGATTの大原則である互恵主義が無

秩序に侵害されていく事態が生じるのである。したがって，新規の締約国（あるいは既締約国の可能性もある）に対して，他の締約国との関税交渉に「参加し，遂行する」権利を与えるよう GATT を修正する必要性が，後日生じてこよう (*Ibid*., p. 2)。こう述べて，方針書は終わっている。

ではこのようなアメリカの第33条修正案に対して，締約国団会議はどのような反応を示したのであろうか？

こうした問題などに対処するために第1回締約国団会議では「入替えに関する小委員会（Sub-Committee on Supersession）」が特別に組織された。構成メンバーはアメリカ，イギリス，フランス，オランダ，ノルウェー，レバノン，キューバの6カ国であった（GATT/1/SR. 5, p. 5）。なお，この小委員会は，その他の GATT 条文の ITO 憲章との入替えや修正にも携わった。この点については次節で述べることにしよう。

さて，小委員会において，アメリカはポジションペーパーに沿って，第33条の修正を提起した。その内容とは，第1に，GATT への新規加入の承認を多数決原理で行うこと，第2に，その条件として，新規加入国への GATT 原則は，新規加入国とある締約国の間でその締約国が同意しない場合は，適用されるべきではないという趣旨であった（Havana Round [1-f], p. 1）。

まず第1点目について検討することにしよう。アメリカが多数決原理にかなり固執していたことは本国（国務省）とハバナのアメリカ代表団との遣り取りの中から窺い知ることができる。例えば，「加入を多数決（simple majority vote）によって行うことに強い確信を持つべきである。恐らくその理由については認識しておられるであろう。立場を変更する理由は存在しないと考えるべきである」(Havana Round [1-d], p. 1) や，第33条の修正は多数決によって行うべきであるとの省間の通商協定委員会（Trade Agreements Committee）の考えを伝える極秘電文（Havana Round [1-f], p. 1）が本国（国務省）から代表団に対して送られている。こうしてあくまでも加入に対して多数決原理に固執するアメリカの態度は，GATT オリジナル文書の改正やその他の重要な諸規定について3分の2以上(two-thirds majority vote) の賛成を原則にしていることと照らし合わせれば，異様であるといえよう。[9]

当然，第1の提案に対して，入替えに関する小委員会のメンバーから猛反対が

起こった。ハバナのアメリカ代表団から国務省通商政策局局長のブラウン (Brown, W. G.) と通商協定委員会宛ての極秘電報には，「彼ら（小委員会のメンバーであるイギリス，フランス，オランダ，ノルウェー，レバノン，キューバ）は，GATT への入会料を非常に安く設定したと考えている。そして新規の申請国が小国と身のない協定を結ぶことによって加入してくる可能性について検討している」(Havana Round [1-e], p. 1：括弧内は山本）と伝えている。こうした小委員会のすべてのメンバーの反対に直面して，アメリカは自らの主張を曲げざるを得なかった。小委員会の他のメンバーが，その他の GATT の決定事項に合わせた3分の2提案に合意している事実を鑑み，「多数決提案は必ずしもアメリカの利益を守ることにはならないので，これ以上の強要をわれわれはすべきではない」(Ibid., p. 1) との見解をジュネーブ代表団はブラウンと通商協定委員会に伝えたのである。

そして結局，第33条「加入」は，GATT オリジナル文書の満場一致原則を修正，またアメリカ提案であるシンプルマジョリティルールを否定する形で，3分の2 (two-thirds majority) ルールを採用することになったのである。さて，われわれはアメリカがなぜシンプルマジョリティルールに固執したのかについて，多くの未加入国を GATT に引き入れることであるという理解を示してきた。それはいみじくもアメリカが締約国団会議の協議事項に対する方針書（ポジションペーパー）の付属文書 A-IX-1 の中で述べているように「できるだけ多くの国を加入させること」(Havana Round [2-a-2], p. 1) であるとするなら，それら諸国とは当然，上述したように，第1回締約国団会議では最恵国待遇の付与さえ俎上に載せることを拒否された占領地域（後に独立国としての地位を獲得する過程での加入)，または宗主国から今後独立する植民地や属領の取り込みを目指していたと考えられる。また既締約国であったチェコスロバキアを含めユーゴ，そしてポーランドなどの東欧諸国の一部もその視野に入っていたともいえる。事実，東欧諸国の加入問題は1950年代に GATT 内部で審議されることになる。[10]

それでは第2点目について，アメリカが危惧した新規加入国の GATT 義務回避の可能性についてはどのような審議が行われたのであろうか。アメリカは周到にこの問題について準備していた。3月13日に開催された第7回目の締約国団会議において，アメリカのレディ (Leddy, J. M) は，第33条を分割し，第35条を新[11]

たに設けることを提案し，その原案を提示している。すなわち，その原案は，新規加入国といずれかの締約国が相互に関税交渉を開始していない場合，双方のどちらかが一方に対して GATT 原則の適用に同意しないなら，その適用を行わなくてよい（GATT/1/SR. 7, pp. 4-5）ことを謳っていた。その原案は最終的に合意された GATT 第35条「特定締約国間における協定の不適用」とほぼ同じであるといってよい。GATT の対日条項として周知の第35条「特定締約国間における協定の不適用」は，もともとは互恵主義を重んじるアメリカが新規加入国の GATT へのただ乗りを防止するために作った規定であったといえよう。[12]

しかし，第35条の適用の難しさについては，すでにその作成段階からアメリカは認知していた。新規加入国が，第35条の適用を受けるかどうかは　既締約国がその新規加入国に最恵国待遇を拡張するかどうか判断する際に，その自由裁量に委ねざるを得ないとアメリカは分析していたのである（Havana Round [1-g], p. 3）。まさに後に GATT 第35条が通称「対日条項」として注目されるのも，こうした第35条のもつ適用基準の難しさにあったといえよう。もっとも，第35条作成の目的は，もともと日本を対象にしたものでなかったことは以上の分析をもって明らかであろう。

第3節　欧州復興計画と GATT ── ITO 憲章条文との早期入替えを巡って

(1)　GATT 第29条原則を巡る議論

第1節の（2）ですでに触れたが，締約国団会議の議題には，協議事項の第8項目として「GATT と ITO 憲章との関係（GATT オリジナル文書第29条）」の検討が挙げられていた。GATT オリジナル文書第29条の第2パラグラフ(a)は，「ITO 憲章が施行された日に，本協定の第1条と第II部は中止され，ITO 憲章の当該規定によって置き換えられる。ただし，国連貿易雇用会議終了後，60日以内に，締約国はそのように中止され，置き換えられた本協定の規定もしくは諸規定への反対をその他の締約諸国とともに申し出ることができる」（ECOSOC, 1947b, pp. 62-63）と規定していた。そしてその場合，締約国（団）は申立てが行われた60日以内に，反対された ITO 憲章の規定を適用するのか，既存の，または修正を施された GATT 規定を適用するのか，の決定について協議を行わなければな

らない (*Ibid.*, p. 63)。つまり，基本的にはITO憲章の当該規定との入替えを実施するが，反対が出た場合には検討を行い，その検討結果に従うというものであった。問題は，第1に，締約国がこの全面的入替えに合意するのかどうか，という点と，第2に，入替えの時期をITO憲章施行時に限定すべきなのか，換言すれば早期の入替えを実施するかどうかであった。

第1の問題について，アメリカの機密報告書は次のように述べている。ジュネーブでのGATT交渉に参加していない諸国が，ITO憲章を認証したファイナル・アクトに調印したのは，GATTが彼らにとって受け入れ易い形態になると確信したからである。それら諸国の多くは，GATTオリジナル文書（そのもとになっていたITO憲章ジュネーブ草案）に対する彼らの反対を叶えるものとなるという理由から，その入替えに賛意を表した（Havana Round [1-b], p. 12）。ITO憲章が施行されれば，当然，その加盟国もGATTに加入するわけであるから，その施行に際しては，GATTオリジナル文書の規定（第II部）は例外なく，撤廃されるべきである。アメリカはこのような理由から，ITO憲章施行時の第II部の完全入替えに賛成したのである。そしてジュネーブ会議でGATTファイナル・アクトに調印した23ヵ国中，20ヵ国もそれに同意した。残りの3ヵ国（オーストラリア，中国，チェコ）は同意しなかったものの，反対行動に出ることはないであろうとITOのプレスリリースは述べている（Press Release ITO/226, p. 1）。

第2の問題について，ITO憲章の施行までは，GATTオリジナル文書の修正を行うべきではないというのがアメリカの立場であった。というのは，ITO憲章第IV章（通商政策）は，ハバナ会議で，全体としてGATTオリジナル文書の第II部に組み入れることができないほど，GATTオリジナル文書の第II部とは違う内容に修正されてしまったからである。したがってITO憲章を議会に提出する前に，GATTにITO憲章の規定を入れてしまうことは，ITO憲章の承認を得るに困難を生じさせる（Havana Round [2-a-1]）。これがGATT第II部の早期入替えに反対するアメリカの立場であった。しかし，GATT条文の全体についてアメリカがその修正の必要性を認識していたことは，すでに述べたとおりであり，協議事項第9項「GATTの締約国ではない政府のGATT加入（GATTオリジナル文書第33条）」に基づいて，アメリカは第III部第35条を新たに挿入したのであった。また新9項は，GATTオリジナル文書第III部第24条とITO憲章の当該規定との

入替えを提起していた(313ページ参照)。前述したようにその提案国はフランスであったが，アメリカもそれに賛成に回ったのである(現段階では，GATT・ITO関連文書のいう，この表現に止めておく)。現在から顧みて，第24条は非常に重要な条項であり，なぜGATTオリジナル文書の第24条がITO憲章(ハバナ草案)の当該規定と入替えられたのかについて検討する必要があり，またGATTオリジナル文書とITO憲章の当該規定との相違も明確にしておく必要があろう。

ところで，GATT第24条の扱う地域貿易協定について，そもそもアメリカは関税同盟の形成のみを認める立場にあった。また関税同盟の位置付けもあくまでも例外的措置であり，関税同盟に関する研究にそれ程重きを置いてきたわけではなかった。すでに本著や前著(山本和人，1999)で明らかにしたように，戦中から展開された米英間の戦後貿易システムを巡る交渉は，英帝国特恵関税の撤廃とアメリカの高関税の引下げを巡る応酬がその中心をなしていたといってよいであろう。しかし，その他の中核国諸国が貿易システム構築の会議に参加するようになり，地域貿易協定(関税同盟)への関心が次第に高まっていった。しかしそれを決定づけたのは冷戦の激化であった。それこそがアメリカに地域貿易協定の重要性を認識させるようになったのである。アメリカは，欧州復興計画の発表とほぼ時を同じくして，西ヨーロッパを中心とする関税同盟の研究を本格化させる。後述するようにそれは西ヨーロッパだけを対象にしたものではなく，西ヨーロッパの復興を助けるためにその他の地域のドル不足解消を目指すための地域貿易協定の締結を含むものであった。そしてそのためには，GATTオリジナル文書の規定では十分ではなく，より包括的な地域貿易協定の容認とその条件を規定した条項を作り上げる必要性があった。

こうした視角からITO憲章第44条「関税同盟と自由貿易地域」作成の舞台裏に新たに光を当てた研究としてチェイス(Chase, 2006)のそれを挙げることができる。またそのチェイスの問題意識をもとに関税同盟を含む地域経済協定に関する戦後貿易システム設計者たちの認識の深化とその変遷過程を戦中まで遡って研究しようとする動向も見られる(柴田鎮毅，2012，2013，2014)。本節では彼らの研究を下敷きにしつつ，第1回締約国団会議で，ヨーロッパや北アメリカを中心とする地域経済統合計画がGATTオリジナル文書の早期入替えを促す要因となった理由を検討しようとするものである。もし，ITO憲章の第42条「第IV章の

適用地域」，第43条「国境貿易」，とりわけ第44条「関税同盟と自由貿易地域」がGATTオリジナル文書第24条の内容と入替えられていなければ，戦後に形成された地域経済圏のほとんどすべてが明らかにGATT・WTO違反となり，それに従って，地域経済圏形成が断念されていなければ，GATT自体の存続がとっくの昔に不可能になっていたと予測される。本節においては，GATT第24条の書換えとその深化について考察するだけではなく，なぜ，第1回締約国会議で，ITO憲章の当該規定（第42~44条）がGATTオリジナル文書第24条と入替えられたのかについて検討することにしたい。

さて，GATT第1回締約国団会議におけるGATTオリジナル文書の第24条および第14条がITO憲章の当該規定と入替えられたのは，第1回締約国団会議録要約（GATT/1/SR.1~14）を読む限り，ヨーロッパにおいてイタリアとの関税同盟の締結，さらにその他の自由貿易協定を模索していたフランスの主張（第14条はイギリスも主張）によるものであることが解る。

しかし，われわれはこの事実だけにGATTオリジナル文書第24条や第14条の入替えを求めてはならないと考える。以下で分析するように，フランスの主張を支持したアメリカの影響力を分析して初めてGATTオリジナル文書修正の本質を把握できるのである。以下では主にGATTオリジナル文書第24条の入替えについて分析することにしよう。

（2） ドル不足への対応と欧州関税同盟形成への支援：GATTオリジナル文書第24条の入替え

①欧州復興計画と地域貿易協定に関する規定の深化：その1――関税同盟形成の条件と制約について

アメリカ国立公文書館（NARA）には，1947年から1948年にかけて欧州復興計画とITO憲章との関係を扱った大部の機密史料が保管されている。アメリカが欧州復興計画を実施に移すに際して，構築されつつあった多国間貿易システムを，如何にして欧州復興計画と連動させるかを検討していたことを物語る史料群であるといえる。われわれは，その中のいくつかに依拠しながら，ITO憲章第42~44条とGATTオリジナル文書第24条の入替え過程を分析することにしよう。

アメリカは，欧州復興計画の実施にあたって，ITO憲章の諸規定を利用する

目的から,一つの作業部会を立ち上げている。「欧州復興計画とITO憲章との関係についての作業部会」(通称ITO作業部会)と呼ばれ,国務省の管轄のもと,対外経済政策に関する執行委員会 (Executive Committee on Economic Foreign Policy: ECEFP。同委員会の起源と活動については,山本和人, 1999, 289ページ以降を参照のこと)が中心になっていた。その設立は1947年9月19日,まさに第2回貿易雇用準備会議(ジュネーブ会議)の最終局面にあたり,中核国間の激しい議論の中からGATTオリジナル文書,第1回関税引下げ交渉そしてITO憲章ジュネーブ草案が生み出されようとしていた時期であった(詳細に関しては,第6～8章を参照)。ITO作業部会は,欧州復興計画に関して設立されたECEFPの4つの作業部会のうちの一つ(その他の作業部会は「国連と専門機関」,「欧州復興計画の遂行に必要とされる国内統制に関する作業部会」,「戦略物資に関する作業部会」)であり,議長はニッツ (Nitze, P. H.) 国務省国際貿易政策局副局長であった (International Conference on Trade and Employment [5-a], pp. 1-3)。ニッツは後に論じるように,カナダとの自由貿易協定締結を模索する中心人物である。

　さてITO作業部会の任務は,5点の課題を検討し,勧告書を作成することにあった。その4点目の課題が「欧州域内の特恵関税協定または関税同盟の実現可能性とその展望」についてであった(14)(*Ibid*., p. 3)。その課題についてITO作業部会は10以上の報告書を作成した。その中からわれわれが注目すべき報告書は「欧州復興計画とITO」(International Conference on Trade and Employment [5-c], reference No. ITO D-5) と「欧州域内貿易拡大のために適用可能な初期の政策」(International Conference on Trade and Employment [5-d], reference No. ITO D-6) であろう。この2つの報告書に焦点を当て,アメリカが欧州復興計画にITO憲章の諸規定とりわけ,関税同盟に関する規定(ITO憲章第42～44条)をどのように利用しようと考えていたのか明らかにしたい。アメリカは,この点に関して,とくにITO作業部会の第1回会議において,次の4点からヨーロッパの関税同盟を分析することに合意していた。1.アメリカ貿易政策との関係からヨーロッパの関税同盟が長期的計画として実現可能性とその展望をもちえるか。つまり,関税同盟はアメリカ貿易政策の最終目標に貢献するのか？ 2.またもしそれが可能なら,欧州復興計画のもとでどのような手続きが関税同盟の発展と成功を促すのか？ 3.欧州復興計画との関連でヨーロッパの関税同盟のプラニングのもつ短期

第9章　GATT第1回締約国団会議の開催とその意義

的な意味。4．ITO憲章の原則遵守の観点からヨーロッパの関税同盟設立計画のもつ意味（International Conference on Trade and Employment [5-b], pp. 2-3）。

われわれは以上の点を視野に入れ，2つの報告書に描かれた関税同盟に関する記述に注目することにしよう。

「欧州復興計画とITO」（International Conference on Trade and Employment [5-c]）は32ページに及ぶ報告書であり，その概略は次のとおりである。まず時代背景として，欧州復興計画受入れ国16カ国は，1947年8月にパリで欧州経済協力委員会（Committee of European Economic Co-operation: CEEC。なおCEECは欧州経済協力機構〔Organization for European Economic Co-operation: OEEC〕の前身である。詳細については益田実，2008の第2章を参照のこと）を結成したが，そのうち6カ国（イギリス，フランス，オランダ，ベルギー，ルクセンブルク，ノルウェー）は，貿易雇用準備委員会のメンバー（中核国）であり，かつその他のCEECの10カ国は，国連貿易雇用会議（ハバナ会議）に招聘されている。またアメリカが欧州復興計画とITOの主導国であることを考え合わせると，この2つの計画は完全に一貫性を持つものでなければならない。ITO憲章は実施されない可能性を持つけれども，その代わりにGATTは，ITO憲章と同様に，数量制限，特恵，関税同盟，国営貿易など重要な規定を持っているのであるから，GATTと欧州復興計画も完全に両立するものと考えてよい（Ibid., pp. 1-3）。それでは2つの計画の一貫性をどのように確保すればよいのか？　報告書はそれについて勧告と討論を行っている。われわれは関税同盟に焦点を当て報告書の見解をまとめることにしよう。

報告書の基本的スタンスは，欧州復興計画とITO憲章の諸目的が同じものであり，世界の生産と貿易の拡大を保証することであるとする。したがって無条件最恵国待遇原則の遵守とそれに基づいた貿易障壁の削減が両者の共通の具体的手段となる（なお，これはあくまでのITO憲章に対するアメリカの理解であり，その他の諸国のそれとは異なることを強調しておく〔詳細については第4章参照〕）。それにもかかわらず，合法的特恵協定，例えば，「完全なる関税同盟（ultimate customs union）」を目標とする「中間的特恵（interim preferences）」は許容される（Ibid., pp. 3-4）。報告書は関税同盟に至る中間的特恵を強調しているが，これはITO憲章ジュネーブ草案第42条「第Ⅳ章の適用地域-国境貿易-関税同盟」に新たに挿入

された「中間協定（interim agreement）」（ECOSOC, 1947e, p. 36）と同じものであるといってよい。当然ながらGATTオリジナル文書第24条の「中間協定」とも一致する（ECOSOC, 1947b, pp. 56-57）。ヨーロッパにおける関税同盟形成の要件である中間的特恵と，ほぼ同時期に行われていたジュネーブ会議でITO憲章とGATTオリジナル文書に挿入された中間協定とは，相互に深い関連性を持つものであったとわれわれは理解している。

さて，報告書はヨーロッパの中間的特恵は認めるものの，それが際限のない地域特恵に留まることのないように，関税同盟完成に至る明確なスケジュールの必要性と対外関税の水準についても言及している（International Conference on Trade and Employment [5-c], p. 4）。これらもITO憲章ジュネーブ草案やGATTオリジナル文書に明記されている（ECOSOC, 1947e, p. 36; ECOSOC, 1947b, pp. 56-57）。さらに欧州復興計画は，短期的なものであり，関税同盟が欧州復興計画実施中に完成することは困難である。しかし，関税同盟の完成が，「生産と貿易の長期的拡大，実質所得の増大，経済及び政治安定の維持」（International Conference on Trade and Employment [5-c], p. 17）をもたらす可能性がある以上，欧州復興計画の実施中にその約束を結ぶべきであり，「絶好の好機」である。「欧州諸国への経済・金融援助の見返りに現在なされている約束に対して，再び魅力的な代償を与えることは不可能でないにしろ，困難である」（*Ibid*., p. 18）と述べて，欧州復興計画実施中に，ヨーロッパに関税同盟の形成に向けて約束を取り付けることを勧告しているのである。ITO憲章ジュネーブ草案の第42条，GATTオリジナル文書第24条の規定の深化は，こうしたアメリカの利害が大きく関わっていたといえる。

他方，もう一つの報告書「欧州域内貿易拡大のために適用可能な初期の政策」（International Conference on Trade and Employment [5-d]）も関税同盟について，ほぼ同様の考えを示している。報告書は，問題提起，勧告そして討論の3部から成る。より自由な欧州域内貿易の拡大に向けて，欧州復興援助計画の期間内に結果をもたらすには如何なる行動指針を勧告すべきか，という問題提起を受けて，一つまたはそれ以上の関税同盟やその他の長期的地域経済統合に向かう手段について検討を進めることを勧告している。しかし，貿易障壁の撤廃について，そして1951年までに大きく欧州復興計画を前進させることについて，期待しすぎては

ならないとしている。また欧州復興計画に参加するすべての諸国は，ジュネーブ関税交渉に参加した欧州諸国が締結した互恵的な通商協定をもって，域内で互いに選択的な関税引下げを実施すべきであること，さらに欧州諸国間の特恵関税は，関税同盟に向かってそれらの関税率を均一に漸減するケースにおいてのみ，認められるべきであると勧告している（*Ibid*., pp. 1-2）。

こうした勧告を受けて，欧州関税同盟は，欧州復興計画実施中には決して完成できるものではない。防がなければならないのは，「容認された選択的特恵関税の導入」であり，そのような特恵関税は現在のような緊急事態が収束し，ノーマルな貿易関係が構築された時に，撤回することが困難となる（*Ibid*., p. 6）。したがって欧州域内の特恵関税取決めの運用は緊急事態としてのみ許可されるべきであり，欧州復興計画期の欧州域内の特恵関税の運用は，2カ国以上の国が1年につき10％ずつ徐々にその関税を均一かつ相互に下げる場合にのみ擁護されるべきである。報告書はこの方式を「関税同盟に向けての漸進的アプローチ」（*Ibid*., p. 10）と呼んでいるが，まさしく，ITO憲章ジュネーブ草案やGATTオリジナル文書で規定された中間協定と同種のものであったといえよう。

2つの報告書は，欧州域内での関税同盟の形成プロセスとその要件について，欧州復興計画の実施に則して検討したものであり，ITO憲章ジュネーブ草案やGATTオリジナル文書の規定を利用するとともに，逆にそれらの規定の深化に影響を与えたといえる。ITO憲章ジュネーブ草案やGATTオリジナル文書がまさに出来上がろうとしていたちょうどそのときに，欧州復興計画のもと欧州関税同盟の形成が現実味を帯び，両者が相乗効果をもつ形で，ITO憲章とGATTオリジナル文書の当該規定が生み出されたと捉えるべきであろう。

しかし，本節ではまだITO憲章第44条とGATT第24条オリジナル文書との入替え問題には検討を加えていない。この問題は第③項に回すとして，ヨーロッパの関税同盟形成にGATTが如何に関わったのかについて，新たな事実に着目することにしよう。

②フランス－イタリア関税同盟形成に関する決定──GATT第25条ウェイバー条項の発動

GATT第25条「締結国の共同行動」の第5パラグラフは，締約国に課せられる義務の放棄を規定したもので一般にウェイバー条項と呼ばれている。アメリカ

がこの条項を使って農産物輸入に対する制限を継続した事実はあまりにも有名である。しかし，このウェイバー条項を初めて利用したのがイタリアとの関税同盟形成を模索していたフランスであったという事実はそれほど知られていないであろう。しかもそれは1947年から48年のことであり，欧州復興計画の時期と重なりあうものであった。

　当時の敗戦国イタリアは早くもハバナ会議でITO憲章のファイナル・アクト調印国53ヵ国のひとつに名を列ねていた。しかし，未だGATT締約国ではなく，またそのファイナル・アクトにも調印していない状態にあった。したがってGATT締約国であるフランスがイタリアと無断で関税同盟を締結することはGATTに抵触する行為であった。しかし，ウェイバー条項の適用によって，「関税同盟のすべてのメンバーがGATTの締約国でなければならないという要求を免除された」(U. K. Goverment, Cmd. 7376, p. 3) のである。もっとも，フランス-イタリア関税同盟を形成するにあたっては制限と条件を満たさなければならなかった。それらは次の4点に要約できよう。1．関税同盟やその中間協定の域外諸国に対する関税およびその他の通商規則は，その関税同盟の形成や中間協定の採択の前に適用されていた関税の全般的水準や通商規則より，全体として，高度なものであるか，制限的であってはならない。2．中間協定は，妥当な期間内での関税同盟形成のための計画とスケジュールを含むものでなければならない。3．「ふたつのパーティ」(two parties：イタリアはまだGATT締約国となっていないのでパーティという語をそのまま充てておく) は，関税同盟やその中間協定の締結を決定した際，それらに関する情報を締約国団に提供しなければならず，締約国団はその情報を検討し，2つのパーティの関税同盟やその中間協定の妥当性について審議し，勧告する権利を有する。4．同盟の間の関税と通商規制は実質上すべての貿易に関して撤廃され，事実上同一の関税と通商規制が域外に対して適用される (GATT/CP/1, pp. 27-28)。こうした関税同盟形成のための制限と条件は，ITO憲章ジュネーブ草案やGATTオリジナル文書に盛り込まれ，第1回締約国団会議におけるGATTオリジナル文書の入替えに引き継がれていった。要するに，1948年3月20日に発せられた「フランスとイタリアの関税同盟形成に関する決定」(*Ibid.*, pp. 27-28) は，GATT第25条のウェイバー条項を援用しているとはいえ，欧州復興計画のもとでの関税同盟の形成とそれを認めたITO憲章，

GATT の枠内の取決めであったといえるのである。

　もっとも，当初，フランスは，イタリアとの関税同盟形成にあたって，前述の締約国団の「入替えに関する小委員会（Sub-Committee on Supersession）」の決議案において，GATT 第24条に規定された関税同盟や中間協定に課された制限と条件，すなわち，上記の1．域外関税水準に関する規定と2．中間協定の妥当な期間内に関税同盟を完成するから免除されること（GATT/1/21, pp. 1-2）を認められていた。しかし，最終的には，ITO 憲章と GATT に述べられた関税同盟形成の条件を飲む形でウェイバーが承認されたのである。第1回締約国団会議の第7回会議において，アメリカ代表のレディは，アメリカ政府は，フランス-イタリア関税同盟計画に対して，ITO 憲章の第42条の合意（第23条「無差別待遇の原則の例外」を含めて）を遵守すること条件として，しかるべきあらゆる援助を与えると述べている（GATT/1/SR. 7, p. 3：ここでいう第42条とは，第42条A，Bを含むものであり，最終的にはそれぞれ第43条と第44条になる〔本節第③項を参照のこと〕。また第23条「無差別待遇の原則の例外」については注(16)を見よ）。またフランス-イタリア関税同盟形成に関する文書を，修正を加える形で承認した3月19日開催の締約国団会議の第13回会議（GATT/1/SR. 13, pp. 4-5）の決定を敷衍して，前述のエヴァンズによるマーシャル国務長官宛の「第1回締約国団会議に関する機密報告書」は次のように述べている。「GATT 第25条第5パラグラフ（ウェイバー条項）によって行われたその決定は，GATT の諸規定がフランスとイタリアの関税同盟の設立やその中間協定を妨げるものではないという趣旨である……この行動に対して反対するところはなかった。そしてアメリカ代表団はそれがわれわれの欧州復興計画と軌を一にするものであると認識した」（Havana Round [1-b], p. 16：カッコ内は山本）。

　要するに，GATT のウェイバー条項を用いて，ヨーロッパにおいて ITO 憲章，GATT の諸規定に合致することを条件に，関税同盟結成をアメリカが積極的に後押しする構図が理解できよう。

　③欧州復興計画と地域貿易協定に関する規定の深化：その2──自由貿易地域の形成の容認

　上述のエヴァンズの機密報告書には，第1回締約国団会議において，アメリカが GATT オリジナル文書第24条と ITO 憲章第42〜44条（とくに第44条）との入

替えに賛成した理由は，フランスの要請を受けたからであり，西ヨーロッパに関税同盟と自由貿易地域の形成を促すことが，貿易の拡大を求める欧州復興計画とマッチするからであったとされている (Havana Round [1-b], p. 14：傍点は山本)。またブラウンはその自由貿易地域構想は関税同盟の形成とともにヨーロッパにおいてフランスが望んでいたものであったと指摘している (Brown, p. 156)。いずれにせよ，自由貿易地域の構想はヨーロッパのものであり，とくにフランスが主導し，アメリカもそれを認めたという記述がみられる。しかし，こうした従来の見解は，第1回締約国団会議でITO憲章第44条をもってGATTオリジナル文書第24条を代替した理由としては，その説得性に乏しい。というのも当時，フランスがヨーロッパにおいてどのような自由貿易協定を模索していたかの具体例が示されていないからである。

管見する限りの史料に依拠すれば，ヨーロッパにおいて構想されていたのは関税同盟であろう。ITO作業部会が作成した前述の「欧州復興計画とITO」(International Conference on Trade and Employment [5-c]) には，欧州経済協力委員会 (CEEC) の13ヵ国が関税同盟に関する研究グループを立ち上げたこと，また，フランスとイタリアが研究グループをすでに設立し，1948年1月1日までに関税同盟形成の可能性に関する報告を行うこと (両国の関税同盟設立声明については前項を参照) を決定していること，ギリシャとトルコも両国間の関税同盟に関する研究の意図を示していること，ベネルクス3国はすでに関税同盟形成への手段に着手し，デンマーク，ノルウェー，アイスランド，スウェーデンの北欧4ヵ国は，完全または部分的に4ヵ国間の関税の撤廃について研究する意思を表示していることが，述べられている (*Ibid.*, pp. 11-12)。しかし，自由貿易地域なる言葉はどこにも見当たらない。

他方，レバノン，シリア，アルゼンチン，チリなどの途上国が完全なる関税同盟には及ばない地域協定を認めるようにハバナ会議で圧力をかけたという説明がなされている (Chase, 2006, p. 7)。事実，レバノンとシリアは，1947年12月1日付でITO憲章ジュネーブ草案の第42条に，自由貿易地域の形成を加える修正案を提出しているし (United Nations Conference on Trade and Employment, 1947a, p. 1)，チェイスも，1月8日にも両国が同様の提案を行ったと述べている (Chase, 2006, p. 14)。

さらに3月7日には，レバノンとシリアの提案をもとにフランスが自由貿易地域に関する規定を作り上げ，それが修正され，ITO憲章案第42条に追加されたことが説明されている（United Nations Conference on Trade and Employment, 1948a, pp. 4-5. その追加提案「Article 42B "Customs Unions and Free Trade Areas"」の内容については，*Ibid*., pp. 15-18を参照。ちなみにArticle 42Aのタイトルは，"Frontier Traffic"である）。自由貿易地域の発想はレバノンとシリアであり，その考えをバックアップしたのが両国の旧宗主国フランスであったことが理解できよう。したがって，フランスはヨーロッパにおいて自由貿易地域を模索していたのではなく，レバノンとシリアの考えを代弁していたと捉えるのが自然であろう。チェイスも「自由貿易地域という例外はヨーロッパの統合を考慮して作り上げられたのではない」（Chase, 2006, p. 23）と述べている。

ここでわれわれが問題にすべきは，すでにGATTオリジナル文書第24条でほぼ言及しつくされていた関税同盟とその形成に関する制限及び条件を超えて，新たにハバナで作成されたITO憲章第42〜44条（上述の第42条Bは第44条，第42条Aは第43条となる）の規定をもって，関税同盟に関する規定しか持たないGATTオリジナル文書第24条を是が非でも早期に書き換えなければならない必要性がどこにあったのかである。その書き換えの最大のポイントは自由貿易地域の形成とそれに向かう中間協定をGATT原則の例外として追加することにあった。その理由について，その提唱国がレバノン・シリアであり，フランスがそれを支持したという事実だけではどうしても説得力に欠ける。

この疑問を解き明かしてくれるのが，チェイスの論文である（Chase, 2006）。彼は，NARAが保有する第1次史料を中心に，それらを丹念に読み解き，アメリカの存在をクローズアップさせるのである（チェイス論文の紹介は，柴田鎮毅，2012を参照のこと）。それがカナダとの自由貿易協定締結の模索であった。

以下，チェイス論文に従いながら，その経緯について明らかにしておこう。カナダは1947年，ドル不足の只中にあった。イギリスへの輸出はローンで行われ，アメリカとの貿易はドル決済であったので，「カナダの金・ドル準備額は1947年初頭には12億4000万ドルあったが，毎月1億ドルずつ減少を続けていた」（*Ibid*., p. 12）。カナダはドル獲得のためにアメリカに対して輸出促進を試みなければならない切羽詰まった状況に追い詰められていた。そこで，アメリカは1947年12月

に関税同盟の形成を打診したが，カナダは英連邦の一員であり，英帝国特恵関税を一挙に撤廃することは不可能な立場にあった。また国家主権の問題も関わっていた。アメリカはそれに対応すべく，自由貿易地域の概念を考え出していたが，まさにその時にレバノンとシリアが自由貿易地域の提案をハバナ会議で行ったのである（*Ibid*., p. 14）。この事実についてわれわれはすでに言及した。レバノンとシリアの提案が「自由貿易地域というアメリカの期待する（MFN 原則からの）例外を作り出す発端となった」（*Ibid*., p. 14．カッコ内は山本）。

　チェイス論文の骨子は，アメリカが受動的に自由貿易地域を認めたのではなく，ITO 憲章第44条へ自由貿易地域の概念の導入を主導したという点にある。アメリカとカナダの交渉は，秘密裏に行われ，1947年10月29日，まさにファイナル・アクトを通じて GATT オリジナル文書が認証（通常いうところの GATT 成立）される1日前に始まり，5カ月にわたり続けられたとされている。この間，アメリカは，カナダと交渉を重ねるとともに，ハバナ会議でレバノンとシリア，両国を支持するフランスを背後から操り，自由貿易地域に関する規定作成に関与したという（*Ibid*., p. 15）。例えば，自由貿易地域形成に至る中間協定の明確化，域内関税が実質上すべての貿易において撤廃されることなど（*Ibid*., p. 15）がそれであった。アメリカ側の交渉者は，ハバナ会議の団長と副団長（つまり，クレイトン〔Clayton, W. L.〕国務省経済事情担当次官，ウィルコクス〔Wilcox, C.〕国務省国際貿易政策局局長〕，それに前述したニッツ（Nitze, P. H.）国務省国際貿易政策局副局長を含め8名であった（*Ibid*., p. 20）。チェイスはとりわけニッツが自由貿易地域の考えに共鳴したと述べているが，ニッツは，既に述べたように「欧州復興計画と ITO 憲章の関係についての作業部会」（ITO 作業部会）の議長を務めていた（324ページ参照）。欧州復興計画と，関税同盟および自由貿易地域の構想が一つの線で結ばれていたことを示すものといえよう。そして何よりも，チェイスは明確に述べていないところであるが，ITO 憲章第44条が GATT オリジナル文書第24条と入替えられたのも，レバノン，シリアそして両国を支援するフランスの利害と，アメリカのそれが一致したという脈絡から説明することができる。われわれが依拠した WTO 所収の GATT 文書類には，アメリカは自由貿易協定の挿入について，受け身に対応したことが述べられていたが，実際はその導入に主体性を発揮したことが明らかとなったのである。自由・無差別原則を建前上は唱え

つつも，冷戦への対処から，地域経済圏の形成を，具体的には，ヨーロッパには関税同盟，カナダとは自由貿易協定という形で積極的に支援する，これこそが冷戦初期のアメリカ対外経済政策であり，その政策がまたGATT第24条の深化に大きな影響を与えたのである。

以上われわれはチェイス論文から，GATTオリジナル文書第24条の書換えの理由をより鮮明にできたと考える。さらに，われわれのこうした見解は，1948年3月22日付の「アメリカ・カナダ貿易協定案（Proposed Trade Pact between the United States and Canada）」（Thunder Lake Management Inc., 2005の attached original document に所収）(15)と題するアメリカ国立公文書館（NARA）保有の最高機密（Top Secret）扱いの覚書によって補強されよう。覚書には，両国間の協定原則の一つとして，最恵国待遇の例外を挙げているが，協定の原則である自由貿易地域という例外の適用は，GATT第24条のもとで認められたものであると述べられている（Ibid., p. 7）。もちろん覚書のいうGATT第24条とは，締約国団会議で入替えられた自由貿易地域に関する規定を有する新第24条のことである。こうした自由貿易地域協定の原案が，締約国団会議の終了とほぼ同時に，極秘にアメリカとカナダの間で取り交わされていたことを示す史料からも，アメリカが積極的にGATT第24条の入替えに関与したことが窺える。

なおアメリカとカナダの自由貿易地域協定を巡る交渉は秘密裏に遂行され，結局日の目を見ることがなかったので，チェイスの論文を除いてその存在についてほとんど明確にされてこなかったのが現状である。管見する限り，近年ではハートとボスウェルが簡単に触れているにすぎない（Hart, 2006, p. 44. Bothwell, 2007, pp. 36-39）。ハートは，協定が秘密裏に行われたうえに，成立に至らなかったので，すべての記録を破棄するよう命令が下された。しかし幸運にもいくつかの記録は生き残ったと述べている（Hart, 2006, p. 44）。しかもカナダ政府はこの交渉に関する公文書の公開を行っていない（Thunder Lake Management Inc., 2005）。チェイスは残されたアメリカ側の史料を基にハバナ会議でITO憲章第44条やGATT第24条，とりわけ前者のITO憲章第44条に自由貿易地域に関する取決めが追加される経緯を考察したのである。とくにわれわれは彼の研究をもとに，アメリカが，フランス，レバノンそしてシリアの背後でGATTオリジナル文書第24条の早期入替えを，受動的に承認したというより，その入替えを主導した根拠

について明らかにした。アメリカが主導権を発揮しなければ，ITO憲章第44条「関税同盟及び自由貿易地域」は，GATTオリジナル文書第24条「適用地域-国境貿易-関税同盟」に追加挿入され，「適用地域-国境貿易-関税同盟及び自由貿易地域」となることは決してなかったであろう。マブロイディスも最近の研究で，第1回締約国団会議においてGATTオリジナル文書第24条に自由貿易地域の記述が追加挿入されたことを重要視している（Marvroidis, 2016, p. 57）。もし，こうした入替えが行われなかったならば，GATTの存在意義も大きく変わっていたと考えられる。

　本章は，1947年10月に認証されたGATTオリジナル文書が，第1回締約国団会議を通じて，重要な変更を受けたことを，アメリカ国立公文書館（NARA）やWTO所収のGATT関連史料の分析を通じて明らかにした。ITO憲章の施行に陰りが見える中，敗戦国の国際貿易システムへの復帰を巡るアメリカとヨーロッパ諸国の確執，GATT第35条の追加，そしてGATTオリジナル文書第24条の入替え，フランス-イタリア関税同盟形成に対するGATT第25条第5パラグラフ，いわゆるウェイバー条項の発動は，多国間通商協定GATTに，自由・無差別原則をその支柱としながら，冷戦という時代の到来の中で，その原則からの逸脱を認めるルールが厳密化され，挿入されたこと，そしてその原則の厳守よりも，そのシステムへの加入を促すルールが導入されていったことを示すものであった。むろんその動きを主導したのはアメリカであった。しかし，西ヨーロッパを中心とする先進諸国も，欧州復興計画を通じて，その動きに連動したといってよい。ただし，イギリスやフランスを中心とするヨーロッパ諸国は敗戦国の貿易システムへの早期参画についてはアメリカには同調しなかった。1948年8月に開始されるGATT第2回締約国団会議では，敗戦国，とりわけ西部ドイツを如何にGATTに取り込むのかが議題となる。こうした問題については，日本の扱いを含めて，第2回締約国団会議に焦点を当て，詳しく分析するつもりでいる。

　ところで前著（初版）の考察範囲は，不完全のままの状態で10月30日に，ファイナル・アクトと暫定適用に関する議定書を通じてGATT本体（われわれのいうところのGATTオリジナル文書）が施行されるまでであった。しかし，戦後世界経済の新たな枠組みが形成されつつある中で，GATTオリジナル文書は，第

第9章　GATT 第1回締約国団会議の開催とその意義

1回締約国団会議を通じて，その内容に歴史的にみて，重要な変更が加えられるとともに，GATTの基本形態である第Ⅲ部35条構成をとるようになった。本書（増補版）の第9章に，そうした過程の分析を加えることで，「戦後世界貿易体制成立史」は一応完成すると考えたからである。しかし，戦後世界貿易体制成立史研究の終了をもってわれわれはすでに初期GATTの研究領域に入り込んだと考えている。現段階で初期GATTとは，西ヨーロッパの復興期が終了し，GATT，換言すれば，「GATT型多国間主義」がその機能を開始する1950年代末までを想定している。

また本章では，GATTオリジナル文書第14条「無差別待遇の原則の例外」が，ハバナ会議で大きく修正されたITO憲章第23条「無差別待遇の原則の例外」と入替えられたことについては考察の対象外とした。その理由は，当該条項が戦後過渡期を対象にしたものであり，過渡期が終了した後また大きく書き換えられたことを考慮したためである（その経緯については，津久井茂充，1993，420～427ページを参照のこと。またGATTオリジナル文書第14条の入替えに関する理由及び内容の概略については，本章の注(16)を参照のこと）。

注
(1) キューバが「暫定適用に関する議定書」に署名したのは，アメリカとの関係が絡んでいた。この点について，キューバのGATTの暫定施行が「アメリカとの関係から（as regards the United States）」から行われたという記述がアメリカ公文書館の史料にみてとれる（Havana Round [1-a], p.2），しかし，その詳細な内容については管見する限り，見出すことができなかった。
(2) 第36条には，GATTの相互主義を開発締約国が逸脱できる権利が規定され，第37条には先進締約国が開発締約国からの輸入品に対して，輸入障壁の撤廃に努力することが宣言され，第38条において，第36条の線に沿った国際取決めを作成し，その他の国際機関と協力して，第Ⅳ部の目的を達成すべきことが謳われている（津久見茂充，842～844，855～857，862～863ページ）。事実，この精神に基づいて，一般特恵関税制度（GSP）が，1970年代に先進諸国で導入されていき，1980年代のNIESの経済成長の一因となっていく。
(3) 1960年代から70年代にかけて南北問題の高揚の中で，UNCTADが成立し，GATTの自由・無差別原理に修正を求める圧力が高まった。こうした動きへの妥協として作られたのがGATT第Ⅳ部である。すでに多くの文献が南北問題やUNCTADとの関わりでGATT第Ⅳ部について述べているが，ここではとりあえず，前

田啓一（1989），三宅正太郎編（1985），佐分晴夫（1983）をあげておく。
(4) 最も大きな変更は締約国団に替えて貿易協力機関（Organization for Trade Cooperation）を設置することを旨とする貿易協力機関協定を締結するというものであったが，アメリカの反対にあって，発効には至らなかった。協定の内容に関しては，とくに内田宏・堀太郎，1959，764〜784ページを参照のこと。
(5) これまでのGATT研究が冷戦の影響を考察の外に置いてきたことに対する批判をマッケンジーは行っている(McKenzie, F, 2008)。とりわけ，1950年代までのGATT交渉について，冷戦の影響を無視して分析することはできないとマッケンジーは述べているが，彼女の主張はまさにわれわれがこれから行おうとしている初期GATTの分析と重複するものである。
(6) 締約国とは，ジュネーブ会議でファイナル・アクトと暫定適用に関する議定書に調印したキー・カントリーズ（アメリカ，イギリス，フランス，オランダ，カナダ，ベルギー，ルクセンブルク，オーストラリア）とキューバの9ヵ国，ファイナル・アクトのみ調印した14ヵ国とは，インド，パキスタン，ビルマ，中華民国，ブラジル，チリ，セイロン，ニュージーランド，南アフリカ，南ローデシア，チェコ，ノルウェー，レバノン，シリアであった。
(7) エヴァンズは商務省に所属していた。代表団は5名，その中にはGATTの名付け親で，GATT草案作成に深く関わっていたレディ（Leddy, J. M.）も含まれていた。
(8) ITO憲章の第17条「関税の引下げと特恵関税の撤廃」は，互恵的かつ相互に利益的なベースで，関税およびその他の貿易障壁の大幅削減と特恵の撤廃に向けての交渉に「参加し，遂行する（enter into and carry out）」ことを第1項で謳い，交渉のルールについては第2項で具体的に規定している（ICITO, 1948a, pp. 14-15）。それに対して，GATTオリジナル文書の本体では，前文において，関税およびその他の貿易障壁の大幅削減と差別的な協定の撤廃に向けての互恵的かつ相互に利益的な取決めに参加することは規定していたものの（ECOSOC, 1947b, p. 1），具体的な交渉のルールについては明記していなかったのである。本文のアメリカの方針書が述べていることは，こうしたITO憲章とGATTの相違点による。

　なお，GATT本文に交渉の具体的ルールが明記されるのは，「1954〜55年のガット規定のレビュー会合の結果，「前文並びに第二部及第三部を改正する議定書」（1957年10月7日発効）により」（津久井茂充，1993，773ページ），第28条に第二項「関税交渉」が追加されたことによる。この項によってITO憲章第17条で述べられていた関税交渉のルールがGATTに挿入された。
(9) GATTオリジナル文書において，例えばGATT第25条「締約国の共同行動」の第5パラグラフの義務の放棄に関する決定（いわゆるウェイバー条項）（ECOSCO, 1947b, p. 58)，第30条「改正」の第1パラグラフのGATT条文改正に必要な定数（Ibid., p. 64）については3分の2以上の賛成が必要とされている。
(10) マッケンジーがこの点を明らかにしている。彼女の表現に従えば，「第二次大戦中，

ITO・GATT の設立を計画した人々は，ITO・GATT をリベラルな貿易機構（a liberal trade organization）として構想した。冷戦が国際経済関係のすべてを方向付けるようになったとき，GATT は本来描かれていたユニバーサルな運動というよりは，「自由世界（free world）」（二，三の共産国は加入していたが）のフォーラムと支柱に変化した」（McKenzie, F., 2008, pp. 106-107）。

(11) 本文では省略したが，すでに入替えに関する小委員会は第33条に，アメリカの要請に基づいて，「本協定の第2条（譲許表）は，何れかの締約国と新規加入国間には，そうした締約国の同意がなければ適用されない。新規加入国は交渉を求めている何れかの締約国と交渉を行うべきである」（GATT/1/21, p. 10. カッコ内は山本）という文言を追加した草案を作成していた。上述したように，第35条はこの文言をさらに詳細にし，第33条から分離したのである。

(12) 第35条の新設の理由について，我が国では，インドが人種差別を行っている南アフリカに対して最恵国待遇を与えることを拒否したことへの対応，そして1946年のアメリカとフィリピンの貿易協定のもとではフィリピンが GATT に加入できないので，その加入を可能にさせるための措置であったとの説明がなされている（内田宏・堀太郎，1959，759ページ）。こうした表面的な理由があったにせよ，その本質は，アメリカが GATT 加入国を増やそうとした副産物であったと捉えるべきであろう。

(13) 既に分析したように GATT 第29条第2パラグラフによって ITO 憲章施行時に GATT 第Ⅱ部は停止，換言すれば ITO 憲章の当該規定に代替されること，また必要最小限度の入替えが ITO 憲章施行以前に行われることで合意され，第Ⅱ部以外についてもそうした取決めがなされた。この取決めに従って，GATT オリジナル文書が大幅修正（または ITO 憲章条文と入替え）されたのは，第14条，第24条，第33条，そして第35条の新設であった。その他の締約国，例えば，途上諸国であるチリやブラジルが要求し，レバノンやシリアが支持した ITO 憲章第Ⅲ章「経済開発と再建」に属する第15条「経済開発と再建のための特恵取決め」，第Ⅳ章「通商政策」に属する第26条「輸出補助金に関する追加規定」，第27条「第1次産品に関する特別扱い」，第28条「第1次産品の輸出促進に関する計画」の GATT オリジナル文書への挿入は，アメリカ代表のエヴァンズが「アメリカ政府はそうした追加に賛成しないであろう」（GATT/1/SR. 2, p. 4）と述べ，結局のところ，GATT 条文には加えられなかったのである。GATT オリジナル文書第24条や第14条の修正には，これから述べるようにアメリカを中心とするキー・カントリーズ（キー・カントリーズの成立とその活動については第8章を参照のこと）の意向が反映されることになる。

(14) ITO 作業部会のその他の4点の課題を挙げれば次のようになろう。第1点目，ITO 憲章に対する欧州復興計画の運用・手続きとそれらについて必要とされる手段との関係。第2点目，参加国で現在行われている貿易管理に関する通商取決めとそうした取決めが最大限の相互援助の達成に及ぼす障害の程度。第3点目，欧州復興計画のもとでの生産，割当，分配の結果が欧州域内と世界貿易に及ぼす長期的影響。第4

点目，欧州復興計画のもとでの財および原料についての様々な調達方法（すなわち，政府対政府，民間貿易経路，双方の併用），とりわけ，そうした調達が世界貿易に及ぼす長期的影響，であった（International Conference on Trade and Employment [5-a], pp. 1-2）。

なお，ITO作業部会が設立される1日前の9月18日付の機密文書において，国務省は対外経済政策に関する執行委員会（ECEFP）に対して，欧州復興計画に関する4つの重要な問題を提示し，その解決を図るべく作業部会を立ち上げるよう提案している（Department of State. Bureau of International Organization Affairs [6-a], pp. 1-3）。それらが4つの作業部会に結実したのである。そしてその機密文書は，それらの重要問題の一つに「欧州復興計画とITO憲章との関係」を挙げ，その具体的な内容として，上記の5つの課題を示している（Ibid., pp. 1-2）。

(15) Thunder Lake Management Inc. はカナダの貿易政策及び開発に関する調査会社である。同社のウェブサイト（http://www.thunderlake.com/main.html）内のdocument downloadsより"Canada-US Free Trade Area Proposal, 1948."にアクセスできた（2015年1月2日時点。なお現在は閉鎖中）。同資料には，1947年から48年にかけてのアメリカ-カナダ自由貿易地域協定交渉に関する機密文書をアメリカ国務省が1986年に公開したこと，しかしカナダではいまだ未公開の状態にあることとその理由について述べられている。そして最後にアメリカが公開した機密文書類の一部をattached original documentとして添付している。その主要文書が，本文で引用した1948年3月22日付の覚書「アメリカ・カナダ貿易協定案（Proposed Trade Pact between the United States and Canada）」である。なお，チェイスもこの覚書を利用している（Chase, 2006, p. 17）。

(16) GATTオリジナル文書第14条「無差別待遇の原則の例外」は，ITO憲章ジュネーブ草案第23条「無差別待遇の原則の例外」を下敷きにしていた。その内容は，国際収支擁護のための輸入数量制限の導入にあたって，数量制限を適用する際の無差別主義原則（GATT第13条「数量制限の無差別適用」）からの逸脱とその条件を規定したものであった。しかし，差別的な数量制限の適用に際して，輸入価格，通貨準備そしてその他の締約国に対する不適切な損害について明確な条件と制限を設けるとともに，すでにそうした差別的数量制限を導入している国はITO（またはGATT締約国団）の承認を得る必要性と1952年3月以降（IMFが想定していた戦後過渡期の終了）についてはITO（またはGATT締約国団）の承認なしには差別的輸入制限の継続が不可能なことなど厳しい規定を伴っていた（ECOSOC, 1947e, p. 24およびECOSOC, 1947b, pp. 34-35）。ハバナ憲章草案を作成するにあたって「国際貿易支払いに大幅かつ広範な不均衡が生じている時期に，無差別原則は厳格に適用できないし，すべきではないことが，第23条の検討に際して，認識されていた（United Nations Conference on Trade and Employment, 1947b, E/CONF. 2/INF. 8, p. 16）。したがって，こうした状況下にあって，第23条の作成にあたった作業部会は，様々な作業部会のうち

第9章　GATT第1回締約国団会議の開催とその意義

最も困難な役割を演じることになったという。作業部会は1月17日から3月15日まで開催され，ジュネーブ草案の第23条に多くの修正を施し，実質的に新たなテキストに変更することに合意した（United Nations Conference on Trade and Employment, 1948b, E/CONF. 2/70, p. 11）。しかし，「無差別待遇の原則の例外を規定した改訂版でも，前途に困難が立ちはだかる戦後過渡期の時期にあってすべての加盟国の要求を叶えることはできないであろう」（*Ibid*., p. 11）とハバナ会議で通商政策に関する作業部会の報告書は述べている。またアメリカの締約国団会議団長エヴァンズに宛てられた覚書には，非常に多くのヨーロッパ諸国が「ジュネーブの過渡期ルール」に対して不公正な対応をとっている状況が報告されている（Havana Round [3-a], p. 1）。ITO憲章ジュネーブ草案第23条やGATTオリジナル文書第14条の厳しい規定では，もはや，無差別原則の例外を規制できない状況が生じていたと考えるべきであろう。

　それでは，「無差別待遇の原則の例外」はどのような変更を受けたであろうか。まず，無差別原則からの逸脱は戦争の結果生じた困難な問題を解決するための戦後過渡期に限定して行われる例外的措置であることが強調される。そのために無差別原則の例外は，IMFとの協議に従って，それぞれの国に応じて，戦後過渡期の条件が適用され，IMFの戦後過渡期取決め（第14条）が適用されている期間において，ITO（GATT締約国団）の事前の承認を得ることなく，実施可能とされた。そしてIMFの許容する範囲を超えた数量制限を差別的に課している諸国については，1952年3月以降，その逸脱についてITO（GATT締約国団）の承認を得る必要性が明記された（ICITO, 1948a, p. 21およびGATT/1/62, p. 3）。明らかにGATTオリジナル文書第14条（ITOジュネーブ草案第23条）よりも，例外の規定の条件が緩やかになっていることが見て取れよう。アメリカの高官も，GATTオリジナル文書第24条のほうが，過渡期規定に関して，ITO憲章（ハバナ草案）第23条より厳格である（Havana Round [3-a], p. 1）と述べている。より緩やかな規定をもって，例外規定が作成されたのである。もちろん，ドル不足に呻吟するフランス，イギリスを中心とするヨーロッパ諸国は，例外規定の拡大解釈を歓迎し，GATTオリジナル文書第14条のITO憲章第23条との入替えを主張した。それに対してアメリカは原則的には反対の態度をとったが，先ほどのエヴァンズ宛の覚書が示すように，多くのヨーロッパ諸国がその規定を遵守していない現状下では，GATTオリジナル文書第14条を現行のまま実施し続けても，かえって抜け道を利用することで混乱が生じる。アメリカが入替えを認めたのはこのような理由からであろう。なお，Foreign Relations of the United States（FRUS）の1948, Vol. Iにも，上述のエヴァンズ宛の覚書は所収されている（*FRUS*, 1948, pp. 904-905）が，その次のページからGATT第14条の入替え条文の全文が掲載されている（*Ibid*., 905-909）。エヴァンズ宛覚書に述べられた勧告が実際の入替えに影響を与えた一つの証拠であると考える。

参考文献

[GATT・ITO 関連文書]（http://www.wto.org/english/docs_e/gattdocs_e.htm）よりダウンロード）

①第2回貿易雇用準備会議（ジュネーブ会議）及び国連貿易雇用会議（ハバナ会議）のGATT条文類とITO憲章条文類

United Nations Economic and Social Council (ECOSOC)(1947a), "Redraft of the Final Act, General Agreement on Tariffs and Trade and Protocols in the light of the discussions which have taken place in the Committee," 13 September, reference No. E/PC/T/196.

ECOSOC (1947b), "General Agreement on Tariffs and Trade," 4 October, reference No. E/PC/T/214/Add. 1/Rev. 1.

ECOSOC (1947c), "Protocol of Provisional Application on the General Agreement on Tariffs and Trade," 4 October, reference No. E/PC/T/214/Add. 2/Rev. 1.

ECOSOC (1947d), "Final Act adopted at the Second Session of the Preparatory Committee of the United Nations Conference on Trade and Employment," 4 October, reference No. E/PC/T/214/Rev. 1.

ECOSOC (1947e), "Report of the Second Session of the Preparatory Committee of the United Nations Conference on Trade and Employment," 10 September, reference No. E/PC/T/186.

Interim Commission for the International Trade Organization (ICITO)(1948a), "United Nations Conference on Trade and Employment: Final Act and Related Documents: Held at Havana, Cuba from November 21, 1947, to March 24, 1948," April 1948, reference No. E/CONF. 2/FINAL ACT & RELATED DOCUME.

United Nations Conference on Trade and Employment (1947a), "Lebanon and Syria: Proposed Amendments to Articles 16, 39 and 42 of Chapter IV of the Draft Charter," 1 December, reference No. E/CONF. 2/11/Add. 14.

United Nations Conference on Trade and Employment (1947b), "An Informal Summary of The ITO Charter," 21 November, reference No. E/CONF. 2/INF. 8.

United Nations Conference on Trade and Employment (1948a), "Report to Committee III on Article 16 and 42," 7 March, reference No. E/CONF. 2/C. 3/78.

United Nations Conference on Trade and Employment (1948b), "Third Committee: Commercial Policy: Report to the Conference," 18 March, reference No. E/CONF. 2/70.

②GATT第1回締約国団会議関連史料

Reference No. GATT/1/1～GATT/1/62（締約国団会議日程，審議事項，各種条文案，議定書案，宣言書類など）

Reference No. GATT/1/SR. 1～GATT/1/SR. 14（第1～14回の締約国団会議の会議

第**9**章　GATT 第 1 回締約国団会議の開催とその意義

録要約）

Reference No. Press Release ITO/226, "Review of First Session of CONTRACTING PARTIES to General Agreement on Tariffs and Trade," March 24, 1948.

Reference No. GATT/CP/1, "General Agreement on Tariffs and Trade: Protocols Signed at Geneva on 14th Spetember, 1948 and Resolutions and Decisions of the COTRACTING PARTIES at the First Session and Second Sessions, Havana, March 1948, and Geneva, August-Sepetmber, 1948," 21 September, 1948.

[アメリカ国立公文書館（the United States National Archives: NARA）関係]

[1]　Havana Round of the General Agreement on Tariffs and Trade. U. S. Delegation. 11/21/1947-3/1948., "Records of the 1st Session of GATT," National Archives Identifier Number 2529195. The following items in this File:

[1-a]　"General Agreement on Tariffs and Trade: Summary by Norman Burns, Adviser, Division of Commercial Policy, Department of State, February 16, 1948."（日付不明）

[1-b]　"The First Session of the Contracting Parties to the General Agreement on Tariffs and Trade at Havana, Cuba, February 28 to March 24, 1948: Confidential Report to the Secretary of State by John W. Evans, Head of the United States Representatives," August 2, 1948.

[1-c]　"The First Session of the Contracting Parties to the General Agreement on Tariffs and Trade at Havana, Cuba, February 28 to March 24, 1948: Official Report of the United States Representatives by John W. Evans, Head of the United States Representatives," August 2, 1948.

[1-d]　"For USDEL GATT Meeting," Telegram No. 318, March 9, 1948.

[1-e]　"For Brown and TAC from USDEL GATT," Telegram No. 305, March 11, 1948.

[1-f]　"For US Delegation GATT Meeting," Telegram No. 334, March 12, 1948.

[1-g]　"Articles XXXIII and XXXV of GATT," March 16, 1948（anonymous paper）.

[2]　Havana Round of the General Agreement on Tariffs and Trade. U. S. Delegation. 11/21/1947-3/1948., "Position Papers," National Archives Identifier Number 2529196. The following items in this File:

[2-a]　"A. UN Provisional Agenda: First Meeting of the Contracting Parties of the General Agreement on Tariffs and Trade Provisional Agenda," February 11, 1948, in reference No. TAC D-4/48. The following items in this Document:

[2-a-1]　"Attachment A-VIII: Supersession of Article I and Part II of General Provisions of GATT by corresponding ITO Charter provision," February 11, 1948, in reference No. TAC D-4/48.

[2-a-2]　"Attachment A-IX-1: Accession to the General Agreement on Tariffs

and Trade of governments not parties to the Agreement (Article XXXIII)," February 11, 1948, in reference No. TAC D-4/48.

[2-b] "B. United States Proposed Additional Items for the Agenda," February 11, 1948, in reference No. TAC D-4/48. The following items in this Document:

[2-b-1] "Attachment B-II: Protocol, to be sponsored by contracting parties to GATT but open for signature by all UN governments, providing for most-favored nation treatment, on a reciprocal basis, to trade between occupied (ex-enemy) territories and signatory to the Protocol," February 11, 1948, in reference No. TAC D-4/48.

[2-b-2] "Attachment B-II-a: Most-favored-nation Treatment for Occupied Areas," February 11, 1948, in reference No. TAC D-4/48.

[3] Havana Round of the General Agreement on Tariffs and Trade. U. S. Delegation. 11/21/1947-3/1948., "1st Meeting of Contracting Parties: 1/SC. 2/1-5," National Archives Identifier Number 2529200. The following item in this File:

[3-a] "Memorandum: from Mr. Bronz to Mr. Evans—Chief, U. S. Delegation GATT," February 21, 1948.

[4] International Conference on Trade and Employment (1947-48 : Havana, Cuba). 11/17/1947-3/24/1948., "Correspondence: Wilcox, Clair," National Archives Identifier Number 2195255. The following items in this File:

[4-a] "From Clair Wilcox to Winthrop G. Brown," February 12, 1948.

[4-b] "From Winthrop G. Brown to Clair Wilcox," February 17, 1948.

[4-c] "From Clair Wilcox to Winthrop G. Brown," February 25, 1948.

[5] International Conference on Trade and Employment (1947-48 : Havana, Cuba). 11/17/1947-3/24/1948., "Workings Group: Working Group on the ITO-Memos and Documents," National Archives Identifier Number 2195776. The following items in this File:

[5-a] "Terms of Reference and Membership of ECEFP Working Group on the European Recovery Program," reference No. ERP Series D-7, September 24, 1947.

[5-b] "Working Group on the ITO," reference No. ITO M-1, September 30, 1947.

[5-c] "The European Recovery Program and the ITO," reference No. ITO D-5, October 6, 1947.

[5-d] "Measures of Early Applicability to Enlarge Intra-European Trade," reference No. ITO D-6, October 6, 1947.

[6] Department of State. Bureau of International Organization Affairs. Office of International Conferences. 8/25/1954-ca.1976., "GATT Subject File (Alphabeti-

cal): European Recovery Program," National Archives Identifier Number 2528060. The following item in this File:

[6-a] "Problems for ECEFP Consideration and Organization of the Committee for Handling Them," reference No.ERP Series D-6, September 18, 1947.

（以上の史料はすべて The National Archives website: http://www.archives.gov/ の The National Archives Catalog〔http://www.archives.gov/research/catalog〕にて検索し，NARAから入手したものである：史料の分類ナンバーはOnline Public Access〔OPA〕の方式に従っている）

［アメリカ国務省関係］
Foreign Relations of the United States, 1948, Vol. I.

［イギリス政府関係］
U. K. Government (1948), "General Agreement on Tariffs and Trade: First Session of the CONTRACTIG PARTIES," Cmd.7376, HMSO.

［欧文文献］
Bothwell, R. (2007), *Alliance and Illusion: Canada and the World, 1945-1984*, University of British Columbia Press.

Brown, W. A., Jr. (1950), *The United States and the Restoration of World Trade: An Analysis and Appraisal of the ITO Charter and the General Agreement on Tariffs and Trade*, The Brookings Institution.

Chase, K. (2006), "Multilateralism compromised: the mysterious origins of GATT Article XXIV", *World Trade Review,* Vol. 5, No. 1.

Hart, M. (1995：Edited and with an Introduction), *Also Present at the Creation: Dana Wilgress and the United Nations Conference on Trade and Employment at Havana,* Centre for Trade Policy and Law.

Mavroidis, P. C. (2016), *The Regulation of International Trade Volume 1/GATT*, MIT Press.

McKenzie, F. (2008), "GATT and the Cold War: Accessions, Institutional Development, and the Western Alliance, 1947-1959," *Journal of Cold War Studies,* Vol. 10, No. 3.

Thunder Lake Management Inc., (2005), "Canada-US Free Trade Area Proposal, 1948."

カナダの貿易政策および開発に関する研究調査会社（Thunder Lake Management Inc）のウェブサイト（http://www.thunderlake.com/main.html）内の document downloadsより2015年1月2日にダウンロードしたものである。同サイトは現在閉鎖されている。

Wilcox, C. (1949), *A Charter for World Trade,* Macmillan.

[邦文文献]

内田宏・堀太郎（1959）『ガット――分析と展望』日本関税協会。
津久見茂充（1993）『ガットの全貌〈コメンタール・ガット〉』日本関税協会。
三宅正太郎編（1985）『貿易摩擦とGATT』日本関税協会。
前田啓一（1989）「貿易――世界貿易の不均衡と新保護主義の台頭」（柳田侃編著『世界経済――グローバル化と自立』ミネルヴァ書房，第10章に所収）。
益田実（2008）『戦後イギリス外交と対ヨーロッパ政策』ミネルヴァ書房。
佐分晴夫（1983）「GATTと発展途上国」『国際法外交雑誌』第82巻第2号。
柴田鎮毅（2012）「GATT第24条成立の舞台裏――『KERRY CHASE』の論文紹介を通じて」『福岡大学大学院論集』第44巻第1号。
柴田鎮毅（2013, 2014）「GATT第24条への途（1）～（3）」『福岡大学大学院論集』第45巻第1号，第46巻第1号，第46巻第2号。
山本和人（1999）『戦後世界貿易秩序の形成――英米の協調と角逐』ミネルヴァ書房。

エピローグ
―― 戦後貿易システム形成と多国間通商協定 GATT ――

　本書（増補版）をもって前著以来追い続けてきた戦後貿易システム形成を巡る研究に区切りをつけることにしたい。1941年8月の大西洋憲章第4，第5パラグラフそして42年2月の相互援助協定第7条に示された戦後世界経済再建に関する理念（グランド・デザイン）は，貿易面からみて，1942年7月のミードによる多国間主義に基づく『国際通商同盟案』の作成をもってその具体化が始まった。以後，5年以上にわたり，貿易システム形成を巡る論争は米英間そして中核国諸国，さらには本書の考察外であるハバナ会議参加国50数ヵ国を巻き込んで展開された。それは，国際通貨システムを巡る論争（ホワイト・ケインズ論争）が事実上，1年あまりで（すなわち1943年9～10月のワシントン会議）ほぼ決着がついたのとは全く対照であった。

　ITO憲章の顛末について，数少ない文献の中で，ディーボルト（Diebolt, W., Jr.）は，簡潔ではあるがその要点を手際よく整理した古典的論文「The End of the ITO」において次のように述べている。「ITO憲章の歴史は，約5年に及ぶ戦時の準備期間，50ヵ国以上が関与した2年以上にわたる長期の骨の折れる本格的交渉，それからさらに3年近くの待機と審議を経て，1950年の終わりにイタリアの雑誌が『平凡な葬儀』と称したもので終わった」（Diebold, 1952, p.2）。戦後貿易システムは，当初の計画ではITOに結実する予定であったが，多国間通商協定GATTの成立（暫定適用）を超えて進むことはなかったのである。本書は，ディーボルトのいう戦後の2年以上の本格的交渉のうち，国連貿易雇用会議（ハバナ会議）に関する包括的分析を残す形で終わっている。われわれの研究は，米英戦時貿易討論から，米英金融・通商協定，第1回貿易雇用準備会議（ロンドン会議），GATTオリジナル文書を生み出した第2回貿易雇用準備会議（ジュネーブ会議）とGATT第1回関税引下げ交渉までを中心に，GATTオリジナル案に

重要な修正がなされた，ハバナ会議の舞台裏で開催された GATT 第1回締約国団会議に対する考察を加えた。こうして7年以上を費やした戦後の世界貿易システムの形成過程を，第1次史料に基づいて分析した。ITO 憲章に関する正確な位置付けは，ハバナ会議の実証分析なしでは，行うことはできない。そして第1次史料が公開されている今日ではそうした分析は可能であろう。しかし，戦後の貿易システムの中心となったのは GATT であったわけであるから，ハバナ会議の詳細な考察を対象外にした。もっとも，ITO 憲章の基本的枠組みは第1回貿易雇用準備会議（ロンドン会議），ニューヨーク起草委員会会議そして第2回貿易雇用準備会議（ジュネーブ会議）においてほぼ出来上がっていたことは本書を通じて明らかにした。また ITO 憲章が葬り去れる運命にあった点についても，確定的な要因ではないにしても，ITO 憲章案の作成が進むにつれて，その掲げる理想主義が現実から乖離していく様子を第1次史料に拠りながら明確にしたつもりである（ITO 憲章の理想主義を分析した最近の研究として，ドラシェのそれを挙げることができる〔Drache, 2000〕）。

ところで，GATT と ITO 憲章は，両者がカバーする領域とルール，そして国際機関か，協定かという違いはあるものの，重要な共通点が存在する。それは，各国の対外経済政策を管理する共通のルールを打ち立て，それを各国（ラギー〔Ruggie, J. G.〕によれば3カ国以上）の間で運用するシステム，いわゆる多国間主義を基盤としている点である（Ruggie, 1993, p. 11）。こうした多国間主義は，ITO 憲章としての実現には至らず，多国間通商協定としての GATT に結実したのである。

もっとも，GATT は，第II部に関しては国内法優先（祖父権）を認める形で，多国間貿易ルールを柔軟に適用・運用することを定めていた。しかし，そうした規定を有しているにもかかわらず，GATT に対する各国（中核国）の反対は根強く，「暫定適用に関する議定書」への調印をもって，GATT 本体へのそれを迂回する（つまり，GATT 本体への調印なしで，施行については明確な日時を設定しない）形で，しかもキー・カントリーズ（関税交渉に関する作業部会の構成国5カ国プラス3カ国）とキューバによって漸く，1948年1月1日より，GATT は暫定的に施行されることになったのである。ジュネーブ会議に参加した23カ国は，1947年10月30日，会議の終結に当たって，ファイナル・アクトを通じて，GATT を

「認証(authentication)」したに過ぎない。

　GATT は暫定協定であるとよくいわれる。そうした表現は，GATT が ITO の成立までをカバーする過渡的な協定という意味において，使用されるケースが多い。確かに，われわれは，世界貿易秩序の構想プロセスを跡付ける作業を通じて，当初，米英両国の基本合意が対外経済関係（われわれの呼ぶところの広義の貿易政策）を律するルールとその運営に当たる国際機関の設立であったことを明らかにしてきた。しかし，その合意を具体化するにあたって，国益という障壁が立ちはだかった。アメリカは，国内の政治事情と国益を優先し，関税譲許交渉と国際貿易全体のルール（国際機関の設置を含めて）の作成を分離し，2つのルートから，世界貿易システムの構築を図った（いわゆるツー・トラック・アプローチ）。そして関税譲許交渉（ファースト・トラック）を，国際貿易システム全体の交渉（セカンド・トラック）と並行させ，その完成に先立って行うこのツー・トラック・アプローチを，イギリスをはじめその他の中核国に提示し，承認を得た。このアプローチに従えば，最終的にファースト・トラックはセカンド・トラックに吸収され，ITO 憲章と ITO が設立されることになる。この場合，ファースト・トラックが関税譲許交渉の結果を纏めた GATT であることは自明であろう。従って GATT は過渡的，暫定的な性格をもつことになる。

　とくに国際機関の設置という観点から見た場合，当初，GATT 草案には ITO 設立までの繋ぎとしての役割を明記した前文や条文・条項が存在していた。例えば，図 8-1 で示した GATT 第 1 草稿（1946年11月）には，その第 1 条第 2 項において，ITO 憲章による国際機関の設立までをカバーする暫定的国際機関の役割を GATT が担うことが既に規定されていたからである（詳しくは第 5 章の第 1 節(2)項②を参照）。暫定的国際機関は，GATT 第 2 草稿では「暫定貿易委員会（Interim Trade Committee）」との名称で，さらに GATT 第 3 草稿では，「締約国（contracting parties）の委員会」と変更された。GATT の第 3 草稿，第23条「締約国の共同行動」には，明確に「国際貿易機構（ITO）が設立されるなら……，締約国は……会議を中断し，その機能を ITO に委譲する」(ECOSOC, 1947a, p.59) と規定されていた。そして第 4 草稿では，「締約国団（Contracting Parties）」（GATT 完成案ではすべて大文字で CONTRACTING PARTIES と表記）という言葉が編み出された。しかし GATT 完成案（われわれのいう GATT オリ

ジナル文書）では締約国団によるITOへの権限の移譲に関する表現は削除されている（第25条「締約国の共同行動」を参照）。もっとも，締約国団の機能は限定的であり，それはITO憲章が成立すれば，ITOに包摂されるべきものであった。GATTが暫定的であるという表現は，国際機関としての役割の面を中心としてGATTの特徴を捉えた見方であるといえよう。

　しかし，GATTを多国間通商協定として捉えれば，見方は変わってくる。国際貿易機構（ITO）憲章に向けての過渡的手段とは別個の側面が見えてくるのである。つまり，GATTはITO憲章が成立しなくても，立派に自立できる構造をもつ取決め（協定）であった。それゆえに，両者の関係は，複雑でかつ重複する箇所が多くあり，ITO憲章の成立交渉に主眼を置いている多くの中核国にとって，GATTの位置付けは非常に分かりにくいものとなった。本書で分析したように，なぜ，関税引下げ交渉を先行させるにあたって，まだ検討途上にあるITO憲章の通商政策に関する規定の多くをわざわざGATTなるものに挿入し，GATTをITO憲章に関する全体討論（ジュネーブ交渉では中核国だけが参加する準備会議であり，周知のように本会議はハバナで行われた）に先立って作り上げなければならないのか？　関税交渉は先行させるにしても，その結果だけを決める協定に限定し，その他の規定はITO憲章の全体討論において決定すれば，問題はすっきりする。大多数の中核国はこの見解をとった。しかし，アメリカはあくまでもGATTを多国間通商協定として自立させようとしていた。第1次史料の分析からわれわれが引き出したかかる結論は，同じくハートが第1次史料から導き出した次のような結論，すなわち「文書の記録（record）をみれば，はるかに野心的な国際貿易機構を目指した交渉の付随的そして付帯的な副産物としてGATTを描き出すことは正しくない」（Hart, 1995, p. 55）。アメリカを中心とする交渉者たちは，多国間協定GATTを如何にして最もうまく締結に導こうか検討していた……最初から討論の参加者たちは，ITOがなくてもGATTが結局独り立ちしなければならないことを認識していた（*Ibid*., pp. 55-56）。こうしたハートの指摘は，GATTの名付け親でその条文作成の中心となったアメリカのレディの関連文書の中に所収されている1947年1月9日付のメモにおいて補強できる。メモには「GATTはITO憲章から独立して存在することになろう」（International Conference on Trade and Employment: Havana [1-a]）と記されているので

ある。既にレディは，ジュネーブ会議開始以前の段階でGATTをITO憲章とは別個のものと位置付けていたのである。

さて，問題をもとに戻そう。暫定協定GATTとは，上述したようにITO憲章の成立までをカバーする国際機関設立に向けての協定という意味で使用されている。しかし，正確には暫定協定とはGATTの「暫定適用に関する議定書」を指すものであり，ジュネーブ会議においてGATTを成立させるために取られた手段である。ジュネーブ交渉において，その即時施行が各国の国内法への抵触によって不可能であることが判明したため，苦肉の策として「暫定適用に関する議定書」を通じてGATTはキー・カントリーズ8カ国とキューバによって暫定的に成立させるという方法が考案された。従ってそれはITO憲章までの繋ぎを表す言葉として使われたのではない。暫定的なGATTを，その調印と批准により，正式に施行に導くことが想定され，そのスケジュールまで作成されていたのである（具体的には国連貿易雇用会議〔ハバナ会議〕終了後からITO憲章批准の間〔第8章の注(5)の表A，B参照〕）。しかし，GATT完成文書では，その貿易額において85％以上を占める諸国がGATTを受諾した場合，GATTは施行されるという表現がとられた。つまり，調印という言葉は削除され，発効の時期についても明確にされなかったのである（第26条「受諾，効力発生および登録」の第5項(a)）。

なぜこれほどまでに，GATTの合意に手間取ったのか？　それはGATT第II部に対して，どの中核国も国内法に抵触する規定をもっており，議会の合意を得なければ承認できなかったことによる。このことは比較的共通の経済構造を有している中核国間においてすら，如何に史上初の多国間通商協定を作り出すことが困難であったかを示す証拠といえるとともに，次に開始されようとしていた国連貿易雇用会議（ハバナ会議）とITO憲章の調印さらに批准に向けての困難さを予想させるものであった。

見方を変えれば，ITO憲章の成立が確実視されているなら，むしろGATTは関税交渉とその結果を纏めた関税譲許表の承認だけに絞ればよかったことになる。つまりGATT第I部だけを承認することにすればよかった。そして第II部はハバナ会議で審議し（事実，GATT第II部はITO憲章の第IV章「通商政策」と重複する），また第III部の手続きに関しても，曖昧な形で国際機関の設置を謳っているのであるから，ハバナ会議での審議に委ねるべきであろう。そうすれば，関税引

下げ交渉の結果は，GATTには結実しなかったかもしれないが，複雑な手続きを経ずして成立していたと考えられる。しかし，既にみたようにアメリカを中心とする「関税交渉に関する作業部会」（キー・カントリーズ5カ国）の作成した第3草稿は，ITO憲章ジュネーブ草案の「通商政策一般」の規定を再録したものであり，また第III部においては「締約国の委員会」という言葉で，不完全であるが国際機関の一面を規定していた。当然，中核国諸国からは，こうした複雑でわかりにくい手続きについて疑問の声が上がった。つまり第II部を撤廃し，関税交渉の結果だけに協定を限定すべきであると。関税協定委員会議長（ウィルグレス）も「大多数の諸国が第II部をGATTに含めることに賛成していない」（ECOSOC, 1947b, p. 4）と纏めている（第8章で述べたように，第II部の削除を主張したのは，オーストラリア，中国，チェコ，インド，ニュージーランド，ノルウェー，南アフリカであり，ベルギーはいくつかの条項の削除を主張した）。もっとも，ウィルグレスは，世界貿易に大きな割合を占める諸国はそれに賛成しているとも述べている（Ibid., p. 4）。つまりそれが米英を中心にしたキー・カントリーズであることは容易に察しがつく。それでも，アメリカは第II部を削除することに反対した。それはなぜか。明らかにアメリカはITO憲章とGATTを分離して考えるようになっていた。この傾向は，時が下るにつれて顕著になった。第8章で分析したように，兎に角，多国間通商協定を成立させること（如何なるトリックを用いても）が，アメリカの至上目的となっていった。さらに第9章で明らかにしたように，ハバナ会議の舞台裏で開催されたGATT第1回締約国団会議において，アメリカは，GATT加入の条件緩和や，ハバナで修正されたITO憲章の条文とGATTオリジナル文書の条文の入替えを主導することで，GATTオリジナル文書を戦後世界経済の現実に適合させるべく，GATT本体の書換えを進めた。こうした史実も，アメリカ政権が，ITO憲章の発効に関して不安を抱き，戦後世界経済と政治情勢の変化にすぐさま対応すべく，GATTの規定を持って，貿易の運営に当たろうと考えていた証左と言えるであろう。

　それでは暫定的という言葉をわれわれはどのように理解すればよいのか。それは多国間通商協定ですら成立させることが非常に困難であったという事実と関わらせて理解すべきであろう。史上初の多国間通商協定としてのGATTが認証（authentication）されたことは，第2次大戦前の段階との大きな違いであり，パ

クス・アメリカーナを特徴付ける多国間主義の具現として重要である。しかし，GATT は，各国の反対から，ジュネーブ会議終結時点での調印を否定され，代わってファイナル・アクトによる認証に留まり，その中核部分である第II部について，国内法の優先を謳うとともに，その実施に関して「暫定適用に関する議定書」への調印をもって，GATT 本文へのそれを迂回して成立させるという手の込んだ手段がとられたのである。第8章で分析したように，ほとんどの中核国が，とくに GATT 第II部の必要性に対して疑問と反対を表明する中で，アメリカは，イギリスなど先進諸国の賛成を取り付け，漸く，暫定的にではあるが GATT を施行に導くができた（とりあえずはキー・カントリーズと呼ばれる諸国間で）。これまでの考察から明らかなように，イギリスは GATT に対してむしろ反対姿勢を通してきたが，GATT 条文の作成と同時に行われた GATT 第1回関税譲許交渉において，大戦中から執拗にアメリカから求められてきた英帝国特恵関税制度の撤廃を免除され，英連邦・スターリング地域の存続をほとんど無傷の状態で保障された結果，GATT の暫定施行に賛成に回った（第7章参照のこと）。

　こうして見てくれば，暫定的なる言葉は，暫定的にしか GATT を施行できなかったという意味で使用すべきであろう。われわれは，多国間通商協定を成立させる困難さを暫定適用という表現に見出すべきである。

　このように多国間協定を作り出すことは，通商分野に限定しても至難の業であった。ましてや ITO 憲章や WTO という包括的で，GATT に比べ厳格なルールを有する正式な超国家機関の創出ともなれば，さらに大きな障害が待ち受けていたのは明らかであろう。ITO 憲章は，遂に日の目を見ず，また WTO にしても，長期の交渉の結果，漸く成立にこぎつけはしたが，より厳密なルール運用に縛られ，ドーハ・ラウンド交渉は，2001年の立上げ以来，20年近くも漂流した状態にある。むしろ，各国は WTO のルールを迂回する形で，様々な地域協定の締結に走っているのが現状であろう。

　とくに WTO の存在意義を考える場合，GATT 成立の経緯は大きな示唆となろう。ラギーは，GATT 成立の根拠をエンベデッド・リベラリズムという先進諸国に共通の規範が存在したことに求めている（Ruggie, 1982, pp. 396-398）。彼の理論はわれわれの研究からも実証できた。すなわち，GATT の基本的枠組みを提供した GATT 第3草稿を練り上げたのは，関税交渉に関する作業部会の構成

国であるキー・カントリーズの中核5カ国（アメリカ，イギリス，フランス，オランダ，カナダ）であり，GATT完成案に向けての論争で，数の上では勝るその他の中核国からの要求を躱すことに成功したのは，キー・カントリーズ間の協力関係に求めることができよう。無論，経済力に裏打ちされたアメリカのヘゲモニーがあったからこそ，かかる協力関係を構築することが可能となったのである。同様の指摘はハートも行っている（Hart, 1995, p.54）。われわれはこうした面に注目し，GATT型多国間主義の形成過程を第1次資料に基づいて詳細に跡付け，もってその本質に迫ろうとしたのである。

そもそも米英の協調と角逐の中から始まった戦後貿易システムの形成は，中核国間でその具体化が進められていくにつれ，アメリカはイギリスを中心とする西欧諸国の既得権益（イギリスの場合，英帝国特恵関税制度）の温存を認める形で，その構築を図ったといえる。貿易システム形成に向けての対立軸は，アメリカ vs. イギリスからキー・カントリーズ（先進国）vs. その他の中核国（発展段階は異なるが工業化を進めようとする諸国）に移っていった。無論，キー・カントリーズ内部での対立が消滅したといっているのではない。既に分析したようにイギリスを中心とする西欧諸国は対外的インバランスを抱えつつ，完全雇用政策に重きを置いており，アメリカの貿易自由化要求を呑むことはできなかった。しかし，GATTを如何なる形であれ，施行に移したいアメリカは，キー・カントリーズへの譲許を条件にキー・カントリーズの協力を取り付け，多数派であるその他の中核国の要求を抑えそして躱し，GATTをどうにか，暫定的な施行という形で成立に導くことができたのである。多国間通商協定GATTは，本研究から明らかなように，難産の末，誕生したのである。さらにITO憲章の調印以前から，理想主義的なITO憲章の発効の困難性に気付いていたアメリカの政権指導部は，戦後世界経済・政治の変化に即応すべく，すでに認証されていたGATTオリジナル文書に修正を加えることで，戦後世界貿易のルール化を急いだといえよう。多国間主義の有無は，戦前貿易と戦後のそれを画する重要な指標である。本研究から，GATTは多国間主義に基づく画期的な取決めであった。しかし，それはまた多国間主義の限界を表すものであった点を強調したつもりである。

さて，現在の状況に目を移そう。かつてのキー・カントリーズがそのプレゼンスを低下させる中，さまざまな価値感を有し，発展段階の異なる諸国が加盟する

WTOにおいて，共通の規範をもとにルールの運用と再生が可能なのであろうか？ 90年代以降，一世を風靡した新自由主義という規範では，多国間主義を堅持することが困難であることは，2008年世界金融危機とその後の不況で証明された。WTO型多国間主義の問題はこの点にある。それでは多国間主義に挿入する新たな規範を如何に作るべきなのか，そのうえ，WTOへの関心を失い，それへの積極的な関与を否定しているアメリカに代わって，どの国がWTOの再構築を主導するのか，WTO存続の成否はこれらの問題に係っている。また世界経済システムが混迷を深める中，わが国の貿易政策を考えるにあたって，本書が少しでも役に立てればと願っている。

参考文献

[GATT・ITO関連文書]（http://www.wto.org/english/docs_e/gattdocs_e.htm よりダウンロード）

United Nations Economic and Social Council (ECOSOC) (1947a), "Report of the Tariff Negotiations Working Party: General Agreement on Tariffs and Trade," 24 July, reference No. E/PC/T/135.

ECOSOC (1947b), "The 6th Meeting of 28th August of the Tariff Agreement Committee: Summary Record," 28 August, reference No. E/PC/T/TAC/SR/6.

[アメリカ国立公文書館（the United States National Archives: NARA）関係]

[1] International Conference on Trade and Employment (1947-48：Havana, Cuba). 11/17/1947-3/24/1948: following File in this Creator.

　[1-a] "Leddy, J. M.: Chron. File," National Archives Identifier Number 2195455. The Document titled: "Relation of Trade-Agreement Negotiations to ITO Charter," January 9, 1947 in National Archives Identifier Number 2195455.（The National Archives website: http://www.archives.gov/ の The National Archives Catalog〔http://www.archives.gov/research/catalog〕から検索し，NARAから入手したものである：史料の分類ナンバーはOnline Public Access〔OPA〕の方式に従っている）。

[欧文文献]

Drache, Daniel (2000), "The Short but Significant Life of the International Trade Organization: Lesson for Our Time," CSGR Working Paper No. 62/00, Center for the Study of Globalization and Regionalization (CSGR), University of Warwick.

Diebolt, W., Jr. (1952), *The End of the I. T. O.,* Essay in International Finance, No.

16, October, Princeton University Press.

Hart, M. (1995: Edited and with an Introduction), *Also Present at the Creation: Dana Wilgress and the United Nations Conference on Trade and Employment at Havana*, Centre for Trade Policy and Law.

Ruggie, J. G. (1982), "International regimes, transactions, and change: embedded liberalism in the postwar economic order," *International Organization,* Vol. 36, No. 2.

Ruggie, J. G. (1993), "Multilateralism: The Anatomy of an Institution" in Ruggie, J. G. (ed.), *Multilateralism Matters: The Theory and Praxis of an Institutional Form,* Colombia University Press.

年　表

戦後世界貿易システム形成の歩み

1929年世界大恐慌から国連貿易雇用会議（ハバナ会議）まで

年	事　項
1929	(10)ニューヨーク株式市場の大暴落（世界大恐慌始まる）
1930	(6)米，ホーレィ・スムート関税法成立（アメリカ史上最高の関税率：世界関税戦争勃発の契機）
1931	(9)英，金本位制離脱
1932	(3)英，輸入関税法制定（自由貿易国から保護貿易国へ）
	(7)～(8)英および自治領，オタワ会議（英帝国特恵関税制度の確立：ブロック経済の契機）
1933	(3)米，ニューディール政策開始
	(4)米，金本位制離脱
	(4)英，域外諸国に対して2国間通商協定締結運動を開始（1938年11月まで）
1934	(6)米，互恵通商協定法を成立させ，2国間通商協定締結運動を開始（1943年8月まで）
1936	(9)米英仏，3国通貨協定調印
1938	(11)米英カナダ，英米通商協定，米加通商協定成立
1939	(9)ヨーロッパで第2次大戦勃発
	(9)英，ドル・プール制を軸としたスターリング地域を形成
	(11)米，中立法，現金・自国船（Cash & Carry）条項を制定し，ヨーロッパの戦争と一線を画す
1940	英，金・ドル準備資産の減少そして枯渇
	(10)英米補足通商協定の模索（1943・8まで）
1941	(3)米，武器貸与法（Lend-Lease Act）を制定し，連合国（英国）援助に乗り出す
	(8)米英，大西洋憲章発表（戦後貿易に関する第1回目の定義）
	(8)米と自治領，補足通商協定の交渉（1943・8まで）
	(12)アメリカ参戦
1942	(2)米英，相互援助協定第7条に合意（戦後貿易に関する第2回目の定義）
	(7)～(8)英，戦後貿易システム案（J. ミード『国際通商同盟案』）を作成。商務省の主席次官 H. ゲイツケルが多少の修正を加えて，商務省に提出。戦後貿易システムの構築に先鞭をつける
1943	(4)米英，戦後国際通貨システム案を相次いで発表：H. D. ホワイト『国際安定基金案』（ホワイト案），J. M. ケインズ『国際清算同盟案』（ケインズ案）⇒ホワイト vs. ケインズ論争
	(7)英，戦時内閣，『国際通商同盟案』をイギリスの戦後貿易案としてアメリカに提示することを承認
	(9)～(10)米英，戦後の国際通貨，国際貿易システムに関する討論をワシントンで開催（通称ワシントン会議）⇒ワシントン原則の発表（国際通貨システムはホワイト案により，国際貿易システムはミード案を基礎に構築）
1944	(3)～(4)米，大統領令に基づき，対外経済政策に関する執行委員会（ECEFP）を設立。傘下に「貿易障壁問題委員会」，「私的独占・カルテル委員会」，「商品協定委員会」，「国際経済専門機構に関する委員会」を設置。初会合は4月
	(4)英，戦時内閣，通商同盟案の棚上げとワシントン原則に関する検討の延期を決定
	(7)国際通貨金融会議（ブレトン・ウッズ会議）でホワイト案を下敷きとした『国際通貨基金協定』（IMF）に連合国44カ国が調印（46.1発足）

355

年	出来事
1945	(10)米，貿易障壁問題委員会，「貿易政策に関する多国間協定案の条文草案」を完成させ，ECEFP に提出．後に「貿易政策に関する多国間協定案」としてイギリスに提示
(12)~(1)米英貿易交渉再開（第1ラウンド），アメリカ，イギリスに対して「貿易政策に関する多国間協定案」を中心に，ECEFP 傘下の各委員会が作成した案を提示
(5)ドイツ降伏
(6)米，互恵通商協定法更新（3年間）
(6)米，『国際貿易機構設立に関する提案』（原則声明案）を作成
(4)~(8)米英貿易交渉（第2ラウンド），アメリカ，イギリスに対して『国際貿易機構設立に関する提案』（原則声明案）と国際貿易雇用会議開催，中核国グループの形成，ツー・トラック・アプローチを示唆
(8)日本降伏
(9)~(12)米英金融・通商協定を巡る交渉．これにより，イギリスへの借款，その対価としてポンドの交換性回復，IMF の発足そして『国際貿易雇用会議による考察に関する提案』が承認される．関税の引下げと特恵関税幅の縮小・撤廃方式（自動化規定），ツー・トラック・アプローチに合意
1946	(2)米，国連の経済社会理事会（ECOSOC）の指名した貿易雇用準備委員会（中核国〔16カ国〕＋3カ国）間での関税引下げ交渉の実施とその結果を纏めた文書（プロトコル）の作成，国際貿易機構（ITO）憲章の作成を別々に行うという方式（ツー・トラック・アプローチ）を確定．また ECOSOC は貿易雇用準備委員会と国際貿易雇用会議の開催を決議
(5)米，第1回貿易雇用準備会議〔ロンドン会議〕，第2回貿易雇用準備会議および予備貿易会議（関税引下げ交渉）〔ジュネーブ会議〕，国連貿易雇用会議〔ハバナ会議〕の道筋を決定
(7)米，「国連国際貿易機構憲章の草稿」（ITO 憲章アメリカ草案の原案）を作成し，プロトコルに代えて GATT という言葉を初めて使用
(9)米，『国連国際貿易機構憲章草案』（ITO 憲章アメリカ草案）を発表
(10)英および自治領・インド，来るロンドン会議に向けてロンドンで英連邦会議を開催
(10)~(11)初めての多国間貿易会議（第1回貿易雇用準備会議：ロンドン会議）が中核国18カ国（ソ連を除く）間で開催，ITO 憲章ロンドン草案と GATT 第1草稿の作成
1947	(1)~(2)ロンドン会議の報告書を完成させるためニューヨークにて中核国の少数の代表者による起草委員会会議を開催：ITO 憲章ロンドン草案の完成と GATT 第2草稿の作成
(2)米，トルーマン大統領，ジュネーブ関税交渉に向けて大統領令を発動
(3)~(4)英および自治領・インド，来るジュネーブ会議に向けてロンドンで英連邦会議を開催
(4)~(10)2回目の多国間貿易会議（第2回貿易雇用準備会議および GATT 第1回関税引下げ交渉ラウンド：ジュネーブ会議）が中核国23カ国（ソ連を除く）間で開催
(6)米，マーシャル・プラン発表
(7)~(10)関税交渉に関する作業部会，GATT 第3草稿を作成．中核国間での第3草稿を巡る審議と論争
(7)英，ポンド交換性回復
(8)英，ポンド交換性停止
(9) ITO 憲章ジュネーブ草案の完成と公表
(10) GATT 完成案（GATT オリジナル文書）に対して，ファイナル・アクトへの調印（23カ国）とキー・カントリーズ（8カ国）による暫定適用に関する議定書への調印（48.1発効）
1948	(11)~(48.3) 3回目の多国間貿易会議（国連貿易雇用会議：ハバナ会議開催）：ITO 憲章に53カ国が調印
(2)~(3) GATT 第1回締約国団会議の開催：GATT オリジナル文書の修正・加筆

参考文献

本書で使用した資料・文献は，各章末に掲載する方法をとったが，とくに第1次史料，政府関係，国連関係を挙げればつぎのとおりである。

〈イギリス〉

(1) イギリス国立公文書館（The National Archives: TNA）所蔵史料

- BT（商務省関連文書）　BT11/2521, 2541, 2581, 2795, 2806, 3228, 3645, 3646, 3647, 3648, 3650, 3774, 5180.
  BT60/87/1, 2, 3, 88/1, 2.
  BT64/2346.
- CAB（内閣関連文書）　CAB128/5, 6, 9, 10. CAB129/4, 9, 13, 16. CAB134/541, 713, 716.
- CO（植民地局関連文書）CO/852/702/1.
- DO（自治領局関連文書）DO/35/1227.
- FO（外務省関連文書）FO371/45680, 45698, 45704, 45705, 45715, 52983, 52987, 53046, 53049, 53050, 62283, 62288, 62294, 62295, 62296, 62301, 62313, 62318, 62321.
- T（大蔵省関連文書）T236/446.
- PREM（首相関連文書）PREM8/490.

(2) Command Paper 類

① Cmd. 6708, "Financial Agreement between the Governments of the United States and the United Kingdom dated 6th December, 1945 together with a Joint Statement regarding Settlement for Lend-Lease, Reciprocal Aid, Surplus War Property and Claims," 1945.

② Cmd. 6709, "Proposals for Consideration by an International Conference on Trade and Employment: As transmitted by the Secretary of State of the United States of America to His Majesty's Ambassador at Washington," 1945.

③ Cmd. 4174, "Imperial Economic Conference at Ottawa 1932: Summary of Proceedings and Copies of Trade Agreements," 1932.

④ Cmd. 6140, "Statistical Abstract for the British Empire: for each of ten years 1929 to 1938," 1939.

⑤ Cmd. 7258, "Report on the Geneva Tariff Negotiations: with Text of the General Agreement on Tariffs and Trade and Supplementary Agreements with the U. S. A. and Canada," 1947.

⑥ Cmd. 7376, "General Agreement on Tariffs and Trade: First Session of the CONTRACTIG PARTIES," 1948.

〈アメリカ〉

(1)アメリカ国立公文書館（National Archives: NARA）所蔵史料

International Conference on Trade and Employment (1947-48: Havana, Cuba).

Preparatory Committee, 1947-1948, "Index to Documents relating to GATT," National Archival Identifier Number 2289701.

International Conference on Trade and Employment (1947-48: Havana, Cuba). 11/17/1947-3/24/1948: following 11 Files in this Creator.

"Correspondence: Wilcox, Clair," National Archives Identifier Number 2195255.

"Leddy, J. M.: Miscellaneous," National Archives Identifier Number 2195449.

"Leddy, J. M.: Personal," National Archives Identifier Number 2195451.

"Leddy, J. M.: General," National Archives Identifier Number 2195452.

"Leddy, J. M.: List of Products," National Archives Identifier Number 2195453.

"Leddy, J. M.: Chron. File," National Archives Identifier Number 2195455.

"Trade: Marshall Plan relationship," National Archives Identifier Number 2195704.

"Working Groups: Working Group on the ITO—Memos and Documents," National Archives Identifier Number 2195776.

"Trade: Miscellaneous—Geneva," National Archives Identifier Number 2201728.

"Trade: Tariff Negotiations," National Archives Identifier Number 2201739.

"Trade: United Kingdom (Charter and Negotiations)," National Archives Identifier Number 2201741.

Havana Round of the General Agreement on Tariffs and Trade. U. S. Delegation. 11/21/1947-3/1948: following 3 Files in this Creator.

"Records of the 1st Session of GATT," National Archives National Archives Identifier Number 2529195.

"Position Papers," National Archives Identifier Number 2529196.

"1st Meeting of Contracting Parties: 1/SC. 2/1-5," National Archives Identifier Number 2529200.

Department of State. Bureau of International Organization Affairs. Office of International Conference. (8/25/1954-ca.1976), "GATT Subject File (Alphabetical): European Recovery Program," National Archives Identifier Number 2528060.

（以上の史料はすべて The National Archives website: http://www.archives.gov/ の The National Archives Catalog 〔http://www.archives.gov/research/catalog〕にて検索し，NARA から入手したものである：史料の分類ナンバーは Online Public Access 〔OPA〕の方式に従っている）。

(2) Truman Presidential Museum & Library（トルーマン大統領ミュージアム・ライブラリーのウェブサイト〔http://www.trumanlibrary.org〕よりダウンロード）

①オーラル・ヒストリー

Oral History Interview with John M. Leddy.

Oral History Interview with Honore' M. Catudal.

Oral History Interview with Winthrop G. Brown.

②公文書類

Letter to Senator O'Mahoney Transmitting a Proposed Wool Price Support Program, March 12, 1946, reference No. 57 in Public Papers of the Presidents: Harry S. Truman: 1945-1953.

Veto of the Wool Act, June 26, 1947, reference No. 128 in Public Papers of the Presidents: Harry S. Truman: 1945-1953.

(3) *Post World War II Foreign Policy Planning: U. S. State Department Record of Harry A. Notter, 1939-1945,* Congressional Information Service, 1987.

(4) *Foreign Relations of the United States,* Volumes 1945 through to 1948.

(5) *The Department of State Bulletin* 各号

(6) *Statistical Abstract of the United States,* 1944, 1949.

(7) *Proposals for Expansion of World Trade and Employment,* Pub. 2411, November, 1945.

(8) *Suggested Charter for an International Trade Organization of the United Nations,* Pub. 2598, September, 1946.

(9) *Suggested Draft of a Charter for an International Trade Organization of the United Nations,* July, 1946.

〈World Trade Organization (WTO)〉
GATT・ITO関連文書
　WTOのウェブサイトのGATT Documents（http://www.wto.org/english/docs_e/gattdocs_e.htm）よりダウンロード。
　なお，1946年2月（いわゆる2月プラン〔表3-1の④欄〕参照）によって国際連合経済社会理事会（United Nations Economic and Social Council: ECOSOC）がITOの設立までの準備を行い，会議や委員会を主催するようになった。したがって，ロンドン会議からジュネーブ会議までのITO憲章やGATTの起草に関する報告書，議事録，文書類は経済社会理事会が発行し，管理している。ロンドン会議，ニューヨーク起草委員会会議そしてジュネーブ会議関連資料のレファレンス・ナンバーは，E/PC/T，ハバナ会議関連資料のレファレンス・ナンバーは，E/CONF.2である。
①第1回貿易雇用準備会議（ロンドン会議）関連文書
　　　ロンドン会議最終報告書　E/PC/T/33.
　　　本会議関連文書　E/PC/T/1, 4, 23, 27, 29, 30, 31, 32.
　　　雇用・経済活動に関する委員会（第Ⅰ委員会）関連文書　E/PC/T/C.I/14, 15, T6, PV/4.
　　　通商政策に関する委員会（第Ⅱ委員会）関連文書　E/PC/T/C.II/41, 57, 58, PV/12.
　　　産業開発に関する合同委員会（第Ⅰ＆Ⅱ委員会）関連文書　E/PC/T/C.I&II/PV/4, D/PV/7.
　　　各国代表団長関連文書　E/PC/T/DEL/17.
　　　ロンドン会議関連文書リスト集　E/PC/T/INF/9.
②ニューヨーク起草委員会会議関連文書
　　　ニューヨーク起草委員会会議最終報告書　E/PC/T/34.
　　　委員会および下部委員会関連文書　E/PC/T/C.6/42, 46, 53, 67, 74, 79, 85/REV.1, 87, 88/REV.1, 91, 96.
　　　研究報告書類　E/PC/T/C.6/W.15, 40, 58.
③第2回貿易雇用準備会議（ジュネーブ会議）関連文書
　　　ジュネーブ会議中間報告書　E/PC/T/180.
　　　ジュネーブ会議最終報告書　E/PC/T/186.
　　　GATT関連文書　E/PC/T/81, 100, 135, 189, 196, 199, 207, 214/Rev.1, 214/Add.1/Rev.1, 214/Add.2/Rev.1, 226.
　　　本会議関連文書　E/PC/T/47/Rev.3.

関税協定委員会議事録（要約）　E/PC/T/TAC/SR/1～18（E/PC/T/TAC/SR/17は欠如）

関税協定委員会全議事録　E/PC/T/TAC/PV/1～28.

各国代表団長関連文書　E/PC/T/DEL/63.

研究報告書類　E/PC/T/W/301, 313, 315, 316, 319, 333.

④国連貿易雇用会議（ハバナ会議）関連文書

ファイナル・アクト，調印国，ITO憲章条文関連文書　E/Conf.2/FINAL ACT & RELATED DOCUME.

ITO憲章の各条文に関する審議，報告書類　E/Conf.2/11/Add.14, INF.8, C.3/78, 70.

⑤GATT第1回締約国会議関連文書

議定書類と締約国の決議・決定文書　GATT/CP/1.

会議日程，審議事項，各種条文案，議定書案，宣言書類など　GATT/1/1～GATT/1/62

会議録要約　GATT/1/SR.1～SR.14.

〈国連関係〉

General Agreement on Tariffs and Trade, Vol. 1.Final Act adopted at the Second Session of the Preparatory Committee of the United Nations Conference on Trade and Employment, General Clauses of the General Agreement on Tariffs and Trade, United Nations Publications, 1947.

増補版あとがき

　「はしがき」とダブる点もあるが，増補版の刊行に至る過程について，私の研究遍歴を含めて纏めておきたい。
　私がこれまで行ってきたことは，第1次資料に基づき，第2次大戦後の世界貿易システムの形成過程を跡付け，もってその本質を明らかにすることであった。私がこのテーマに取り組む直接的な切っ掛けとなったのは，1970年代前半の世界情勢，すなわち，1971年の金・ドル交換性の停止，1973年の石油危機，1974・75年世界同時不況によって，アメリカ主導の世界経済システム（IMF・GATT体制）が，先進国内部，そして外部（主に南のナショナリズムの高揚）からの圧力に晒され，存亡の危機にあったことによる。世界経済システムの要であるIMFやGATTがこれからどうなるのか？　私の学生時代，ゼミナールの指導教授であった故内田勝敏先生をはじめ，当時の著名な国際金融論や貿易論，世界経済論専攻の諸先生方が，国際通貨ドルの行方や保護主義の台頭について，熱い議論を戦わせていた。私がこの世界に入ったのも，こうした時代的背景と彼らの議論に興味を抱いたからに他ならなかった。
　こうしたテーマを追求し続けることができ，ささやかではあるが，ライフワークともいうべき戦後貿易システム形成に関する研究（『戦後世界貿易秩序の形成――英米の協調と角逐』および『多国間通商協定GATTの誕生プロセス――戦後世界貿易システム成立史研究』〔増補版を含めて〕の刊行に結実）に一応の目処をつけることができたのは，私に大きな影響を与えた方々の存在があったことを忘れてはなるまい。まず第1に，恩師故内田勝敏先生の存在である。内田先生には，前著と本書（初版）の出版の労をとっていただいた。また同一門下（「同志社大学世界経済研究会」）の諸先輩そして後輩の暖かい励ましがあったことも忘れてはならない。毎年，春と夏に開催される「世界経済研究会」には全国から門下生一同が会し，各人が取り組んでいる最新の研究テーマについて，報告と質疑応答が行われた（そして現在も行われている）。私は何度となく，研究会で報告し，同一門下な

らではの忌憚のない意見や批評を頂戴することができた。前著および本著には，世界経済研究会で受けた指摘や助言がここかしこに反映されている。同志社大学世界研究会は半世紀の歴史をもち，現在会員数20数名を数え，すでに何冊かの共同研究を世に問うている。なお，研究会には，学派の枠を超え，前途有望な若手研究者が参加するようになっている。

　第2に，名前は挙げぬが様々な分野の専門家（とくにイギリスおよびイギリス帝国史，ヨーロッパ政治史，ヨーロッパ統合史，アメリカ史，アジア史，国際金融史，経済学説史，日本経済論）の方々と貴重な交流を持つことができたことであろう。こうした方々の交流は，ともすれば全体との関係を見失い，タコ壺状態に陥りがちな中，幅広い視野に基づく発想と問題意識をもつことの必要性を教えてくれた。

　そして何よりも現在の私があるのは，専攻分野は違うが同じ研究者としての亡き父山本順一の影響と励ましがあったことであろう。息子のささやかな研究成果を玄海灘が見下ろせる小高い丘に眠っている父もきっと喜んでくれるであろう。

　さらに幼少のころより故向坂逸郎先生に接し，先生から，人としての生き方そして学問に対する首尾一貫した姿勢と弛まぬ情熱を，知らず知らずのうちに会得することができたことが大きい。東京と九州を往復する生活をされていた先生は，その途中必ず，いっぱい資料の詰まった大きな鞄と私と交わした約束の品（玩具や本）を携えて大阪の我が家に逗留された。滞在中，常に机に向かって何か書き物をされている先生の姿は今でも鮮明に脳裏に焼きついている。向坂先生は，マルクス主義者，労働・社会主義運動家としての面が強調されているが，孫のような存在であった私に対しては，違った面を見せてくれた。幼少の私には，当時，先生が三池闘争の渦中にあったことなど知る由もなかった。多忙を極める中，先生は私に対して，常に優しくそしていろいろなことを，身をもって教え，示してくれたように思える。先生のくれる玩具は，両親の買い与える粗末なブリキ製の玩具とは，子供の目からみても，明らかに質的に違っていた。私はこんな立派な玩具がこの世にあるのかと思った。ある日私は先生に「爺ちゃんは日本で一番お金持ちなの？」と聞いたことを覚えている。先生が何と答えたかは忘れてしまったが，後年，両親から聞いたところによると「子供に対しても紛い物ではだめ。幼少の頃から本物を与え，その良さを見極める目を養うようにさせなさい」と答えたという。40年以上前，大学生時代，研究者への道を志そうかどうか悩んでい

増補版あとがき

た折,向坂逸郎先生の言葉,「優れたる学究になれ！ 勉強さえすれば誰でもなれる」「焦ることはいらん。僕はマルクスで一生を終えることになる。君も,毎日,コツコツ続けること。一つの分野を何年も地道に探究していれば,必ずや,その分野で君の右に出る者はいなくなるよ」が今でも私の中に生き続けている。戦前そして戦中,時の政府や軍部の圧力に対して決して屈することなく,自説を曲げず,それを貫き通した生き方から自然と発せられたこの言葉は,現在の「物言えぬ時代」を生きる私の拠り所となっている。そしてこれからも残された人生,遣り残したテーマに真摯に向かい合う必要性を痛感する次第である。

　前著および本著執筆の直接的なきっかけを述べておかねばなるまい。それはイギリス国立公文書館（Public Record Office〔PRO〕：現在の The National Archives〔TNA〕）の膨大な未公刊文書を計2年間にわたり,閲覧し,収集することができたことによる。思えば,四半世紀前,ロンドン大学英連邦研究所に留学の機会を得,私と研究分野が重なる研究所教授ホランド（Holland, R. F.）氏に挨拶に行った際,私の拙い英語を辛抱強く聞き,私の研究領域を理解した彼は,イギリス国立公文書館へ連れて行ってくれた。そして史料の検索方法を丁寧に教授してくれたのである。彼の手ほどきによって公文書館の史料を閲覧することが可能となった。それから私の公文書館詣でが始まった。そもそも,最初のイギリス留学の第1の目的は,サッチャリズムの現実をこの目で見,調査することにあったが,その課題よりも,戦後貿易システム形成に関する膨大な未公刊史料の収集と整理のほうに留学の時間の大半を費やすことになってしまった。まさに公文書館は,戦後貿易システム形成に関する第1次史料の宝庫であった。戦後貿易システム形成を巡るアメリカとの生々しい交渉記録,英連邦諸国との頻繁な会議や文書の遣り取り,イギリス国内の戦後貿易システム立案過程またそれを巡る論争,ケインズ,ミード,ロビンズ（Robbins, L.）そしてロバートソン（Robertson, D.）を始めとする世界最高峰の経済学者たちによる未公刊の論文,政策提言,書簡など,さらにはアメリカ国内の政治および経済分析に至るまで,これらの史料を読み解き,そして繋ぎ合せることによってこれまでベールに包まれていた貿易システムの形成プロセスが私の中で徐々にではあるが,整理されていった。未踏の分野に切り込む醍醐味を味わうとともに,貿易システム形成を巡る理想と現実の相克について多くを知ることができた。そして1年では収集し切れなかった史料を求めて再

度1年間イギリスに渡ることになった。ほとんど手付かずの膨大な史料と，キュー（Kew）の公文書館で向かい合った日々を懐かしく思う。ホランド教授に感謝するとともに，2年かけても集めきれなかったほどの機密文書類を作成・蒐集・整理・保存し，それを名も知れぬ異邦人に対して惜しげもなく閲覧を許す，イギリスという国の底知れぬ力と寛大さに対して改めて畏敬の念を抱き，そして感謝する次第である。2回の留学の機会を与えてくれた福岡大学に対してもお礼を述べたい。最後になるが，妻雅子を始めとする温かい家族の支えがあったことも決して忘れることができない。

こうして本書の初版は出来上がった。執筆を終え，このテーマに一応の区切りはつけたものの，まだ不十分な点，遣り残した問題があった。それは初版では分析できなかった1948年にITO憲章の調印の舞台裏で行われたGATTオリジナル文書（GATT本体の条文）の書換えに関してであった。ジュネーブ会議で認証されたGATT本体は，この書換えをもって35条構成となり，WTO成立まで続く基本的構造（もっとも1965年には発展途上国条項〔第36～38条〕が追加され，採択されている）を有するようになる。その分析には，書換えを主導していたアメリカ側の第1次史料が不可欠であった。幸い，2013年より3年間，科研費「戦後世界貿易システム研究――多国間通商協定GATTの成立からWTOへ」（科研費課題番号25380452）を獲得でき，アメリカ国立公文書館（ナショナル・アーカイブスⅡ）やジュネーブWTO本部ライブラリーでの史料収集を行う機会に恵まれた。増補版で付け加えた第9章は，アメリカ国立公文書館所蔵の第1次史料を軸に，WTO所収のGATT・ITO関連文書を利用することによって，GATT条文作成の最終局面を明らかにした。GATT型多国間主義の形成過程の分析はこれをもって一応の目途がついたと考えている。

次に行うべき作業は，GATT型多国間主義の展開過程を初期GATT・中期GATT・後期GATTとして分析し，WTO型多国間主義への移行を明確にすることにある。WTO型多国間主義がその限界を露呈する現在，多国間主義のあり方を考えるうえで，こうした作業が必要不可欠となっていると考える。とくにリーマン・ショックを契機とする世界金融・経済危機以後，多国間貿易システムが機能不全に陥っている状況を理解ためにも，GATTからWTOへの移行過程を詳細に分析することが喫緊の課題となっていると考える。

増補版あとがき

本書の基礎となった論文を挙げる。

山本和人（1999：第2刷2003），『戦後世界貿易秩序の形成——英米の協調と角逐』ミネルヴァ書房，ISBN4-623-03045-8。
山本和人（2003）「1945年米英金融・通商協定——戦後世界貿易体制の出発点」『福岡大学商学論叢』第48巻第3号。
山本和人（2006）「戦後世界貿易体制成立史(1)——米英金融・通商協定から第1回貿易雇用準備会議（ロンドン会議）前夜まで」『福岡大学商学論叢』第51巻第2・3号。
山本和人（2007）「戦後世界貿易体制成立史(2)——第1回貿易雇用準備会議（ロンドン会議：1946年10～11月）の考察（上）」『福岡大学商学論叢』第52巻第2号。
山本和人（2008）「戦後世界貿易体制成立史(2)——第1回貿易雇用準備会議（ロンドン会議：1946年10～11月）の考察（下）」『福岡大学商学論叢』第52巻第3・4号。
山本和人（2009）「戦後世界貿易体制成立史(3)——第2回貿易雇用準備会議（ジュネーブ会議：1947年4～10月）の考察（上）」『福岡大学商学論叢』第53巻第4号。
山本和人（2010）「戦後世界貿易体制成立史(3)——第2回貿易雇用準備会議（ジュネーブ会議：1947年4～10月）の考察（中）」『福岡大学商学論叢』第54巻第2・3・4号。
山本和人（2011a）「米英戦時貿易交渉——戦後貿易システムの原点」『福岡大学商学論叢』第55巻第4号。
山本和人（2011b）「戦後世界貿易体制成立史(3)——第2回貿易雇用準備会議（ジュネーブ会議：1947年4～10月）の考察（下）」『福岡大学商学論叢』第56巻第2・3・4号。
山本和人（2011c）『GATT/WTO体制成立史——戦後貿易システムの原点を探る』（増補版），櫂歌書房，ISBN978-4-88757-154-9。
山本和人（2012）「多国間通商協定GATTの構想と誕生プロセス」（山崎勇治・嶋田巧編著『世界経済危機における日系企業——多様化する状況への新たな展開』ミネルヴァ書房，ISBN978-4-623-06281-2，第5章に所収）。
山本和人（2015）「戦後世界貿易体制成立史（補遺）——第1回GATT締約国団会議の意義：GATTの認証から初期GATTへ」『同志社商学』第66巻第5号。

2019年2月1日

山本和人

人名索引

ア行

アーウィン, D.A. *7, 98, 131, 201*
アーロンソン, S.A. *35, 46, 65, 97, 182, 201, 277*
アイケンベリー, G.J. *170*
アトリー, C.R. *9, 71, 72, 173, 204, 207, 226, 231, 233, 234, 240, 242*
阿部顕三 *48*
アルファンド, F. *112, 113*
アルフォード, B.W. *72*
池間誠 *165*
岩本武和 *45, 48*
ウィルグレス, L.D. *260, 275, 278, 285-290, 302, 350*
ウィルコクス, C. *107, 108, 111, 118, 132, 139, 219, 225, 229, 231, 232, 236, 238, 244, 280, 309, 310, 332*
ウィルソン, H. *219, 232*
ヴィンソン, F.M. *47*
ウェラー, L. *33*
内田宏 *302, 307, 336, 337*
ウッズ, R.B. *21*
エイメリー, L.S. *14*
エヴァンズ, J.W. *313, 315, 316, 329, 336, 337, 339*
エドミンスター, L.R. *33*
オマフォニィ, J.C. *228*

カ行

ガードナー, R.N. *6, 45, 69, 97, 130, 257*
カーン, R. *156*
片山謙二 *48*
カツダル, H.M. *156*
鹿野忠生 *115, 130, 135*
カルバート, J. *13, 130*
キャブリング, A. *51, 113*
クームズ, H. *108, 110, 118, 222, 243, 278-280, 284, 285, 289*
クリップス, S. *31, 72, 78, 101, 102, 106, 173, 175, 176, 186, 193, 207, 218, 219, 225-227, 232-234, 242, 244*
クレイダー, C. *185*
クレイトン, W.L. *21, 29, 31, 33, 34, 38, 46, 47, 207, 211, 213, 216-218, 225, 229, 232-237, 280, 315, 332*
ゲイツケル, H. *2, 11*
ケインズ, J.M. *7, 10, 20, 21, 23, 29, 31-33, 38, 40, 50, 114, 129, 130, 192, 345*
ケリー, S. *98*
ケリー, W.B., Jr. *154*
ゴールドスティン, J. *170*
小林友彦 *117*
古城佳子 *193*

サ行

サイクス, A.O. *7, 98, 131, 201*
佐々木隆生 *6-8*
佐分晴夫 *20, 118, 336*
三瓶弘喜 *130, 135*
ジャクソン, J.H. *301*
シャックル, R.J. *33, 40, 141, 144, 150*
ジラー, T.W. *7, 29, 87, 97, 130, 171, 182, 201, 229, 238, 241, 280*

タ行

竹田いさみ *192*
タフト, R. *183*
チェイス, K. *302, 330-333*
チャーチル, W. *31*
津久井茂充 *299, 302, 335*
ディーボルト, W., Jr. *345*
トイ, R. *171, 201, 238, 280*
ドブソン, P. *7*
ドラシェ, D. *346*

369

トルーマン, H.S. *31,69,97,128,182,184,190, 204,228-230*

ナ 行

鳴瀬成洋 *192,298,299*
西田勝喜 *222*
ニッツ, P.H. *324,332*

ハ 行

ハート, M. *35,262,277,302,333,348,352*
ハートネル, B. *119*
バーンズ, J.F. *47*
バーンハン, P. *171*
ハウ, A.C. *130*
萩原伸次郎 *192*
ハドソン, R.S. *14*
ハバカク, H.J. *156*
原田三郎 *45*
ハリファクス, E. *33,40,47*
ハル, C. *6,10,116,117,128*
バンデンバーグ, A. *183*
ヒュディク, R.E. *302*
平井俊顕 *21*
フサイン, A.I. *230,241,242*
ブラウン, W.A.,Jr. *97,219*
ブラウン, W.G. *136,190,232,235-237,241, 281,284,295,309,310,319*
ベヴィン, E. *62,140,232,234,235*
ヘルモア, J. *104,211,213,214,216-218,222, 223,232,233,235-238*
ペンローズ, E.F. *130*
ホーキンズ, H. *16,17,19,33,36,67,86,128, 132,144,155,223,232,309,310*
ボスウェル, R. *333*
ホーソン, S. *13,131*
ホームズ, S.L. *193*
堀太郎 *302,307,336,337*

ホワイト, H.D. *12,33,130,345*
本間雅美 *45,88*

マ 行

マーシャル, G.C. *234,235,237,313,329*
前田啓一 *45,115,336*
牧野裕 *45,88,115*
マクドゥーガル, D. *156*
益田実 *115,325*
マッケンジー, F. *51,77,176,182,201,241,336, 337*
マブロイディス, P.C. *7,98,131,201,334*
ミード, J. *8,11-13,21,22,28,70,71,78,79, 95,103,106,107,114,116,129,131,152,345*
三宅正太郎 *336*
ミラー, J.N. *131,154,171,201*
ミリキン, E.D. *183*
モリソン, H. *77*

ヤ・ラ・ワ 行

山口育人 *115*
油井大三郎 *45,88,115*
ラギー, J.G. *2,3,13,22,168,169,192,193,281, 346,351*
リーシュンク, P. *29,33,36-38,40,49,67,71*
レイダー, O.B. *33,238*
レディ, J.M. *33,127-129,131-134,136,137, 139,141,149,154,156,157,282,290-292,319, 329,336,348*
ロー, E. *72*
ロー, R. *12,14*
ロバートソン, D. *156*
ロバートソン, E.V. *228*
ロビンズ, L. *29,33,38,40,47,49,51,129*
ロビンソン, A. *156*
ロリングス, N. *72*
ワイナント, J.G. *31,62,85*

事項索引

あ 行

ITO憲章（ハバナ憲章）：主に第9章の第1節と第3節を参照のこと) 23, 265, 300
ITO憲章アメリカ草案 69, 77, 78, 81-83, 87-89, 96, 98-100, 102, 104, 105, 107, 111-113, 125, 127, 129, 133, 139, 152, 153, 176, 255
ITO憲章ジュネーブ草案 240, 264, 265, 267, 311, 326, 327
ITO憲章ロンドン草案 99, 100, 103-107, 110, 118, 141, 148, 151, 157, 257, 263, 264
　第Ⅲ章「雇用」，「雇用・有効需要・経済活動」 23, 103, 106, 107, 114, 125, 143, 148, 256
　第Ⅳ章「経済開発」 110-112, 119, 125, 143, 144, 148, 151, 256
IMF（国際通貨基金） 12, 75, 76, 83, 130, 141, 169, 192
ECEFP　→対外経済政策に関する執行委員会
一括関税引下げ方式（一括引下げ方式） 16, 19, 29, 44, 46, 132, 253
埋め込まれた自由主義　→エンベデッド・リベラリズム
英帝国共同羊毛機構 241, 242
英帝国・スターリング地域　→英連邦・スターリング地域
英帝国特恵関税 32, 42, 101, 180, 185, 191, 236, 242, 332
英帝国特恵関税制度（英帝国特恵制度） 6, 12, 31, 39, 42, 50, 83, 174, 176, 181, 182, 190, 191, 206, 207, 213, 220, 225, 234, 238, 239, 281, 352
英帝国ブロック 186, 188
英米通商協定 185, 187, 209, 244
英連邦・スターリング地域 11, 44, 45, 76, 191, 351
ECOSOC　→経済社会理事会
エコノミスト・グループ 156
エンベデッド・リベラリズム（Embedded Liberalism） 13, 22, 168-170, 192, 193, 281, 351
欧州復興計画（マーシャル援助） 152, 202, 233, 238, 323-327
欧州経済協力委員会（CEEC） 325, 330
オタワ協定 39, 40, 180, 193
オタワ体制 188, 238

か 行

価格支持（制度） 228, 230
GATTオリジナル文書　→GATT完成案
GATT型多国間主義 2, 171, 335, 352, 366
GATT完成案：（主に第8章の第2節(2)項の①，②を参照のこと）
　GATT第24条「適用地域-国境貿易-関税同盟」 313
　第25条「締約国の共同行動」 157, 327-329, 348
　第26条「受諾，効力発生および登録」 288, 349
　第29条「本協定とITO憲章との関係」 158, 290, 293-296, 298, 309, 320
GATT原案 96-98, 100, 125, 133-139, 140-143, 149, 152, 155, 255
GATT第1回関税譲許交渉（ラウンド）・関税交渉・関税引下げ交渉・関税譲許ラウンド：（主に第7章を参照のこと） 166, 167, 171, 182, 351
GATT第1回締約国団会議：（主に第9章を参照のこと）
　ウェイバー条項 327-329, 336
　GATT第14条「無差別待遇の原則の例外」の修正 335, 338, 339
　GATT第24条「適用地域-国境貿易-関税同盟及び自由貿易地域」 334
　GATT第33条「加入」の改訂 316-319
　GATT第35条「特定締約国間における協定の不適用」 287, 313, 319, 320
GATT第1草稿：（主に第5章の第1節(2)項を参

371

照のこと）
暫定的国際機関 *138, 269, 298, 347*
GATT 第3草稿：（主に第8章の第1節を参照のこと）
  第32条「暫定適用」条項 *270, 274, 277, 278, 281, 282, 299, 300*
  調印に関する議定書 *267, 268*
  締約国の委員会 *269, 298, 347, 350*
GATT 第2草稿：（主に第5章の第2節(2)項を参照のこと）
  暫定貿易委員会 *157, 269*
  第16条「国内雇用の維持」 *147, 149, 269*
  第19条「協議―無効化または侵害」 *148*
  第27条「付属文書」 *147, 148, 256, 267, 269, 294, 298*
GATT 第2回締約国団会議 *308, 316, 334*
GATT 第Ⅱ部 *270, 283-285, 291, 297, 299, 321, 349, 351*
GATT 第4草稿：（主に第8章の第2節(1)項，(2)項の①を参照のこと）
  GATT に対する議定書 *283, 286, 287, 314*
  第26条「調印, 効力発生および登録」 *288*
  第29条「停止と代替」 *294*
  締約国団（Contracting Parties） *269, 347*
GATT 第Ⅳ部 *307, 335, 336*
GATT の認証 *279, 281, 287, 293, 296, 297, 301, 347, 350*
関税委員会 *183, 238*
関税協定委員会（TAC） *275, 276, 278, 281-283, 285, 290, 293*
関税交渉に関する作業部会 *205, 237, 240, 257, 260, 267, 268, 271, 274, 275, 277-281, 284, 290, 346, 350*
関税再分類化 *3, 115, 135, 149, 150, 155*
関税譲許のための多国間通商協定交渉に関する決議 *100, 139*
関税手続きに関する下部委員会 *142, 143, 145, 147, 149, 150, 157*
関税同盟 *138, 281, 301, 302, 322-334*
関税と貿易に関する一般協定の暫定的で不完全なアウトライン →GATT 第1草稿または GATT 原案

完全雇用 →雇用・雇用政策・雇用問題
完全雇用政策 *75, 76, 78, 105, 166*
キー・カントリーズ *240, 257, 260, 271, 274, 275, 278, 279, 281-283, 285-287, 289-293, 296, 297, 302, 307, 311, 312, 346, 349-352*
起草国 →中核国
狭義の貿易政策（狭義の貿易協定） *22, 63, 64, 125, 261, 262, 264, 269, 299*
黒字国責任論 *74, 75*
黒字国の責任 *74-76*
経済開発 *79, 80, 85, 89, 99, 105, 108-110, 111-113, 118, 119, 139, 140, 145, 157, 256, 261, 264-266, 284*
経済社会理事会（ECOSOC） *66, 87, 88, 98, 99, 101, 118, 262*
経済部 *8, 71, 103*
ケインズ主義 *170, 192*
限界関税率 *183, 184*
原則声明案 →国際貿易機構設立に関する提案
広義の貿易政策（広義の貿易協定） *16, 22, 63-65, 125, 165, 256, 257, 264, 269, 347*
国際雇用政策 *11, 16, 20, 22, 73, 77-80, 84, 85, 89, 103, 106, 114, 118*
国際清算同盟案 *21, 114*
国際通貨基金 →IMF
国際通商同盟案 *2, 8, 11-13, 21, 28, 95, 114, 116, 130-132, 152, 155, 175, 345*
国際貿易機構設立に関する提案 *17, 18, 20, 28, 29, 37, 46, 48, 104, 129*
国際貿易雇用会議 →国連貿易雇用会議
国際貿易雇用会議による考察に関する提案 *18, 39, 41, 43-45, 48, 51, 59, 62, 63, 68, 72, 74, 77-79, 81, 85, 87-89, 98, 101, 102, 104, 109, 178, 193, 219, 233, 239*
国連国際貿易機構憲章 →ITO 憲章ロンドン草案
国連国際貿易機構憲章草案 →ITO 憲章アメリカ草案
国連国際貿易機構憲章の草稿 *69, 87, 255*
国連貿易雇用会議（ハバナ会議） *11, 16, 68, 69, 88, 103, 137, 144, 145, 167, 171, 262, 263, 267, 268, 275, 288, 291, 293, 299, 300, 314, 321, 325,*

332, 345, 349
国連貿易雇用会議準備委員会の起草委員会報告書　142, 145
互恵通商協定　155, 218
　互恵通商協定法　19, 28, 29, 35, 41, 62, 82, 115, 130-132, 134, 135, 173, 183, 215, 227, 274, 281, 288, 299, 310
　互恵通商協定締結（運動）　3, 12, 51, 115, 117, 128, 129, 168
　1934年互恵通商協定法　3
　1945年互恵通商協定法　29, 46
　互恵通商協定法更新　292
雇用・雇用政策・雇用問題　7-9, 11-13, 16-18, 21, 23, 37, 63, 73-76, 78, 84, 85, 87, 88, 99, 101-109, 113-115, 117, 118, 139, 140, 145, 149, 151, 157, 169, 256, 261, 264-266, 284, 352
雇用政策白書　8, 21
孤立主義　183

　　　　　　　さ　行

最恵国税率（最恵国関税）　39, 134, 154, 175, 178, 181, 185, 189, 193, 209, 210
最恵国待遇　35, 64, 87, 126, 136-138, 183, 315, 319, 333
産業開発　→経済開発
暫定適用に関する議定書　20, 280, 282, 283, 286, 287, 289, 292, 293, 295, 297, 299, 346, 349, 351
CCC　→商品金融公社
支持価格　221
自動化規定（自動化原則）　134, 154, 175, 178, 181, 185, 189, 193, 209
自由貿易地域（協定）　322, 323, 330-334
ジュネーブ会議　→第2回貿易雇用準備会議
主要供給国　35, 136
主要供給国方式　3, 21, 134, 135, 189, 190
商品金融公社（CCC）　221, 242
紳士協定　181
制限された自由主義　→エンベデッド・リベラリズム
世界貿易機関　→WTO
世界貿易と雇用の拡大に関する提案　52, 85
1946年2月プラン　66, 71, 84, 98, 255

戦後世界経済再建に関する理念（グランド・デザイン）　6, 166, 345
漸進的行動アプローチ　232, 238, 242
相互援助協定第7条　6, 9-11, 13, 18, 22, 23, 27, 38, 39, 41, 51, 95, 166, 345
相互に利益的な取決め　51, 219, 233, 244, 263, 267
祖父権　270, 271, 274, 282, 299, 346

　　　　　　　た　行

第1回国連貿易雇用会議準備委員会報告書（ロンドン会議報告書）　23, 99, 107, 133, 141, 153, 155, 172, 205, 255
第1回（国連）貿易雇用準備会議（ロンドン会議）：（主に第4章，第5章を参照のこと）
対外経済政策委員会（OEP）　72, 104, 106, 111, 173, 176, 207, 240
対外経済政策に関する執行委員会（ECEFP）　14, 17, 324, 338
大西洋憲章第5パラグラフ　6-11, 22, 27, 165, 345
大西洋憲章第4パラグラフ　6, 7, 9-11, 27, 165, 345
第2回（国連）貿易雇用準備会議（ジュネーブ会議）：（主に第7章，第8章を参照のこと）
大量買付け制度（バルク・バイイング・システム）　42, 50, 191
多角主義　→多国間主義
多角的2国間（交渉）方式　19, 20, 28, 35, 44, 59, 63, 83
多国間主義（Multilateralism）：　1-3, 12-14, 20-22, 31, 115, 117, 130, 131, 135, 152, 155, 165, 166, 168-170, 192, 298, 345, 351, 352
　多国間協定　1, 30, 36-38, 40, 115, 116, 131, 132, 151, 152, 168, 172, 348, 351
　多国間通商協定　133, 139, 253, 257, 270, 276, 277, 295, 296, 298, 308, 348, 351
　多国間貿易交渉　59, 85, 95, 97, 125, 137, 166
　多国間方式　19, 29, 44, 63, 129
WTO（世界貿易機関）　1, 13, 192, 193, 204, 302, 351, 353
WTO型多国間主義　1, 353, 366
中核国（中核国グループ）　9, 16, 20, 30, 34, 35,

373

44,45,47,48,66,68,70,77,85-87,96,99-101,
　111,112,117,125,133,134,136,139,144,166,
　167,171,172,183,190,202,205,213,214,241,
　255,260,261,274,280,282,285,286,299,300,
　302,308,345-347
調印に関する議定書　267-270,278,283,286,290,
　293,294
通商政策委員会　32-34,37,41,50
ツー・トラック・アプローチ　19,30,35,45,48,59,
　86,87,95,132,137,255,257,277,278,291,347
『提案』　→国際貿易雇用会議による考察に関する提案
TPP　1
締約国団（CONTRACTING PARTIES）　157,
　270,296,298,347
手続きに関する下部委員会　127,128,137-139,153
ドーハ・ラウンド　351
特恵（関税）幅固定化の義務　180,194,239
ドル不足　219,220,227,322

　　　　　　　　な　行

2月プラン　→1946年2月プラン
2国間主義（2国間方式）　3,6,12,14,19,45,
　115,117,129,134,168
ニューヨーク会議　→ニューヨーク起草委員会会議
ニューヨーク起草委員会会議　100,125,137,139,
　142,145,148,151,154,157,167,172,193,255,
　257,260,263,346
認証（authentication）　→GATTの認証

　　　　　　　　は　行

ハバナ会議　→国連貿易雇用会議
ハバナ憲章　→ITO憲章
バルク・バイング・システム　→大量買付け制度
バンデンバーグ・ミリキン提案　183
ファイナル・アクト　279,280,282-284,286,287,
　289,290,292,293,295,297,301,307,312,314,
　328,346
武器貸与援助　27,31
武器貸与法　10,32
ブレトン・ウッズ会議　12

ブレトン・ウッズ協定　88
米加通商協定　187
ベバリッジ報告　8
貿易交渉委員会（TNC）　70-72,140,156,176,
　184-186,189,193,204,207,239,240,242
貿易雇用会議　→国連貿易雇用会議
貿易雇用準備委員会　66-69,72,77,88,101,139,
　141,144,202,205,216,219,241,255,282
貿易政策に関する多国間協定案　17,18
貿易政策に関する多国間協定案の条文草案　16,
　194
ホーレィ・スムート関税　180,243
補足通商協定　6,11,12,129,220,230
ホワイト案　→IMF
ポンド交換性　27,152,191,202,219

　　　　　　　　ま　行

マーシャル援助（計画）　→欧州復興計画
マルチラテラリズム（Multilateralism）　→多国間主義
ミード・ゲイツケル案　→国際通商同盟案
見返り条項　10
免責条項　183,184,194

　　　　　　　　や　行

羊毛法案：　221,222,228,230
　オマフォニ案　228
　輸入賦課金　222,228-230
　ロバートソン法案（S.814法案）　228-230
予備貿易会議：　48,63-70,86-88,139
　付属文書（Protocol）　64-67,87

　　　　　　　　ら　行

リーマン・ショック　1,366
レディ案　→GATT原案
ロンドン会議　→第1回貿易雇用準備会議
ロンドン会議報告書　→第1回国連貿易雇用会議
　準備委員会報告書

　　　　　　　　わ　行

ワシントン会議　11,12,14,28,131,166,345
ワシントン原則　11,13,14

〈著者紹介〉

山本和人（やまもと・かずと）

1955年1月　生まれ
1983年3月　同志社大学大学院商学研究科博士後期課程単位取得退学
1983年4月　福岡大学商学部講師
1991年9月　福岡大学商学部教授，現在に至る。博士（経済学）（2000年，東北大学）
単　著　『戦後世界貿易秩序の形成——英米の協調と角逐』ミネルヴァ書房，1999年
共　著　『貿易政策論——イギリス貿易政策研究』晃洋書房，1985年
　　　　『イギリス経済——サッチャー革命の軌跡』世界思想社，1989年
　　　　『1930年代の日本——大恐慌より戦争へ』法律文化社，1989年
　　　　『国際化のなかの日本経済——アジア経済圏における日本の役割』ミネルヴァ書房，1994年
　　　　『グローバル経済のゆくえ』八千代出版，2000年
　　　　『世界経済』八千代出版，2006年
　　　　『世界経済（増補改訂版）』八千代出版，2009年
　　　　『世界経済危機における日系企業——多様化する状況への新たな戦略』ミネルヴァ書房，2012年
共　訳　R.ソロモン『国際通貨制度研究 1945-1987』千倉書房，1990年

MINERVA 現代経済学叢書⑩
多国間通商協定GATTの誕生プロセス ［増補版］
——戦後世界貿易システム成立史研究——

2012年4月20日　初　版第1刷発行　　　　〈検印省略〉
2019年3月20日　増補版第1刷発行

定価はカバーに表示しています

著　者　　山　本　和　人
発行者　　杉　田　啓　三
印刷者　　田　中　雅　博

発行所　株式会社　ミネルヴァ書房
〒607-8494　京都市山科区日ノ岡堤谷町1
電話代表　（075）581-5191
振替口座　01020-0-8076

©山本和人，2019　　　　　創栄図書印刷・新生製本

ISBN978-4-623-08567-5
Printed in Japan

戦後世界貿易秩序の形成
――――――山本和人 著　Ａ５判　376頁　本体4200円
●英米の協調と角逐　1930年代後半～第二次大戦期の戦後貿易構想の現出過程を究明，研究の間隙を埋める。

現代アメリカ経済論
――――――地主敏樹／村山裕三／加藤一誠 編著　Ａ５判　344頁　本体3500円
経済・経営・政治・法学など様々な視点から，魅力的なアメリカ経済の多様性を解説。

日・EU経済連携協定が意味するものは何か
――――――長部重康 編著　Ａ５判　264頁　本体3500円
●新たなメガFTAへの挑戦と課題　激変する国際情勢を前に，いかなる通商戦略をとるべきか。世界の進む方向に一石を投じる，連携協定の可能性に迫る。

新々貿易理論とは何か
――――――田中鮎夢 著　Ａ５判　212頁　本体4000円
●企業の異質性と21世紀の国際経済　今までの貿易理論と比べてどう新しいのか。経済学の最先端をわかりやすく解き明かす。

ポスト冷戦期アメリカの通商政策
――――――藤木剛康 著　Ａ５判　328頁　本体6000円
●自由貿易論と公正貿易論をめぐる対立　クリントン，ブッシュ，オバマ政権が進めた通商政策枠組み…多国間主義に基づく国際合意は，米国内で受け入れられるのか。

――――――ミネルヴァ書房――――――
http://www.minervashobo.co.jp/